中國學術思想

研究輯刊

十 三 編

林 慶 彰 主編

第 24 冊

牟宗三・勞思光哲學比較研究
——以儒學重建和文化哲學爲中心

廖 曉 煒 著

花木蘭文化出版社

國家圖書館出版品預行編目資料

牟宗三・勞思光哲學比較研究——以儒學重建和文化哲學
為中心／廖曉煒 著 — 初版 — 新北市：花木蘭文化出版社，
2012〔民 101〕
目 2+294 面；19×26 公分
（中國學術思想研究輯刊 十三編：第 24 冊）
ISBN：978-986-254-807-3（精裝）
1. 牟宗三 2. 勞思光 3. 學術思想 4. 哲學 5. 儒學
030.8   101002174

中國學術思想研究輯刊
十三編 第二四冊   ISBN：978-986-254-807-3

牟宗三・勞思光哲學比較研究
——以儒學重建和文化哲學為中心

作 者 廖曉煒
主 編 林慶彰
總 編 輯 杜潔祥
出 版 花木蘭文化出版社
發 行 所 花木蘭文化出版社
發 行 人 高小娟
聯絡地址 新北市永和區中正路五九五號七樓
          電話：02-2923-1455／傳眞：02-2923-1452
網 址 http://www.huamulan.tw 信箱 sut81518@gmail.com
印 刷 普羅文化出版廣告事業
封面設計 劉開工作室
初 版 2012 年 3 月
定 價 十三編 26 冊（精裝）新台幣 42,000 元

牟宗三・勞思光哲學比較研究
——以儒學重建和文化哲學爲中心

廖曉煒　著

作者簡介

廖曉煒，1983 年生於湖北武穴，哲學博士，先後畢業於華中科技大學、武漢大學，現為華中科技大學哲學系專任教師。主要研究領域：現代中國哲學、先秦儒學、中國哲學史。在各類哲學雜誌發表論文：〈以道德攝存在：牟宗三道德的形而上學之證立〉等多篇。

提　　要

　　本文嘗試以儒學的詮釋與重建以及文化哲學為中心，對牟宗三、勞思光哲學作對比性的研究。就儒學的詮釋與重建而言，牟宗三、勞思光是二十世紀中國人文主義思潮中極具代表性的兩位哲學家，牟宗三試圖形上學地重建傳統儒學；勞思光則在通盤批判性地考察形上學的基礎上對傳統儒學作一去形上學的詮釋與重建，勞思光乃是在二十世紀中國人文主義思潮內部批評形而上學最為有力且能肯定儒學之價值並對其作全面重建的一家。在一個後形而上學的時代，不論是對儒學作形上學的處理還是對其作去形上學化的處理，都不能不面臨極大的理論困難：前者必須克服懷疑論的衝擊進而對形上實體之實有性給與理論說明，後者則必須處理形上學消解之後所可能出現的相對主義乃至虛無主義的問題。本文對這一部分的闡述大體是通過牟宗三、勞思光之間的相互批判，揭示二家詮釋、重建傳統儒學所必須面對的理論困難，分析二家分歧的理論焦點以及產生分歧的理論根源。就文化哲學而言，牟宗三、勞思光均以中國文化未來路向問題作為思考的重心。按照勞思光自己的界定，勞氏早年以及牟宗三關於文化哲學的思考，大體均可歸入「黑格爾模型」的文化觀；勞思光晚年逐漸意識到「黑格爾模型」的功能限制，在反省這一文化觀的基礎上，提出了更具理論效力的「文化的二重結構觀」。本文關於這一部分的闡述，主要以勞思光的省思為背景，在展示牟宗三以及勞思光早年文化哲學的基礎上，衡定勞氏晚年以「黑格爾模型」對其加以判定的合法性，進而說明「文化的二重結構觀」之於中國文化路向問題尤其是當代新儒學在該問題上的相關思考的理論意義。最後本文在整體性的對比牟宗三、勞思光哲學的基礎上，以當代新儒學為背景，試圖對勞思光哲學作一基本的定位，認為勞思光應當歸入廣義新儒家的行列，並且較之其他廣義新儒家而言，勞思光與以唐君毅、牟宗三為代表之狹義新儒家之間的理論距離更小。

　　除緒論以外，本文共分五章。第一章集中論述牟宗三詮釋、重建傳統儒學的基本理論：道德的形而上學，本章不擬對牟宗三道德的形而上學作述評式的研究，而是以勞思光的相關批評為背景，以道德的形而上學何以必要以及道德的形而上學何以可能這兩個問題為中心，對牟宗三道德的形而上學作一深層的省思，並嘗試借助唐君毅的相關思考對牟宗三在這兩個問題上所可能遭遇的理論困難作一回應。第二章集中闡述勞思光對傳統儒學所作的價值文化哲學的詮釋與重建，由於學界尤其是大陸學界對勞思光哲學研究尚未真正展開，本章首先具體展示勞思光對傳統儒學所作的獨特的詮釋與重建，進而以牟宗三形上學思考對儒學宗教性的強調為背景，對勞思光的這一詮釋與重建作一理論上的省察。第三章主要闡述牟宗三文化哲學，與學界通常的述評式的研究不同，本章首先點明牟宗三文化哲學思考的理論關切：儒家現代化何以可能？進而以勞思光晚年的批評為理論背景，著重分析牟宗三文化哲學在思考方式上的總體特點，由之判定其大體合乎勞思光所判定之黑格爾模型文化觀。第四章集中闡述勞思光前後期文化哲學，對勞思光早期文化哲學的分析將繼續第三章的分析模式，即主要從思考方式上考察勞思光早年文化哲學的特點及其與黑格爾模型文化觀的理論關聯，隨之本章著重考察勞思光對黑格爾模型文化觀之理論功能的論析，闡明其真正之功能限制之所在，由之突出文化的二重結構觀的理論意義。第五章則以前四章的分析為基礎，以對比牟宗三、勞思光對儒學相關文本之詮釋及其理論架構之理論效力，以及二家的文化哲學思考為前提，對勞思光哲學作一基本的理論定位。

目

次

緒　論

　　本文以牟宗三（1909～1995）與勞思光（1927～）的哲學思想爲討論對象。〔註1〕牟、勞二家均著述宏富，〔註2〕思想涉及諸多領域，本文無法作全面性的研究，僅選擇在其思想中佔據核心地位的兩部分內容作爲研究的重點，即二家對傳統儒學的詮釋重建以及他們的文化哲學思想。

　　作爲當代新儒家（Contemporary Neo-Confucians）中最具原創性的哲學家，〔註3〕牟宗三的哲學思想無疑是當代中國哲學研究中的一個熱門話題，這一課題對中國哲學的研究者乃至西方哲學及跨文化哲學研究者有著持久的吸引力，〔註4〕該課題也越來越多地爲歐美地區的學者所關注。〔註5〕有關牟宗

〔註1〕　牟宗三與勞思光間的關係，依照勞氏自己的說法，處於師友之間，勞思光在牟宗三去世後曾作如下挽聯：「施教意殷授業，持身則氣盡狂豪，晚歲儼開宗，講席孤懷爭剝復；訂交分屬忘年，論學則誼兼師友，當時曾證道，此情多變感滄桑」（勞思光：〈輓牟宗三先生〉，《思光人物論集》（香港：中文大學出版社，2001），頁105），二人因1952年牟宗三與殷海光間關於金岳霖的一場爭論而相識，由此開始了二人之間數十年的交誼，參黎漢基：《論徐復觀與殷海光——現代臺灣知識份子與臺灣意識形態研究（1949～1969）》（香港中文大學研究院歷史學部哲學博士論文，1998年6月）。
〔註2〕　有關牟、勞二家的著述情況可分別參閱蔡仁厚：《牟宗三先生學思年譜》（臺北：臺灣學生書局，1996）及劉國英、黎漢基合編：〈勞思光先生著述繫年重編〉（收入劉國英、張燦輝合編：《無涯理境——勞思光先生的學問與思想》，香港：中文大學出版社，2003），頁34。
〔註3〕　Robert Audi（ed.），*The Cambridge Dictionary of Philosophy（second edition）*，Cambridge University Press,1999, pp.593.
〔註4〕　歷屆當代新儒學會議乃至相關的中國哲學會議，牟宗三哲學都是其中一個極爲重要的議題，大陸及港臺地區以牟宗三爲題的博士論文亦有數十篇之多。
〔註5〕　比如以牟宗三爲題的博士論文有 Sébastien Billioud，*The Role of Intellectual*

三哲學的研究成果，無論是在廣度上還是在深度上都已經達到了相當的水準。是以本文的重點不在闡釋牟宗三與勞思光各自的哲學思想，而是對二家作對比性或比較性的研究，儘管後者以前者爲前提和基礎。與牟宗三相比，大陸學者對勞思光的關注並不太多。這一方面固然是因爲勞思光的著作在大陸出版很少，即便是其完成於上世紀 60 年代末至 80 年代初、在港臺地區具有廣泛影響的《中國哲學史》，也是遲至 2005 年才在大陸出版；〔註6〕但另一方面正因爲勞氏《中國哲學史》的持續影響，不少學者僅將其視爲一位哲學史家。事實上，勞著《中國哲學史》遠不足以代表勞氏思想的全部，若能更廣泛地閱讀勞氏的其他著作，自然不難體會他的諸多洞見。勞思光在重建中國哲學以及文化哲學方面的成績，不但使其躋身當代中國哲學家之列，更使其於二〇〇二年當選爲臺灣中央研究院院士，成爲繼胡適、馮友蘭之後第三位獲此殊榮的哲學家，〔註7〕香港中文大學亦於二〇〇四年授予勞思光榮譽文學博士學位。〔註8〕

Intuition in the Philosophy of Mou Zongsan（1909～95）（Prof. François Jullien），University Paris 7，2004（此外 Sébastien Billioud 新近出版了另一本專論牟宗三哲學的英文書：*Thinking Through Confucian Modernity, A Study of Mou Zongsan's Moral Metaphysics,* Brill, 2011）；Olf Lehmann, *Zur moralmetaphysischen Grundlegung einer konfuzianischen Moderne: "Philosophierung" der Tradition und "Konfuzianisierung" der Aufklärung bei Mou Zongsan*，Leipzig: Leipziger Univ.-Verl., 2003；Clower, Jason Thomas，*The unlikely Buddhologist Mou Zongsan*（Brill，2010）; N.Serina Chan: *The Thought of Mou Zongsan*（Brill, 2011）（Sébastien Billioud、Clower, Jason Thomas 以及 N.Serina Chan 所著專書均收入梅約翰教授（John Makeham）主編的 Modern Chinese Philosophy 叢書中）等等。

〔註6〕 勞氏《中國哲學史》重版多次，是港臺地區哲學系及國文系使用最爲廣泛的哲學史教材，該書有韓國西江大學鄭仁在教授翻譯的韓文譯本，於 1986～87 年在漢城出版，分古代、漢唐、宋明三篇；英譯工作亦由普林斯頓大學開始著手進行。參見劉國英、黎漢基合編：《勞思光先生著述繫年重編》及吳有能：《百家出入心無礙——勞思光教授》（臺北：文史哲出版社，1999），頁 1～2。

〔註7〕 〈榮譽文學博士勞榮瑋（勞思光）教授贊辭〉，《（香港）中文大學校刊》（2004 年秋冬），頁 20～21。

〔註8〕 勞氏家世甚榮，高祖父勞崇光官至兩廣總督，有《易圖詳說》等著作行世，祖姑勞君展留學法國，爲著名數學家，堂兄勞榦亦爲臺灣中央研究院院士，是著名歷史學家。相關背景介紹可參劉國英：〈哲學洞見、歷史素養與文化探索的融會——勞思光教授簡介〉，《新亞生活》38:7（2011 年 3 月），頁 2～4；林益祥：《勞思光及其詩研究》（華梵大學中國文學系碩士學位論文，2008），頁 19～24。

一、本文的研究方法

　　本文屬於廣義上的比較哲學，就方法論的角度而言，比較法自然是此項研究中最重要的方法。誠如牟宗三所言，「『比較哲學』本身也不能成一個學問，天地間沒有一種哲學叫做『比較哲學』，它只是一時的方便」。〔註9〕但這並不意味比較哲學便沒有更為積極的意義，以下試引唐君毅先生有關「比較法」的相關論述加以說明：

> 比較法本是人之最原始而最自然的思想方法。……比較是兼較同與較異，然一切思想中恒有異，異中又恒有同。有似異而實同者，亦有似同而實異者。然吾人見同時，又恒易忽其異，見異時又恒易忽其同，因而比較之事，似易而實難。而比較法之價值，則在由比較，而使同異皆顯出，同以異為背景，而同益彰其同；異以同為背景，異亦更見其異。由是而使同異皆得凸顯，而所比較之具體的個體性，亦皆得凸顯。而吾人之比較思想活動本身，亦因而有更清楚豐富之思想內容。故吾人從事對哲學思想之比較研究，亦即使吾人之哲學思想本身，升進為能綜合所比較之哲學思想，以成一更高之哲學思想者。〔註10〕

依唐氏之見，比較法乃是人類最原始最自然的思想方法，蓋人面對兩種不同的事物時，我們認知的心靈會自然地順其天性去察識它們之間的同與異。但這並非說比較法是最簡單的思想方法，相反，比較法「似易而實難」，因為要保證比較的結果是實同實異而非似同似異，且在比較的過程中不使比較對象的同與異相互影響，即引文所謂「見同時又恒易忽其異，見異時又恒易忽其同」，這無不以嚴謹而客觀的研究為前提。更進一步的困難還在於，對比較對象之特性的認識與對二者間同異的把握之間存在一種「循環」的關係：一方面，對比較雙方之特性的認識乃是進行比較研究的前提，另一方面，要真正達到對比較雙方各自特性的深刻認識，又不能不要求深層次的比較研究，也就是說，「他者」的存在乃是達成自我認識的一個必要前提。〔註11〕由此，我們也就得出比較哲學的第一個積極意義，通過比較可以深化我們對

〔註9〕　牟宗三：〈訪韓答問錄〉，《時代與感受》（全集本卷23）（臺北：聯經，2003），頁224。

〔註10〕唐君毅：《哲學概論（上）》（北京：中國社會科學出版社，2005），頁123～124。

〔註11〕張汝倫：〈他者的鏡像：西方哲學對現代中國哲學研究的影響〉，《哲學研究》2005年第2期，頁56。

比較雙方的理解，即引文中所謂的「所比較之具體的個體性，亦皆得凸顯」。進一步來講，每一哲學理論無不圍繞一些核心的哲學問題而展開，圍繞某一問題對不同的理論進行對比性的研究，無疑可以深化對哲學問題本身的理解，比較對象各自的得失也隨之被揭示出來，以此爲基礎，更爲完滿的理論也才有產生的可能，也即「成一更高之哲學思想」，這可以說是對比較研究的更高一層的要求。用傳統哲學的語言來說，比較法必然包含一「判教」的工作，當然，這裏所謂的「判教」僅指一種客觀的研究方法。因爲，如果我們並不只是對既往的哲學理論作簡單的描述，而要求對其加以評論，即衡定其在理論上的效力如何，那麼從對哲學問題的更爲一般性的思考出發，衡定諸哲學理論之理論效力的高下，大概是研究工作中無法回避的一個環節了。這其實也就暗含了從事比較研究者必然有其明確的問題意識，如此，比較對象的選取便不能是任意的，而是以特定的哲學問題爲中心而確定的。循此，我們可以轉而說明本文所選取之研究對象的可比性以及本文之目的。

二、本文之主題與目的

之所以選擇牟宗三與勞思光作爲比較的對象，就問題意識而言，乃是因爲他們就當代中國哲學中兩個極端重要的課題——傳統中國哲學主要是儒學之重建以及中國文化路向問題——所做的研究俱有突破性的貢獻，並且他們的觀點構成當代中國哲學中較具代表性的兩種理論，二家之說固然存在不少共同之處，但更有針鋒相對的地方。對二家的相關思想作比較性的研究，不但可以彌補大陸學界長期忽視勞思光哲學思想的不足，更可以深化對新儒家尤其是牟宗三哲學的研究。事實上，「以牟宗三爲主的當代新儒學的著力點是在道德的形上學之建構，並回應『新外王』的問題」。〔註12〕對於勞思光而言，雖然他排斥形上學的研究進路，不過如何通過詮釋、重構傳統儒學以抉發其中具有「開放性的」內容，以及中國文化的未來發展方向，則是他關注的重心，這兩者與上述新儒家所關注者在問題意識上是完全一致的。不過上述兩個問題本身並非是完全自明的，我們首先對其作簡單的說明。

牟宗三與勞思光都非徹底的西化論者或反傳統主義者，且對傳統文化尤

〔註12〕林月惠：〈林維傑〈牟宗三哲學中的理論與實踐〉文回應〉，林維傑：〈牟宗三哲學中的理論與實踐——由「本體工夫」轉向「理論實踐」之可能〉，《中國文哲研究通訊》（第十五卷第三期），頁119。

其是儒學傳統有著不同程度的認同，面對現代文化的猛烈衝擊，他們均努力尋求傳統哲學、文化「脫困」的可能性方案，現代化成爲傳統文化的一個必然要求。〔註13〕這樣，傳統文化與現代化之間的關係問題也就成了他們關注的核心課題；〔註14〕同時，牟宗三、勞思光都認爲「中國文化的核心內容是以儒家爲主」〔註15〕或「中國文化精神只能以儒學爲代表」，〔註16〕這樣一來，傳統儒學與現代性的關係如何就成爲一個無法回避的問題。正是在這一意義上，施益堅（Stephan Schmidt）認爲牟宗三最爲關心的問題是「儒家現代性如何可能」，〔註17〕涂笑非亦將牟宗三以康德哲學爲中心所展開的比較哲學視爲大的亞洲現代化之努力的一部分，〔註18〕這其實也就是從思想文化的層次思考，「怎樣把傳統中國推向現代？怎樣使中國從傳統走出來，使傳統繼續生根而成爲現代的中國？」〔註19〕現代性在某種意義上如同一張過濾網，能否通過這張過濾網也就成爲檢驗傳統儒學能否與現代性相容的一項重要標準。對牟宗三與勞思光而言，以現代性爲背景對傳統儒學乃至中國哲學作一番通盤而深入的探究或者說重構，其必要性是不言而喻的，是以牟宗三說：「我們第一步要靜下心來好好了解古典，然後按照『實踐的智慧學』這個哲學古義的方向，把中國的義理撐起來，重鑄中國的哲學，『重鑄』要適應時代」。〔註20〕牟宗三的態度基本上是使傳統先通過現代的檢驗再批評現代，也就是說傳統在牟宗三這裏已經具備了現代的特性，同時針對現代性的

〔註13〕見牟宗三：〈從儒家的當前使命說中國文化的現代意義〉、〈文化建設的道路——歷史的回顧〉、〈文化建設的道路——現時文化建設的意義〉、〈中國文化大動脈中的終極關心問題〉諸文，均收入《時代與感受》。

〔註14〕勞思光：《虛境與希望——論當代哲學與文化》（香港：中文大學出版社，2003），頁220。

〔註15〕牟宗三：《時代與感受》，頁340。

〔註16〕勞思光：〈中國文化之未來與儒學精神之重建〉，《儒學精神與世界文化路向》（臺北：時報出版公司，1986），頁165～181；勞思光：《思辯錄——思光近作集》（臺北：東大圖書公司，1996），頁124。

〔註17〕施益堅：〈歷史哲學與儒家現代化：論牟宗三思想從黑格爾到康德的轉折〉，《思想》第13期（2009年10月），頁159～171。

〔註18〕Xiaofei Tu, Dare to Compare: The Comparative Philosophy of Mou Zongsan. *Kritike 1*（2），pp28.

〔註19〕王邦雄：〈從中國現代化過程中看當代新儒家的精神開展〉，牟宗三：《時代與感受·導言》。

〔註20〕牟宗三：〈客觀的了解與中國文化之再造〉，《牟宗三先生晚期文集》（全集本卷27）（臺北：聯經，2003），頁434。

諸種弊端而有所回應，〔註21〕是以牟宗三說：「現代化是必須經過的，然不是最後圓滿的」。〔註22〕勞思光則將此轉換爲一個重要的理論上的區分：「開放成分」與「封閉成分」的區分，〔註23〕而傳統儒學中何者爲開放、何者爲封閉的評判標準則似乎都是現代性的，〔註24〕勞思光試圖使傳統儒學完全衝破這些滿是荆棘的阻礙，以最後所得到的具有開放性的內容作爲回應現代性問題的基本資源。這即涉及儒學的「治療功能」的問題，勞思光對此以及其與牟宗三在這一問題上的分歧有清楚的認識：

> 從前大概唐君毅先生、牟宗三先生也有這個意思，他們也都談到這個問題，就是資本主義文化、現代文化發展到一個時候出現了一些毛病，他們希望能夠從儒學裏找出一些觀念來，對那些毛病起一種對治的作用，這就是我說的治療功能。不過在我來看，這個對治的範圍是可以擴大，可以一直擴大到後現代情景、後現代思潮。〔註25〕

〔註21〕 在這一意義上，中島隆博（Takahiro Nakajima）對新儒家的界定是十分合理的，即「所謂新儒家，指的是力圖重新構築傳統的儒學思想，一方面確立中國思想的獨立性，另一方面對現在的普遍性的諸種問題有所貢獻的中國哲學家們」。參中島隆博：《解構與重建——中國哲學的可能性》（The University of Tokyo Center for Philosophy，2010）頁 272。在這一意義上，我們也就不能簡單質疑牟宗三哲學存在前現代的偏執，捨棄康德的批判精神而表現出十足的獨斷氣息（相關質疑可參考鄧曉芒駁斥牟宗三諸論文，諸文均收入鄧曉芒：《儒家倫理新批判》（重慶：重慶大學出版社，2010））。何乏筆（Fabian Heubel）對此有很好的回應：「許多研究牟宗三的學者質疑，牟氏在吸收康德哲學過程中，是否停留在前現代、前批判的思想狀態，避開康德哲學中的啓蒙精神和反形上學動力。然而，牟氏在理論工作上的嚴謹、銳利和真誠所展現的辯證思想，比起某些離不開馬列主義教條，賦予中國哲學一種馬克思主義解釋的論述，還更具批判理論意味，且能面對當代漢語哲學所處的內在矛盾。」何乏筆：〈跨文化批判與中國現代性之哲學反思〉，《文化研究》第 8 期（2009年春季），頁 136。

〔註22〕 牟宗三：〈哲學之路——我的學思歷程〉，《時代與感受續編》（全集本卷 24）（臺北：聯經，2003），頁 401～412。

〔註23〕 勞思光：〈答友人書——論中國哲學研究之態度〉，《新編中國哲學史（三卷下）》（桂林：廣西師範大學出版社，2005），頁 665～668。

〔註24〕 依勞思光的看法，我們今日從事中國哲學研究的根本目的就在於使中國哲學成爲一種「活的哲學」，所謂活的哲學的第一層涵義即是中國哲學是否能夠通過現代學院哲學的濾網的問題。參勞思光：〈中國哲學研究之檢討及建議〉，《虛境與希望：論當代哲學與文化》（香港：中文大學出版社，2003），頁 8。

〔註25〕 勞思光：〈從當代思潮看新儒家〉，《危機世界與新希望世紀——再論當代哲學與文化》（香港：中文大學出版社，2007），頁 103～117。

基於這一問題背景，车宗三、勞思光對「何謂儒學」這一有關「儒學本質」的問題，給出了各自的回答，雖然他們均將儒學界定爲「成德之學（教）」，〔註26〕然而二家對成德之學的理解存在很大的差異。〔註27〕车、勞依照各自的「儒學意識」〔註28〕所建構的「儒學圖像」及「儒學譜系」自然也就有了很大的不同。這也就構成本文主體內容的第一部分：车宗三、勞思光對作爲成德之學的傳統儒學的不同詮釋，而其詮釋的結果即是代表各自立場的現代儒學思想，二者之間的共同處何在？有何分歧？分歧的原因爲何？這都是本文將要著力探討的問題。

需要稍作說明的是，勞思光在哲學方面較爲注重邏輯分析，且基本上以對文化問題的哲學反思貫穿其全部思想，學者或許會懷疑其將儒學哲學化的同時大大淡化了儒學作爲身心性命之學的維度，細讀勞氏的眾多著作，不難發現在肯定儒學能爲個體提供安身立命之本這一點上，勞思光與新儒家並無二致，這從勞氏晚期將中國哲學界定爲「引導性的哲學」（orientative philosophy）並憂慮哲學逐漸被淪爲一種「智力的遊戲」這一點上可以清楚的看出。〔註29〕從勞思光〈答友人書〉中的一段文字中我們可以更爲清楚地體會到勞氏對於中國哲學的基本態度：

> 了解中國哲學有一個最大的障礙，就是中國哲學中某些詞語的指涉，每每是日常生活中所無而只在工夫過程中呈現的。因此，如果一個治哲學的人自己根本未致力於任何工夫過程，則他很容易覺得找不到那些詞語的指涉何在。倘若他就此止步，而斷言中國哲學中這些詞語無意義可說，則他就不能了解中國哲學了。〔註30〕

〔註26〕勞思光：《虛境與希望──論當代哲學與文化》，頁 149；车宗三：《心體與性體（一）》（全集本卷 5）（臺北：聯經，2003），頁 8。

〔註27〕必須說明的是，雖然车宗三認定「心性之學」或「內聖之學」、「成德之教」是儒家之最內在的本質（《心體與性體（一）》，頁 6～8），但我們卻不應該將车氏的看法狹隘化爲一種本質主義（essentialism）的論點，否則將引起不必要的誤會，相關討論見楊祖漢：〈儒家形上學與意志自由──與馮耀明先生商權〉，《當代儒學思辨錄》（臺北：鵝湖出版社，1998），頁 81～106。

〔註28〕林啓屏：〈孟荀「心性論」與儒學意識〉，《文史哲》2006 年第 5 期，頁 31～42。

〔註29〕勞思光：〈對於如何理解中國哲學之探討及建議〉、〈由儒學立場看人之尊嚴──問題與奧秘〉，收入《思辨錄：思光近作集》。

〔註30〕勞思光：〈答友人書──論中國哲學研究之態度〉，《新編中國哲學史（三卷下）》，頁 668。

這與新儒家強調中國哲學是「生命的學問」是完全一致的，事實上勞氏以「意志的純化」或「意志的理性化」作爲儒學工夫論的核心，〔註 31〕同樣是源自其深切的生命體驗。與新儒家一樣，勞思光在中國哲學方面的努力可以理解爲通過哲學分析以使中國哲學進入現代學術體系的同時又不失掉中國哲學自身的特質。我們更應該將勞思光的上述言辭理解爲對經由批判一切思辨形而上學進而否定整個規範哲學或價值哲學的極端強調邏輯分析者的一種回應，〔註 32〕勞氏的最終目的正要在「哲學之終結」的時代保住哲學思維所開拓出的意義世界與價值世界。〔註 33〕

　　作爲成德之學的傳統儒學在牟宗三這裏呈現爲一套道德的形而上學（moral metaphysics）或兩層存有論；勞思光則將其詮釋爲一種以心性論爲中心的價值文化哲學。就思想資源而言，康德哲學、孟子一系之心學，是二家重構傳統儒學的最爲重要的內容。牟宗三於《心體與性體》一書即對比康德實踐哲學的相關思想創構其道德的形而上學，晚年更是基於康德現象與物自身的區分將道德的形而上學架構爲兩層存有論，即執的存有論與無執的存有論，牟氏所創構的這套哲學系統同時也是順孟子一系之心學發展而來，實可稱之爲當代新心學。同樣，勞思光早年對康德哲學有過深入的研究，〔註 34〕研究所得，如「窮智見德」等看法自然成爲其詮釋傳統儒學的重要思想資源，而孟子的心性之學不只被勞氏確認爲傳統儒學中最具開放性的內容，更成爲其衡定其他各家之說的理論標準，勞氏有關宋明儒學之「一系說」最爲明顯地體現了這一點。不過，二家也正是從這裏開始產生分歧，勞思光並不認爲「心性論」必歸於「道德形上學」，〔註 35〕道德語言本身有其獨立性，並且在理論上是滿自足的，是以作爲儒家道德哲學之根基的心性論無須涉及天道觀等形上學方面的內容。〔註 36〕勞思光之區別於新儒家，其中關鍵一點就是

〔註 31〕勞思光：《虛境與希望——論當代哲學與文化》，頁 153。

〔註 32〕卡爾納普：〈通過語言的邏輯分析清除形而上學〉，洪謙主編：《邏輯經驗主義》（北京：商務印書館，1989），頁 32。

〔註 33〕勞思光：〈哲學觀點與哲學心靈〉，關子尹：《從哲學的觀點看‧序》（臺北：東大圖書公司，1994）。

〔註 34〕勞思光早年著有《康德知識論要義新編》（香港：中文大學出版社，2001）一書以及討論康德哲學的論文多篇。

〔註 35〕勞思光：《新編中國哲學史‧後序》，頁 307。

〔註 36〕勞思光：〈論儒佛心性論之異同〉，《第十次儒佛會通暨文化哲學研討會論文集》，華梵大學哲學系，2007 年 3 月 17～18 日。

「其拒絕獨斷的形上學與力求避免絕對主義的封閉性」。〔註37〕但在牟宗三看來，認為儒家的學問只限於道德而不涉及存在問題，這種順西方概念式的局限之思考，根本不合乎「儒教之本質」。〔註38〕牟宗三的相關批評正是針對勞思光的觀點而發，牟氏在不少地方即點名批評說：「勞思光把儒家所言仁智合一之心一定只限於道德界，不能涉及存在，這是不通的」。〔註39〕所謂要涉及存在，即是對物的存在有所說明，這即屬於形而上學的內容。依牟宗三的觀點，「天道性命相貫通」正是儒學的本質之所在，〔註40〕儒家論道德並不完全限於應然的價值領域而是必然涉及存在問題的，也就是說心性論與天道觀乃是通而為一的。勞思光論儒學只談心性論而捨棄天道觀的做法，自然對牟宗三所建構的道德形上學體系構成相當的衝擊與威脅，事實上，勞氏的研究進

〔註37〕陳振崑：〈論孔子的「仁」：現代中國哲學主體性思維的反思〉，《萬戶千門任卷舒：勞思光先生八十華誕祝壽論文集》（劉國英、伍志學、林碧玲合編，香港：中文大學出版社，2010），頁 81～102。

〔註38〕牟宗三：《中國哲學十九講》（上海：上海古籍出版社，2006），頁 57～61 及牟宗三：《從陸象山到劉蕺山》（上海：上海古籍出版社，2001），頁 14。

〔註39〕牟宗三：〈實踐的智慧學演講錄（九）〉，《鵝湖月刊》總第 402 期（2008 年 12 月），頁 1～10。牟宗三亦曰：「現在有人想從孔子的思想裏把『天』的觀念拉掉，這不行的。勞思光就是這樣，他就是想把儒家的這個『天』拉掉。這不符合事實。你個人可以不喜歡『天』，但孔夫子不一定不喜歡嘛，孔夫子把這個『天』保留下來。」見牟宗三：〈原始的型範第三部分・先秦儒學大義（二）〉，《鵝湖月刊》總第 384 期（2007 年 6 月），頁 10。「勞思光最反對我們講道德形而上學。他說道德就是道德，何必要形而上學呢？他說儒家都是根據存在學講道德。我說正好相反，儒家都是根據道德來講存在，並不是根據存在來講道德。根據存在來講道德是形上學的道德學。勞思光故意把儒家講成說道德都靠一個宇宙論中心。他討厭宇宙論中心，討厭形而上學。某一種形而上學你可以討厭。儒家講的是道德的形而上學，不是形而上學的道德學，你怎麼相反來講呢？他故意這樣講，他不是完全不懂。以前我很喜歡他，他很聰明，這幾年不行。」見牟宗三：〈原始的型範第三部分・先秦儒學大義（三）〉，《鵝湖月刊》總第 385 期（2007 年 7 月），頁 11。「勞思光想把天去掉，這不能拉掉，沒有完啦。要是光從道德本身講，是可以不要『天』。要是光是『正其誼不謀其利，明其道不計其功。』那個『天』是可以不要。但是，儒家是有『天命不已』這一面呀。」見牟宗三：〈康德美學演講錄（五）〉，《鵝湖月刊》總第 411 期（2009 年 9 月），頁 8。

〔註40〕牟宗三：《心體與性體（一）》，頁 437。第三代新儒家大體亦繼承了這一基本觀念，如劉述先論儒家哲學的三個偉大時代：先秦、宋明、當代，認為貫徹於三個時代的核心即是「天道性命相貫通」，見韋漢傑翻譯整理：〈「垮文化視野下的東亞宗教傳統」第三次研討會記錄〉，《中國文哲研究通訊》第二十卷第三期（2010 年 9 月），頁 73。

路更合乎當代西方哲學以後形上學或反形上學的（post- or anti-metaphysical）方式（manner）來思考宗教、倫理問題的整體趨勢。〔註41〕由此我們也就不難明白，面對來自不同方面的批評，何以牟氏獨獨對勞思光的觀點予以更爲激烈的批評。

作爲研究的對象來說，我們更應該思考的是，勞思光的批評是否擊中了牟宗三哲學的要害，如果答案是否定的話，我們就必須闡明道德的形而上學在理論上是否有其必然性，作爲一種理論其自身是否穩固；相反，如果答案是肯定的話，我們就需要說明勞思光哲學的意義何在？也就是說勞思光的哲學思考是否在新儒家的思考之外爲儒學的發展提供了一種更具前景的研究方向？不過，本文的結論並不是在是與非之間作簡單的選擇，本文以爲勞思光的批評在一定意義上確實觸及儒家形上學思想中一些較爲核心的問題，如天道的客觀實在性以及儒家萬物一體的仁愛觀所存在的內在張力等，不過這些問題並非儒家形上學所完全無法克服的，後文對此將作更爲具體的分析。但勞思光的思考在理論上也同樣可以圓滿自足，重要的是二家哲學思考所涉及的各自的哲學（史）觀、宗教觀以及對儒學中成德的目標、工夫等的不同理解，這將是我們理解二家在儒學的詮釋上產生分歧的前提和基礎，本文在分論二家「儒學圖像」之後，將從不同方面對二家的儒學詮釋進行比較。同時，在相互比照之下，我們也可以對二家的儒學詮釋作出更爲合理、深入的評論。

以下再對本文的另一核心主題——中國文化路向問題作簡單說明。〔註42〕牟宗三、勞思光重建傳統儒學的重心都落在心性論上，這部分內容可以理解爲傳統儒學中內聖之學的現代形態；他們對中國文化路向問題或者說是對文化問題的哲學思考，〔註43〕則應屬於外王學，但並非傳統形態的外王學，而是牟宗三所謂的「新外王」學。〔註44〕牟氏《道德的理想主義》、《政道與治道》、《歷史哲學》等著作基本上都屬於這部分內容，勞思光早期及晚期的大量著作均集中討論了這一問題。新外王學不同於傳統的「經世之學」，其不再以對現實政治

〔註41〕Christopher Ben Simpson, *Religion, Metaphysics, and the Postmodern*, Bloomington: Indiana University Press, 2009, PP.1～6.

〔註42〕勞思光對此前思想界有關中國文化路向問題的思考有較爲集中的考察，參勞思光：《中國文化路向問題的新檢討》（臺北：東大圖書公司，1993）。

〔註43〕即牟氏所謂的「文化發展之道路問題」，見牟宗三，〈中國文化之問題〉，《時代與感受》，頁313～322。

〔註44〕牟宗三：〈中國文化的過去與未來〉，《時代與感受續編》，頁379～387。

的直接干預爲目的，而是在延續近代以來中西文化討論的基礎上，逐漸淡化其中強烈的以現實政治爲指向的「救亡意識」，將問題轉化爲一種哲學論述，即哲學的反思中西文化融合或者說是中國文化現代化的可能性問題。這在牟宗三與勞思光的哲學思考中，就是所謂中國文化路向問題或文化哲學問題。

　　牟宗三、勞思光對文化問題的思考與通常從歷史學的角度對文化的考察不同，他們並無興趣羅列介紹過去所存在的種種文化現象、文化成績，而更關注所謂的「文化精神」。這也就涉及他們對於文化發展的最終動力或動源的說明，弗洛伊德的精神分析學、文化人類學、哲學人類學等從心理分析及文化的補償性原則等角度對文化的發生給出了種種解釋和說明，〔註45〕當牟宗三思考傳統中國文化中何以沒有出現近代科學、民主政治制度的時候，實際上也是對過去的文化成績尋求一種解釋和說明，但其並未將文化發展的動力歸於某種心理結構或是其他的經驗因素，而是某種先驗的文化精神。牟宗三「綜合的盡理精神」與「分解的盡理精神」、「理性之運用表現」與「理性之架構表現」、「理性之內容的表現」與 「理性之外延的表現」等區分，〔註46〕以及勞思光早期論著中「重德精神」與「重智精神」的區分等，〔註47〕都是從文化精神的角度解釋、說明中西文化間的差異。勞思光的相關論述可以清楚地說明他們的上述立場：

> 當我們將「文化」一詞指一組經驗事實的時候，我們所研究的即是所謂「文化現象」。這從「現象」一詞的基本意義看，是不成問題的。研究文化現象的工作，即是人類學家、社會學家、心理學家們所從事的工作。但當我們從自由意志一面來觀察文化的時候，我們所研究的題材，在實質上，已有了極大的變化。我們所研究的，已經不是這些現象本身，而是現象背後的「文化精神」。……在經驗事實的層面上，有文化現象之研究；在自覺活動的層面上，有文化精神之研究。前者生出有關文化問題的經驗科學，後者則生出文化哲學。
>
> 〔註48〕

同樣，牟宗三也認爲所謂「中國文化」乃是以儒家作主流所決定的那個文化

〔註45〕衣俊卿：《文化哲學十五講》（北京：北京大學出版社，2009），頁23～29。
〔註46〕郭齊勇：〈論牟宗三的中西文化比較範式〉，《郭齊勇自選集》（桂林：廣西師範大學出版社，1999），頁164～188。
〔註47〕勞思光：《文化問題論集新編》（香港：中文大學出版社，2000）。
〔註48〕勞思光：《中國文化要義新編》（香港：中文大學出版社，1998），頁4～5。

生命的方向以及文化生命的形態，因而以「考古」的態度來「尋找」中國文化是不對的。〔註49〕

　　問題的關鍵並不在於已有的差異的存在，而是科學、民主作爲一種現代性的文化成績，如何能植根於未曾自發產生這些成績的中國文化的土壤中。由於牟、勞均將文化之根歸於文化現象背後的文化精神，那麼要使中國文化生發科學與民主，那麼合乎邏輯的結論便是使中國文化精神主要是儒家精神吸納作爲文化成績的科學與民主背後的文化精神，二者之間的對接才能眞正使得科學與民主在中國文化中生根發芽，而這無疑也是中國文化能夠現代化的必然途徑。這種對接如何可能，就需要進行哲學性的探索。於是，便有了牟氏所謂的「坎陷說」或是「內聖開出新外王」之論或是勞思光早期所謂的儒學精神之改造與拓展的問題。這裏並不存在制度層面的考量，而是在中國文化的自我反省的基礎上，對中國文化未來路向的一種探索，所以對牟宗三「開出說」之「實踐上如何可能的經驗質疑」〔註50〕並未把握到其文化哲學思考的精神實質。

　　勞思光早期的文化哲學思考與牟宗三在思路上基本是一致的，都屬於勞思光所謂的黑格爾模型的（Hegelian Model）文化觀，〔註51〕當然細節性的分析和說明仍有很大的不同，正文對此將有更爲詳盡的介紹。然而，勞氏中期之後的思想漸漸偏離這一思考模式，最終形成其關於文化問題的「二重結構觀」。〔註52〕如果勞氏的指認在理論上可以成立的話，那麼勞氏對黑格爾模型之文化觀的反省，就不只是對其早期哲學思考的一種自我反省，也是對牟宗三文化哲學的一種回應。勞氏晚期對此有極爲清楚的表述：

> 就現代文化跟儒學的核心意義來說，它們兩者基本上是異質的。就成德之學的肯定所在，跟現代文化的特性所在來說，有一個很難逾越的鴻溝。所以在這一點上，某些新儒學裏面的先生們，覺得從儒學本身內部可以直接開出一個現代文化的路來；我在這個地方沒有那麼樂觀的。我在儒學和現代文化兩邊都做了研究以後，我的結論

〔註49〕牟宗三：〈從儒家的當前使命說中國文化的現代意義〉，《時代與感受》，頁323～355。

〔註50〕白玉曉：〈歷史目的論、現代性與文化選擇──牟宗三「良知坎陷說」的文化省察〉，《中國儒學（第三輯）》（王中江、李存山主編）（北京：中國社會科學出版社，2008），頁414～428。

〔註51〕勞思光：《文化問題論集新編‧序言》。

〔註52〕勞思光：《中國文化路向問題之新檢討》，頁19～20。

是這種「開出」恐怕不大可能。這當然不是說儒學不可以重生；儒學可以有重生，但恐怕是要像我剛才所說的，不能保持原狀，而是要把這個原狀打散，從裏面抽出有普遍性的成素，然後重新組織才可以。〔註53〕

勞氏的思想轉變與當代思潮中哈貝馬斯（Jürgen Habermas）、帕森斯（Talcott Parsons）等人思想的衝擊密切相關，這些內容在牟宗三的哲學思考中是完全缺失的。那麼，勞思光的文化的「二重結構觀」是否眞正觸及了牟宗三文化哲學的理論限制，且在理論上更具解釋力？這是本文關注的重點所在，本文認爲勞思光對黑格爾模型文化觀之理論限制的指認是具有說服力的，其文化的二重結構觀確能針對此一限制而更爲合理地說明中國文化之現代化何以可能的問題，相較於新儒家，勞思光哲學的貢獻於此也就清晰的凸顯出來。近代以來中西文化論爭這一大的思想史背景，固然可以突出勞氏文化的二重結構觀的意義，然而勞氏的思考由於極大地淡化了所謂的「救亡意識」，是以其相關思考更具理論上的客觀意義。這都是本文在比較勞思光與牟宗三的文化哲學問題時將著力說明的。學界有關牟宗三哲學的討論仍集中於形上學的部分，但要眞正全面而深入地把握牟氏的思想整體，文化哲學部分的重要性顯然是無法忽視的，從整個二十世紀中國哲學思想史的角度來看，勞思光對這一問題的思考同樣值得我們關注。〔註54〕此外，本文還將說明上述兩大主題在牟宗三和勞思光的哲學思考中的內在關聯，這在一定的意義上可以理解爲他們對儒學「內聖外王」思想的一種現代解讀。

　　勞思光與新儒家之於中國哲學尤其是儒學的研究，其最終目的是要使中國哲學成爲一種「活的哲學」，〔註55〕使其能夠對於個體以及社會繼續發揮引導性的作用，因而他們關注的重心是哲學的而非歷史的，也即從哲學的角度

〔註53〕勞思光：〈從當代思潮看新儒家〉，《危機世界與新希望世紀——再論當代哲學與文化》，頁 114。

〔註54〕已有的研究參見孫善豪：〈對當代新儒家的實踐問題之探討（上）——唐君毅哲學中之實踐問題〉，《哲學與文化》1986 年 10 月 13 卷 10 期，頁 60～69、孫善豪：〈對當代新儒家的實踐問題之探討（中）——牟宗三哲學中之實踐問題〉，《哲學與文化》1986 年 11 月 13 卷 11 期，頁 46～63、孫善豪：〈對當代新儒家的實踐問題之探討（下）——勞思光哲學作爲對於實踐問題之回答〉，《哲學與文化》1986 年 12 月 13 卷 12 期，頁 47～60。

〔註55〕勞思光：〈中國哲學研究之檢討及建議〉，《虛境與希望——論當代哲學與文化》，頁 1～31。

抉發傳統中國哲學中不爲特定的社會歷史脈絡所限制因而具有超越性的內容。是以常常有學者針對這一點對他們提出批評性的意見,強調思想與社會歷史情境之間的互動。這類批評雖然並非完全無據,但對於勞思光和新儒家而言,太過於強調社會歷史背景對於思想的制約性,恰恰會極大地削弱思想自身的超越性與批判性。〔註56〕但這並不意味著新儒家及勞思光要將儒學轉化爲一種脫離歷史脈絡與社會結構的空頭理論,〔註57〕相反,他們十分強調儒學人文化成的獨特性格,因而在他們的儒學意識中,社會實踐或「外王」面同樣具有相當的重要性,牟宗三因此說「政治意識之方向究亦爲儒家本質之一面」,〔註58〕勞思光論儒學作爲一種引導性的哲學,同樣強調自我轉化之外的世界轉化的維度。〔註59〕對此,李明輝教授有一較爲中肯的論斷:

> 儒家底實踐以道德實踐爲本,由此再延伸到社會與政治中的實踐。
> 我們可根據這兩面將儒學的本質界定爲「內聖之學、成德之教」,但
> 就內聖爲外王之本而言,內聖的一面更具本質性。脫離了內聖之學
> 而言的「實踐」,儒家必視爲無本之論。〔註60〕

是以本文所討論的兩大主題,在儒學傳統中是必然地關聯在一起的,而要考察一位哲學家對儒學的理解與定位,也就需要就其在這兩方面的思考作整體性的反思。但就勞思光與牟宗三而言,他們思想上的區別主要不在內聖與外王的內在關聯這一點上,因而本文側重從他們對儒學內聖之學的不同理解來討論二家的儒學意識。

本文的目的及主體內容即如上述,最後本文還將對勞思光的思想定位問題加以說明,這一問題自然以勞思光與新儒家之間思想關聯的辨析爲重心。本文的最終結論爲,本文以爲馮耀明等學者極力誇大勞思光與新儒家之間的思想距離的做法具有思想上的誤導性,〔註61〕從廣義新儒家的角度來講,〔註62〕勞思

〔註56〕 近年來中國哲學研究領域愈來愈強的「歷史化敘事」(historized narrative)的傾向,是非常值得我們反思的,馬愷之(Kai Marchal)正是基於這一點對葛兆光的《中國思想史》提出批評,參馬愷之:〈歷史性、哲學與現代性的命運:勞思光的《中國哲學史》與列奧‧施特勞斯〉,《萬戶千門任卷舒──勞思光先生八十華誕祝壽論文集》,頁217~255。
〔註57〕 李明輝:《當代儒學之自我轉化》(臺北:中研院文哲所,1994),頁11。
〔註58〕 牟宗三:《心體與性體(一)》,頁7。
〔註59〕 勞思光:〈對如何理解中國哲學之探討及建議〉,《思辯錄:思光近作集》,頁19。
〔註60〕 李明輝:《當代儒學之自我轉化》,頁12。
〔註61〕 馮耀明:〈勞思光與新儒家〉,《哲學與文化》廿六卷第八期(1999年8月),

光仍然可以歸入新儒家之列，〔註63〕雖然勞思光反對自己被認作是傳統主義者，〔註64〕且常常公開申明自己並非新儒家。〔註65〕勞思光反對門戶意識，強調思想的開放性，因而希望與新儒家保持距離，然而就思想本身的角度而言，其與新儒家之間的距離並沒有想像中那麼大，這是本文結論部分將著力闡釋的一點。

頁 712～720；馮耀明：《「超越內在」的迷思──從分析哲學觀點看當代新儒學》（香港：中文大學出版社，2003）。

〔註62〕郭齊勇：〈綜論現當代新儒學思潮、人物及其問題意識與學術貢獻──兼談我的開放的儒學觀（上）、（下）〉，《探索》2010 年第 3、4 期。

〔註63〕不少學者將勞思光認定為新儒家的代表人物也就並非完全無據，參呂武吉、杜維明：〈現階段儒家發展與現代化問題〉，《評新儒家》（羅義俊編著，上海：上海人民出版社，1989），頁 249～268；黃楠森：〈孔子與儒學〉，《黃楠森自選集》（重慶：重慶出版社，1999），頁 160～181（該文有英譯本，見 Huang Nansen, Confucius and Confucianism, Brian Carr & Indira Mahalingam ed., *Companion Encyclopedia of Asian Philosophy*, Routledge, 1997, pp481～496）；賴賢宗：《儒家詮釋學》（北京：北京大學出版社，2010），頁 54；吳汝鈞：《純粹力動現象學》（臺北：臺灣商務印書館，2005），頁 874。劉述先教授就當代新儒家的代表人物問題給出了一個「三代四群」的架構，這大概是比較為學界所接受的一種看法，勞思光並未被列入其中，劉氏簡要說明了不將勞思光列入其中的原因，參劉述先：〈現代新儒學研究之省察〉，《現代新儒學之省察論集》（臺北：中央研究院文哲所，2004），頁 130～131；勞氏弟子吳有能亦認為將勞思光歸類為新儒家，實未得其實情，參吳有能：〈勞思光先生的比較哲學〉，劉國英、伍志學、林碧玲合編：《萬戶千門任卷舒：勞思光先生八十華誕祝壽論文集》（香港：中文大學出版社，2010），頁 262；梁美儀亦從文化理論的角度強調勞思光與唐君毅、牟宗三間的差異，參梁美儀：〈論「歷史動態觀」與文化本質論之間的張力〉，《無涯理境──勞思光先生的學問與思想》，頁 212～145。

〔註64〕勞思光：〈傳統主義與反傳統主義〉，《思辯錄──思光近作集》，頁 157～163。

〔註65〕勞思光：〈旨趣與希望〉，《虛境與希望──論當代哲學與文化》，頁 219～225。

第一章　作為道德的形而上學的
　　　　成德之學

　　牟宗三對儒學的詮釋大體是立足於宋明儒學，以康德哲學為參照，從整體上衡定儒學的特性。他基本上是以陸王心學作為儒學最重要的理論形態，進而由之回溯先秦孔孟之學，確定孔孟哲學的思想意涵。由此其以《論語》、《孟子》、《易傳》、《中庸》、《大學》五部文獻為基礎，將儒學詮釋為一套道德的形而上學（moral metaphysics），進而以之判定漢代儒學以及宋明諸儒之學。

　　牟宗三道德的形而上學一直都是當代新儒學研究領域的核心課題，有不少介紹性的作品，是以本章不擬對牟氏此一哲學理論作介紹性的研究，而試圖以問題為中心對其作一反省性的考察。對牟宗三此一形上學理論進行反思，自然可以有諸多不同的進路，不過其中最為重要的進路無疑是就此一理論本身所可能面對的內在困境作深層的省思。因本文主要是就牟宗三哲學與勞思光哲學作對比性的研究，是以本文對牟氏形上學理論的考察自然以勞思光的批評和質疑為中心而展開。勞思光對道德的形而上學的質疑基本上是由該理論所存在的內在困難進行的，其質疑可以歸結為以下兩點，道德的形而上學的基本意涵乃是，作為道德行為所以可能的根據即心性，同時亦即天地萬物存在的根據，那麼：1、儒家講論道德何以必然涉及存在，這也就是說，道德的形而上學存在之必要性如何說明？勞思光即認為儒學根本上即是一套純粹的心性論，其所處理的僅只是道德價值問題，這套語言本身是獨立自足的，心性論並沒有什麼理論上的難題需要形上學以及天道觀來加以處理，也就是說對於儒家而言，形上學或天道觀並無存在之必要，相反，若由心性論引致形上學必然引生種種的理論困難；2、即便我們承認儒家有肯定一形上學存在之必要，但這裏仍存在一重要問題，即

此道德的形而上學如何可能？道德的形而上學的基本意涵在於心性即天道，那麼要說明道德的形而上學之可能，其關鍵只在說明心性如何可以被視爲一形上實體，亦即如何能證明心性本身即是一形上實體？如果說心性在陸王心學中根本就不存在一形上學維度，那麼其中所存在類似形上學或天道觀的說法將只能歸入心性論之下，而不應視爲第一序者，這樣問題其實又可轉化爲天道之存有輪地位如何說明？

　　本文即以這兩個問題爲中心展開對牟宗三道德的形而上學的論述，在論述牟氏詮釋儒學的理論架構之前，本文還將簡要討論另外一個更爲前提性的問題，即牟氏對中國哲學之特性的衡定，最後還將依牟氏對中國哲學所作的判定，亦即所謂生命的學問，來闡述儒學何以具有安身立命的功能。

第一節　哲學抑或宗教：牟宗三對中國哲學的定位

　　作爲一種學科門類而言，中國哲學是在中西文化的碰撞與交融中產生的。在現行中國大陸的學科體制下，中國哲學作爲哲學門類中的八個二級學科之一，它的存在作爲一個事實已經爲國人所接受。但「中國哲學」這一概念本身所存在的張力，並未因此而消失，從學科創制之初的章太炎、蔡元培以至以兩卷本《中國哲學史》爲中國哲學學科奠定經典範式的馮友蘭，在論及中國哲學時無不表現出無奈之感。〔註1〕有關中國哲學合法性問題（the legitimacy of Chinese philosophy）的爭論更於世紀初被《學術月刊》與《文匯讀書週報》聯合評爲「2003年度十大學術熱點」之一，〔註2〕西方漢學界的一些學者也參與到這一討論中來。〔註3〕這裏面所存在的一個根本性的難題在於，哲學作爲一種普遍性的論述與中國這一限定詞所代表的特殊性之間的內在張力，〔註4〕也就是說「中國哲學」相關的研究成績能否既是一種普遍的哲學論述同時又能將中國哲學自身的特性傳達出來。

〔註1〕　葛兆光：〈爲什麽是思想史：「中國哲學」問題再思〉，《江漢論壇》2003年第7期，第25頁。

〔註2〕　相關情況可參閱邢賁思等主編：《新時期中西哲學大論辯》（南昌：百花洲文藝出版社，2006）第十一章《中國哲學的合法性問題》。

〔註3〕　Carine Defoort, Is "Chinese Chilosophy" a Proper Name? A Response to Rein *Raud, Philosophy Ea*st & West, Vol. 56, No. 4 (Oct., 2006), pp.625～660.

〔註4〕　Carine Defoort, Is There Such a Thing as Chinese Philosophy? Arguments of an Implicit Debate, *Philosophy East & West*, Vol.51, No.3 (July, 2001), pp.393～413.

　　牟宗三對於中國哲學的定位同樣也表現出中國哲學自身的這一困境，即中國哲學的內容與形式之間的緊張關係。就內容而言，中國哲學以生命的終極的自我轉化〔註5〕及其內在資源與最終境界爲其關注的焦點，這顯然與西方文化中宗教的關注內容較爲接近，新儒家自唐君毅、牟宗三以至杜維明、劉述先越來越強調中國哲學尤其是儒學與西方基督教以及其他各大宗教間的對話，原因正在於此。對牟宗三而言，儒學之所以是「常道」，因而具有絕對永恆之價值，正在於其超越性、形上性或宗教性之面相，牟氏論儒學即以此爲重心；〔註6〕唐君毅對此亦有相同之見解：「中國文化精神，至少在一點上，實有其至高無上之價值，此即依於人者仁也之認識，以通天地、成人格、正人倫、顯人文是也」。〔註7〕但在形式上牟宗三則更加強調以哲學的方式展示儒釋道各家的概念、原則以及系統性格。牟宗三有時即說：「中國傳統的學問是道德、宗教，不屬於哲學」。〔註8〕這即是就中國哲學的內容，指明其與「從西方古希臘開出來的哲學傳統」殊異，而近於道德、宗教。但這並非意味第二序的或反省層的（the second or reflective order）哲學思辨全無意義，「哲學活動是在教的範圍內幫助我們的一種疏通，是一道橋。界限就在這橋上，盡橋的責任就是它的界限。」〔註9〕所以中國傳統的學問在以前固然並未當哲學來講，但我們仍然可以方便地把它當哲學講，闡明儒釋道各系統的性格。〔註10〕正因爲對中國傳統學問的哲學性的處理，只是一種方便，那麼對於哲學的局限性我們必須有清醒的意識。雖說中國的學問屬於道德、宗教，但其畢竟不是西方式的以神爲中心的啓示宗教。〔註11〕牟宗三對

〔註5〕　杜維明：《論儒學的宗教性——對《中庸》的現代詮釋》，收入《杜維明文集（第三卷）》（武漢：武漢出版社，2002）。

〔註6〕　由此我們即可明白牟氏何以說：「從孔子到陽明，都顯然含有一形上學的意義。這須由『天』字來體驗；這『天』是儒家超越的意識。任何一大教，不管是什麼形態，都不能無超越意識，如喪失此意識，便無法開展；……故外人說儒家只可通於人倫日用，故是有限，而超越義不夠；外人如此說也就算了，但我們自己便不該如此說，這對中國文化是不利的。」見牟宗三：〈儒家的道德的形上學〉，《牟宗三先生晚期文集》，頁214。

〔註7〕　唐君毅：《中國文化之精神價值》，頁347。

〔註8〕　牟宗三：〈訪韓答問錄〉，《時代與感受》，頁228；牟宗三：《中西哲學會通之十四講》（全集本卷30）（臺北：聯經，2003），頁30～31。

〔註9〕　牟宗三：〈訪韓答問錄〉，《時代與感受》，頁228。

〔註10〕　牟宗三：《中國哲學十九講》，頁56。

〔註11〕　牟宗三：《中國哲學的特質》（全集本卷28）（臺北：聯經，2003），頁6。

哲學、宗教這些源於西方的重要概念均是有條件的使用的，其對中國哲學的定位本質上是由其對西方哲學、宗教以及中國自家學問的理解所決定的。以下我們將展示牟宗三是如何在以上三者的相互纏繞的關係中確立中國哲學自身的合法地位及其獨特性，以此爲背景我們將更易於把握牟氏對儒學的理解和定位。

爲方便起見，我們先引羅素（Bertrand Russell）界說哲學的一段文字加以說明：

> 哲學，就我對這個詞的理解來說，乃是某種介乎神學與科學之間的東西。它和神學一樣，包含著人類對於那些迄今仍爲確切知識所不能肯定的事物的思考；但是它又象科學一樣是訴之於人類的理性而不是訴之於權威的，不管是傳統的權威還是啓示的權威。一切確切的知識——我是這樣主張的——都屬於科學；一切涉及超乎確切知識之外的教條都屬於神學。但是介乎神學與科學之間還有一片受到雙方攻擊的無人之域；這片無人之域就是哲學。〔註12〕

羅素有關哲學的這一經典界說，通過與宗教神學的比較而闡明了哲學的主題、內容，與科學的對比則突出了哲學思考的方法特性。牟宗三對於中國哲學的定位與羅素的觀點有非常一致之處，他通過將中國哲學與基督教神學、西方哲學科學的比照來確定中國哲學的本質內容，而以理性思辨爲哲學思考的根本特徵。〔註13〕只是需要注意的是，當牟宗三以宗教、哲學等西方術語界定中國哲學的時候，這些術語均有其特定的意涵，這些意涵乃是牟氏經由對比中西文化、仔細勘察雙方同異的基礎上得來的。

就中國哲學的內容而言，「性理、玄理、空理這一方面的學問，〔註14〕是屬於道德、宗教方面的，是屬於生命的學問，故中國文化一開始就重視生命」，〔註15〕其主要用心在於如何來調節我們的生命，來運轉我們的生命、安頓我們

〔註12〕羅素：《西方哲學史（上卷）》（北京：商務印書館，2002），頁11。

〔註13〕對西方人而言有所謂 philosophy is philosophia，哲學即思辨的說法，參勞思光：〈中國哲學的回顧與展望〉，《虛境與希望：論當代哲學與文化》，頁164；勞思光：〈對於如何了解中國哲學之探討及建議〉，《思辯錄：思光近作集》，頁15；石元康：〈引導性的哲學與認知性的哲學〉，《無涯理境：勞思光先生的學問與思想》，頁163～173。

〔註14〕這三者即分別代表了中國哲學中主體部分，即儒道釋三家的思想內容，牟宗三：《心體與性體（一）》，頁5～6。

〔註15〕牟宗三：《中西哲學會通之十四講》，頁31。

的生命。〔註16〕中國哲學、中國文化是生命的學問，重視、關注生命，但並非生物學意義上的關注，正如法國現象學家 Michel Henry 所說，近代科學所開啓的領域中並無人（person）的位置，今日的生物學家不再研究生命。〔註17〕以自然科學爲範式對人的研究，恰恰是對人的生命的宰製，〔註18〕表現出明顯的「物化」（reification）趨向。牟宗三正是要從這種日趨科學化的時代潮流中重新確立生命的意義與方向，〔註19〕是以所謂「生命的學問」，就個人主觀方面而言，是個人修養之事，個人精神升進之事，如一切宗教之所講。〔註20〕就此而言，牟宗三所謂的宗教即能爲個體提供安身立命之本者，而在一個科學主義盛行的時代，道德、宗教所代表的價值之域不斷萎縮，人開始平面化爲單維的人，生命無以安立，牟氏因而慨歎「現代人太苦了，人人都拔了根，掛了空」。〔註21〕中國傳統學問的積極意義，正在於其能在自然世界、自然生命之外，開拓出一個價值世界、精神生命。僅此還不足以決定中國哲學是宗教的，就儒學而言，「必其不舍離人倫而即經由人倫以印證並肯定一眞善美之『神性之實』或『價値之源』，即一普遍的道德實體，而

〔註16〕 牟宗三：《中國哲學十九講》，頁 12。

〔註17〕 Michel Henry, *I Am the Truth: Toward a Philosophy of Christianity*, Stanford, California: Stanford University Press, 2003, pp.266～267.

〔註18〕 是以牟氏說：「研究這個主體有許多學問，有心理學、生理學、人類學、生物學等等的學問，現在人類動輒根據這些科學觀點來了解人，其實根據這些科學觀點所了解的主體，已經不是人，問題的發展就成了這麼一個吊詭的現象。當用上述各種科學觀點來了解這個主體時，這時主體又轉成爲外在的客體了，主體性立刻消失了」。見牟宗三：〈人文思想與教育〉，《時代與感受續編》，頁 350～351。

〔註19〕 牟氏謂：「讀西方哲學而接近生命的，不外兩條路：一是文學的，一是生物學的。然這都不是正宗的。文學的進路是感性的、浪漫的，生物學的進路是科學的、自然主義的，都不能進入生命學問之堂奧。」見牟宗三：《生命的學問》（桂林：廣西師範大學出版社，2005），頁 31。

〔註20〕 牟宗三：《生命的學問》，頁 33。對儒學宗教性的強調正是第二代新儒家的最大特徵之所在，郭齊勇教授即敏銳的指出：「當代新儒家第二代的重鎮牟宗三、唐君毅才開始從強勢的、排斥性的啓蒙心態中擺脫出來，眞正體認到西方思想資源中有深層意蘊、深厚價值的是宗教。因此，與第一代熊等貶低宗教、劃清儒學與宗教的界限等作法不同，亦與胡適、馮友蘭等發掘中國哲學中知識論、邏輯學的傳統不同，唐、牟等人著力闡發儒學有不同於世俗倫理實踐的宗教意蘊，力圖發掘儒家道德背後的超越理據。」見郭齊勇：〈儒學：入世的人文的又具有宗教性品格的精神形態〉，《儒教問題爭論集》（任繼愈主編，北京：宗教文化出版社，2000），頁 416。

〔註21〕 牟宗三：《生命的學問》，頁 2。

後可以成為宗教。」﹝註22﹞因此，我們雖可說儒家是人文主義的，但卻不止於此，因其更強調並肯認一具普遍超越性之道德實體或精神實體，所以它亦是宗教的（religiousness/religiosity）。由此，牟宗三關於「教」有一較為寬泛之界定：「凡足以啟發人之理性並指導人通過實踐以純潔化人之生命而至其極者為教」。﹝註23﹞所謂「至其極」即是「於個人有限之生命中取得一無限而圓滿之意義」。﹝註24﹞圓滿、至極之所以可能，正以上述精神實體為前提和根本，是以牟氏曰：「依先天義，保持道德我之無限性；依後天義，保持我之個體存在之有限性。此兩義同時完成於儒家之『道德的形上學』中，而儒家之充其極的『道德的形上學』即完全同一於『道德的神學』，外此並無其他『道德的神學』之可言。」﹝註25﹞如何方為圓滿？此則涉及牟宗三之圓教觀念，後文詳論，此處暫不討論。由此，我們可以說，牟宗三對於儒學之宗教性的探討，在一定意義上是其對二十世紀人類所共同面對的兩大難題的回應：近代科學世界觀所導致的機械主義或物化思想傾向以及宗教世界淡化之後所帶來的虛無主義傾向。﹝註26﹞

個人主觀方面的修養，即個人之成德，是離不開國家天下的，﹝註27﹞所以中國傳統哲學所代表之生命的學問，亦有其客觀方面的意義。這在儒家體現得

﹝註22﹞ 牟宗三：《生命的學問》，頁63。唐君毅說：「人之證得良知本體，正同於人之與上帝合一，超生死而證永恆。……凡此諸論，實皆有一形而上之精神實在之肯定，而對『既為主觀亦為客觀而天人不二之氣理或心』有一絕對信仰。此乃既表現中國文化之最高的哲學精神，亦表現一最高之道德精神、宗教精神者。」唐君毅：《中國文化之精神價值》（桂林：廣西師範大學出版社，2005）。頁332～333。

﹝註23﹞ 牟宗三：《圓善論‧序言》（全集本卷22）（臺北：聯經，2003）。

﹝註24﹞ 牟宗三：《心體與性體（一）》，頁8。

﹝註25﹞ 牟宗三：《心體與性體（一）》，頁554。

﹝註26﹞ 吳汝鈞討論西谷啟治（Nishitani Keiji）哲學時亦認為西谷啟治對宗教問題的關心同樣是就著現代人所面對的這兩大難題而展開的，見吳汝鈞：〈西谷啟治的空的存有論〉，《京都學派哲學七講》（臺北：文津出版公司，1998），頁99。就此而言，我們顯然不能像有些學者所理解的那樣，認為新儒家們的哲學思考是脫離時代、脫離現實的，且其思考的問題也是陳舊的，因而其哲學思想根本就不具有「普遍的」意義，如果我們平情地了解新儒家的相關思想，我們可以發現其所思考的問題固然無法擺脫「中國人的立場」，但其對人生意義問題的探尋不能不說是二十世紀哲學家共同關心的課題，其哲學思考的普遍意義正體現於此。上述批評可參陳嘉明：〈新儒學現象與哲學創新問題〉，《復旦學報》2010年第2期，頁57～61。

﹝註27﹞ 牟宗三：《生命的學問》，頁34。

尤爲突出，儒家所確立之道德宗教不獨關注個體生命之安立，亦強調日常生活軌道之確立。〔註28〕「中國文化生命所凝聚成之倫常禮文與其超越而普遍之道德精神實體尤其具圓滿之諧和性與親和性，不似西方宗教之隔離」。〔註29〕在這一點上，儒家傳統作爲宗教極具人文性的特徵，即不與人文世界相隔離。於此，牟宗三極爲強調儒學即內在即超越的思想特徵，使儒家所肯認之超越而普遍之道德精神實體與基督教所祈禱崇拜之人格神相區別。正因爲儒學作爲宗教涵括上述兩方面內容，所以牟宗三有時以「道德的宗教」或「即道德即宗教」說儒學，〔註30〕有時又以「人文教」說之。〔註31〕前者側重說儒學爲個體生命提供人生方向之意義，後者則強調儒學不舍人文世界的人文主義特徵，宗教性與人文性的統一是儒家的一個根本性特徵。杜維明後來更以「包容的人文主義」來發揮儒家思想的相關意涵。〔註32〕由此可以見出牟宗三以宗教衡定中國哲學之本質內涵的用意：中國哲學作爲生命的學問有其超越性的面相，因而不能將其

〔註28〕 牟宗三有關儒學宗教性的論述可參閱郭齊勇：〈當代新儒家對儒學宗教性問題的反思〉，《中國哲學智慧的探索》（北京：中華書局，2008），頁 367～393；〔韓〕鄭炳碩：《從牟宗三哲學看儒家的宗教性》，《鵝湖月刊》總第 414 期（2009年 12 月），頁 42～53。

〔註29〕 牟宗三：《生命的學問》，頁 64。

〔註30〕 牟宗三：《心體與性體（一）》，頁 8。

〔註31〕 牟宗三：《生命的學問》，頁 64；牟宗三：《人文講習錄》（桂林：廣西師範大學出版社，2005），頁 3～4。

〔註32〕 杜維明：《論儒學的宗教性——對《中庸》的現代詮釋》，收入《杜維明文集（第三卷）》，頁 484。劉述先亦特別強調儒家人文主義的這一特徵：「中國人的人文主義，也由有限的人存在開始，但有限而通於無限，天人合一，不像現代西方賽頭的人文主義，有一種被遺棄的畸零的感受，流露出一種與命運挑戰的無望的英雄主義的情調。儒家對生命現實的體驗，也有和存在主義極相近的一面：羅近溪所謂眞正仲尼臨終不免歎一口氣。但是四圍的黑暗，並不能阻擋人的生生不已的體驗，仁心的充擴沒有封限，乃終於體證到以天地萬物爲一體的境界。……中國的人文精神是中國文化的特殊產物，它宣揚的中庸之道，恰正是西方文化最缺少的東西。它不必像西方基督教超人文的精神，必須要在另一個世界才能找到生命的意義。在另一方面也不必像西方現代的賽頭人文主義那樣，硬要把自己和社會人群、宇宙天道整個切開，變成一個孤零零的個體，既沒有生前也沒有死後的安慰。」見劉述先：〈儒家思想的現代化〉，《儒家思想與現代化——劉述先新儒學論著輯要》（景海峰編，北京：中國廣播電視出版社，1992），頁 202。陳榮捷甚至說：「如果有一個詞可以概括全部中國哲學史的話，這個詞會是人文主義（humanism），不是否認或者淡化至上力量的人文主義，而是承認天人合一的人文主義。在這個意義上，人文主義一開始就主導著中國思想的歷史。」見 Wing-Tsit Chan, *A Source Book in Chinese Philosophy*, Princeton, New Jersey, Princeton University Press, 1963, pp3。

只作哲學或學說看；中國哲學在內容上雖近於宗教，〔註33〕但不可將其混同於西方傳統中所意謂之宗教（religion）。〔註34〕牟宗三對勞思光以及羅光的儒學詮釋提出嚴厲批評，原因即在於此。勞思光極力將儒學哲學化，淡化其中宗教性的意涵；羅光則基於天主教的立場詮釋儒學，將儒學中具有超越意義之天完全等同於上帝。〔註35〕牟宗三從內容方面以中國的學問是道德宗教的，這只是就中國哲學所關注的問題與其他宗教具有一致性而言的，但就各自所展示的具體形態來看，中國的儒釋道傳統與基督教有著明顯的不同。即便如此，我們仍可方便地將其稱之爲宗教，只是我們對其自身的本質特徵必須有高度的自覺。

　　那麼中國哲學在何種意義上又是哲學的呢？或者說中國究竟有無哲學？關於這一點，牟宗三強調必須破除對於哲學的西方中心主義的理解，牟氏首先承認：「若把這源自希臘的『哲學』一名和西方哲學的內容合在一起，把它們同一化，你可以說中國根本沒有哲學」。〔註36〕而中國學術思想既鮮與西方相合，故而以西方哲學來衡定中國哲學自然是不可取的，由此必須對哲學本身重新予以界定。

　　　凡是對人性的活動所及，以理智及觀念加以反省說明的，便是哲學。

　　　孔子與釋迦，甚至再加上老子，卻都又有高度的人生智慧，給人類
　　　決定了一個終極的人生方向，而且將永遠決定著，他們都取得了耶
　　　穌在西方世界中的地位之地位。但他們都不像耶教那樣的宗教，亦
　　　都不只是宗教。學問亦從他們的教訓，他們所開的人生方向那裏開
　　　出。觀念的說明、理智的活動、高度的清明、圓融的玄思，亦從他
　　　們那裏開出。如果這種觀念的說明、理智的活動，所展開的系統，
　　　我們也叫它是哲學，那麼，這種哲學是與孔子、釋迦所開的「教」
　　　合一的：成聖成佛的實踐與成聖成佛的學問是合一的。這就是中國
　　　式或東方式的哲學。

　　　西方哲學固是起自對於知識與自然之解釋與反省，但解釋與反省的

〔註33〕此即牟宗三所謂：「故儒教，在中國雖未成爲宗教，然卻實爲『宗教的』，因它實代表一種人生之基本肯定。此種肯定（決斷），在科學與民主裏，是找不到的。故吾人視之與宗教爲同一層次上的事是可以的。」見牟宗三：《生命的學問》，頁84～85。

〔註34〕牟宗三：《生命的學問》，頁65。

〔註35〕牟宗三：《中國哲學十九講》，頁57～60、337。

〔註36〕牟宗三：《中國哲學的特質》，頁1。

活動豈必限於一定形態與題材耶？哲學豈必爲某一形態與題材所獨佔耶？能活動於知識與自然，豈必不可活動於『生命』耶？」〔註37〕由牟氏的上述論說，我們大致可以把握到他對中國哲學之哲學性的基本認定。首先，哲學是一種觀念的反省或理智的活動，其實這乃是就哲學活動在思維方式上的特性來界定哲學，在這一點上，牟宗三基本上仍是在西方哲學的意義上來使用哲學這一概念的，即哲學本質上是一種理性思辨的活動。牟氏嘗謂：「我是北大出身，認爲哲學必以理論思辨爲主」。〔註38〕當代新儒家自熊十力始即特別強調理性思辨這一點，熊氏謂：「哲學固不遺理智思辨，要不當限於理智思辨之域」，〔註39〕熊氏進而認爲儒道重體會，此其所長，其失則輕論辯，儒術之所以衰在很大程度上與其不務敷陳理論密切相關。〔註40〕就這一點而言，顯然不能斷然否認中國有哲學的存在，不過必須清楚的是，中國哲學之反省的對象與西方哲學有顯著的不同，中國哲學以生命爲反省之對象，而西方哲學更側重對知識與自然的反省。劉述先同樣在這一意義上承認有中國哲學的存在：「如果哲學指的是經過自覺的反省以後所採取的一套對世界與人生的看法，則中國無疑是有哲學的傳統，但是如果哲學指的是通過邏輯的論證形式所建立的形而上學思辨的大系統，則中國沒有哲學」。〔註41〕我們固然不能否認中國哲學的存在，但正如熊十力所言，儒道於理性思辨方面不足，當代新儒家對此有高度的自覺，是以努力以哲學的方式對中國哲學予以重構。他們之所以能在中國哲學研究領域取得如此卓越的成就，在很大程度上即是由上述自覺所決定的。在某種意義上，牟宗三乃是將中國哲學從主觀體驗轉變成爲客觀學問的關鍵性人物。點明這一點極爲重要，由之我們可以從哲學家的角度更好的定位牟宗三的理論工作，勞思光即是從一個儒者的角度而非哲學家的角度對牟宗三提出嚴屬的批評：「儒家基本的問題是在自我轉化以成聖成賢，不只是構造一套形上學理論。……牟宗三先生本身的研究成果有自身的理論價值，只是終究不能與成德之學混爲一談。離開了成德之學究不算是眞的儒學，是把中國哲學最精要、最

〔註37〕牟宗三：《中國哲學的特質》，頁3～6。

〔註38〕牟宗三：《五十自述》（全集本卷32）（臺北：聯經，2003），頁98。

〔註39〕熊十力：〈與梁漱溟〉，《熊十力全集（第8卷）》（武漢：湖北教育出版社，2001），頁649。

〔註40〕熊十力：《十力語要》，《熊十力全集（第4卷）》（武漢：湖北教育出版社，2001），頁173。

〔註41〕劉述先：《理一分殊》（上海：上海文藝出版社，2000），頁9。

有特色的一部分放棄。」〔註42〕也正是在這一點上，相較於牟宗三，勞氏更為重視唐君毅在新儒學運動中的重要地位：「『唐先生去世以後，再沒有人能夠談工夫問題，再沒有人能夠談成德問題。』那些人談成德的問題都是理論的語言，並不是真正有自我生命的實感。唐先生真正的長處就在於他對宋明理學下來的很多小曲折的地方真正用過心。於是我說第二句話，唐先生講新儒學與別人講新儒學有很大不同，其不同處就在於他不能離開『成德』的實踐來講新儒學。換句話說，現在有人講新儒學，講著講著就與成德沒有關係，但他會聲稱這是一個新理論，如道德形上學是一個新說法。但是，這樣說對儒家原始的問題，至少對『人成為什麼』的根本問題是撇開而不深思的。」〔註43〕

在牟宗三這裏，中國哲學即是以理性思辨的方式對傳統儒釋道三教所代表的「生命的學問」予以觀念的反省，展示各家學問的系統性格。理智的反省在本質上只是一種理論活動，而這一理論活動本身所反思的對象卻是以生命自身的踐履為根本內容，〔註44〕並且就今天的歷史情境而言，中國哲學所反思的內容只能是古人經由自我反省而載之於文獻典籍中的「生命活動」，既然哲學的思辨是第二序的或反省層的，〔註45〕那麼它與第一序的或基層的「生命的學問」之間有何內在關聯？〔註46〕牟宗三自己亦意識到這一問題：

> 能不落在一定形態下，而單從名理以辯之哲學家，則可拆穿聖人之
> 渾一，而一一予以辯示，以暢通其理理無礙、事事無礙、事理無礙
> 之途徑。哲學以名理為準。名理凌空，不為生命所限；聖證以生命

〔註42〕勞思光：〈對中國哲學研究之省思——困境與出路〉，《中國文哲研究通訊》第二十卷第二期（2010年6月），頁200。

〔註43〕勞思光：〈從唐君毅中國哲學的取向看中國哲學的未來〉，《中國哲學與文化（第八輯）》（劉笑敢主編，桂林：廣西師範大學出版社，2010），頁22。

〔註44〕牟宗三論儒家思想之性格即謂，道德的形而上學不只是「仁心無外」之理上如此，而且由「肫肫其仁，淵淵其淵，浩浩其天」之聖證之示範亦可驗其如此，道德的形上學所包含之「本體宇宙論的陳述」（onto-cosmologocal statements）是由道德實踐中之澈至與聖證而成者。見牟宗三：《心體與性體（一）》，頁11。

〔註45〕牟宗三：〈訪韓答問錄〉，《時代與感受》，頁228。

〔註46〕法國學者杜瑞樂（Joel Thoraval）從人類學的角度對新儒家將儒學理論化的事實作了較為深入的反思，認為我們今天所謂的儒家哲學，乃是試圖以一種新語言來保存儒家寶貴思想的努力之產物，但它也同時喪失了那些思想得以存在的條件。由於特殊的歷史條件，人們以哲學手段去解決一些首先不屬於哲學範疇的東西，而這就是問題的實質。見杜瑞樂：〈儒家經驗與哲學話語：對當代新儒家諸疑難的反思〉，劉東主編：《中國學術（第十四輯）》（北京：商務印書館，2003），頁5。

爲資，不能不爲其所限。無生命之聖證，則道不實；無名理之淩空，
則道不開。哲學辯而開之，顯無幽不燭之朗照；聖證渾而一之，示
一體平鋪之實理。然哲學家智及不能仁守，此是哲學家之悲劇；聖
證仁守而封之，此是聖人之悲劇。兩者永遠在開闔相成中而各有其
獨立之本質，藉以觀人之所以爲人，精神之所以爲精神。〔註47〕

道不能空懸，必賴具體生命而展現，然生命本身必有其限制，正如理必在氣
的限制中求其實現一樣，這裏面有一種形而上的必然性（metaphysical
necessity）。〔註48〕聖人之悲劇就在於其展現道必受具體生命之限制，此即孟
子所謂「聖人之於天道，命也」，〔註49〕牟氏所謂「聖證仁守而封之」亦即此
意。所謂的「封」、「限制」即是對最終理境的封限。然哲學家卻能擺脫具體
生命之制限，經由理性思辨而逼顯最終理境——圓聖理境，〔註50〕但哲學家
的悲劇在於，其僅智及而不能仁守，如此則道只成空懸之道而無法落實。哲
學思辨與聖證或實踐間的關係可以說是相輔相成的。就牟宗三而言，道德宗
教固高於哲學，〔註51〕然而哲學本身並非可有可無，因爲哲學淩空，因而可
以擺脫特定歷史情境及社會脈絡的限制而具有超越性，由之可以眞正開顯最
後的終極理境，亦即「依各聖哲之智慧方向疏通而爲一」，〔註52〕或者說，「哲
學家是聖人的解釋者，這也就是以前的人所說的『替聖人立言』」。〔註53〕

　　唐君毅先生關於哲學思辨與體證之關係亦有類似的看法：西方哲學重思
辨，其始終以追求眞理爲目標，展示人的純粹理性，此可使人的心靈、精神
向上提升；但由於此種思辨不能落實於信仰或實踐，「於是其所以得此觀念之
思維與論辯，亦只成一種理性之虛姿之撥弄」；「而中國之哲學，則因其必歸
於體證與實踐，則罕有此弊，融中西哲學之精神，吾人固宜有其更向上一著
之哲學精神可創造」。〔註54〕唐氏的意思不過是使論辯與體證相資爲用，使論
辯最終歸於體證，則論辯即順體證而發，且爲體證所充實，而體證順論辯得

〔註47〕牟宗三：《才性與玄理》（桂林：廣西師範大學出版社，2006），頁243～244。
〔註48〕牟宗三：《中國哲學十九講》，頁8。
〔註49〕〔宋〕朱熹：《四書章句集注》（北京：中華書局，2001），頁369。
〔註50〕牟宗三：《圓善論》，頁323。
〔註51〕牟宗三：《才性與玄理》，頁242。
〔註52〕牟宗三：《現象與物自身》（臺北：臺灣學生書局，1984），頁456。
〔註53〕牟宗三：〈原始的型範第三部分・先秦儒學大義（三）〉，《鵝湖月刊》總第385
　　　期（2007年7月），頁5。
〔註54〕唐君毅：《中國文化之精神價值》，頁382～383。

以傳揚，其不只充實了自我，亦可影響到他人，使體證成爲可相互傳達者。

就當代中國哲學自身的命運而言，傳統已然斷裂，哲學的超越性使其成爲接續傳統的一種可能的途徑。〔註55〕牟宗三對此有著高度的自覺，因而他相當明確地以哲學家來自我定位，〔註56〕牟氏常謂：「莊生有云：『聖人懷之，眾人辯之以相示也。』吾所作者亦只辯示而已。」〔註57〕由此我們亦可明白，牟宗三的中國哲學研究必然包含兩方面的內容：在梳理展示儒釋道各系統之性格的同時，〔註58〕展示一圓滿的聖人境界。由此我們不難理解牟氏何以會用力於判教工作及對圓教問題的思考。此最終之理境即牟宗三在依康德哲學之「宇宙性的概念」〔註59〕所確立之「哲學底原型」，亦即兩層存有論〔註60〕

〔註55〕 也正是在這一意義上，Ralf Moritz 說道：「帝國崩潰之後，儒家成了余英時所說的『遊魂』。我們再補充一句：它必須成爲『遊魂』；這是它的歷史機運。這是它向新的社會的、政治的與精神的現實開放、向現代性開放的機運。」見 Ralf Moritz：〈儒家與現代性之多元性〉，《現代儒家與東亞文明：問題與發展》（劉述先、林月惠主編，臺北：中研院文哲所，2002），頁 42。

〔註56〕 有學者因之以牟氏的學問形態是「知識化形態的儒學」，因而表現出「知與行的內在分離」（鄭家棟：《當代新儒學論衡》（臺北：桂冠圖書公司，1995），頁 5、133）；林維傑對此有所回應，參林維傑：〈牟宗三哲學中的理論與實踐──由「本體工夫」轉向「理論實踐」之可能〉，《中國文哲研究通訊》第十五卷第三期（2005 年 9 月），頁 99～126。有關現代儒學研究之知識化、學術化的正面意義的討論，可參考李明輝：〈儒學知識化與現代學術〉，《中國人民大學學報》2010 年第 6 期，頁 2～7。

〔註57〕 牟宗三：《心體與性體‧序》。

〔註58〕 必須說明的是中國哲學的這第一層意涵本身即包含有工夫的維度，牟氏自己亦曾說講明文意、開發智慧本身即是一種工夫：「了解也是修行，智慧的開發就是修行，不一定天天在那裏閉關打坐，念阿彌陀佛，也不一定天天問做了朱夫子講的居敬工夫沒有」（牟宗三：《四因說演講錄》，頁 112）鄭宗義教授從當代解釋學（hermeneutics）的視角對此有更爲深入的辨析，鄭氏由「宗」、「教」、「學」三個範疇來透視儒家的「成德之學」或「爲己之學」：「宗」乃聖賢對轉化生命的慧解體會，是最高目標，「教」即能達至此體會的各種實踐修行的方法與道路，亦即一般所謂的工夫，「學」乃意謂以言說或文字的方式來展示、傳承「宗」與「教」，其中包含講明、解說經典之義；「學」本身實是助成「宗」與「教」的一種十分重要的實踐工夫，經典既是聖賢的實踐語、體會語之記錄，則讀經便是爲求自己的心靈能融進文字背後的血脈以期自己的生命亦能提升至經典所示之理境，是以經解非爲一純粹認知的活動，而實是一種心靈或精神的轉化（spiritual transformation）；一種心靈或精神的踐履（spiritual exercise）。見鄭宗義：《儒學、哲學與現代世界》（石家莊：河北人民出版社，2010），頁 38～39。

〔註59〕 康德對哲學的看法可參考關子尹：〈康德論哲學之本質〉，《從哲學的觀點看》，頁 2～21。

的基礎上所創構之圓善論。牟氏晚年順之對哲學有如下說明：

> 我們可分哲學爲哲學智慧、哲學思考二者，於哲學智慧說「中」，
> 於哲學思考說「至」。中國人之哲學智慧高，而哲學思考差，西方
> 人則反是。……中國人之哲學智慧高，靠聖賢智慧發出，便中，
> 能中當然能到（按：「到」似應爲「至」）。但中國人於此便差，故
> 在現實上，得不到中的好處，反見到不至的弊病（至的不足）。一
> 般人無聖賢之智慧，則不能中，這便要思考。……中必含至，但
> 至未必含中。〔註61〕

此處所謂哲學智慧與哲學思考正對應於上述哲學之內容與思考形式的區分，
而「中」與「至」的不同正好說明，哲學智慧固然更具重要性，然哲學思考
的重要性也是不能忽視的，〔註62〕只不過我們對於哲學思考自身的限度應當
有所自覺。通過對中國哲學之內容及形式特性的論定，牟宗三一方面劃定哲
學思辨的限度，另一方面確立哲學思辨的本質意義，對於中國哲學的合法性
給出了自己的回答。

　　牟宗三關於中國哲學的定位極大地超出了胡適以至馮友蘭等人「以西觀
中」的研究進路，其更加強調對中國哲學自身之特質的把握。不少學者因牟
氏強調中國哲學與西方哲學尤其是康德哲學的對比以及牟氏所用哲學術語之
獨特的「混血性」，因而誤以爲牟氏的研究仍是一種「以西釋中」的進路，並
從「反向格義」的角度對其提出批評。〔註63〕但這不但與牟宗三中國哲學研

〔註60〕　牟宗三：《現象與物自身》，頁465～466。

〔註61〕　牟宗三：〈儒家的道德的形上學〉，《牟宗三先生晚期文集》，頁221。

〔註62〕　是以牟氏曰：「又或以爲思辨只是空理論，不必有實證，遂妄託體會以自高。殊
不知理混亂，基本訓練且不足，而可妄言證會乎？汝焉知思辨明澈者必無證
會乎？又或以爲知識只是粗跡，未可語於性德之冥契，如是，遂日夜閉目合晴，
妄託冥契以蹈空。殊不知學知不夠，雖即於性德亦不知其爲何物。而可妄言冥
契乎？汝焉知學知周至者定無性德之冥契乎？」見牟宗三：《圓善論・序言》，
頁(17)。與馬一浮因西方哲學之弊而斷然否定哲學本身之態度相比，牟宗三對
哲學的定位顯然更爲可取，牟氏對於西方哲學，即便是其最爲看重的康德哲學
無不有所批評，不過其仍然肯定哲學作爲一種特殊的思考方式有其積極的意
義，對比後文關於勞思光之中國哲學研究之相關問題的討論，我們將不難看到，
牟、勞對於中國哲學的肯定，對於傳統中國學術之現代化或者說消除其與現代
學術之間的隔閡有著極爲重要的啓示意義，這一態度仍然是我們今天應當堅持
的方向。有關馬一浮哲學觀的討論可參考劉樂恒：《馬一浮六藝論析論》（香港
科技大學人文學部博士論文，指導教授：陳榮開，2010年8月），頁427～456。

〔註63〕　張汝倫：〈邯鄲學步，失其故步──也談中國哲學研究中的「反向格義」問題〉，

究的原初目的相悖，且這也很難說與牟氏中國哲學研究成績的眞實面目相符，勞思光即認爲唐君毅、牟宗三的思路和表達方式，決不能用「格義」來解說。〔註64〕今天我們要進一步拓展深化中國哲學研究，牟宗三關於中國哲學之內容及思考形式的分析仍然值得我們作進一步的省思。

第二節　道德的形而上學何以必要

二十世紀是一個形而上學沒落崩潰的世紀，〔註65〕「形而上學」〔註66〕在哲學界被淪爲一帶有貶義的術語（a pejorative term）。〔註67〕在這樣一個後形而上學的時代，牟宗三努力創構一道德的形而上學體系，其合法性如何保證？在休謨與康德之後，要討論形而上學問題，這無疑是我們不得不首先面對的一個前提性的問題。是以在今日中國哲學界對牟宗三的形上學體系質疑之聲不斷：或以爲從形上學說心性本體須是絕對無限，且是一切存在的本體，乃是講不通的；〔註68〕或以爲道德實體與世界萬物是性質完全不同的東西，以道德實體來說明世界萬物的存在是一個不可能的任務；〔註69〕或以爲本心何以是宇宙萬物的本體在牟宗三思想中實是一個尚待確當證立而懸而未決的問題；〔註70〕或以爲天與人、存有與價值之間的張力，乃是一個構成當代儒學發展之瓶頸的核心問題；〔註71〕或以爲道德語言、道德理論有其獨立性，其有效性並不依賴於一套形上學體系，儒家思想的核心在「心性論」，而心性

《南京大學學報》2007 年第 4 期，頁 60～76。

〔註64〕勞思光：〈回顧、希望與憂慮：關於「中國哲學研究」的幾點意見〉，《危機世界與新希望世紀——再論當代哲學與文化》（香港：中文大學出版社，2007），頁 121。

〔註65〕萬胥亭：〈牟宗三與德勒茲——當代思潮中兩種後康德的形上學重構〉，《當代儒學與西方文化：會通與轉化》（李明輝、林維傑主編，臺北：中研院文哲所，2007），頁 376。

〔註66〕關於形而上學之性質與意涵的簡單回顧可參閱 Micheal J. Loux, *Matephysics: A Contemporary Introduction*（Third edition），Routledge, 2006, pp.2～10。

〔註67〕Christopher Ben Simpson, *Religion, Metaphysics, and the Postmodern*, Bloomington: Indiana University Press, 2009, pp.1.

〔註68〕羅光：《中國哲學思想史‧民國篇》（《羅光全書》冊十四）（臺北：臺灣學生書局，1996），頁 463。

〔註69〕張汝倫：〈邯鄲學步，失其故步——也談中國哲學研究中的「反向格義」問題〉，《南京大學學報》2007 年第 4 期，頁 69。

〔註70〕李翔海：〈牟宗三「中國哲學特徵」論評析〉，《哲學研究》2008 年第 4 期，頁 51。

〔註71〕鄭家棟：《牟宗三》（臺北：東大圖書公司，2000），頁 158。

論並不必然歸於「道德形上學」。〔註72〕以上批評〔註73〕主要包含兩層意思：道德的形而上學在理論上是否穩固？或者說一個道德的形而上學體系如何可能？其次，道德的形而上學之創構是否有其必要性？後者顯然比前者更爲根本，如果問題只在體系自身是否穩固，那麼在理論上使該形上學體系更加完善即可解決問題；如果說形上學並無存在的必要，那麼使該形上學體系更加完善的努力也就變得無關緊要，甚至這種理論上的努力根本就是不可能的。吳汝鈞在回應傅偉勳指責新儒家不應於道德問題上牽扯形上學時說道：「這種論點的確有它的道理，有一定的說服力。我們做善事，表現道德的行爲，是發自自己的內在良知的，一切本於自己的良知來做，便是完足，其意義當下即可肯定、確定，不必扯到形而上的東西方面去。」〔註74〕因此，在回答道德的形而上學何以可能的問題之前，還必須對道德的形而上學何以必要的問題予以說明。〔註75〕是以吳啓超針對傳統儒學「仁心即天道」的形上學思想指出：「『仁心』如何可能創生出天地萬物？『仁心即天道』之說如何可被理解？其次，這種形上學觀點能否稱得上本乎先秦儒學（至少是孔子與孟子）？複次，從理論角度說，重視人倫道德的儒家哲學，有何必要去談形上學？作爲道德實踐所以可能的根據之『仁心』，有何必要同時被視爲天地萬物的創生者？這三大問題，是儒家形上學能否被理解以至成立的關鍵。」〔註76〕不過，吳氏僅考察了上述第一種疑問，對第三個問題並未給出說明。

〔註72〕 勞思光：《新編中國哲學史（一卷）後序》，頁307。

〔註73〕 此外還有大量質疑牟宗三道德的形而上學的文獻和觀點，但大多論證太過隨意（如黃玉順：〈「倫理學的本體論」如何可能？——牟宗三「道德的形上學」批判〉，《西南民族大學學報》24卷第7期（2003年7月），頁77～80），不具學術價值，因而不再花費過多篇幅加以介紹。

〔註74〕 吳汝鈞：〈對於當代新儒學的再認識與反思（二）〉，《鵝湖月刊》總第382期（2007年4月），頁48。

〔註75〕 這裏涉及對道德的形而上學或實踐的形而上學之建構的後設性反省，這對當代新儒家而言無疑有其重要的理論意義，否則必然遭致墨子刻（Thomas A. Metzger）以當代中國哲學建構形上學存在獨斷之嫌的批判（墨子刻的批評參墨子刻：〈形上思維與歷史性的思想規矩——論郁振華教授的《形上的智慧如何可能？——中國現代哲學的沉思》〉，賀照田主編：《西方現代性的曲折與展開（學術思想評論·第六輯）》（長春：吉林人民出版社，2002），頁561～586）。

〔註76〕 吳啓超：〈仁心何以能生出事物來？——從唐君毅的鬼神論證求解，並略說牟宗三的「道德的形上學」〉，《中國哲學與文化（第八輯）》（劉笑敢主編，桂林：廣西師範大學出版社，2010），頁147。

一、道德的形而上學之實踐上的必然性

　　牟宗三肯定形而上學存在的必要性，認為一定要有一個形而上學。〔註77〕所謂的形而上學即是要說明天地萬物的存在，或者就佛家言，即在如何保住一切法的存在的必然性。〔註78〕而所謂道德的形而上學即是以道德進路來接近形上學，〔註79〕此道德的形而上學亦可稱之為超越的存有論或無執的存有論。〔註80〕同時，「『道德的形上學』重點在形上學，說明萬物底存在。此是唯一的一個可以充分證成的形上學」，〔註81〕「形而上學經過康德的批判以後一定是道德的，一定是道德的形而上學，其他的形而上學都站不住的」。〔註82〕因此，就牟宗三而言，對形上學的肯定其實也就是對道德的形而上學（moral metaphysics）的肯定，因為道德的形而上學乃是在傳統形上學終結之後唯一可能的形上學形態。是以，說形上學的存在有其必要性，就儒學內部而言，也就是說儒家論道德必然涉及存在，或者說道德必然引至形上學，即以道德為中心對天地萬物之存在有所交待和說明。如何對這裏所謂的必要性給與理論上的說明？其中一個可能的視角即是從後設理論的角度予以省思，本文不擬提供一後設性的思考，而希望就牟宗三前後期思想的相關內容對此加以說明，進而對牟宗三的相關思考予以反思。

　　牟宗三常依「疏解經典之方式」〔註83〕講論諸重要哲學問題，其闡述道德的形而上學亦然，基本上是本宋明儒的相關文獻以說明道德的形而上學之本質意涵，同時亦以康德哲學的基本問題和理論架構為參照，而對何以必然要有一形上學體系似乎並無理論上的說明。由此也就難免給人造成一種錯誤的印象，牟氏在理論上首先假定了「古人所說的必須要有道理」，〔註84〕或牟宗三對儒家天道觀的肯定有理論上的先在性，〔註85〕如此似乎很難避免獨斷之譏。但如果

〔註77〕 牟宗三：《四因說演講錄》，頁47。

〔註78〕 牟宗三：《圓善論‧附錄一》，頁328；牟宗三：《四因說演講錄》，頁49、53；牟宗三：《中國哲學十九講》，頁58。

〔註79〕 牟宗三：《心體與性體（一）》，頁11。

〔註80〕 牟宗三：《圓善論‧附錄一》，頁330。

〔註81〕 牟宗三：《現象與物自身》，頁39。

〔註82〕 牟宗三：《四因說演講錄》，頁48。

〔註83〕 牟宗三：《圓善論‧序言》，頁（12）。

〔註84〕 墨子刻：〈道統的世界化：論牟宗三、鄭家棟與追求批判意識的歷程〉，《社會理論學報》第五卷第一期（2002），頁118。

〔註85〕 勞思光：〈回顧、希望與憂慮：關於「中國哲學研究」的幾點意見〉，《危機世界與新希望世界──再論當代哲學與文化》，頁121。

細繹牟氏的相關論述，我們實能發現牟氏於《心體與性體》一書對此問題的看
法，不過不及《中國哲學十九講》、《圓善論》等較晚期著作那麼明確罷了。

　　針對康德如何溝通自由與必然或應然與實然的理論困難，牟氏順儒學傳
統指明，作爲道德實踐所以可能之根據的道德本體，因著一種宇宙的情懷，
在其無限擴大中，同時亦爲天地萬物之存在的根據，道德本體因之而爲本體
宇宙論的實體或形而上的實體（metaphysical reality）。〔註86〕換言之，儒者經
由道德實踐而達至「仁者以天地萬物爲一體」〔註87〕的境界，也即橫渠所謂
「大其心則能體天下之物」，〔註88〕如此萬物在本心仁體的感通覺潤中而有其
存在，在這一意義上，我們說儒者經由主觀的道德實踐而成就一形而上學。
此形而上學乃就物之存在而客觀的說，就個體之生命存在而主觀的說，此形
上學體系體現爲一種超越意識，牟氏以「道德的宗教」說之。由此個體可於
個人有限之生命中取得一無限而圓滿之意義。〔註89〕是以，我們實可以說對
儒家而言，人生意義的追尋與宇宙本源的窮究是同一問題的不同面相，或者
說：「宇宙眞際的探求，與人生至善之達到，是一事之兩面」，〔註90〕如果說
生命意義之探尋是人類不得不面對之課題，那麼由此所成就之形上學仍可以
說有一種「實踐上的必然性」，〔註91〕也就是說此道德的形而上學乃儒者經由
道德實踐所必然達至者。如果形上學的探究可以理解爲個體關於終極關懷的
探究，那麼形上學也就是每個人都無法回避的。〔註92〕

　　以上乃就牟宗三《心體與性體》的相關論述說明形上學或道德的形上學
之存在的必要性，因牟氏此時還未自覺地對此一問題加以闡述，是以相關說
明並不充分。此一問題只是在牟氏晚年思考圓善或至善問題時，才有明確而
充分之討論。牟宗三之所以重視對圓善或最高善問題的思考，這涉及他對哲
學之本義或最高義的了解。

〔註86〕牟宗三：《心體與性體（一）》，頁178～179。
〔註87〕〔宋〕程顥、程頤著：《二程集》（王孝魚點校），（北京：中華書局，2004），
　　　　頁15。
〔註88〕〔宋〕張載：《張載集》（章錫琛點校）（北京：中華書局，2008），頁24。
〔註89〕牟宗三：《心體與性體（一）》，頁8。
〔註90〕余敦康：〈夏商周三代宗教──中國哲學思想發生的源頭〉，《中國哲學（第24
　　　　輯）》（瀋陽：遼寧教育出版社，2002），頁10。
〔註91〕「實踐上的必然性」一概念取自牟宗三，參牟宗三：《心體與性體（一）》，頁
　　　　177～178。
〔註92〕Shu-Hsien Liu, *Understanding Confucian Philosophy: Classical and Sung-Ming*,
　　　　Praeger, 1998, pp126.

二、哲學之最高義與形上學之必要

何謂哲學（philosophy）？略知哲學常識者均會答之以「愛智慧」，但問題的關鍵在於如何理解、確立這裏所謂的「智慧」？依牟宗三的看法，康德依照希臘古義將哲學或「愛智慧」確定為「實踐的智慧學」，由此，「智慧定在『最高善』，愛最高善，熱情地追求最高善，使最高善實現，通過實踐來實現最高善。這一套才是真正的哲學」。〔註93〕這裏的「愛」具有三重含義：嚮往、追求、體現；「實踐的」含義是通過實踐來體現。照牟宗三的看法，無論是英美的分析哲學還是歐陸的胡塞爾哲學或是海德格爾哲學，都未能保持哲學作為「實踐的智慧學」這一古義。相反，它恰恰保存在中國哲學之中，當然中國哲學本身並無「實踐的智慧學」這一說法，但中國哲學的內涵卻正展現為「實踐的智慧學」，其以《中庸》「自誠明謂之性，自明誠謂之教」〔註94〕中所謂之「教」為代表，其意涵即是指通過實踐以體現最高善，能將最高善完滿體現出來的即是所謂的理想人格，亦即實踐的最高造詣。這即是牟氏後來依康德哲學所說的「哲學原型」。

康德區分了哲學知識與數學知識的不同。數學知識對於學者而言，不存在歷史的與理性的差別。因為這種知識的根源只處於理性的本質的而且是真正的原則中，除此以外，它不能有別處可以存在。〔註95〕因為數學知識只有一個理性的來源，所以它有相當的客觀性，因而是不可爭辯的。但哲學知識卻始終並未達到像數學知識一樣是定然不可移、不可爭辯且無錯誤的知識。是以對於哲學而言，我們至多是去學作哲學的思考，「學著依照理性底普遍原則去練習理性底才能，而不能去學哲學」，〔註96〕因為並無一套客觀的定然不可移的哲學可學。不過，這種定然不可移的哲學雖然以往歷史事實上沒有，但並非不可能，而這一可能形態的哲學即是哲學的基型或原型，它是「作為一可能學問底理念的哲學」，康德將其稱之為「哲學之宇宙性的概念」，因為「它關聯到那每一人所必然對之有興趣者，或每一人皆與有份為的東西」。〔註97〕而這即是依照全部人類的理性或理性的本質目的去決定哲

〔註93〕牟宗三：〈「實踐的智慧學」演講錄（三）〉，《鵝湖月刊》總第 395 期（2008
　　　　年 5 月），頁 11。
〔註94〕〔宋〕朱熹：《四書章句集注》，頁 32。
〔註95〕牟宗三：《現象與物自身》，頁 461。
〔註96〕牟宗三：《現象與物自身》，頁 461。
〔註97〕牟宗三：《現象與物自身》，頁 462～463。

學所規定之內容。所謂本質目的，有終極目的和隸屬目的之不同，隸屬目的乃是作爲工具而與終極目的相關聯，而終極目的就是人類的全部天職，此即所謂實現「最高善」、圓善意義的最高善。〔註98〕由此，我們也就不難理解何以牟氏晚年會著力思考「德福一致」的問題。

　　就康德道德哲學而言，〔註99〕德行是一切只要在我們看來可能值得期望的東西的、因而也是我們一切謀求幸福的努力的至上條件，因而是至上的善；但這還不是有限的理性存在者的欲求之對象的全部而完滿的善，因爲要成爲這樣一種善，還要求有幸福；而當幸福在完全精確地按照與德性的比例來分配時，也構成一個可能世界的至善。〔註100〕是以德福諧和之圓善自然也就是實踐理性的對象，〔註101〕不過其與純德之善爲實踐理性之對象不同，因後者乃是「求之在我者」，是我所能掌握的，前者則包含有幸福在內，而幸福之得不得不可必，因而並非我所能掌握者。〔註102〕是以，德福之間的諧和統一並無必然性保證，德福之結合在現實上終歸只是偶然的。不過，「理性上吾人只能期望德福之間有必然的結合，而不能期望德苦之間有必然的結合，蓋因爲此爲非理性故」。〔註103〕當然，或以爲我們可以如董仲舒所言：「正其誼不謀其利，明其道不計其功」，〔註104〕僅注目於德而不必涉及幸福，在牟宗三看來，「這樣講道德，也可以說得很響亮，要停在這裏也可以。但其結果成了斯多亞派的路子，以德之所在爲福。文天祥殺身成仁就是德，也就是福。這樣講太悲壯了，**非人情之所能安**。所以幸福也是實踐理性的必然要求，在這裏不能不過問。」〔註105〕「這樣說當然很夠英氣，在扭轉一關上是可以的，但這究竟並非了義，亦非究竟義，只是權法，非實法。」〔註106〕是以道德法則之實行必須涉及幸福在某種意義上是有其必然性的。就中國哲學自身的脈絡而言，德福之間的這種關聯可以孟子

〔註98〕　牟宗三：《現象與物自身》，頁460～462。
〔註99〕　康德至善學說在西方學界長期不受重視，相關情況介紹可參見〔德〕格爾哈特‧克勒姆林：〈作爲可能世界的至善——康德的文化哲學和體系建築術的關係〉（鄧安慶譯），《雲南大學學報》第6卷第3期，頁26～34。
〔註100〕〔德〕康德：《實踐理性批判》（鄧曉芒譯、楊祖陶校）（北京：人民出版社，2003），頁152。
〔註101〕　牟宗三：《圓善論》，頁181。
〔註102〕　牟宗三：《圓善論》，頁182。
〔註103〕　牟宗三：《圓善論》，頁183。
〔註104〕〔漢〕班固：《漢書卷五十六‧董仲舒傳》（北京：中華書局，1997），頁644。
〔註105〕　牟宗三：《中國哲學十九講》，頁294。
〔註106〕　牟宗三：《圓善論》，頁194。

所謂的「天爵、人爵之辨」來加以說明。〔註107〕前者指內在之德性修養，此無問題；而後者顯然不能化歸於前者，因其屬於「個體存在」之事，而與純粹「理性」之事有根本之不同，故而有其獨立性。〔註108〕這裏無法化歸於德、天爵的人爵也就是所謂的幸福，依牟宗三之見，幸福乃是屬於存在之事，無法保其必得，因「有命存焉」。早期儒家並沒有完全忽視福的獨立性，所以牟宗三提到，「幸福在從前屬於『命』的觀念」，〔註109〕它不是我們所能掌握的，因爲命並非純然在我們的理性範圍之內。〔註110〕通過「命」這一觀念，牟宗三將德福的問題與傳統儒學內在的關聯在一起，〔註111〕雖然儒者在以前不甚措意於此，但

〔註107〕《孟子・告子上》：「孟子曰：有天爵者，有人爵者。仁義忠信，樂善不倦，此天爵也；公卿大夫，此人爵也。古之人修其天爵，而人爵從之。今之人修其天爵，以要人爵；既得人爵，而棄其天爵，則惑之甚者也，終亦必亡而已矣。」〔宋〕朱熹：《四書章句集注》，頁336。

〔註108〕牟宗三：《圓善論》，第165頁。

〔註109〕牟宗三：《中國哲學十九講》，第296頁。

〔註110〕王充《論衡》對德福之間的這種異質性關係有十分明確的表述：「夫性與命異，或性善而命凶，或性惡而命吉。操行善惡者，性也；福禍吉凶者，命也。或行善而得禍，是性善而命凶；或行惡而得福，是性惡而命吉也。性自有善惡，命自有吉凶。使命吉之人，雖不行善，未必無福；凶命之人，雖勉操行，未必無禍。」（王充：〈論衡・命義〉，《論衡校釋》，北京：中華書局，1990年，頁50～51）以德福諧和或是命的問題乃是人類共同面對的具有永恆性的課題，稍有道德自覺的人都不難體會這一在人生中具有根本性意義的難題，牟宗三以康德哲學爲背景，循中國哲學之內在脈絡梳理、解決此一課題，在一定意義上乃是對儒家義理的推進。孔安國所謂的「德福之道」（《尚書正義・洪範》）可以說是「德福一致」這一哲學問題的中國化表述，吳震更認爲：「若依吾人之見，即便說『德福之道』的觀念已含有『德福一致』這一問題意識的萌芽亦不爲過。及至晚明清初出現的勸善思想，其問題意識便是『德福一致』如何可能，這一問題意識的由來顯然與先秦以來的『德福』觀具有文化同源性」（吳震：《明末清初勸善運動思想研究・自序》（臺北：國立臺灣大學出版中心，2009））。與吳震側重由明末清初民間儒學宗教化的趨勢來探討德福之道的問題不同，牟宗三更強調以一種徹底「理性化」的方式來解決德福一致的問題。

〔註111〕牟宗三謂：「爲什麼在福這個地方説命呢？哪方面的問題屬於命呢？⋯⋯幸福不是我們能掌握得住的，幸福是屬於存在，存在是屬於氣的問題，不是屬於理的問題。有氣化才有存在，都是陰陽五行，爲什麼這個陰陽五行變成這個樣子，那個陰陽五行又變成那個樣子呢？人生的現實就是存在的問題，幸福就屬於這方面，所以難對付就在這地方。⋯⋯一個人假定事事如意，他就幸福。一個人怎能事事如他的意呢？事事如意是最幸福的，這屬於存在問題。這個地方人不能自己掌握，中國人就說『命』，西方人就說是上帝的安排。」見牟宗三：〈「實踐的智慧學」講演錄〉，《鵝湖月刊》總第395期（2008年5月），頁13。關於這一點牟宗三在《心體與性體》中亦有提到：「負面之命是

既然其爲實踐理性之必然對象，我們仍可依中國哲學之資源對此一問題加以思考。〔註112〕

　　道德法則之實行必須涉及幸福中所謂的必然性如何說明呢？〔註113〕依牟氏的詮解，「德福間的必然聯繫即圓滿的善必須是實踐理性底對象（終極目的），而其促進亦必須是我們的意志之一先驗地必然的對象（目標），而且是不可分離地附隨於道德法則者。因此，圓滿的善之促進必須可能。否則那命令著去促進之的道德法則必虛假而無實。由此進而可說：圓滿的善之促進既可能，則此圓滿的善本身亦必須可能。若此而不可能，只是一妄想，則命令著我們去促進之的那道德法則豈不是被引至一徒然無益的空想的目的上，因而這道德法則豈不是虛假而無實？」〔註114〕順此，最終的結果將是對道德自身的消解，而只有理想地圓滿地保證德福間之恰當的配稱關係以實現最高的公道，才能慰勉人之道德實踐於不墜，〔註115〕是以勞思光亦謂，我們必須肯認幸福之實現亦爲一應然。〔註116〕換言之，人之所以爲人，會時時刻刻感受

　　從個體生命與客觀氣化（宇宙的或歷史的）間之距離與參差而見，此是自外而來之限制，此是屬於幸福原則者。」見牟宗三：《心體與性體（二）》，頁105。李明輝認爲義命之分乃儒家的基本義理之一，義命之分即是「自由的因果性」與「自然的因果性」之分，類於康德所謂的德福之別，參李明輝：〈從康德的「幸福」概念論儒家的義利之辨〉，《儒家與康德》（臺北：聯經，1990），頁186～187；張善穎亦以爲從宗教的角度來談，「義命分立」其實涉及的正是「德福一致」的問題，參氏著：〈理性意志之設準：勞思光先生的道德哲學〉，《萬戶千門任卷舒：勞思光先生八十華誕祝壽論文集》（該文發表時因篇幅過長而有刪節，以上觀點見該文全文）。

〔註112〕林玫玲在分析「命」觀念的基礎上，對先秦哲學中由德福問題所引生的「神義論」（theodicy）有較爲詳細的討論，由此我們大概可以了解中國哲學脈絡下德福問題的基本面貌，參林玫玲：《先秦哲學的「命論」的思想》（臺北：文津出版社，2007），頁373～498；此外還可參考陳寧：《中國古代命運觀的現代詮釋》（瀋陽：遼寧教育出版社，2000），頁216～307。

〔註113〕康德對此一問題的說明，即何以最高善必須含括幸福與德性兩方面，或者說何以我們必須認識到幸福如同德性一樣亦爲最高善之一成素？請參閱 Frederick C. Beiser, Moral faith and highest good, Paul Guyer ed. *The Cambridge Companion to Kant and Modern Philosophy*（New York, Cambridge University Press, 2006）, pp.595～596.

〔註114〕牟宗三：《圓善論》，頁194～195。

〔註115〕牟宗三：《圓善論》，頁54。

〔註116〕勞思光：《文化問題論集新編》，頁173。勞思光的看法可以理解爲是從其文化哲學之立場出發，對德福問題的一種肯定，不過因其並不持形上學立場，是以只將德福之統一視爲一理想或應然之方向，而並不試圖從形上理論方面

到自然賦予他的追求幸福的本能，如果道德的最終結果不能帶來幸福甚至與幸福相反的話，的確會削弱意志在道德方面的決心。〔註117〕必須注意的是，強調幸福之於道德實踐的必要性，完全是經由對實踐理性自身之分析所得出的，這與道德功利主義有根本的不同。此正如康德之所言：

> 幸福原則與德性原則的這一區分並不因此就立刻是雙方的對立，純粹實踐理性並不要求人們應當放棄對幸福的權利，而只是要求只要談到義務，就應當對那種權利根本置之度外。就某種觀點來看，照顧自己的幸福甚至也可是義務：一方面是因爲幸福（靈巧、健康、財富都屬於此列）包含著實現自己義務的手段，一方面也是因爲幸福的缺乏（如貧窮）包含著踐踏義務的誘惑。只促進自己的幸福，這直接說來永遠也不可能是義務，更不可能是一切義務的原則。〔註118〕

由幸福之於道德實踐的必要性，我們可以進而說明形而上學存在的必要性。

> 就佛教說，權教不能保住法的存在；在此，法的存在沒有必然性。而幸福的觀念是寄託在法的存在上。法的存在就是現實世界的存在。現實的自然生命要肯定得住才行。假如現實世界保不住，其存在無必然性，那麼幸福要寄託在哪裡呢？〔註119〕

正因爲幸福之於道德實踐有其必要性，那麼幸福寄託其上的法的存在就並非理論上可忽略者，相反，必須說明法的存在的必然性，否則幸福即無獨立性，德福之統一亦不可必，這即要求對一切法作存有論的說明，此含兩方面內容：一切法存在的根源，一切法存在之必然。〔註120〕此存有論的說明即成就一超越的存有論或是形上學體系。就儒學而言，要對一切法的存在作存有論的說明，其關鍵在於確立一無限智心的觀念，其不只是道德實踐得以可能的超越根據，同時亦是物或一切法存在的根源。只有將道德本體與作爲物之存在根源的形上實體打並爲一，德福之統一方有可能，是以牟宗三謂，無限的智心之大本之確立開德福一致所以可能之機。〔註121〕此普遍而無限的智心乃物之

對此一問題作解答。

〔註117〕王志銘：〈道德神學在道德上是必然的嗎？〉，《台大哲學論評》第二十九期（2005年3月），頁74～75。

〔註118〕〔德〕康德：《實踐理性批判》，頁127。

〔註119〕牟宗三：《中國哲學十九講》，頁294。

〔註120〕牟宗三：《現象與物自身》，頁407。

〔註121〕牟宗三：《圓善論》，頁256。

存在的根據，因而是一存有論的原理，此中即包含有上文所謂的實踐上的必然性；同時由之亦可引起宇宙生化而至生生不息之境，因而存有論的原理亦可說是一本體宇宙論的原理。〔註122〕這不但可以說明物之存在的必然，同時亦說明了物之存在的根源問題。不過，更根本的問題是，道德本體何以能擴大而爲一形上實體，亦即無限智心一概念如何確立？這也就涉及道德的形而上學如何可能的問題，此處暫不作說明，下節論述道德的形而上學何以可能及其確切意涵時將詳論之。

　　綜上，我們可以看到，牟宗三對於道德的形而上學之必要性的說明，主要基於以下兩點考慮：第一，以傳統儒學資源爲中心，說明道德的實踐何以必然成就一形上學；第二，配合德福問題的思考，經由對幸福之肯定而說明何以必然要對物之存在的問題加以說明，亦即說明一超越的存有論或形上學之必要。而這兩點均與儒學自身所包含的宗教性意涵相關聯：就前者而言，經由道德的實踐而達至仁者與天地萬物爲一體的理想境界，本質上即是於個體生命中肯認一無限性之道德本體即所謂本心仁體，〔註123〕以及如何由之進至無限而完滿之人生境界，亦即於有限的現實生命中實現一無限的人生意義；就後者而言，道德實踐即是要達至「圓聖」之境，亦即使得圓善爲眞實可能者，而此則爲人極之極則矣，〔註124〕這本質上即是一理想或信仰，根本上均是爲個體生命提供一安身立命之所。因爲圓善問題的引入，牟宗三對道德實踐之終極目標的認定有所不同，前期其僅以仁者與天地萬物爲一體說之，稍後則以「圓聖」說之，不過二者之間並無本質上的不同。「圓聖」亦不過是以能體天下之物之仁心爲本而體現圓善於天下而已。但這兩者之間仍有些微的區別，僅就萬物一體之仁說道德實踐之終極目標，乃是更爲理想的說之；而圓聖之說因其能正視命的觀念，因而其更能展示道德實踐的現實性。正如上文所述，本心仁體或無限智心的肯認以及由之所確立的道德的形而上學或兩層存有論，雖爲德福問題之解決提供一契機，然畢竟並非對圓善問題之究極的解決。不過問題在於，命的觀念在傳統儒學中具有極端的重要性，儒家之所以重視命的問題，就在爲個體確立一正確的人生態度，既能意識到命的存在、不妄求妄爲，同時又不墮入宿命論的泥潭，保持一積極而剛健的

〔註122〕牟宗三：《圓善論》，頁298～1299。
〔註123〕牟宗三：《智的直覺與中國哲學》（全集本卷20）（臺北：聯經，2003），頁463。
〔註124〕牟宗三：《圓善論》，頁324。

人生態度。是以對命一問題的處理，自然也就成爲思考儒家道德理想的一個重要課題，若不能很好的處理此一問題，很難說是對人生問題的完滿解答。所以，牟宗三晚年對圓善問題的處理，乃是對儒學之宗教性問題的究極闡明，圓善論是牟宗三整個哲學體系的一個重要環節。道德的形而上學與兩層存有論的創構標誌其形上學體系的完成，但因爲這根本只是儒聖經由道德實踐所達至之理想境界所帶出、成就者，而並非對人生問題之最終解決，所以，圓善論之完成方是牟宗三哲學思考止步之處，也才眞正爲人生提供一堅實的安身立命之所。以圓聖說道德實踐之終極目標顯然較就本心仁體之絕對普遍性所達至之「體物而不可遺」、「妙萬物而爲言」之境說之更爲完滿，因前者以後者爲前提，而後者卻並不必然包含前者之實現。

如果說人生意義之尋求、個體超越意識的存在以及圓善問題的解決對於人生而言乃不可避免者，那麼經由上文分析，道德的形而上學之存在仍有其理論上的必要性和實踐上的必然性。當然，這裏還有另外一種可能性，即由之通往康德所謂的「道德的神學」，〔註125〕但因爲人格化的上帝一概念之形成有其虛幻性，〔註126〕是以道德的形而上學成爲唯一可能的思想歸趨。〔註127〕不過這裏還涉及儒家與佛道之間的判教問題，因佛家與道家均無人格神之信仰，〔註128〕然其對圓善問題亦皆有相應之解決方案。

牟宗三之判教大體分兩步進行，首先分判儒釋道三教與基督教，進而分判儒與釋道。對於前者，牟氏主要從無限與有限之關聯出發加以分判，即由上帝與無限智心之形態上的差異來作分判；對於後者，牟氏主要由創生性一概念加以分判，即儒家之仁心具有積極意義之創生性而道家之道心或佛家之

〔註125〕王志銘對康德所謂之道德的神學是否在道德上爲必然有批評性的思考，參王志銘：〈道德神學在道德上是必然的嗎？〉，《台大哲學論評》第二十九期（2005年3月），頁33～132。

〔註126〕牟宗三：《圓善論》，頁237～248。

〔註127〕在這一點上，我們其實可以看到熊十力對牟宗三之康德研究的影響，熊氏曾於答牟宗三的書信中言及：「吾子欲申明康德之意，以引歸此路，甚可著力。但康德所謂神與靈魂、自由意志三觀念，太支離。彼若取消神與靈魂，而善談自由意志，豈不妙哉！叔本華之意志，無明也，吾所謂習氣也。康德之自由意志，若善發揮，可以融會吾大易生生不息眞機，此就宇宙論上言。可以講成內在的主宰，此可名以本心。通天人而一之，豈不妙哉！」（熊十力：《十力語要》（全集第四），頁325）牟宗三批評康德的道德神學而證成所謂的道德的形而上學，正順熊十力上述方向所做成者。

〔註128〕牟宗三：《圓善論》，頁258。

如來藏自性清淨心皆無真正的創生性。

　　要對各路宗教之義理形態加以分判，首先必須對「教」本身有一說明，否則肯本無法確定各教圓滿與否的標準。依牟宗三的界定，惟獨那「能開啟人之理性使人運用其理性通過各種形態的實踐以純潔化其生命而達至最高理想之境」者始可說為教。〔註129〕教包含有兩部分內容，「依理性通過實踐以純潔化一己之生命」，乃是教中成德的部分。在成德之外尚有獨立意義的「改善存在」之期望或幸福之期望，這是教的另外一部分。

> 吾人有實際之存在，吾人之實踐以成德不能不顧及此實際之存在。若置之不理，光只看成德一面，則是偏枯之教，或至多可說這是在扭轉一階段上為然，非人生實踐之極致。因為吾人之實踐並非欲抹去此存在者，實踐而不肯定此存在等於自殺。自殺非可云實踐。是以在實踐中必然函著肯定存在，因而亦必然函著「改善存在」之期望。但是這期望在實踐以成德中不可必，則不能由成德分析而得。〔註130〕

也就是說真正圓滿之教或所謂圓教，必然能夠統攝成德與改善存在這兩部分內容，由此即可首先確立一分判各教的基本標準。以此為標準，我們不難理解牟宗三何以對勞思光的儒學詮釋表示出如此大的不滿，關鍵就在勞氏義命分立的詮釋架構，只能說明德而不能及於存在，這在牟氏看來乃是「偏枯之教」，其顯然無法同意將儒學界定為這樣一種形態。

　　那麼康德以上帝之存在作為德福諧和之保證，其何以不能作為最終之標準呢？這主要是因為設定一人格化之上帝的存在，使得無限與有限之間出現隔離，因而其並非真正圓實之形態。任何一教要真能安頓現實生命，必須有其超越意識，即對於無限的肯定，而個體實踐即是在肯定此超越意識的前提下，以實現自我的提升和超越。對於基督教而言，上帝即是其超越意識之所在，不過：

> 上帝只有當祂內在化而為無限心以為吾人之體，或無限心即是上帝時，祂始能彰其用。因彰其用，祂始能成為具體而真實的，朗朗如在目前，吾人可與之覿面相當。……依此而言，耶穌之道成肉身，視為上帝底事，只是「彰顯道」這彰顯歷程中之一機相（一形態）。

〔註129〕牟宗三：《圓善論》，頁262。
〔註130〕牟宗三：《圓善論》，頁263。

> 這一機相之所成就是吾所說的「證所不證能，泯能而歸所」。這一機相當然有其價值，可使吾人知道客觀地有一無限體，以爲眾生之所仰望。但光只是仰望，並無濟於事；無限體只是客觀地存在，亦無用。這個即是吾所說的離教，不是圓盈之教。……眾生無可以通過自己的實踐，以與上達天德之份，此即隔絕了眾生底生命之無限性；而上帝只成了一客觀的存在，遂亦不能彰其具體而眞實的作用，在吾生命中彰其成德之作用。因此，離了以後，必須再返回來與我的生命相盈並著，然後始可圓滿。〔註131〕

無限與有限之間的隔絕，使得無限不能必然於人的有限的現實生命中發揮其作用，由現代西方哲學的發展我們即可看到，近代以來，上帝信仰開始受到挑戰，而當其不再作爲生命安頓的終極依據的時候，生命自身眞成爲牟宗三所爲「漂浮無根」者，亦即最終失去安頓之所。更爲關鍵的是，牟氏認爲上帝存在之設定本身有其「虛幻」之一面，因而牟氏在強調圓教之圓得一面的同時進而強調其實的一面，即所謂圓實之教。〔註132〕牟宗三對所謂圓實之教有一明確說明：「圓者滿也，實踐上的圓滿；實者無虛也，實踐上的無虛」。〔註133〕牟氏順康德之論述指出，知解理性之形成人格神之概念是純然的虛構，是經由許多滑轉而形成的，既然是虛幻地形成一無限性的個體存有，那麼由此所引生所謂上帝之存在的問題，自然亦是一虛幻。〔註134〕此外：「知解理性不能說明之，則轉而就實踐理性而說需要之，這需要只是一種信仰，而這信仰亦只是情識決定，非理性決定，且不能是一種證明，因證明其存在之證明本是知解上的事，不是實踐上的事」。〔註135〕在牟宗三看來，上帝本亦只是一無限心，不過因爲情識的作用而被對象化人格化爲神，是以要使教眞正歸於圓實，根本無須設立一人格神之存在，歸於無限心即可，牟氏質疑康德曰：「然若就康德而言，設使彼去此情識決定之信仰，彼將何所歸乎？」〔註136〕

　　牟宗三通過此一分判，即將確立圓實之教之可能完全轉向儒釋道三教。此中之關鍵在於，儒釋道三教皆有無限智心之觀念，依儒家即是本心或良知，依

〔註131〕牟宗三：《現象與物自身》，頁453。
〔註132〕牟宗三：《圓善論》，頁260。
〔註133〕牟宗三：《圓善論》，頁238。
〔註134〕牟宗三：《圓善論》，頁242、238。
〔註135〕牟宗三：《圓善論》，頁238。
〔註136〕牟宗三：《圓善論》，頁248。

照道家則是道心或玄智，依佛家則是般若智或如來藏自性清淨心。「這都未對象化而爲人格神，凡此皆純自實踐理性言，毫不涉及思辨理性之虛構」。〔註137〕既然儒釋道三家均有無限智心之觀念，那麼三教之間又當如何分判呢？關鍵即在能否確立無限智心之「創生義」。牟宗三於此以「縱貫縱講」與「縱者橫講」來加以分別。在牟宗三看來，能保住無限智心之創生義者，乃可成就所謂「縱貫系統」，所謂縱貫是說：「豎起來而豎直地直貫下來」，「無限智心通過其創造性的意志之作用或通過其感通遍潤性的仁的作用，而能肇始一切物之有存在者也，肇始一切物而使之有存在即所謂『創生』或『始生』，無限智心能如此創生一切物即所謂豎直地直貫至於萬物——貫至之而使之有存在」。〔註138〕有此創生義始可說縱貫系統，依牟氏之分析，佛道兩家本不可言縱貫系統，因其不能確立創生義，但其仍以「縱者橫講」說之，以與儒家「縱貫縱講」相區別，此即是說佛道兩家「不言創生義而仍能說明一切法之存在或最後終能保住一切法之存在」。是以，相對於基督宗教之爲離教而言，儒釋道均可說是圓教或盈教，不過「盈中有正盈與偏盈：儒是正盈，佛老是偏盈。正盈者能獨顯道德意識以成己成物也。偏盈者只遮顯空無以求滅度或求自得也。正備偏，偏不備正。故偏盈者未能至乎極圓也。」〔註139〕所謂儒家能顯道德意義以成己成物即是指無限智心之創生義而言，佛老所強調之空無，實可消化進儒家之系統中，但佛老本身卻無法吸納儒家之實體義的道德意識，是以牟氏說「正備偏而偏不備正」，儒家更能體現究極之圓實之教。

　　牟宗三對各家之分判明顯帶有一定的「絕對主義」的色彩，不過這絕不應理解爲牟氏判教工作的意圖僅只爲確立儒家之絕對的地位，在牟宗三看來，判教只是因爲理論上的客觀需要，並且這亦並不必然要求否定其他各宗教，其實仍可堅持一多元主義之立場。

　　　　無論離教盈教，就教說，皆有其限定相。此即必通過教之限定以彰
　　　　顯無限也（此無限在離教爲人格神，在盈教爲無限心）。蓋成教的聖
　　　　者之生命同時亦是一現實的生命，因此，他不能說盡一切話，他必
　　　　在一定形態下表現道，而同時眾生亦機宜不一，有適於此而悟，有
　　　　適於彼而悟，亦必在一定形態下醒悟也。是以凡教皆有限定相，亦

<hr />

〔註137〕牟宗三：《圓善論》，頁248～249。
〔註138〕牟宗三：《圓善論》，頁319。
〔註139〕牟宗三：《現象與物自身》，頁455。

> 即是一途之通路。人總是通過一通路而彰顯那無限者。無限者通過
> 一通路，通過一現實生命（一個體生命），而被彰顯，同時即被限定。
> 這是一必然的詭譎，因而必然有一辯證的歷程以破除此限定。知是
> 教之一途，既知已，則即不可是己而排他，是即雖限定而不為其所
> 囿，是即不限定。惟有由此不限定之通達，始能真朗現那無限心。
> 〔註140〕

正因為人都是現實的生命存在，各有其特殊限制，其契悟無限之方式不可能
完全一致，因而不同教路之存在也就有其必然。在這一意義上，牟宗三在宗
教問題上顯然是取多元主義之立場的。不過，其哲學思考亦表現出不斷追求
完滿的性格，而這也就使得其對教之最終完滿形態的確定，又不能不帶有絕
對主義的味道。

　　通過以上兩步分判，牟宗三將儒學確立為一圓實之教，其不但能說明德
之可能，亦可說明物之存在問題，而這同時也就使得形上學之確立成為可能。

三、道德意識與宗教意識

　　經由上文分析，不難看到，所謂道德的形而上學之必要就牟宗三的哲學
思考而言，換言之亦即儒學何以包含一宗教意識或超越意識，這也就是說，
儒學的宗教性及其形上意涵不過同一硬幣之兩面而已。人由道德實踐而必然
地證會一絕對普遍之道德實體，與人依其理性而必然要求德福諧和之正義原
則的存在，都不過是人的宗教意識的流露。哲學的言之，對以上問題之解答
正成就一形上學理論，前者所說明者即形上實體問題，後者所說明者則是由
道德實踐所證會之形上實體如何能說明物之存在問題。以下我們即簡要比較
宗教意識與道德意識之差異，對於道德的形上學之必要或儒學之宗教性之必
須作一簡單總結。

　　針對以上問題我們可從兩點來說明宗教意識。首先，依唐君毅先生之看法，
宗教意識之核心在於自自然生命解脫而皈依於神之意識。〔註141〕對於每一個人
而言，我們總自覺或不自覺地有要求由現實自我自然生命欲望解脫的意志，從
人都會對自然生活感到厭倦、感覺人生之空虛與無意義、以及人皆可自殺足以
證明這一點。只不過，在一般情況下，這種要求從自然生命中超越解脫出來之

〔註140〕牟宗三：《現象與物自身》，頁454。
〔註141〕唐君毅：《文化意識與道德理性（二）》，頁404。

意志較爲微弱而已。當人陷溺於自然生命欲望之中而表現出一極度之掙扎意識時——即感覺到苦痛與罪惡：人之所以感到苦痛就在於欲望之無窮無盡而無法滿足，人之所以感到罪惡則在於其不能自己克制此無窮無盡之欲望，此時人求由自然生命超越解脫出來之意識將變得極爲強烈。〔註142〕當此種掙扎意識表現得不那麼強烈的時候，其所凸顯的可能只是一道德意識，即由道德自我出發而要求欲望之克制，然當其發展至極端情況的時候，人往往會有一種絕望感，一種極端無助感，人亦因此而沉淪。然正是在這種極端絕望的情況下，人亦最容易由信仰一絕對超越者而尋求解脫，因極端之無助而希望因一絕對之超越力量而得救。人因其氣質、機緣之差異，對此絕對超越者之領會或有不同，或爲基督教之上帝，或爲儒家之天道等等。牟宗三於《五十自述》中所闡述者正是此說之一絕好之證明，下文我們再作詳細分析。

　　以上只是對宗教意識之核心觀念的說明，此外宗教意識亦必包含一「宇宙之正義之原則」。此一超越原則包括二原則：「無罪之受苦，應被補償」之正義原則以及「有罪則當受苦，使罪得罰而苦罪皆去除」之正義原則。〔註143〕依唐君毅先生之分析，對於此種宗教的要求，我們決沒有任何理由說其不當有，因爲以上所謂之宗教要求或宗教意識，乃根源於人「使苦痛罪惡由相互結合而被去除，及福與德之由互相結合而永遠保存，并得客觀普遍化」之意志。「此意志之爲一善意志，無人得而否認；則宗教要求，無人能謂其不當有」。否則，人之一切爲善去惡之道德修養，與賞善罰惡之法律，以及一切增加人之福德之文化事業，其存在之意義必無法說明。〔註144〕而所謂道德意識，則爲自覺地要求自己支配、改造、主宰自己之意志與行爲，其所實現之道德價值更多的落在自我人格之成就上，並不涉及以上所謂超越之原則。

　　總結地說，牟宗三對於儒學之形上意涵的重視和闡發，根本上乃是強調儒學之宗教性對於現實人生之安頓乃爲必不可少之者，經由下文的分析我們不難看到，新儒家的努力在某種意義上乃是爲了尋求人生之全面的安頓，因爲人生在世其所面對之問題是多維度的，不僅有社會公共生活的問題、更有精神生命之如何安頓的問題。這些問題的存在對人而言是不可免的，那麼儒學要真正發揮其引導性的功能，則其不能不對這些問題作正面的回應，而要

〔註142〕唐君毅：《文化意識與道德理性（二）》，頁406～407。
〔註143〕唐君毅：《中國文化之精神價值》，頁310～312。
〔註144〕唐君毅：《中國文化之精神價值》，頁314。

回應個體精神生命之如何安頓的問題，儒學之宗教性及其形上意涵的闡發乃至爲重要者。

第三節　道德的形而上學何以可能

一、道德的形而上學之本旨及其理論困難

　　對牟宗三而言，道德的形而上學同時擔負著貞定個體生命以及說明天地萬物之存在的雙重使命，這也正是傳統儒學「修人道以證天道」、「明天道以弘人道」〔註145〕的思想性格所決定的。現代人越來越習慣於近代以來事實與價值二分的思維方式，〔註146〕面對牟氏經由反省傳統儒學之形上學思想而創構之道德的形而上學體系，首先便不能不質疑其是否有混淆實然與應然的弊病。牟宗三深知道德、價值乃獨立於事實領域之外的一個領域，前者不能簡單化約至後者，然而我們是否可以因此說道德是完全無涉於事實的呢？這一思考方式與一般的哲學思考存在很大的距離，但確實隱含著確立一形上學之可能性，因而牟氏亦感歎：「時人大都不甚解何以能有一道德的形上學」。〔註147〕牟宗三極力反對以外在的存有論原則作爲道德的根據，是以對漢儒「宇宙論中心」的思想形態持否定態度，同時將宋儒形上學思想與之嚴格區分開來，〔註148〕因後者乃一「心性論中心」之哲學，宋儒所成就之形上學體系乃是以價值說存在，即對天地萬物之存在予以價值的說明，根本不同於漢儒以存在說價值之氣化的宇宙論系統，是以並不存在混淆事實與價值的問題。因而牟宗三說：

> 儒家說天道創生萬物，這也是對於天地萬物所作的道德理性上的價
> 值的解釋，並不是對於道德價值作一存有論的解釋。〔註149〕

〔註145〕戴璉璋：《易傳之形成及其思想》（臺北：文津出版社，1989），頁54。
〔註146〕有關事實與價值二分（fact/value dichotomy）的反思可參閱〔美〕希拉里‧普特南：《事實與價值二分法的崩潰》（應奇譯）（北京：東方出版社，2006）；〔美〕希拉里‧普特南：《理性、眞理與歷史》（上海：上海譯文出版社，2006），頁144～168。
〔註147〕牟宗三：《從陸象山到劉蕺山》，頁158。
〔註148〕牟宗三曰，（宋明儒學）與漢人之純粹的氣化宇宙論不同，亦與西方康德前之獨斷形上學不同，此只是一道德意識之充其極，故只是一「道德的形上學」也。見牟宗三：《心體與性體（一）》，頁38。
〔註149〕牟宗三：《圓善論》，頁131。

用王陽明的話來說就是「有心俱是實，無心俱是幻」。〔註150〕前文提到，牟宗三以爲形上學須說明一切法之存在的必然性，依牟氏之見，徹底的自然主義終歸是一種虛無主義，佛教言緣起性空，一切法的存在並無自性，如幻如滅，由之如何說明法之存在的必然性？如此，使一切存在爲眞實（非虛幻）而有價值意義的存在的關鍵，只在確立一終極實體或形上實體（ultimate reality or metaphysical reality）以爲存有論的原理。〔註151〕此形上實體非僅由理性思辨所預設，乃由道德實踐所必然帶出者，「道德即通無限，道德行爲有限，而道德行爲所依據之實體以成其爲道德行爲者則無限」。〔註152〕依牟宗三之見，儒者並不只將此形上實體僅理解爲靜態者，而是即存有即活動者，是以此形上實體亦爲宇宙生生不息之動源，〔註153〕由之所成就之道德的形上學或超越的存有論亦可稱之爲本體宇宙論（onto-cosmology）。

既然牟宗三否定由形上學（theoretical metaphysics）轉出價值論的進路，而試圖由道德哲學或價值論引致形上學（practical metaphysics），那麼現在的問題即是，此形上實體何以確立？牟宗三基本上是順乃師熊十力「直指本心，說爲宇宙實體」〔註154〕的思路以確立此形上學實體，不過牟氏在疏解宋明儒相關文獻的基礎上對此有更爲細緻的論證。所謂由道德引致一形上學，即是說作爲道德所以可能之超越根據的本心性體之「充其極」，即爲一本體宇宙論的實體（onto-cosmological reality）。牟氏謂：

> 所謂「充其極」，是通過孔子踐仁以知天，孟子盡心知性以知天，而由仁與性以通澈「於穆不已」之天命，是則天道天命與仁、性打成一片，貫通而爲一，此則吾亦名曰天道性命相貫通，故道德主體頓時即須普而爲絕對之大主，非只主宰吾人之生命，實亦主宰宇宙之生命，故必須涵蓋乾坤，妙萬物而爲言，遂亦必有對於天道天命之

〔註150〕陳榮捷：《王陽明傳習錄詳注集評》（臺北：臺灣學生書局，1983），頁381。
〔註151〕在牟宗三看來，完全否棄形上超越世界的存在，必將墮入純粹自然主義之虛無主義的深淵，牟氏說：「在踐仁盡性到圓熟平平之境，如羅近溪所謂『抬頭舉目渾全只是知體著見』，（『知體』即良知本體），人若在此提不住，見不到是『知體著見』，而只是見到『抬頭舉目』之生理活動，如是，只去研究這生理活動本身也可以，這便是所謂科學，但若在此執持只有這生理活動是眞實，並無你所說的良知本體，那便成了荒謬的唯物論。」牟宗三：《心體與性體（一）》，頁194。
〔註152〕牟宗三：《心體與性體（一）》，頁8。
〔註153〕牟宗三：《圓善論》，頁328。
〔註154〕郭齊勇：《熊十力思想研究》（天津：天津人民出版社，1993），頁40。

澈悟，此若以今語言之，即由道德的主體透至其形而上的與宇宙論
的意義。〔註155〕

此即橫渠所謂：「大其心則能體天下之物，物有未體，則心爲有外」，〔註156〕
或「仁者以天地萬物爲一體」。問題是本心之「充其極」而爲絕對無限之形上
實體如何可能？朱子在回答學生關於上引橫渠語之提問時即對此有所質疑：

> 道夫曰：「只是橫渠所說，亦自難下手。」曰：「便是橫渠有時自要
> 恁地說，似乎只是懸空想像而心自然大。這般處，元只是格物多後，
> 自然有個豁然貫通處，這便是『下學而上達』也。孟子之意，只是
> 如此。」〔註157〕

朱子此處之質疑所關甚大，因爲，如果橫渠「大心」之說不過只是懸空想像
的產物，那麼牟宗三順此所建立之道德的形上學體系，將被等同爲一「觀解
的形而上學」（theoretical metaphysics），根本無法克服獨斷論的批評。〔註158〕
牟宗三對朱子的質疑提出了嚴厲的批評，〔註159〕並屢屢強調，「其能以天地萬
物爲一體非意之也，意即非主觀造作臆想虛設其是如此也」。〔註160〕如何說明
儒者所肯認之形上實體的眞實可能性與實在性也就成爲道德的形而上學是否
可能的關鍵所在。〔註161〕因而牟宗三說：「中國的傳統精神，儒教立教的中心

〔註155〕牟宗三：《心體與性體（一）》，頁338。
〔註156〕〔宋〕張載：《張載集》（章錫琛點校）（北京：中華書局，2008），頁24。
〔註157〕〔宋〕黎靖德編：《朱子語類（第7冊）》（北京：中華書局，1986）頁2518。
〔註158〕牟宗三認爲：「當然如果我們隔離道德實踐而單客觀地看存在之物，自可講出
　　　　一套存有論，而不必說它是道德的形上學。但這樣隔離地客觀地看存在之
　　　　物不是儒家之所注意，而且即使這樣講出一套存有論，亦不是究竟的，儒家
　　　　可以把它看成是知解層上的觀解形上學，此則是沒有定準的，由康德的批判
　　　　即可知之。」見牟宗三：《從陸象山到劉蕺山》，頁157～158。
〔註159〕牟宗三：《心體與性體（一）》，頁565～566。
〔註160〕牟宗三：《圓善論》，頁255。
〔註161〕唐君毅亦承認依儒家道德宗教觀念所建立之形上學是否可能是一問題，其
　　　　謂：「世間大宗教中有若干原則性信仰，乃各宗教所同，原則上可以不被否證。
　　　　如死後之精神存在，永恆的正義（如善必被賞惡必被罰），及能通眾心之神心
　　　　之存在是也。佛學不承認有神心，但在佛教徒心中之佛，其能以其悲智覆育
　　　　一切眾生，亦與信神者之以神之愛及於一切人同。佛學發展至晚期之大乘佛
　　　　學，其所謂常住眞心如來藏心，遍爲一切眾生心識所依，實亦與婆羅門教之
　　　　梵及基督教之神相去無幾。至於工夫，自以佛教爲最深密。凡此等信仰皆非
　　　　一般經驗所能證實，亦無法加以否證，而一般之道德亦不需在此處立根，亦
　　　　爲一般科學所存而不論者。論之者爲形上學，而形上學之是否可能是一問題。」
　　　　見唐君毅：〈與勞思光先生論宗教書〉，勞思光：《書簡與雜記》，頁263。

與重心是落在『如何體現天道』上」，〔註162〕牟氏晚期將此一問題歸結爲我們
人類這有限的存在如何能有智的直覺的問題，〔註163〕在牟氏看來，如果吾人
不承認人類這有限的存在可有智的直覺，則依康德所說的這種直覺之意義與
作用，全部中國哲學將不可能。〔註164〕牟宗三於《心體與性體》一書，基本
上是順宋明儒之相關文獻闡明道德的形而上學的意涵所在，對於形上實體何
以可能的問題並無太多說明，《智的直覺與中國哲學》之作實可視爲對這一前
提性問題的補充性說明。《圓善論》一書在涉及這一問題時，更提出「誠信」
一觀念，〔註165〕而不再只執著於此前的理論說明。詳細梳理以上文獻的相關
論述我們可以梳理出牟宗三在這一問題的思考線索。

　　需要指明的是，既爲形上之終極實體，其必然只能是一而不能爲多，但
因言說重點不同，此形上實體可有種種不同的名稱：〔註166〕天、帝、天命、
天道、太極、太虛、誠體、神體、仁體、中體、性體、心體、寂感眞幾、於
穆不已之體等。

> 此寂顯（寂感）通而爲一統曰理的天理亦得曰天道，此則就其自然之
> 動序說；亦得曰天命，此則就其淵然有定向而常賦予（於穆不已地起
> 作用）說；亦得曰太極，此則就其爲極至而無以加之者說（無稱之言，
> 窮極之辭）；亦得曰太虛，此則就其爲眞實無妄純一不二說；亦得曰
> 神體，此則就其生物不測妙用無方說；亦得曰仁體，此則就其道德的
> 創生與感潤說；亦得曰中體，此則就其亭亭當當而爲天下之大本說；
> 亦得曰性體，此則就其對應個體而爲其所以能起道德創造之超越根據
> 說，或總對天地萬物而可以使之有自性（making thing as thing-in-itself）
> 說；亦得曰心體，此則就其爲明覺而自主自律自定方向以具體而眞實
> 地成就道德行爲之純亦不已或形成一存在的道德決定說。〔註167〕

而所謂良知、知體明覺、獨體、無限智心等等亦均與此形上實體同。就道德
的形而上學而言，此中較爲關鍵者爲心體、性體以及天命實體或道體，此三
者言說之分際在於，心體是就主觀面說，性體乃就客觀面說，而天命實體或

〔註162〕牟宗三：《中國哲學的特質》，頁108。
〔註163〕牟宗三：《智的直覺與中國哲學》，頁245。
〔註164〕牟宗三：《智的直覺與中國哲學・序》。
〔註165〕牟宗三：《圓善論》，頁138。
〔註166〕《現象與物自身》對此亦有相關說明，見牟宗三：《現象與物自身》，頁436～437。
〔註167〕牟宗三：《心體與性體（二）》，頁21～22。

道體則是就絕對面說。〔註168〕依照牟宗三的看法，宋明儒所論者都可歸入此道德的形而上學系統（伊川、朱子稍有不同），但言說進路略有不同，或先由客觀面、絕對面說之，再回歸於主觀面以實之，是以有牟氏所謂的「形著說」，或同時強調此兩面並以之爲一的圓頓地言之，前者以橫渠、五峰、蕺山爲代表，後者以明道爲代表，此正構成宋明儒學之三系中最主要之一系，第二系即伊川、朱子系；此外，亦可首先就主觀面言之，由一心之申展、涵蓋、遍潤凸顯此由主觀面所言之心之絕對普遍性，就絕對普遍性而言，主觀面言之之心體即通於客觀面之性體或絕對面之天命實體，此以象山、陽明爲代表，乃宋明儒學之第三系。由此三觀念我們可以首先對所謂道德的形而上學作一簡單交待。〔註169〕

二、道德的形而上學述略

牟宗三認爲，宋明諸儒存在地契會「天命之謂性」以及「維天之命，於穆不已」之說，以天命實體爲不已地起作用者，並且其作用於個體即具於個體之中而爲其體，是之謂性體。天命實體因其絕對普遍性因而是統天地萬物而爲其體的，人、物皆以之作爲自身存在的根據，因而性體亦具絕對普遍性，不過此尚只是「本體論地圓具言之」，〔註170〕因說天命實體具於個體之中而爲其體，對物而言，僅只潛在的爲其體，唯人能經由自覺之道德實踐而彰顯此性體，此自覺之道德實踐所以可能，其關鍵則在由主觀面言之之心體，是以對人而言，天命實體具於個體之中而爲其體，不只是潛在的、本體論的圓具，亦是「道德實踐的具」，人物之別由此確立。

依牟宗三之見，性之問題屬存有的問題，〔註171〕所論者乃存在之存在根據。天地萬物因以天命實體爲其存在之根據，因之即得一存在論的說明，物

〔註168〕唐君毅亦有類似之區分：「以仁心是自個體人上說，聖人自個人仁心完全實現說，而天心則自諸聖同心一心上說，而顯於人我之仁心交感處及天地之化育中者也。」唐君毅：〈與勞思光先生論宗教書〉，勞思光：《書簡與雜記》，頁264。

〔註169〕對道德的形而上學之更爲扼要的闡釋可參閱鄭宗義：〈明儒陳白沙學思探微——兼釋心學覺悟與自然之義〉，《中國文哲研究集刊》第十五期（1999年9月），頁6～7；鄭宗義：《明清儒學轉型探析：從劉蕺山到戴東原（增訂本）》（香港：中文大學出版社，2009），頁1～8；Chung-Yi Cheng, Philosophical Development in Late Ming and Early Qing, Bo Mou（ed.）, *History of Chinese Philosophy, Routledge,* 2009, pp.430～432.

〔註170〕牟宗三：《心體與性體（一）》，頁74。

〔註171〕牟宗三：《心體與性體（一）》，頁28。

亦因之而有自性，有其存在上的必然性。關於性與天道之言說分際之不同，
牟宗三有如下之說明：

> 「性與天道」代表一個客觀的存有（objective being）。性是對著個
> 體講的。「天命之謂性」（《中庸》）每一個個體都有成其爲個體的最
> 後的根據。照儒家講，這個最後的根據就是性。這屬於 ontological
> being，就是屬於存有論的存有的概念。天道就是絕對的存有，與「性」
> 這個存有論概念內容意義完全一樣。那麼，爲什麼有「性」、「天道」
> 兩個名詞呢？……「性」在什麼分際上講呢？是散開就這個體而言，
> 那麼，天道就是天地萬物總起來說，只有一個天道。〔註172〕

是以牟宗三說，「若把此無限智心（按：即指上述所謂形上實體而言）撤掉，
則一切存在終歸於虛幻而不實，因而亦就是說，終歸於無。此終歸於無是價
值地說，非經驗地說。」〔註173〕由於此天命實體非只理性思辨之產物，乃儒
者經由道德實踐所證會者，而由之所成立之存有論不能隔離道德實踐而獨立
的言之，此即牟宗三所謂，「將存有問題攝於實踐問題解決之，亦即等於攝『存
有』於『活動』」，〔註174〕因而在一定意義上，我們實可說牟宗三乃是通過「以
道德（實踐）攝存在」的方式來說明形而上學問題的。

　　僅如此說，人或以爲此道德的形而上學只是一靜態的存有論，因其所涉
者基本上只是一些存有論的陳述（ontological statements），但正如上文所述，
形上實體乃即存有即活動者，道德的形而上學亦含有宇宙論的部分，牟宗三
常以「生」說之，合之，可說道德的形而上學即是一本體宇宙論。

〔註172〕牟宗三：〈原始的型範第三部分・先秦儒學大義（三）〉，《鵝湖月刊》總第 385
　　　　期（2007 年 7 月），頁 3～4。如果我們能夠眞正把握牟氏言心體、性體、道體
　　　　之分際，那麼這裏其實根本就不存在有些學者所質疑的「循環論證」的問題：
　　　　「從邏輯上看，在『於穆不已』的天道與『純亦不已』的性體之間存在著兩個
　　　　過程和兩種程式：就人性生成而言，『純亦不已』的性體是『於穆不已』的天
　　　　道的向下落實，這是一個由『於穆不已』到『純亦不已』的過程；就個體對本
　　　　體的領悟和實踐展開而言，又是一個從『純亦不已』向『於穆不已』不斷昇華
　　　　和回歸的過程。牟宗三以此完成了由存在到道德，再由道德到存在的循環論
　　　　證。」（閔仕君：《牟宗三「道德的形而上學」研究》（成都：四川出版集團巴
　　　　蜀書社，2005）頁 119）其實這裏並無所謂「人性生成」的問題，我們大概可
　　　　以說，就存在秩序而言，天或超越是先於人的，但這並非時間意義上的先後；
　　　　但就認知秩序而言，則必以人之道德實踐爲起點而體證天道之實在性。
〔註173〕牟宗三：《圓善論》，頁 299。
〔註174〕牟宗三：《心體與性體（一）》，頁 28。

「生」者妙運、妙應義。以清通之神、無累之虛妙運乎氣而使其生生不息，使其動靜聚散不滯，此即是生也。仁體之感潤而萬物生長不息，此即是生也。

生者實現義，「使然者然」義，故天道、仁體，乃至虛體、神體皆實現原理也，皆使存在者得以有存在之理也。生者引發義、滋生義。因天道之誠、仁體之潤、虛體之清通、神體之妙應而滋生引發之也。
〔註175〕

依牟宗三的看法，儒者將世界視爲一生生不息者，是以宋明儒常常以宇宙論之陳述說之，但此絕不應理解爲自然主義唯氣論之實然的陳述，乃是提起來視氣化過程爲天道創生之過程，而天道創生之過程即是仁體創生感潤之過程，或神體妙運之過程。〔註176〕所以我們不應從宇宙生成論的角度理解宋明儒有關宇宙論的表述，質言之，其亦不過是道德之創造，是以牟氏常言，宇宙秩序即是道德秩序，道德秩序即是宇宙秩序。〔註177〕儒者對宇宙生生不已的看法乃是其經由道德實踐而形成之宇宙觀，即對於宇宙的一種形而上的見地（metaphysical view），〔註178〕鄭宗義教授對此有很好的說明：

〔註175〕牟宗三：《心體與性體（一）》，頁 483。
〔註176〕牟宗三：《心體與性體（一）》，頁 481。
〔註177〕牟宗三順陽明「良知是造化的精靈」、「此（良知）是乾坤萬有基」等說法，認爲良知與天地萬物之間存在一種「創生」的關係，不少學者均已意識到牟宗三乃至陽明所謂的「創生」並非宇宙生成論意義上的「創生」，亦即並非良知能於外部時空中構造出一個物質的世界，但因此卻又都轉由「意義賦予」或「價值賦予」的角度來說明此處的「創生」，（如閔仕君：《牟宗三「道德的形而上學」研究》，頁 47；程志華：《牟宗三哲學研究——道德的形而上學之可能》（北京：人民出版社，2009），頁 101）如此解釋可能會引起以下誤會：1、不少學者因此即將此等同於現象學的「意向性」理論，這一誤解的問題在於，陽明、牟宗三所謂良知有其形上學維度，根本不能簡單等同於現象學所謂的「意識」；2、這將違背陽明、牟宗三心學「心物合一」之本旨，羅永吉因此質疑說：「依陽明，萬物既不能外於良知而存在，則存在本身即是道德性的存在，是具有價值意義的存在，即存在即道德，而不能再有一所謂『實然存在』的世界，而成就一個意義世界，若如此，則是以心、物爲二也，恐不合陽明『心物合一』之旨」，參羅永吉：《陽明心學與眞常佛學之比較研究》（指導教授：林聰舜），臺灣清華大學博士論文，2005，頁 19。
〔註178〕在一定意義上，儒者對於「世界」的體會實比較近於海德格的看法，即「世界」既不是塊然獨存的客有，也不是主觀構畫的現象，而是主客交融顯發出來的意義結構，更進一步的闡釋可參考劉述先：〈論當代新儒家的轉型與展望〉，《現代新儒學之省察論集》，頁 8；劉述先：〈王學與朱學：陽明心學之

「天地之大德曰生」的話，雖亦不乏經驗的證驗，然絕非一確定的經驗知識，而只是一形而上學的主張或見地。說它是儒者的主張或見地，很易教人誤會其爲任意的、主觀的。實則它絕非任意的，而是關乎儒者在存在的踐履中如何展開對自我與世界的了解；它絕非主觀的，而是儒者與儒者交互主體所共證的境界，也是儒者與天地交往主客交融所獲得的領悟、肯斷與誠信。套用現代哲學詮釋學（philosophical hermeneutics）的話說，「天地之大德曰生」是儒者閱讀自我與世界這文本後釋放出來的意義。〔註179〕

正是在這一意義上，牟宗三常以道德的形而上的創生實體或寂感眞幾（creative reality，creative feeling）來說所謂的形上實體。由形上實體之創生性可以很好的說明儒家道德的形而上學之一根本性的特徵，即體用不二的圓融性格。橫渠「虛空即氣」之「即」、明道所謂「器亦道，道亦器」所表達的都是此意：理論上儒家首先肯定形上與形下之超越的區分，然「理不懸空，必帶著氣化以顯」，〔註180〕即理必然在氣化的過程中生發其創造之大用。其最高之理境即明道所謂「氣外無神，神外無氣」，圓融地言之，即是全神是氣，全氣是神；就道德實踐言之，此即儒者盡性踐形所臻之化境：踐形之極，全身是道，全道是身，全身是道，則身雖有限而實具無限之意義，而身不爲累；全道是身，則睟面盎背，施於四體，道（性心）得其具體之呈現，而性心不空掛。〔註181〕儒家超越而內在的性格正體現於此。〔註182〕論述至此，我們對於道德的形而上學之基本意涵可以有一基本把握，當然以上主要是就橫渠、明道一系之思

再闡釋〉，《朱子哲學思想的發展與完成》（臺北：臺灣學生書局，1984），頁485～520；及劉述先：〈當代儒學精神性之傳承與開拓〉，香港浸會大學宗教與哲學系編：《當代儒學與精神性》（桂林：廣西師範大學出版社，2009），頁15。余英時亦有類似的說法，參余英時：〈天人之際〉，《人文與理性的中國》（上海：上海古籍出版社，2007），頁17。關於「世界」概念，關子尹有很精彩的論述，參關子尹：〈宇宙、世界與世界觀〉，《語默無常——尋找定向中的哲學反思》（北京：北京大學出版社，2009），頁47～53；關子尹：〈海德格論「別人的獨裁」與「存活的獨我」——從現象學觀點看世界〉，《鵝湖學誌》第6期（1991年6月），頁113～164。

〔註179〕鄭宗義：《儒學、哲學與現代世界》，頁162～163；相關論述還可參閱鄭宗義：《明清儒學轉型探析——從劉蕺山到戴東原》，頁328及頁355～356注40。

〔註180〕牟宗三：《心體與性體（二）》，頁34。

〔註181〕牟宗三：《心體與性體（二）》，頁55、56、580～581。

〔註182〕牟宗三：《心體與性體（一）》，頁493。

路來說道德的形而上學，象山、陽明系關於道德的形而上學之論述，在進路上雖略有不同，然在內容上並無本質上的差異。

依牟宗三之見，陽明論良知當該有三義：主觀義、客觀義，絕對義，〔註183〕主觀義是從良知對於自我的意識（conscience）而言，良知之爲呈現即是從這一意義上來講的；良知之客觀義則由「心即理」來理解，良知乃決定應當如何之原則（天理）者；〔註184〕所謂絕對義，即是指良知之存有論的意義或形而上的意義。由此，良知不只說明道德之可能，同時說明一切存在都以良知爲基礎，一切都在良知之心中呈現，離開良知，一切都不存在，有良知存在的地方，一切方存在。〔註185〕當然，正如上文所言，此處所謂之存在均是從價值上來說的，而非經驗性的論斷。陽明有不少說法均涉及良知的絕對義。如「此是乾坤萬有基」、「良知是造化的精靈」以及「我的靈明便是天地鬼神的主宰」等等。〔註186〕因良知之感應無外，是以其必與天地萬物全體相感應，因而可以說心外無物，一切皆在吾良知之貫徹與涵潤中，物只是在良知之涵潤中而如如地成其爲物，一切皆得其位而無失所之差。〔註187〕這都是從良知之感應無外來說的，就道德而言，此爲大人與天地萬物爲一體之終極理境，就存有論而言，其引致一道德的形而上學，良知即是天地萬物存在之根據，如此良知即通於天命實體而爲一形上實體，同時亦是一「實現原理」、「宇宙生化之原理」，是以「道德創造與宇宙生化是一，一是皆在明覺之感應中朗現」。〔註188〕

在牟宗三看來，陽明的良知、劉蕺山的意，乃至康德的自由意志之因果性，都是性體心體之異名，各從一面說而已。「性體心體不只是在實踐的體證

〔註183〕牟宗三：〈儒家道德的形上學〉，《牟宗三先生晚期文集》，頁212。

〔註184〕牟宗三：《從陸象山到劉蕺山》，頁155。

〔註185〕牟宗三：〈儒家道德的形上學〉，《牟宗三先生晚期文集》，頁212。

〔註186〕與陳來以陽明此等有關存有論的論述只是一種文學性的誇張語言的說法相比，牟宗三關於陽明良知學之形上學的闡釋無疑更爲周洽、圓通，陳來的相關說法見氏著：《有無之境——王陽明哲學的精神》（北京：人民出版社，1991），頁63。陳氏的理解乃由於其重心性而輕天道的一貫思路所決定的，對其批評性的考察可參閱鄭宗義：〈大陸學者的宋明理學研究〉，劉述先主編：《儒家思想在現代東亞：中國大陸與臺灣篇》（臺北：中央研究院中國文哲研究所，1990），頁144～154。林月惠從體用論的角度對陽明思想之形上學維度亦有較好的說明，參林月惠：〈王陽明的體用觀〉，《詮釋與工夫：宋明理學的超越蘄向與內在辯證》（臺北：中央研究院文哲所，2008），頁147～180。

〔註187〕牟宗三：《從陸象山到劉蕺山》，頁169。

〔註188〕牟宗三：《從陸象山到劉蕺山》，頁170。

中呈現，亦不只是在此體證中而可被理解，而且其本身即在此體證的呈現與被理解中起作用，起革故生新的創造的作用，此即是道德的性體心體之創造」。〔註189〕

> 性體與心體在個人的道德實踐方面的起用，首先消極地便是消化生命中一切非理性的成分，不讓感性的力量支配我們；其次便是積極地生色踐形、睟面盎背，四肢百體全爲性體所潤，自然生命底光彩收斂而爲聖賢底氣象；再複次，更積極地便是聖神功化，仁不可勝用，義不可勝用，變現而爲聖賢底德業；最後，則與天地合德，與日月合明，與四時合序，與鬼神合吉凶，性體遍潤一切而不遺。〔註190〕

性體心體或良知因著道德實踐之無限的擴大，其必遍潤一切而不遺，良知與天命實體通而爲一，是以橫渠、明道從客觀面言道德的形而上學與象山、陽明由主觀面言道德的形而上學亦會歸爲一，正是在此一點上，牟宗三認爲宋明儒學此兩大系當視爲一圓圈之兩來往：自《論》、《孟》滲透至《易》、《庸》，圓滿起來，是一圓圈；自《易》、《庸》會歸於《論》、《孟》，圓滿起來，仍是此同一圓圈，故可會通爲一大系。〔註191〕這樣，我們便不應將《易》、《庸》中本體宇宙論的說法視爲與《論》、《孟》中心性論的說法不同之思想系統，而應將前者視爲後者充其極之發展的必然的理論歸趨。〔註192〕

〔註189〕牟宗三：《心體與性體（一）》，頁185。
〔註190〕牟宗三：《心體與性體（一）》，頁185。
〔註191〕牟宗三：《心體與性體（一）》，頁53。
〔註192〕鄭家棟正因對牟氏的這一思想有所誤解因而對其加以指責，鄭氏認爲：眾所周知，孔子以下，儒家內聖之學的發展有兩條線索，一是以《中庸》、《易傳》爲代表的宇宙本體論的系統，二是由思、孟一系發展而來的心性論的系統。可以說，在儒學後來的發展中，兩條線索是相互補充、相互影響的，但每個思想家的重心仍有所不同。值得注意的是，在今天有關儒家思想中「內在」與「超越」之關係的討論中，人們常常是從前一條線索來提出問題，然後又不自覺的轉到後一條線索上去說明和解決問題。說得明確一點，人們往往是從認定「天命」、「天道」的超越性內涵始，而以肯定人的道德心性具有自我超越的內在祈向和無限潛能終。溝通二者的媒介就是存有與價值（境界）之間的混淆。牟先生思想的發展，可以說典型地體現了上述理路（鄭家棟：《牟宗三》（臺北：東大圖書公司，2000），頁155）。對牟宗三而言，這兩條線索實可通而爲一，其不同僅只是論述之進路不同而已，鄭氏所言確能抓住牟氏思想的一個重要方面，不過存有（天道）並非完全外在於人者，所以所謂二者之間存在如何溝通的問題並不意味存有與價值乃是完全無涉的，進至聖人之境或是化境（即仁者與萬物爲一體之境），即可視爲是天人合德，也即存有與價值之間的溝通。

　　牟宗三後來受海德格康德研究的影響，對於道德的形而上學又有了新的理論表述，即「無執的存有論」。〔註 193〕成立無執的存有論的關鍵，仍是直接由道德意識呈露形而上的實體或本體，牟氏在論述中側重以陽明之良知或知體明覺說之，因其特顯內在的道德決斷。在良知或知體明覺的感應或感通中，能感與所感達至能所合一之境，知體明覺與物一體呈現，物正在良知之感應的涵潤中而如如地成其爲物。〔註 194〕此時之物因其擺脫了識心之執，不再以現象的身份存在，而以「在其自己」，即物自身的身份存在。是以，良知明覺即爲天地萬物之存有論的根據，此處之物當然是指物自身而言，〔註 195〕此即《中庸》所謂「誠者物之終始，不誠無物」。因而，在儒者的道德實踐中，成己與成物本就是同一過程，「就成己而言，是道德實踐；就成物而言，是自我實踐之功化。即在此功化中含有一道德的形上學，即無執的存有論。」〔註 196〕而良知明覺就成己言，是道德創造之原理，就成物言，則爲宇宙生化之原理，使物物皆如如地得其所而然其然，物自身即因之而爲一自在的「目的」，而非一幻化的假名。〔註 197〕本質上，無執的存有論的論述與《心體與性體》中道德的形而上學的論述只有論說角度的不同，並不存在根本性的差異，有學者即因牟宗三論述層次上的差異而誤以爲道德的形而上學可有兩種不同的理論走向，即「本體宇宙論的創生」與「實現物自身的創生」。〔註 198〕此外，馮耀明亦認爲，宋明儒所說的理貫注於氣中而成就物，是就一般意義之現象事物說的，而非牟宗三所謂之物自身。〔註 199〕其實，這裏的問題並不難澄清，因道德的形而上學是圓教下實踐的形上學，其根本特徵在於體用不二之圓融義，「若渾淪圓融地言之，則道器、理氣、體用一起滾，說道不離器可，說器即是道亦可」，〔註 200〕此所謂「即是」

〔註 193〕牟宗三：《現象與物自身》，頁 443。

〔註 194〕牟宗三：《現象與物自身》，頁 442。

〔註 195〕陳榮灼即在此一意義上說，Oontologically, the ture mind makes noumena possible，見 Wing-cheuk Chan, On Mou Zongsan's Idealist Confucianism, *Confucian ethics in retrospect and prospect*, edited by Vincent Shen & Kwong-loi Shun, The Council for Research in Values and Philosophy, 2008, pp.177.

〔註 196〕牟宗三：《現象與物自身》，頁 443。

〔註 197〕牟宗三：《現象與物自身》，頁 444、447。

〔註 198〕張子立：《從「逆覺體征」到「理一分殊新釋」：「試析現代新儒學之內在發展》（指導教授：劉述先、何信全），國立政治大學哲學研究所博士論文（2008年 7 月），頁 31～36。

〔註 199〕馮耀明：《「內在超越」的迷思：從分析哲學看當代新儒學》，頁 125～126。

〔註 200〕牟宗三：《心體與性體（一）》，頁 344。

並非形上形下不分，而是在肯定形上形下之超越的分解的前提下，形上形下圓融爲一，就良知明覺說之，即良知明覺與物一體呈現，這兩者乃是在同一層次上來說的，以康德現象與物自身的區分方便言之，此中之物爲物自身意義上的物，〔註201〕只有在引入有限之認知心的情況下，物方因認知心之「執」而以現象的身份呈現。後者本非傳統儒學關注的重點，傳統儒學形上學中因而也就不涉及此一意義上之現象的觀念，不過因爲牟氏思考中國文化之現代化的問題，考慮如何使傳統儒學與作爲現代文化之基本內容的科學相對接，是以有無限智心如何轉出有限的認知心的問題，因而牟氏才會重視康德現象與物自身的區分，宋儒以理氣之超越的分解爲中心的形上學系統，根本不能以此一意義上之「現象」來說明。

　　綜上，我們大體可以「心性即天道」來概括牟宗三經由疏解宋明儒學所確立之道德的形而上學之大旨，〔註202〕心性首先是儒者道德實踐的內在資源與動力，體現爲一道德的創造性（moral creativity），然此心性並非爲某一個人所獨有，是以其仍有自身的客觀性與獨立性，〔註203〕牟氏常以創造性自身（creativity in itself）或形而上的創造性（metaphysical creativity）說之，〔註204〕而因著心性感通（即道德創造）他人及外物的無限性，此創造性自身遂具一絕對的普遍性，儒者因之以天道或道體說之。牟氏對此有一極爲清晰之表述：

　　　　本心真性是就人說，這是因爲唯有人始能特顯此道德創造之心性。

　　　　既顯出已，此道德創造之心性便不爲人所限，因爲它不是人之特殊

〔註201〕牟宗三謂：「往上提而與仁合一的那個智就相當於康德所說的智的直覺（intellectual intuition），智的直覺的對象是什麼呢？是物自身。仁以感通爲性，以潤物爲用，感通所到的地方就有存在。感通不到的地方就沒有存在。感通到，這個仁就潤澤它。從感通所及、所潤的這個物也是物自身，不是現象意義的物。」見牟宗三：〈「實踐的智慧學」演講錄（八）〉，《鵝湖月刊》總第401期（2008年11月），頁5。

〔註202〕楊祖漢：〈論余英時對新儒家的批判〉，《當代儒學思辨錄》，頁12。唐君毅亦曰：「天地生物之心，亦即與聖人之心，爲同一之心；聖人之心，即此天地生物之心之直接呈現。……然由人成聖人而知聖人之發育萬物與天地之發育萬物，其事同，其理同；而聖人之發育萬物之心又內外無疆界，以與天地萬物爲一體；則可實證其聖人之此心即爲天心之直接呈現，而實證天心之存於其生物之事之中矣。」唐君毅：《哲學概論（下）》，頁695。

〔註203〕唐君毅對此有極爲詳細之闡釋，參唐君毅：《中國文化之精神價值》（桂林：廣西師範大學出版社，2005），頁327～333。

〔註204〕牟宗三：《中國哲學十九講》，頁335、329；牟宗三：《中國哲學的特質》，頁103。

構造之性，依生之謂性之原則而説者，它有實踐地説的無外性，因而即有無限的普遍性，如此，吾人遂可客觀而絕對地説其爲「創造性自己」，而此創造性自己，依傳統之方便，便被説爲「天命不已」，或簡稱之曰「天」。〔註205〕

而由天道之獨立性與超越性，吾人遂可講出一套形上學或存有論，以説明萬物存在之根據與意義。單獨來看，此一套形上學自有其獨立之意義與價值，宋儒濂溪、橫渠等偏重對此客觀面之形上學的闡述，其所論者亦因此常被視爲一套外在之形上學系統，但事實上，其仍是以道德實踐與聖證爲根據，最終亦由客觀面轉至主觀面，並以主觀面形著而落實之。〔註206〕同樣，象山、陽明等側重主觀面之論述，對於自客觀面而言之本體宇宙論不甚措意，「客觀面究不甚能挺立，不免使人有虛歉之感」，〔註207〕但其終歸並非僅只有主觀面之心性論，因著心性之普遍性與絕對性，其必通於客觀而超越地言之之天道、道體。總之，儒家言形上學非僅出自理性思辨之偏好，乃道德實踐所必然帶出者，是以論形上學必以道德實踐與聖證爲前提和基礎，否則終有獨斷之嫌。

三、形上實體之論證與説明

論述至此，我們現在可以轉到本節所討論的中心問題上來：牟宗三依傳統儒學資源所重構之道德的形而上學何以可能？牟宗三大體是基於孟子一系之心學以及康德自律倫理學來界定道德，並且在道德之自律這一點上，牟氏認爲二者並無多大差別，〔註208〕那麼，道德要成爲眞實而非虛幻者，作爲道

〔註205〕牟宗三：《圓善論》，頁137。

〔註206〕牟宗三：《心體與性體（一）》，頁52。

〔註207〕牟宗三：《心體與性體（一）》，頁51。

〔註208〕有關儒家倫理學的定位，學界有將其歸之於自律倫理學者，亦有學者將其歸之於美德倫理學，不過以上二者似乎均不能完全展現儒家倫理學的全幅內容，是以勞思光認爲，儒學亦不是完全忽視道德生活之形式條件；不過儒學以成德之實踐工夫爲核心，因之對所謂 "rule" 及 "virtue" 兩面之問題均收入工夫論中處理，與康德之思辨取向不同；只就 "virtue ethics" 來看儒學也不能掌握儒學之眞正特性（勞思光：《〈文化問題論集新編〉序言》，《文化問題論集新編》，頁 xv）。牟宗三甚至對美德倫理學有十分嚴厲的批評，牟氏謂：「我向來不喜歡西方人所講的倫理學，就是因爲那種目的倫理學（ethics of virtues）幾乎都是淺薄庸俗，廢話連篇。這些人好像是孔子所説的小人儒。」見牟宗三：〈道德的理想主義與人性論〉，《道德的理想主義》，頁45。但不能否認的是康德自律倫理學確能用以詮釋儒學的相關內容，但這並不意味儒家倫理學完全同於康德倫理學體系，李明輝就康德自律倫理學的主體內容，以

德之根基的意志或良知、心體的眞實性也就成爲問題的關鍵所在。這也就是牟宗三強調意志或良知、心體是一眞實呈現而非懸設的原因所在。但這仍只在說明道德之可能性，進一步良知、心體的無限性或絕對普遍性如何說明，這即涉及天道的客觀實在性問題。道德的形而上學何以可能的問題，因此實可分解爲以下兩個問題：良知、心體何以成爲一眞實的呈現？作爲道德之根基的良知、心體何以具有無限性與絕對性，並由之確立天道的客觀實在性？

　　依照康德的觀點，人類的行爲只有在不僅是合乎責任且出於責任的情況下，才具有道德性或道德價值，〔註209〕而僅僅合乎責任的行爲則只具有合法性而不具有道德性。要產生完全出於責任的行爲必須排除一切感覺對象以及主觀脾性、性好等的影響而使道德法則完全先天的建立起來，如此，道德法則方有普遍性和絕對必然性，而行爲的道德價值才是最高的、無條件的善，〔註210〕這最高的、無條件的善只有在有理性者的意志中才能找到，道德法則乃是有理性者的法則，以有理性者爲其有效性之根據。而既然道德價值是絕地的、無條件的，那麼決定道德價值的主體（意志）也因此具有無可替代的價值，即尊嚴。〔註211〕由此，也就必須要肯定意志是自由的，即它自主自律，不受任何牽制影響，而甘願純自義上爲這法則所決定，這是它接受決定的自由，同時它甘願純自義上以受其決定的法則並不是外來的，乃是它自己所供給的，此即是它自己立法的自由，〔註212〕意志之自律即意志的自我立法。可見，最終而言，要使具有道德價值的行爲成爲可能，意志之自由方是問題的關鍵所在。但對康德而言，自由本身如何可能？爲什麼純粹理性能夠是實踐的？這都是人類理性所無法說明的，〔註213〕自由只是實踐理性的一個必然的設準。在牟宗三看來，這幾近使道德全落於空懸的境地中，〔註214〕而康德所以會至此，乃是由其不恰當的思考方式所決定的，因爲我們雖然不能以了解知識對象的方式去了解自由，但這絕不意味並無其他的說明和了解的方式。依牟宗三之見，儒家是將康德所謂的意

　　孟子思想爲中心十分詳盡地論析了儒家倫理學何以能稱之爲自律倫理學，同時對二者之間的差異亦有細緻地論述，參李明輝：《儒家與康德》。

〔註209〕〔德〕康德著、苗力田譯：《道德形而上學原理》（上海：上海世紀出版集團，2005），頁 16。

〔註210〕〔德〕康德著、苗力田譯：《道德形而上學原理》，頁 17。

〔註211〕李明輝：《儒家與康德》，頁 62〜63。

〔註212〕牟宗三：《心體與性體（一）》，頁 148。

〔註213〕〔德〕康德著、苗力田譯：《道德形而上學原理》，頁 86〜87。

〔註214〕牟宗三：《心體與性體（一）》，頁 159。

志視爲人的性體心體之一德、一作用，〔註 215〕其既爲人人所固有之「性」，那麼使意志自由成爲眞實之呈現亦是可能的，而這正是儒家講「性」的密意所在。而能呈現性者乃是心，因心是呈現原則、眞實化原則或具體化原則。這樣，如何眞實地呈現此性體心體也就成了儒家道德實踐的最爲本質的工夫，性體心體之眞實呈現如何可能？牟氏以「逆覺體征」說之。

> 良知人人本有，它雖是超越的，亦時時不自覺地呈露。致良知底致字，此在致中即含有警覺底意思，而即以警覺開始其致。警覺亦名曰「逆覺」，即隨其呈露反而自覺地意識及之，不令其滑過。故逆覺中即含有一種肯認或體證，此名曰「逆覺體證」。此體證是在其於日常生活中隨時呈露而體證，故此體證亦曰「內在的逆覺體證」，言其即日常生活而不隔離，此有別於隔離者，隔離者則名曰「超越的逆覺體證」。
>
> 不隔離者是儒家實踐地定然之則，隔離者則是一時之權機。〔註 216〕

此種「逆覺」，牟氏後來亦以「智的直覺」說之。〔註 217〕如果說眞正純粹的道德行爲並不只是人類的理想，而是人類生存體驗中眞實存在的一部分內容，那麼作爲此道德行爲得以發生的動力和根據的良知本心的呈現也應該是人人都有的生存體驗，而隨良知之呈現人當下識取並肯認、體證之，涵養護持而不令放失，也就成爲儒家道德實踐之工夫中關鍵的一環，此正所謂「養心」。在牟宗三看來，這乃是「從先天開工夫」，因而是本質的工夫，而後天的居敬、涵養、格物等只是輔助性的工夫。因而牟宗三謂：「『怵惕惻隱之心』底兩個特徵曰覺曰健。其中『覺悟』尤其是要緊的關頭，古人名之曰覺關」。〔註 218〕可見，牟宗三乃是在康德之理性思辨停止之處，以儒者道德實踐之體驗補充康德哲學思考之「不足」。不過問題依然存在，即這裏對良知之眞實性的說明，僅只是給出一「實踐上」的保證，而缺乏此實踐工夫者如何能對此有一「理論上」的認同？這大概就是理性思辨的限度所在，了解經驗知識之「對象性的」思考方式面對徹底內在之主體性的生命活動，不能不存在一種表達上的焦慮，對此，我們除了給出一些「描述性」的論說以外，如何說明其「眞理性」最終似乎仍只能訴諸實踐本身。

〔註 215〕牟宗三：《心體與性體（一）》，頁 141。
〔註 216〕牟宗三：《從陸象山到劉蕺山》，頁 162。
〔註 217〕牟宗三：《智的直覺與中國哲學》，頁 252。
〔註 218〕牟宗三：〈道德的理想主義與人性論〉，《道德的理想主義》，頁 31。

　　此作爲道德之根據的性體心體又如何能有無限性與絕對的普遍性呢？牟宗三以「仁」說之，孔子以「不安」指點仁，同於後來孟子以不忍、惻隱來說心。此仁、此心具有健動不已之感通能力，其所以具有無限性正可由此說之。

> 故吾常說仁有二特性：一曰覺，二曰健。健爲覺所函，此是精神生命的，不是物理生命的。覺即就感通覺潤而說，此覺是由不安、不忍、悱惻之感來說，是生命之洋溢，是溫暖之貫注，如時雨之潤，故曰「覺潤」。「覺」潤至何處，即使何處有生意，能生長，是由吾之覺之「潤之」而誘發其生機也，故覺潤即其創生。故吾亦說仁以感通爲性、以覺潤爲用。橫說是覺潤，豎說是創生。橫說，覺潤不能自原則上劃定一界限，說一定要止於此而不當通於彼。何處是其極限？並無極限。其極也必「以天地萬物爲一體」。此可由覺潤直接而明也。此即仁之所以爲「仁體」。……此仁心是遍潤遍攝一切，而與物無對，且有絕對普遍性之本體，亦是道德創造之眞幾，故亦曰「仁體」。言至此，仁心、仁體即與「維天之命，於穆不已」之天命流行之體合而爲一。〔註219〕

此一說明基本上仍是順宋明儒的有關體會加以闡釋發揮，這也是牟宗三使用最多的一種說明方式，牟氏稍晚期的著作，如《智的直覺與中國哲學》、《現象與物自身》、《圓善論》都有相關論述。但這很難說是一種嚴格意義上的邏輯論證，而更類於一種主體經由道德實踐而來的領會。不過牟宗三確實給出了一個有關本體存在的理論性說明。

　　牟氏本體論證的起點仍在道德，在其看來，道德乃是依無條件之絕對命令而發之行爲，發此絕對命令者爲自由意志或本心、仁體、良知，也即吾人之性體。而當我們由無條件的定然命令說本心仁體或是良知時，這本心仁體或是良知本質上就是無限的，因爲，若性體爲一有限之概念，而未達絕對而無限的普遍性之境，此無條件之定然命令將不復可能。同時，當我們由無條件的定然命令說意志爲自由自律時，此自由自律即表示意志只能爲因而不能爲果，即只能制約別的而不爲別的所制約，這在性質上正同於我們由條件串之絕對綜合所提供之「第一因」這宇宙論的理念，此第一因隱指上帝而言。由於兩個絕對而無限的實體不能同時存在，所以兩者必爲一。〔註220〕

〔註219〕牟宗三：《心體與性體（二）》，頁237～238。
〔註220〕牟宗三：《智的直覺與中國哲學》，頁246～248。

　　牟宗三的這一論證遭致不少批評，較為典型的說法是，牟氏的推論實際上是康德所著力批判的關於上帝存在的本體論證明的翻版，錯在「把概念等同於存在，把邏輯的必然性當作客觀的必然性，把概念分析得來的東西當成經驗綜合的結果」，因而這一推論並不能令人信服。〔註221〕依照彭文本的分析，上帝存在的本體論論證本來就有兩種可能的型態：第一個型態是由上往下推演，「上帝」這個概念是我們能夠設想的概念裏最完美的概念，包含一切屬性的概念，其不能不包含「存在」這一屬性，否則就不是最完美的概念，是以上帝必然存在；另一個類型是由下而上的逆推的方式，這樣完美的概念作為一個事實或某種事物的結果，必須假設一個完美的存有者作為其原因，否則我們不會有這個完美的概念，因此上帝必然存在。牟宗三所使用的是第二類論證，即本心仁體的無限性乃是由道德法則具有無條件性和普遍性這一前提邏輯逆推的結論。上述批評將牟氏的論證混同於第一種類型的本體論論證，顯然是不具有說服力的。〔註222〕但這並不意味牟氏的論證就是完全站得住腳的，牟氏在「無限性」一概念的使用上存在擴大解釋之嫌，因為無限性可以是用作某一事物的屬性，也可以指一個具有無限屬性的實體，本心仁體作為無條件之定然命令的發佈者，可以說其具有無限性這一屬性，但並不因此就必定為無限者（實體）。〔註223〕這一批評顯然比第一種批評更為有力，確實觸及牟宗三思想的要害所在。徐復觀先生對孔孟之「仁」的詮釋正可為此提供一個很好的註腳，徐氏同樣強調孔孟所說的「仁」為一具有無限之「涵融性」、「擴充性」的「感通」力量，然其并不以「仁」即為一形上實體（metaphysical reality），而作為儒家超越意識之體現的「天」在徐氏這裡

〔註221〕鄭家棟：《本體與方法——從熊十力到牟宗三》（瀋陽：遼寧大學出版社，1992）頁343。

〔註222〕涂笑非似乎並不懷疑牟宗三的這一論證的理論效力，他在文章中提到，如果說牟宗三的論證帶有康德所批評的安瑟倫本體論證明的味道，那麼我們需要指出的是，牟宗三哲學努力的意圖不在解釋康德，而是試圖改進甚至超出康德，並且他還提到康德是否成功地消解了本體論證明本身仍是一個可以討論的問題，見 Xiaofei Tu, The Comparative Philosophies of Mou Zongsan and Nishitani Keiji, *Frontiers of Japanese Philosophy 2*, Edited by Victor Sōgen Hori and Melissa Anne-Marie Curley（Nanzan, 2008），pp,148.

〔註223〕彭文本：〈論牟宗三與費希特「智的直覺」之理論〉，李明輝、陳瑋芬主編：《當代儒學與西方文化：哲學篇》（臺北：中央研究院文哲所，2004），頁 144～147；彭文本：〈良知的辯證——康德、費希特、牟宗三理論的比較研究〉，《台大文史哲學報》第六十九期（2008 年 11 月），頁 304。

亦被「虛化」：「所謂性，所謂天，即心展現在此無限的精神境界之中所擬議出的名稱」。〔註224〕

　　我們似乎很難從理論上完滿地論證、說明形上實體的存在，這根本就是形上學理論的最大困難所在。而牟氏後來也並不執著於這一理論性的說明，〔註225〕在《圓善論》一書中討論無限智心一觀念將如何被確立這一問題時，牟氏重新回到了《心體與性體》一書中以「仁」爲中心的論述模式。〔註226〕不過，在該書中牟氏提出了「誠信」這一觀念，其對於說明相關問題似乎更有意義。

> 現實的人是一個已有的存在，而此已有的存在之所當有而現實上尚
> 未有的一切行事既可由此心性而顯發（創造）出來，則此心性即可
> 轉而潤澤此已有的存在而使之成爲價值性的存在，眞實的存在，而
> 且可使之繼續存在而至於生生不息。此「轉回來潤澤已有的存在」
> 之能返潤者與那在此已有的存在身上向前起創造而能顯發應有之德
> 行者是同一本體。由其返潤而擴大之（因其本有無限性）而言其廣
> 生大生之妙用，即創生天地萬物之廣生大生之妙用，這是實踐地體
> 證地說，同時亦即是客觀而絕對地無執的存有論地說，即對於天地
> 萬物予以價值意義的說明，即無執的存有論的說明，因此，凡由其
> 所創生者亦皆是一價值的存在，眞實的存在，此是基於德行之純亦

〔註224〕徐復觀：《中國人性論史（先秦篇）》，頁157。

〔註225〕牟氏晚年表示對《智的直覺與中國哲學》一書並不滿意或許有這方面的原因：「馮友蘭說良知是個假定，那是根據康德的哲學說的。康德哲學這麼重視道德，爲什麼freedom不能呈現呢？這當然是哲學受文化傳統的限制啦。這個問題很重要我有見及此，所以馬上寫一部書，叫做《智的直覺與中國哲學》。那部書寫的不好、不清楚，材料一大堆。所以，那部書不要了。」見牟宗三：〈「實踐的智慧學」演講錄（四）〉，《鵝湖月刊》總第396期（2008年6月），頁3。

〔註226〕曾錦坤對此有一較爲中肯之論述：「存有是個呈現，它無法論證。基此，牟先生《智的直覺與中國哲學》一書的寫法便很奇特。他呈現、展示東方儒釋道三教實證存有的事實與傳統，而不是用理論去論證（argument）存有的存在。誰能夠找到充分的理由去論證有一個存有存在那邊呢？誰要是保持這樣的看法，我認爲他一定讀錯此書。存有是個人當下自信自肯、自證自知，它是無法論證的；……對於存有的實證，旁人頂多只能指點和勸說，卻始終提不出證據和理由。對於頑固派如反形上學者，只能徒呼負負、莫可奈何。……儒者堅信不疑，似乎從來就不懷疑天道的存在，重點只是放在個人工夫純熟與否的問題上面而已。」參曾錦坤：〈儒教作爲基本宗教：以唐、牟觀點爲主的論述〉，《中華人文社會學報》第四期（2006年3月），頁283～284。

不已而來的誠信，實踐上的一個必然的肯斷。〔註227〕

無執的存有論即道德的形而上學，存有論或形上學的說法實在只是主觀的實踐的體證的說法的「客觀化」，反過來，主觀的實踐的體證的說法乃是此客觀的存有論或形上學之說法的眞實化、具體化，二者是二而一的關係。這一套形上學不過是儒者經由道德實踐所臻之境的客觀展示，說其爲客觀，就在於這一境界非只爲某個人所獨有，而是每個人本乎生而固有之本性均可達至者，是儒者主體間所共證者，此所以劉述先說，論境界雖重主觀證會，但其不同於幻想，是共同主觀（inter-subjective）可以加以如實相應的意義脈絡的世界，〔註228〕這樣它也就可以不因現實之個體未達至此一境界而失其意義，它既是每個個體所能達至者且亦有超乎個人之上的客觀性。〔註229〕這形上學的眞實性當然也就只是由人之道德實踐的眞實性來加以保證，是以牟氏認爲此爲儒者由道德實踐而有之誠信，具有實踐上的必然性。對牟宗三將儒學形上學化持嚴厲批評態度的溫偉耀亦意識到這一點：「要肯認『無限智心』的眞實性，也同樣需要信心和信仰，而且，或許需要更大的信心」。〔註230〕我想依照牟宗三以上的論點，溫氏的說法大概牟氏並不反對，牟氏強調對於形上實體的肯定需要信仰的介入，不過他所無法同意的是，基於經驗或邏輯分析的立場而否定這種由信仰而來之肯定的不眞實性。習慣於邏輯分析者對於這樣

〔註227〕牟宗三：《圓善論》，頁137～138。

〔註228〕劉述先：《論儒家哲學的三個大時代》，頁202。

〔註229〕唐君毅謂：「何以此境界及此心，皆非其所造作？因此境界，乃一廓然而大公，以天地萬物爲一體之境界。亦即撤去吾人一般人之小我之牆壁，種種我執與無明煩惱，而表裏洞然，全是一片光明之德，朗照世間，一片和煦之懷，涵育世間。故此心境本身，乃人之不以世間爲外，而亦不以此心爲內之心境，故亦無自覺此心爲我所造作，或我所獨有之念。而如其有此念，則人之私心即動，而遠離此心。故人在有此心時，必不以此心爲其所獨有，亦不以此心之天理爲其所獨有。……由此聖人之心境之自知此心境之非其所造作，而唯是其心性本體之呈現，而彼又知此心境之非其所獨有，而爲一切聖人所同有，亦即一切人所能有者：於是彼即必然同時見得：此心性本體之不限屬於任何特定之人，而此乃天性，此理乃天理，此心乃天心，亦窮天地互萬古而未嘗亡者。」（唐君毅：《哲學概論（下）》，頁694）唐氏所說是對牟宗三相關觀點之極好的說明，牟宗三更加哲學式的概念表達常常讓人覺得難以理解，唐氏之語則更似一儒者之實踐體會的自然流露，二家之言實可相互發明。

〔註230〕溫偉耀：《「無限智心」是「谷魯（Grue）」：基督宗教對牟宗三「道德論證」的判教》（香港：香港中文大學崇基學院宗教與中國社會研究中心，2003），頁13。

的說明當然不能完全滿意，〔註231〕正如成中英教授的觀察，批評者的意見與
牟宗三的思路之間存在著一種深層的矛盾：「康德仍可用其知識的批判來論證
本體之知或直覺的不可能以及任何對本體或物自身的建構的理性的限制，從
而構成對中國本體體驗哲學的外在的批評。此一相互批判的研討對我來說代
表了一個重大的意義，也提示了一個重大的思考課題。代表的重大意義是：
康德的邏輯理性與科學理性與牟宗三的道德理性與本體理性可以對立的，甚
至是不相容的（incommensurable）。這也可以說是西方現代性與中國古典性的
不相容。提示的重大重大意義是：康德與牟宗三的不相容正是西方現代性與
中國古典性的不相容，但我們應如何創造地轉化兩者為相容并進一步相融，
以達到中西融合的世界性目標，這無疑正是一項兼具理論意義與實踐意義的
工作。」〔註232〕其實成氏所說的「不相容」乃是唐君毅、牟宗三等一開始即
面對的困難，他們之所以強調以哲學的方式來研究傳統中國學術，其努力的
一個重要方向即是試圖確立一能統攝中國古典性與西方現代性的哲學觀念，
亦即既體現中國哲學重「實踐」、「證會」的特點，亦吸納西方分析理性重哲
學思辨的優長，其努力是否成功，則正是今日學者所應積極加以省察者。

　　以下我們再由牟宗三關於兩種真理的區分對此作進一步的說明。

　　依牟宗三之見，真理有兩種：外延的真理（extensional truth）與內容的真
理（intensional truth）。凡不系屬於主體而可以客觀地肯斷（objectively asserted）
的那一種真理，都是外延真理；而內容真理是完全系屬於生命和主體自身的。

〔註231〕唐君毅的相關表述亦可很好的說明這一點，唐氏曰：「此黃道周所說，與其他
　　　　宋明儒者之所說，皆非只由猜測推理所得之形上學。而是由說者自己之修養
　　　　工夫，而將吾人之日常生活中之心靈，去其人欲渣滓，而使其所根之本心本
　　　　性，全部昭露呈現，發用流行時之所見。而此時之見得此心之為天地萬物所
　　　　賴以得呈現而存在之宇宙觀，亦為實證之所得。吾人之欲有此實證，亦非吾
　　　　人之有同一之工夫不可。然吾人若能將本書所陳之各派形上學之問題，一一
　　　　經過，再將西方哲學中上帝之理論，及唯心論之理論，與印度佛教中之轉識
　　　　所成之智心之理論，加以徹底了解，融會貫通，亦不難由推理而加以了解，
　　　　然再用修養工夫，加以實證。唯即此推理之了解，亦非初學哲學者所能驟企。
　　　　然吾人亦無妨懸此勝義，以資嚮往。猶如吾人欲到長安，則才動足即須嚮往
　　　　長安，否則終不得到長安，故吾今仍不能不一陳此勝義。」（唐君毅：《哲學
　　　　概論（下）》，頁 698～699。）馬一浮亦曰：「道體一名，非實悟實證，豈容
　　　　輕說？」（馬一浮：〈答張君〉，《爾雅台答問》（南京：江蘇教育出版社，2005），
　　　　頁 54）
〔註232〕成中英：〈本體與實踐：牟宗三與康德哲學〉，《儒學與新儒學（成中英文集卷
　　　　二）》，頁 209。

〔註233〕前者我們可以對象化的方式來作客觀的研究，其中可以「不含有」主觀的態度；而生命、主體則根本不能對象化、客觀化，以科學的方式思考主體、生命，恰恰是對生命的宰製。相應的，牟宗三認爲，邏輯實證論者科學語言、情感語言的二分法，必須修正，還應加入啓發語言（heuristic language）。

〔註234〕這樣，我們就不應像邏輯實證論者那樣，將道德宗教的說法都歸入科學語言之外的情感語言，而以「概念的詩歌」來將其完全打發掉，道德宗教以及形上學的表達所使用者爲啓發語言，不同於客觀化的科學語言，但這並不意味其沒有眞實性、眞理性，而僅僅只滿足人的主觀情感的需要。道德宗教以及形上學的眞實性乃是寄託在人生的眞實性上面的，它是屬於「人生全體（human life as such，human life as a whole）中的那個眞實性」，〔註235〕科學知識的眞實性只是整個人生的一部分，同樣形上學以及道德宗教所具有的眞實性亦在整全的人生中有其根據，是不容宰割的。其雖不具有抽象的普遍性（abstract universality），卻仍有一種具體的普遍性（concrete universality）。這也就是說，道德的形而上學作爲一種內容的眞理的展示，其所使用的是啓發語言，其所關注的是作爲主體的生命自身，以科學知識爲代表之外延眞理爲標準加以衡量，它似乎並不能給我們提供確定的經驗知識，不過它卻可以對個體人生起到一種引導性的作用，即通過喚醒個體之道德自覺進而促成精神生命之升進。這對於每一個體而言都是眞眞實實的，由此我們可以說它展示了一種不同於外延眞理的內容眞理。傅偉勳教授後來以「道理」（the principle of the way or human reason）來標識牟氏所謂的「內容眞理」，以使之與自然科學意義上的「眞理」（truth）相區分，是很有啓發性的。傅氏認爲，道理建立在開創性思想家的洞見慧識，不能脫離主體性的肯認或體認，道理不同於「眞理」，其毋需經驗事實的充分檢證或反檢證，其特質是在依據見識獨特而又意味深遠的高層次觀點，重新發現、重新了解並重新闡釋現前現有的經驗事實對於人的存在所能彰顯的種種意義，道理所具有的哲理強制性與普遍接受性（但絕不是客觀眞確性），本質上是建立在相互主體性脈絡意義的合情合理與共識公認之上的，如果仍套用「眞理」一詞來說「道理」的話，那麼所謂「道

〔註233〕牟宗三：《才性與玄理》，頁 216〜217；牟宗三：《中國哲學十九講》，頁 15〜35。

〔註234〕牟宗三：〈原始的型範第三部分‧先秦儒學大義（三）〉，《鵝湖月刊》總第 385 期（2007 年 7 月），頁 14。

〔註235〕牟宗三：《中國哲學十九講》，頁 19。

理」乃是關涉人存在（human existence）的相互主體性眞理（intersubjective truth），而非客觀眞理（objective truth）。〔註236〕

綜上，所謂道德的形而上學乃是儒者道德實踐所臻之最高境界的一種「理論化」的展示，而此形上學所以可能的根據及其眞實性亦由儒者之於眞實的道德生命之反省及其證會、肯認所提供和保證，此即牟宗三所謂：「這不是知解摸索的事，而是直下證悟感受的事」。〔註237〕正是在這一意義上，儒學乃是一生命的學問。

當以第二序之哲學思考反思第一序之道德實踐時，這本身即已轉爲一理論性的活動，那麼它的說服力較之於眞由道德實踐而來之親證、實證要弱得多。是以，當我們以「誠信」的觀念說形上實體以及道德的形而上學所展示的理想境界時，人總不能不懷疑此整個之一套是否僅爲一主觀之空想？這也就是說，終極地言之，當我們以理論化的方式來觀照道德實踐本身時，其如何避免獨斷的問題乃是理論本身所無法解決的。要對道德的形而上學有更爲全面深入的說明，顯然有必要對此「誠信」觀念作進一步的討論，不過牟宗三並未自覺說明此一問題，我們借唐君毅的相關論述來說明之。

由前文的分析，我們不難看到，所謂道德的形而上學乃是對天地萬物之存在給予價值性的說明，其根本要點在於，以由道德實踐所證會之形上實體來提撕、善化全部之人類生活世界，乃至宇宙全體，這本身乃是一理想。不過這裏面不能不存在唐君毅所謂之「兩難」：

> 人之哲學思維，旣知此人之理性的理想之客觀普遍的存在意義之後，人仍可覺此理想中所有之當然，尚有未爲現實事物所實現者。……認爲對社會政治文化，有其理想者，雖知其理想存於其心，仍可覺此理想對社會政治文化之現實，爲一虛懸其上之當然。此一當然與實然之對峙之感，即人之一生無論何時皆不能逃者。若其能逃，則人亦無理想與理想之實現之可言，人生之事息而天地毀矣。然人有此一不能逃之當然與實然之對峙之感，人即同時對於其所視爲當然者之是否必能實現，可有一根本之懷疑。因當然者非實然，即涵可不實現之義。當然者可不實現，則人亦可念其不實現，而只

〔註236〕傅偉勳：〈儒家心性論的現代化課題（上）〉，《從西方哲學到禪佛教》（北京：三聯書店，1989），頁242～243。

〔註237〕牟宗三：《五十自述》（全集本卷32）（臺北：聯經，2003），頁93。

> 陷溺於實然者之執持，而不求當然者之實現，亦可終身在懷疑其可
> 實現與否之中。由此而人即可入於一兩難中，一方面是當然者不能
> 皆已實現；因若皆已實現，則無理想待實現，亦無理想。另一面是
> 當然者又不能只是可不實現；如可不實現，則人可不求實現之，或
> 終身在懷疑中，此亦可歸於無理想。〔註238〕

唐先生這裏所謂的兩難對於道德的形而上學而言，實至爲關鍵，如果說新儒家乃至傳統儒學所給出的形上學觀念不過是一陳義過高而不可實現之理想，那麼其存在的合理性又當如何說明呢？是以，此處我們不能不思考化解這一兩難的可能出路，唐先生即借超越的信心來說明之。唐氏以爲，突破此兩難之局的關鍵在於，「人於理想雖未實現，但不能以之爲可不實現，而當於未實現之先，即先信其必可實現」。問題是，人如何能有此一信念呢？唐氏認爲：「此須知眞爲當然之理想，無論屬人之主觀之道德理想，與客觀之社會文化之理想，以及對自然宇宙之理想，皆無不必然能實現。然以此當然之理想，爲無窮之廣大高明，故其實現，亦爲在一無窮之歷程次序實現，然亦不能越序而皆一齊實現。人之越序而望其一齊實現，則爲貪欲。在無窮之歷程中，必能實現，則可爲吾人當下之一信心。此一信心，則爲超於人之現有之知識與現有之行爲，所能證實者以上之一超越的信心。」〔註239〕在唐氏看來，這樣的一種信心或可由人天生之性情而自然具有，而不能自然具有的人則可以由哲學的思維來加以開啓，而這正是哲學的意義與價值之所在。而哲學之所以有此功能，就在於人可由哲學思想「以知理想之有一必然趣向於實現之動力」，這一動力即是超乎主觀與客觀世界以上之形而上學的生命存在與心靈，此即上文所述形上本體。此外，唐氏更由好善惡惡之憤悱之情或肫肫其仁之情，以說如何由人所本有之性情生起此信心。在唐氏看來，本此眞實之情以成道德的實踐，而於道德實踐中我們又可眞實的看到，「此不善者不合理想者之趣向於非實，遂即思之爲非實，和理想者之趣向於實，即思之爲眞實」，由此，我們乃可見得人本道德心所生起之理想以及形上之本原之性命本心乃爲眞實而不虛者，因而可由之加深人的信心；反過來，本此信心我們可進一步生起理想，進而有「求不合當然之一般之實然成非實」之實感，由此而來之實感中之憤悱之情實可開出無窮之德業。在唐氏看來這即是儒者「合形上學

〔註238〕唐君毅：《生命存在與心靈境界》，頁929。
〔註239〕唐君毅：《生命存在與心靈境界》，頁930。

之信心，與道德之實踐之天人合一之學之教」，也就是說，儒學乃是「合哲學、宗教、道德爲一體」的成德之學或成德之教。〔註240〕

　　這即是對牟宗三所謂的「誠信」以及此信心如何生起之問題所作的最爲具體而生動之說明，由此我們也可見出由此信心所確立之道德的形而上學之意義就在於，其可使人由現實主義、功利主義乃至虛無主義上提而爲一理想主義者，此正體現了道德形而上學之教化的意義。

第四節　道德的形而上學之爲教

一、牟宗三的存在感受

　　道德的形而上學的歸結點不在理論之建構而在引導人的道德實踐，是以其意義與價值只有在「教」的意義上才能眞實地顯發出來。〔註241〕這即涉及儒學之宗教性的課題，〔註242〕依牟宗三之見，儒學之爲教，主要有兩方面的意涵，一、作爲日常生活的軌道，二、指導精神生活的途徑；後者又包含有兩方面內容，客觀方面其爲歷史文化創造的動力，個人方面其爲個體安身立命之本。〔註243〕牟宗三有關儒學的思考主要集中在第二點上，具體展現爲1950年代文化哲學的思考與晚期儒學形上學之重構以及對圓善問題的解決。本節主要集中探討道德的形而上學在何種意義上能夠貞定、安頓個體生命？也即人的「終極關心」問題，〔註244〕這本質上是人的有限性與其無限性祈向之間

〔註240〕唐君毅：《生命存在與心靈境界》，頁932～933。

〔註241〕勞思光因而認爲，牟氏雖用力建構其道德形上學，又頗善用康德語言，但深層的旨趣則在於此種形上境界之宗教性，因此實質上亦是「引導性哲學」（orientative philosophy），而不屬於「認知性哲學」（cognitive philosophy），參勞思光：〈回顧、希望與憂慮：關於「中國哲學研究」的幾點意見〉，《危機世界與新希望世紀——再論當代哲學與文化》，頁122。

〔註242〕唐君毅即謂：「儒家精神，亦有與一切人類高級宗教共同之點，此共同點即其宗教性。故過去曾有儒、釋、道三教之稱，而今後之儒家思想，亦將不只以哲學理論姿態出現，而仍可成爲儒者之教。此儒者之教與一切宗教之共同點，即他是重視人生存在自己之求得一確定的安身立命之地的。」唐君毅：《中國人文精神之發展》（桂林：廣西師範大學出版社，2005），頁309。

〔註243〕牟宗三：《中國哲學的特質》，頁97～100。

〔註244〕牟宗三：《時代與感受》，頁393～418、419～448。劉述先教授即特別側重由蒂利希（Paul Tillich）以宗教信仰爲終極關切（ultimate concern）的論點闡發儒學的宗教性，參 Shu-hsein Liu, The Religious Import of Confucian Philosophy : Its Traditional Outlook and Contemporary Significance, *Philosophy East and West*,

的辯證關聯，相對於康德、海德格對人之有限性的規定，牟宗三更強調儒學「人雖有限而可無限」之主張的意義與價值。〔註 245〕不少學者對此一問題均有論述，本文側重由學界關注較少的《五十自述》以及牟氏有關命的闡釋來展開對此一問題的探討。由此我們將看到，牟宗三有關儒學之宗教性問題的詮解與其個人的生命體驗有著極爲緊密的關聯。

牟宗三最初的學術關注是在邏輯以及分析哲學上面，這是一種抽象的、純理智的架構的思辨，是「非存在的」；而其後來的關注則是有深度的發展的生命的學問、德性義理的學問，是「存在的」。其之所以能由「非存在的」轉爲「存在的」，除了其師熊十力先生的引導之外，更源於牟氏所謂的「客觀的悲情」，〔註 246〕即對民族國家之苦難及個人生命存在之艱難的悲憫。〔註 247〕

Vol. 21, No. 2（Apr., 1971），pp. 157～175；及劉述先：〈由當代西方宗教思想如何面對現代化問題的角度論儒家傳統的宗教意涵〉，《儒家哲學研究：問題、方法及未來開展》（上海：上海古籍出版社，2010），頁 95～121。余英時亦說：「所謂『安身立命之處』即是現代西方人所說的『終極關懷』（ultimate concern），也就是價值的根源」，見余英時：〈中國現代價值觀念的變遷〉，《現代儒學論》（上海：上海人民出版社，1998），頁 158～159。如同我們無法給「哲學」一個明確的界定一樣，我們同樣很難明確給出一個關於「宗教」的定義，是以考普曼（Joel J. Kupperman）主張由維特根斯坦所謂「家族相似」的觀點來界定宗教，考氏以以下兩條「宗教倫理」作爲宗教的家族相似性：1、當且僅當一個人信奉正確的價值的時候，這個人擁有最重要的美德；2、當且僅當一個人擁有最重要的價值，即使他或她沒有做出或準備做出一種道德的決定的時候，這個人的生活也將是極其有價值的（即是值得過這種生活的）：以此爲標準孔子思想或儒學是具有宗教性的，進而考氏指出：「人們很可能將孔子僅僅描述爲一個不同於我們自己的、一種優雅別致的道德準則的提倡者，就像在他強調孝敬等方面表現出來的那樣。然而，這種關於他的描述忽略了孔子哲學中最有特色和最有意思的部分，尤其是讓他的倫理具有了宗教性的部分。」參考普曼：〈孔子和宗教倫理的本質〉，《向亞洲哲學學習》（北京：中國人民大學出版社，2009），頁 226～234。

〔註 245〕牟宗三：《現象與物自身》，頁 24～30。不少學者如墨子刻等即針對這一點而認爲牟宗三等是極端樂觀主義的，Jason Clower 即說，we find a similar optimism in Mou himself, one of his non-negotiable demands for a complete philosophy is that it teach that however disappointing the universe may seem to us, it is actually a friendly place where goodness reigns. And against Heidegger, who is preoccupied with man's finitude, Mou protests that man is connected directly to infinite Being and can himse of be infinite.見 Jason Clower, *The Unlikely Buddhologist: Tiantai Buddhisim in Mou zongsan's New Confucianism, Brill,* 2010, pp53～54.

〔註 246〕許思園、勞思光亦特別強調「悲情」於哲學及文化研究中的意義，參許思園：《中西文化回眸》（上海：華東師範大學出版社，1997）頁 35～41；勞思光：〈生命悲情與「存在主義」之正面意義〉，《存在主義哲學新編（修訂版）》（張

念自廣西以來，昆明一年，重慶一年，大理二年，北碚一年，此五
年間爲吾最困厄之時，亦爲抗戰最艱苦之時。國家之艱苦，吾個人
之遭遇，在在皆足以使吾正視生命，從「非存在的」抽象領域，打
落到「存在的」具體領域。〔註248〕

存在的領域分爲個人的和民族的，即上文所謂個體安身立命及歷史文化之創
造兩個方面。對牟宗三刺激最深的首先還是民族國家的苦難。是以，這一階
段牟氏表現出極強的文化意識，思考如何做到政體建國以盡民族之性，使中
國民族能夠暢通自己的文化生命，本著自己的文化生命以新生與建國。〔註249〕
這也使得牟氏能夠正視並體會黑格爾對於中國的批評，牟氏後來所完成之《政
道與治道》、《歷史哲學》在很大程度上即是對黑格爾之批評的回應，〔註250〕
從另一角度看這也是對中國的出路問題的一個回答。本於這樣一種文化意
識，牟氏對佛教提出了自己的批評：「佛教徒根本無歷史文化意識，亦根本不
能正視人文世界。萬念俱灰，唯求出離。」〔註251〕反之，牟氏由此卻對耶穌

燦輝、劉國英合編，香港：中文大學出版社，2001），頁163～174；關子尹：
〈說悲劇情懷——情感的先驗性與哲學的悲劇性〉，《無涯理境——勞思光先
生的學問與思想》，頁207。

〔註247〕當代新儒家以儒學作爲自己的終極託付，個人的實存體驗在其中起了關鍵性
的作用，是以分析當代新儒家興起的思想史背景，除了「意義探求」（價值迷
失、存在迷失與形上迷失）這一因素之外，「實存體驗」也是其中不能不考慮
的一個重要因素，因爲人在一個動盪混亂的年代裏，如何克服「意義危機」
的問題，是否必然選擇儒家根本上只能依據於個人的實存體驗與一己的獨立
反省。參鄭宗義：《當代新儒家探索——二十世紀中國文化保守主義研究之一
例》（指導教授：王爾敏），香港中文大學歷史系碩士論文，1989年，頁206、
220～221。這裏的「實存體驗」即是牟氏所屢屢強調的熊十力所謂的「感觸」：
「了解時代問題是要有感受的，……我們處在這個時代爲什麼要注意呢？因
爲客觀地講，它是個大問題，這就是時代的問題。你從這個地方得到正感正
受，這個地方就是哲學，這個哲學要從這個地方呈現。……眞正的哲學在這
裏出現，出現了以後，成了一個觀念，或者說成了一個概念，再冷靜下來加
以專門的分析、了解，乃是第二義、第三義以後的事情呀。那是把最初的感
受、最初的洞見凝結化。凝結化以後成一個客觀的論點，這才有分析、研究，
有種種的專家學問出來。」見牟宗三：〈實踐的智慧學演講錄（三）〉，《鵝湖
月刊》總第395期（2008年5月），頁5。

〔註248〕牟宗三：《五十自述》，頁91～92。

〔註249〕牟宗三：《五十自述》，頁80、84。

〔註250〕陳榮灼：〈牟宗三的歷史哲學〉，《東海哲學研究集刊》第15期（2010年7月），
頁361。

〔註251〕牟宗三：《五十自述》，頁96。

有了同情的理解。在牟氏看來，耶穌代表了在極度混亂的時代中一個偉大而超越的心靈。

> 他內心瑩徹，信念堅定。他勸人要重生，從昏沉中喚醒自己的靈魂，重新從聖靈生。這一切，我在當時極衷契，感覺的最眞切。我眼看著時代要橫決，劫難要來臨，人心如癡如癲，全被魔住了，被拖下去了。我一直被客觀的悲情所提著。一個人在直線上升向上昂揚而下與魔鬥時，他是可以放棄一切、犧牲一切的。向上昂揚，必須內心瑩徹，於超越實體方面有所肯定。〔註252〕

這超越實體即是孔子所印證的既超越而又內在的生命之源、價值之源。在一個價值混亂、麻木無覺的時代，只有這超越的實體方能給人以堅定的信念和最後的價值標準，這是向上昂揚之客觀悲情的超越根據。不過，在牟宗三的體會裏，由印證超越的實體（對耶穌而言即是上帝）而顯價值之標準，爲的是成就價值，因而必須回歸現實肯定一切、成就一切。但耶穌所成就的只是一個抽象的普遍的肯定，最後只能造成超越與現實之間的破裂。是以，牟宗三最終並不以耶穌爲最高之形態，而以孔子所表現之「返回來」是「通著往而貫著來，故顯圓成」。〔註253〕牟氏所以能同情的理解耶穌，就在於耶穌能擺脫一切現實牽連而直悟超越的精神實體，這是一切價值的根源，但其客觀的悲情使得他更爲認同孔子既超越而又內在的人文主義性格。

至 1950 年代，牟宗三這一客觀的悲情即轉爲「具體的解悟」，由之「疏導華族文化生命之本性、發展、缺點，以及今日『所當是』之形態，以決定民族生命之途徑」，即由情感轉而爲理解。〔註254〕《歷史哲學》等著作即是在這一背景下完成的。《歷史哲學》雖爲「具體的解悟」，但其仍是就歷史文化而爲言，亦可說是客觀的，其並不能眞對個人之生命存在予以貞定、安頓。是以牟宗三說：

> 此兩部工作（《認識心之批判》、《歷史哲學》之寫作），就吾個人言，皆是發揚的，生命之耗散太甚。吾實感於疲憊。子貢曰：「賜倦於學矣。」吾實倦矣。倦而反照自己，無名的荒涼空虛之感突然來襲。由客觀的轉而爲「主觀的」，由「非存在的」轉而爲「存在的」，由

〔註252〕牟宗三：《五十自述》，頁 110。
〔註253〕牟宗三：《五十自述》，頁 112。
〔註254〕牟宗三：《五十自述》，頁 118。

客觀地存在的（「具體解悟」之用於歷史文化）轉而爲主觀地、個人
地存在的。……吾重起大悲，個人的自悲，由客觀的悲情轉而爲「主
觀的悲情」。客觀的悲情是悲天憫人，是智、仁、勇之外用。主觀的
悲情是自己痛苦之感受。智、仁、勇之是否能收回來安服我自己以
解除這痛苦呢？〔註255〕

牟宗三將自己 50 歲之前的生命區分爲氾濫浪漫（童年時期）、直覺的解悟（大
學時期）、架構的思辨（研究邏輯時期）、具體的解悟（寫作《歷史哲學》之
時期）四個階段。在牟宗三看來，這四個階段都是生命的外用，是生命之離
其自己，即便是此時所透露出的客觀的悲情也是「自外而起悲」，是生命外
用之原始的表現，這整個的都是生命的耗散。正是在這種生命極度向外耗散
而無內在之貞定的情況下，生命自身有一種極端的疲倦感，此時生命由游離
而回歸於其自己，忽而頓覺一無所有：「由蘊蓄一切，一轉而爲撤離一切，
生命無掛搭，頓覺爽然若失，即在此一霎，墮入『虛無之深淵』。」〔註256〕
生命只外撲而不能潤澤、貞定自己時，一切外在的客觀事業都是乾枯、客觀、
抽象、外在的，是以，當人因身心疲憊而從其中抽身出來的時候，必然生起
一種「虛無感」，這一切的客觀事業似乎都與我無干，反照自己之現實生命，
則全剩下一些無交待之特殊零件，「我猶如橫陳於無人煙的曠野，只是一具
偶然飄萍的軀殼」。〔註257〕由此而來的痛苦，牟氏稱之爲「存在的」痛苦、
虛無、怖慄，常人或許不會有牟氏這麼強烈的存在體驗，不過這樣的虛無感
大概是每個人都可能有的。而在生命得不到安頓與依止之前，所剩下的只能
是悲歎：「我亦失掉了依止的憑藉與維繫，而只剩下了橫陳於曠野的七尺之
軀。我一直在感受著這些痛苦而發深深無端之悲歎。」〔註258〕然而，自然
生命本身自成一機括，在生命無由安頓的情況下，它必然以一種消極的方式
呈現出來，此即所謂「感性的沉淪」。要擺脫虛無與沉淪，唯賴「心覺」，也
即心之「慧根覺情」：

有此生命，即有此生命牽連之事物，而心之慧根覺情則潤澤而成全
之。此所以貞定生命者。生命貞定，則不爲紛馳之虛無流而爲「實

〔註255〕牟宗三：《五十自述》，頁 118。
〔註256〕牟宗三：《五十自述》，頁 131。
〔註257〕牟宗三：《五十自述》，頁 135。
〔註258〕牟宗三：《五十自述》，頁 138。

有」，不爲星散之零件而爲統一之整全。此心覺之彰其用而生命亦在
「存有」中而順適。人是要在「存有」中始能得貞定。「存有」必通
著心覺始可能。〔註259〕

由悲情而至於覺情，生命方才有從離其自己而轉歸在其自己的可能。此處之
根本在於能由覺而證「存有」，即良知或天命、天道，超越層的德性生命即由
此生發，此「存有」同時是「活動」或「能」，即能發覺情之朗潤的作用，人
之自然生命以及人文世界中之諸事皆能由此朗潤之作用而得順適條暢，生命
由之而得貞定。「存有」乃是無限性之存有，其潤澤轉化自然生命之「能」亦
是無限的，天心仁體、慧根覺情遍體萬物。此時「存有」之發用由外向轉而
爲內在，生命由是而得主觀上之受用。儒家形上學之爲教的意義正由此而顯，
所謂安身立命亦不過是在此一意義上來說的。牟宗三在《五十自述》中對個
人生命體驗的展示可以說是對道德的形而上學之實踐意義之眞實而鮮活的表
達。從這一點來看，我們很難說牟宗三等所創構之形上學體系只是一種空頭
的理論，毋寧說，其背後有著深層的存在體驗。

　　天心仁體或慧根覺情雖有無限之感通、覺潤的能力，但這並非意味現實
之一切困難皆可依此而理想地被轉化。人生實有不可克服之悲劇在焉。孟子
曰：「仁之於父子也，義之於君臣也，禮之於賓主也，智之於賢者也，聖人之
於天道也，命也，有性焉，君子不謂命也。」人於現實中依本有之慧根覺情
作道德的實踐，在成就自我的同時而開人文世界，但其中卻有種種的限制在
焉，此之謂「命」，此即體現爲人生之缺憾。這可由兩面來說：

　　　　積極面的是聖賢境界，是心之慧根覺情之呈用，成就種種之存有。
　　　　然而即使如此，眞正仲尼，臨終不免一歎。這歎是聖賢境界中的歎。
　　　　消極面的，則是心之慧根覺情並未達至呈用之境界，生命並未至順
　　　　適條暢之境界，心覺之「主觀之潤」並未轉出。〔註260〕

個體生命之貞定，雖首重由心覺而肯認一超越的天心仁體或慧根覺情以爲生
命之本，但其最終的目標則是本此慧根覺情實現自然生命的德性化，全部道
德實踐正以此爲努力的目標。生命以及由此生命所牽連之事物均須在心之慧
根覺情的潤澤下得以成全，生命之貞定方爲眞實，此中同時即包含成就一人
文價值之世界。

〔註259〕牟宗三：《五十自述》，頁145。
〔註260〕牟宗三：《五十自述》，頁150。

二、儒家的命論與德福問題

　　然而人的自然生命存在反過來又成爲心之潤澤作用的限制，以宋明儒的話來說即是氣對理有限制的作用，氣本身即包含有兩方面的作用：一方面是消極的限制原則，另一方面也有積極的作用，即它是實現理的工具。〔註261〕心、理的作用成就德，氣化方面的限制則涉及幸福原則，在傳統哲學中，這屬於「命」的問題。儒學眞要發揮其安身立命的作用，則不能不處理命的問題，此即牟氏所謂「命是道德實踐中的一個限制概念，必須被正視」。〔註262〕此正如幸福是道德之外一個獨立性的概念，屬於個體存在之事，「我既有此生（個體存在），我即應保全之而使之暢遂」，〔註263〕是以幸福有其獨立之意義，而不可化除。因而牟氏晚年論儒學之爲教的問題，側重闡釋並解決圓善的問題，亦即在理想地言心之慧根覺情具無限之覺潤能力的同時，重視對命之問題的處理。〔註264〕質言之，德福統一之圓善的實現即是在個體的道德實踐中消除命的限制。這又如何可能呢？

　　依照牟宗三的梳理，儒學中所謂命有「以理言」之命與「以其言」之命。偏於理說的天命、天道之生化與性體道德創造之純亦不已爲同一意義，但是個體生命之「氣」並不能與天地之氣等量齊觀，偏於氣說的命即是個體生命與氣化方面相順或不相順的一個「內在的限制」之虛概念。〔註265〕

> 「氣之運化以現理」之「質」同，而量不同，其「無窮複雜」之質同，而無窮複雜之量不同（氣始可說「無窮複雜」）。即因有此不同，故個體生命之氣命與天地氣化之運行或歷史氣運之運行間始有一種遭遇上之距離與參差，因而有所乘之勢與所遇之機之不同。此則非我所能控制者。它超越乎我之個體生命以外與以上。此亦是天理中事、天命中事、天道中事，亦得簡言之曰天。此是天理、天命、天道之偏於氣化說，但亦爲其神理所貫，全氣是神，全神是氣，則無限量之無窮複雜之氣故亦天理、天命、天道中事。就此說天理、天

〔註261〕牟宗三：《中國哲學十九講》，頁193。
〔註262〕牟宗三：《圓善論》，頁146。
〔註263〕牟宗三：《圓善論》，頁164～165。
〔註264〕有關當代學者對命一問題的探討可參考吳有能：〈當代港臺新儒家對古典儒學命觀的詮釋〉，林維傑，邱黃海主編：《理解、詮釋與儒家傳統：中國觀點》（臺北：中研院文哲所，2010），頁367～425；及楊祖漢：〈當代儒學對孔子天論的詮釋〉，《當代儒學思辨錄》（臺北：鵝湖出版社，1998），頁219～240。
〔註265〕牟宗三：《心體與性體（一）》，頁550～551；牟宗三：《圓善論》，頁139。

命、天道即是偏於氣説的天理、天命、天道，而此即對於吾個體生
命有一種超越的限定，而吾個體生命對此超越限定言，即有一種遭
遇上之距離與參差，因而有所乘之勢與所遇之機之不同，而此即形
成吾之個體生命之命運與命遇，此即是以氣言之「氣命」。〔註 266〕

正因爲理必賴氣以實現自身，或者就個體之道德實踐來説，人必須就自己的
自然生命以及由之所關聯之他人、他物來成就一己之德，即在成人、成物的
同時成己，而氣本身又包含有限制性的作用，是以命的存在有其必然性。以
牟宗三的話來説，此中有形而上的必然性在焉。正因此，人生之悲劇性似乎
是無可避免的，合理氣而言之命正於此顯出其莊嚴的嚴肅意義，故而夫子有
「畏天命」之説。純就超越之天命實體而言，吾人可由其道德創造之絕對普
遍性而於有限之個體生命中尋求一無限的意義與價值，而就天命實體帶著氣
化及其與個體生命之間的相順相違而言，個體存在之有限性終爲不可免者，
正是在這有限與無限的辯證交織中，儒學之宗教意識得以凸顯，牟氏由之説：
「一切宗教性的深遠眞理皆攝於此」。〔註 267〕但在牟宗三看來，「人生不能永
遠處於缺陷悲壯之中」，〔註 268〕因而理論上，我們必須尋求德福統一或是超越
命限之可能。此一可能性牟氏寄託於圓教的觀念上。

　　在討論圓教觀念之前，我們先借德國哲學家圖根哈特（Ermst Tugendhat）
對宗教及神秘主義的人類學考察來説明牟宗三此處所強調之儒學的宗教意
涵。圖氏是在較爲嚴格的意義上來理解宗教的，即從以人格神信仰爲決定性
構成要素的意義上來理解宗教，而將神秘主義理解爲與之相區別因而具有對
立動機的道路，其主要指印度和遠東的神秘主義形式，印度宗教、道教、佛
教都可歸入圖氏神秘主義的範疇之中。〔註 269〕圖氏認爲，説宗教與神秘主義
是相互對立的道路，這首先是因爲他們涉及共同的主題，不過各自解決相關
問題的方式不同，此一共同主題即是：偶然性。這一主題根源於人類學的基
本結構之中，即人類意願總是朝向特定的目標，而意願的滿足並不依賴於自
身，或者説人能意識到自己的行爲能力不僅不足以實現某些希望，而且不能
實現一些完全基本的目標，因而有所謂的不幸，與動物不同，人類能夠預感

〔註 266〕牟宗三：《心體與性體（一）》，頁 551。
〔註 267〕牟宗三：《心體與性體（三）》，頁 476。
〔註 268〕牟宗三：《圓善論》，頁 54。
〔註 269〕〔德〕恩斯特・圖根哈特：《自我中心性與神秘主義：一項人類學研究》（鄭
　　　辟瑞譯，上海：上海譯文出版社，2007），頁 100～102。

到不幸的來臨，是以「他們一生都有意識地處於滿足和失望的張力之間，這種張力由不得他們，這就導致面對挫折和不幸時的畏懼」，宗教與神秘主義在很大程度上就是爲了緩和這種痛苦的狀態，以尋求靈魂的安寧。〔註270〕簡單作一比較我們即可發現，圖氏所謂的偶然性以及由之所引生之不幸與痛苦，正類於上文所分析之人的有限性及由之所凸顯之命限觀念，牟氏強調儒學中的超越意識及其突破命限觀念之可能，實際上與圖氏理解的宗教與神秘主義面對的主題也是一致的，並且朝向共同的目標。那麼我們也就可以在這一意義上說儒學本身包含有宗教性的意涵。

圓教的觀念源自佛教，依牟宗三的看法，圓教之圓包含兩個意義，一方面是指般若的圓通無礙，另一面則是指華嚴宗所說的圓滿無盡，主伴俱足。〔註271〕圓通無礙的般若精神乃是大小乘之共法，而佛性之圓滿無盡、主伴俱足則是區分大小乘以及圓教與否的關鍵，是以牟氏以後者爲圓教的本質意義（essential meaning）。因般若的性格在於融通淘汰，由之蕩相遣執，令歸諸法實相，因此圓教須以非分別說的方式，即以辯證的詭辭表達之。因爲「般若是我們眞實生命中的智慧，它必須從主體方面，通過存在的實感而被呈現或被展示，這是不能用語言和概念加以分析的。因爲假定告訴我們什麼是般若，那麼般若只是一個概念，而順著這個概念，我們很容易的就會執著這個概念，而想入非非。一旦落入執著、妄想，般若智慧就永遠無法展現。」〔註272〕這即展示了圓教第一個方面的內容，即作用的圓。但圓教還必須有存有論的圓之一面，即從法的存在這客觀面來說圓教之所以爲圓，大乘佛必即於九法界而成佛，不可離開任何一法而成佛，是以在成佛中即保住了一切法的存在。同樣，其必須是以非分解的方式來說明一切法的存在。

在牟宗三看來，儒家義理同樣有其圓教之型態。〔註273〕此即順天心仁體之遍潤性與創造性所說之仁者與天地萬物爲一體之圓境、化境。由此，一切法或萬物的存在俱函攝於此天心仁體的潤澤之中，儒者正由此講出一套道德的形而上學。但僅說至此，還不是究竟圓教，因其只展示了圓教之存有論的

〔註270〕〔德〕恩斯特・圖根哈特：《自我中心性與神秘主義：一項人類學研究》，頁107。
〔註271〕牟宗三：《中國哲學十九講》，頁250。
〔註272〕牟宗三：《中國哲學十九講》，頁277～278。
〔註273〕更爲詳細的介紹請參林同奇、周勤：〈牟宗三的精神理境：圓善如何可能——牟宗三「圓善論」初解〉，林同奇：《人文尋求錄：當代英美著名學者思想辨析》（北京：新星出版社，2006），頁3～24。

圓這一方面內容，必須補充作用的圓這一方面內容，方才是究竟圓教。是以必須由陽明的四句教進之龍溪四無教，最終達至渾化無「跡」之境，此即五峰所謂：「天理人欲同體而異用，同行而異情」。「同一世間相，順理而跡本圓即是天地之化，而天覆地載之分別亦化矣。不順理，則人欲橫流，跡本交喪，人間便成地獄。順理不順理只在轉手間耳。但須只如此圓說必須預設那些分別說者，進而通化之。分別說者雖皆是權教，非圓實教，然必須就之而予以開決，方能顯圓實，所謂醍醐味不離前四味也。」〔註274〕這也就是說，圓教之爲圓首先還必須以超越的分解爲前提，即體用、理氣、善惡等區分，而究竟圓教則在此基礎上「破除」這些跡本、體用的區分，而達至一渾化無跡之非分別說的圓境。此中即含著德福統一之可能：

> 在神感神應中，心意知物渾是一事。吾人之依心意知之自律天理而
> 行即是德，而明覺之感應爲物，物隨心轉，亦在天理中呈現，故物
> 邊順心即是福。此亦可說是德與福渾是一事。〔註275〕

這即是德福之間的詭譎的相即。牟氏的意思不外是說，在渾化無跡之圓境中，一切皆是天心仁體神感神應之自然流行或如如的呈現，在其感應中潤澤、創生一切存在而使之隨心轉，這即是福，德福渾然一體。人若能於道德實踐中純任道德心如如地呈現，則一切世間相即是天理，無所謂人欲，一切存在狀態皆依心而轉，在這一意義上，德之所在即是福之所在。同時，至此「一體而化」之境，則一切皆如如之當然，亦無所謂「命」也，因命已被超化故。〔註276〕但這並不意味命已被消除，「儘管聖人亦奉天時，聖人亦有死（指自然生命言），然不管怎樣死，怎樣奉天時，一切天時之變，生死之化，盡皆其跡用。縱使一切跡用，自外觀之，是天刑，然天刑即是福，蓋跡而能冥跡本圓融故。天刑即是福，則無『命』義」。〔註277〕這大概最多只能說是對命的「超越」或對命之意義的轉化。所謂命即是個體生命與天地氣化之間的相順或相違，但至圓教之境，正如明道所謂「只此便是天地之化」，此二者之間已無有距離，是以命的意義即被轉化。但既然命終究是無法消除的，那麼人生之悲劇性亦終不可改，是以牟宗三對德福問題的解決或是對命之超越亦只能說是部分地達成，而非徹底的解

〔註274〕牟宗三：《圓善論》，頁315。

〔註275〕牟宗三：《圓善論》，頁316。

〔註276〕牟宗三：《心體與性體（一）》，頁31；牟宗三：《圓善論》，頁317。

〔註277〕牟宗三：《圓善論》，頁317。

決，其更多的只是一套理想性的說辭。是以在不少方面爲牟宗三哲學給出有力
辯護的鄭宗義教授亦不諱言牟氏在此方面之不足：「有德者心中意謂的幸福乃隨
其德心轉亦是題中應有之義。這種德福渾是一事的想法，在一般情況下，不無
道理。但即使『幸福』是個含混的概念，卻有其不可移的核心（或曰最低限度
的標準）。例如，我們恐怕不會說身罹絕症、家散人亡、刀鋸鼎鑊等都算是幸福。」
〔註 278〕在這一意義上，我們可以說，牟宗三對德福問題的處理，〔註 279〕實際
上並未超出傳統儒學「以義安命」的思路太遠，雖然其認爲孟子等先哲未能透
徹討論德福問題，是儒學理論上的一種不足。

　　還須指出的是，當牟宗三將幸福歸於存在，而試圖以道德的形而上學爲背
景處理德福問題的時候，牟氏對幸福的理解卻存在一重要的理論上的滑轉，牟
氏本人對此亦有相當的自覺。在實踐的圓教的形而上學的背景之下，其中只有
所謂物自身層的存在，然而，牟氏所面對的德福問題中福所歸屬的存在，乃是
現象層的，這樣現實經驗意義上的幸福也就滑轉爲主觀境界意味很重的一種幸
福觀念，或者說，牟宗三所提供之解決方案中的幸福僅只是源於我們對於世界
之理解的轉變而非源於世界本身的轉變。〔註 280〕是以其不能不招致以下批評：
「牟先生這種透過『道德形上學』的進路對圓善問題的解決，……本質上只是
將『圓善問題』完全『存有論化』。……這種建基在『無限心』的存有論義之創
生作用之上所能談到的『福』，頂多只能算是『天福』，而沒有涉及『人爵』。因
爲當牟先生宣稱：『無限智心於神感神應中潤物、生物，使物之存在隨心轉，此
即是福』時，他坦然承認此『自然王國』卻『非現象層次自然』，可是他也肯定
『所樂所欲都屬於福』，顯然，『作爲感觸世界中的結果看的幸福』。是毫無疑問
的屬於『現象層次的自然』。……所以按照牟先生這種將『福』化約爲『天福』
的立場，來解決康德所提出之圓善問題，那麼，這個『福』的概念便完全失去
其在康德所提出之圓善問題中的原有意義，這實際上等於並沒有解決『圓善問
題』──眾所周知，康德是緊扣滿足我們的所欲而言『福』的」。〔註 281〕

〔註 278〕鄭宗義：《儒學、哲學與現代世界》，頁 278。
〔註 279〕學界對牟宗三圓善論有不少批評，楊祖漢教授針對此有所回應，可參閱楊祖
　　　　漢：〈牟宗三先生的圓善論與眞美善說〉，《當代儒學思辨錄》（臺北：鵝湖出
　　　　版社，1998），頁 63～79。
〔註 280〕Wing-Cheuk Chan, Mou zongsan's transformation of Kant's Philosophy, *Journal of Chinese Philosophy*, 33（1），pp.137.
〔註 281〕陳榮灼：〈圓善與圓教〉，《當代新儒學論文集·內聖篇》（周群振主編，臺北：
　　　　文津出版社，1991），頁 40～41。

　　必須承認尋求理想的人生、對於命一問題的處理，均爲討論儒學能否貞定、安頓現實人生的一項重要議題，不過，對於這一問題的不徹底的解決並不足以否定儒學安身立命的作用，承認儒學有超越面的維度，仍是儒學研究的重要內容。當代新儒學在牟宗三之後的發展，即對此一問題有所扭轉。如劉述先相較於牟宗三更爲強調人自身的有限性，〔註282〕牟宗三肯定存有論上心性天是一，且人在道德實踐上可以充分體現性體或天道；劉述先則認爲，就道德實踐而言，人僅能不充分地體現天道。並且在存有論上，劉氏以爲人雖爲天地之化的一部分，天人在存有論上仍須有差距而不能等同。〔註283〕儒學作爲一種實踐哲學，如何引導現實人生無疑是其中關鍵性的一環，這首先當然涉及社會倫常這一方面，不過其中宗教性的層面同樣不容忽視，而這即涉及人的有限性及其超越性祈向之間的辯證關聯。強調其中的哪一方面都必然影響對儒學的整體理解和定位，通過下文的分析，我們將看到，正是因爲勞思光在這一問題上極端強調人的有限性，是以勞氏有關儒學的詮釋呈現出與牟宗三極爲不同的面貌，而這也正是未來儒學研究必須正視的一個方面。

〔註282〕這與劉氏更能正視西方文化尤其是基督教思想有密切關係，參劉述先：〈當代新儒家可以向基督教學些什麼〉，《儒家思想與現代化──劉述先新儒學論著輯要》，頁 300～311。劉氏強調中國傳統哲學理念上雖重天人合一，但仍不可忽視現實上天人之間的差距，除西方文化的挑戰而外，如何對治忽視現實上天人之間的差距而引發的蕩越亦是其中一個重要原因，參劉述先：〈如何正確理解熊十力〉，《當代新儒家人物論》（李明輝主編，臺北：文津出版社，1994），頁 11～12。
〔註283〕張子立：《從「逆覺體征」到「理一分殊新釋」：試析現代新儒學之內在發展》（指導教授：劉述先、何信全），國立政治大學哲學研究所博士論文（2008年 7 月），頁 43。

第二章　作爲價値文化哲學的
　　　　成德之學

　　牟宗三的儒學詮釋大體是以宋明儒學來衡定先秦儒學之義理性格，勞思光則基本上是首先確定先秦孔孟之學的思想意涵，進而以之爲標準衡定、評判後來各種儒學理論。與牟宗三強烈的形上學傾向不同，勞思光對儒學的詮釋體現爲一種明顯的去形上學化的立場。是以，天、天道等觀念在勞思光的儒學詮釋中均不佔有重要的理論位置，孔孟儒學經勞思光的詮釋，展現爲一種不包含形上學的純粹的心性論，而儒學的思想性格大體被界定爲是一種不落神權和物化的人文主義。勞思光以其對價値文化問題的關注爲出發點，通過對孔孟哲學的詮釋，其從正面展示了孔孟之學作爲一種價値文化哲學的基本面貌，由於勞氏是從一種俗世的人文主義立場來界定作爲價値文化哲學的孔孟儒學，是以其除了正面揭示孔孟哲學的基本面貌之外，他還從價値文化哲學的角度對宗教、形上學給出了明確的評判，這大體上可以理解爲是從側面突出孔孟之學的理論價値。這樣，我們其實可以從以下角度來看待勞思光對儒學的詮釋，作爲儒學之開端的孔孟哲學本來即是一種以純粹心性論爲中心的價値文化哲學，並且儒學也應該以這樣一種價値文化哲學的形態存在。這也就是勞氏何以一方面通過種種曲折的詮釋手段極力淡化孔孟思想中的超越意識，而另一方面通過純粹理論分析展示後世儒學中所出現的宇宙論、形上學或本性論所存在的理論困難，由此，他也就從歷史和理論這兩方面說明了儒學不但本來就是一種以心性論爲中心的價値文化哲學，同時其也應該繼續作爲這樣一種價値文化哲學而存在。

　　是以本章論述的重心在於展示勞思光對孔孟之學的理論型塑以及其對宗教以及形上學理論的批評。由於勞氏是當代中國哲學家中最具方法論自覺的一位，是以本文首先將介紹勞思光有關中國哲學研究的諸多思考，這裏面也包括其對中國哲學的定位，即中國哲學主要是一種引導性的哲學，其關注的重點在自我的轉化和社會轉化，前者大體接近牟宗三對中國哲學所作的「生命的學問」的界定，爲更爲全面地展示二家在儒學詮釋上的差異，本章最後還將探討勞思光在將儒學詮釋爲一套價值文化哲學的同時，如何說明儒學對於現實人生的引導性作用，即它是否仍可作爲個體人生的安身立命之道。

第一節　「世界哲學」視野下的中國哲學——勞思光對中國哲學研究的相關思考

　　「中國哲學」之所以會引發「合法性」的問題，根本原因就在於這一概念本身所包含的普遍性與特殊性之間的緊張關係。中國哲學既然被冠以源於西方的哲學之名，那麼它必須具有超越地域的普遍性；不過同時它既是「中國的」哲學，那麼它必須能將中國傳統學術的特殊內容傳達出來，所以，中國哲學從一開始就以比較哲學作爲自己顯在或是潛在的視角、背景。此外，中國近代以來所面對的西方文化的挑戰還決定了中國哲學研究較之其他人文學科研究具有另一突出特徵，即無法完全避免民族主義因素的影響。因而，堅持哲學立場的學者總是試圖以西方哲學的各種思想資源來觀照中國傳統思想，以發現其中「哲學的」成分；而堅持中國本位立場的學者則更加強調中國傳統學術的特殊性，極端者甚至否認「中國哲學」存在之必要。前者常被斥爲是一種對中國哲學傷害很大的「格義式」的研究，而如果將後者推至極端，我們不能不質疑中國傳統思想是否有其超越性與普遍性。二十世紀中國學人探索、定位「中國哲學」所經歷的格義、以西方哲學爲參照、對中國哲學底特殊性的探求、統攝性「哲學」概念的建立的整個歷程，〔註 1〕其實也正體現了上述兩種因素之間的辯證關係。牟宗三一方面努力說明中國哲學的普遍性，同時更爲重視中國哲學自身的獨特性，甚至在不少論述中表現出明顯的民族主義的文化心理。〔註 2〕勞思光對哲學以及中國哲學的考察，在思路上與牟宗三較爲一致，即在努力建構統

〔註 1〕　鄭宗義：《儒學、哲學與現代世界》，頁 1～28。
〔註 2〕　景海峰：《中國哲學的現代詮釋》（北京：人民出版社，2004），頁 240。

攝性的哲學概念的同時突出中國哲學自身的特性，不過他們對哲學及中國哲學的具體把握有很大的不同，最爲突出的一點即勞思光更爲淡化民族主義的色彩，而強調「世界」的視角（perspective），以突顯哲學的普遍（universal）意義，雖然其自覺自己的哲學思考原則上不能不以中國問題爲出發點。

勞思光自 1950 年代即開始思考中國哲學及其研究方法的問題，但眞正成熟的想法要到 1980 年代才正式提出。本節的討論不只限定於勞思光晚年的思考，我們將結合其早期的相關著作，全面梳理勞思光在這一問題上的看法。

勞思光很早就十分明確自己從事哲學研究的問題意識：

> 我自二十歲以前，便覺察到當代的文化危機與哲學的危機，而決意要作一番努力來尋覓可能的出路。〔註3〕

勞氏所謂的文化危機首先是指面對近代以來中國的苦難如何探尋中國文化的出路的問題，其次，西方文化在近代以來所表現出來的物化或價值功利化乃至虛無化的弊病更是當代文化危機的突出症狀。〔註4〕在勞氏看來，我們只有在統合東西文化之文化整體的視角下，才能決定東方或西方的特殊文化問題，〔註5〕因爲只有在東西方文化彼此間的批判的對比、觀照下，我們才能發現各自的缺陷以及出路所在。正是在這一意義上，勞氏在其對東西方文化的思考中，首先讓以重德精神爲核心的東方文化與以重智精神爲核心的西方文化進行一種雙向的批判，進而試圖重建一種能夠統合二者的新的文化形態；對於勞思光而言，東西文化的問題乃是文化進程的現階段中的中心問題，或者說當前文化問題的重心在於東西文化之融會。〔註6〕不過，關於文化的研究，既可以是指對作爲一組組經驗事實的文化現象的研究，也可以是指對作爲文化之決定根據的文化精神的研究，前者基本上是人類學家、社會學家、心理學家們所從事的工作，後者則是一種文化哲學的工作。勞氏有關文化現象與文化精神的區分，涉及其早年理解文化問題的基本論點，即將每一文化

〔註3〕 勞思光：〈《哲學問題源流論》新編版自序〉，《哲學問題源流論》（劉國英、張燦輝合編，香港：中文大學出版社，2001），頁 xiii。

〔註4〕 勞思光：〈世界島上文化的航程〉，《文化問題論集新編》（鄭宗義主編，香港：中文大學出版社，2000），頁 1～59。

〔註5〕 勞思光：〈中國文化之未來與儒學精神之重建〉，《儒學精神與世界文化路向——思光少作集（一）》，頁 167。

〔註6〕 勞思光：〈論東方文化精神〉、〈略談東西文化的異同問題〉，《儒學精神與世界文化路向——思光少作集（一）》，頁 79、145。

現象看作自由意志或自覺活動之結果，[註7] 有關勞氏文化觀的討論我們留待後文再作詳細分梳，此處只簡單點明勞氏的基本觀點。勞思光關於文化問題的討論顯然落在文化哲學的思考上面，即對決定東西文化特性之文化精神或意志活動方向的探究，這即是所謂的價值觀念，而價值觀念通常皆表現於哲學思想中，[註8] 或者說哲學乃是文化方向的決定者，[註9] 所以有關文化問題的思考也就是勞思光哲學探索的核心所在。

關於文化的界定，勞思光有一清晰簡明之看法：

> 我同意文化的本源是價值活動的說法，確是如此，所謂文化活動即是
> 主體實現價值的活動，或者說是應然活動表現於實然中的過程。[註10]

由此，我們也就可以說，勞思光哲學關注的重心在於價值，勞氏的哲學思想本質上是一種價值文化哲學。價值哲學的思考有兩條不同的線索，「一條是反身的，追求存在與價值的根源，另一條是實用的，追求價值與理想之落實」，[註11] 勞思光的工作即循第一條線索而展開：在價值標準日漸相對化乃至虛無化的時代，如何從哲學上確立價值的根源。正如有論者所指出的，「虛無主義成了現代文化的標誌性特徵。正是在現代，西方文化陷入了前所未有的危機。而現代西方哲學，既是這危機的忠實記錄，也是這危機的淒厲警號。」[註12] 勞思光所謂的哲學危機正是當代哲學在價值與意義喪失的情境下所表現出的無可奈何的情狀，其對當代哲學的批評也正落在其無法處理價值問題這一點上。勞思光對當代文化危機以及哲學危機的關注，極大地影響了他對哲學以及中國哲學尤其是儒家哲學的理解。

一、哲學與中國哲學

對於一位哲學家而言，最困難且尷尬的事情莫過於被詢問「哲學是什麼」

[註7] 勞思光：《中國文化要義新編》（梁美儀編，香港：中文大學出版社，1998），頁5；黃慧英：〈哲學與文化發展——勞思光先生對文化路向的檢討〉，《儒家倫理：體與用》（上海：上海三聯書店，2005），頁295～311。

[註8] 勞思光：《中國文化要義新編》，頁7。

[註9] 勞思光：《哲學淺說新編》（文潔華編，香港：中文大學出版社，1998），頁93～94。

[註10] 勞思光：〈略談東西文化的異同問題〉，《儒學精神與世界文化路向——思光少作集（一）》，頁147～148。

[註11] 劉述先：〈論中國人的價值觀在現代的重建〉，《文化與傳播》（深圳大學中國文化與傳播系主編，上海：上海文化出版社，1993），頁22。

[註12] 張汝倫：〈現代性與現代西方哲學〉，《雲南大學學報》2003年第2期，頁17。

的問題，是以有學者提出「哲學無定論」的觀點，這不單是指哲學的定義無定論，同時也指對於哲學是否應有或能有公認定義以及哲學所討論的諸多問題也都無定論。〔註 13〕如果情況眞的是這樣的話，那麼我們是否能給哲學一個一般性的說明呢？對於中國哲學硏究者來說，這一問題尤爲關鍵，因爲如果哲學本來就是一個不確定的學科，那麼當我們將中國傳統學術中諸多內容歸入哲學這一門類時，顯然就缺少一個穩定的參照系，這一工作也就顯得有些隨意了。是以對於中國哲學的定位必然是以對哲學本身的理解爲前提的。

勞思光亦以哲學爲一無定義之學，〔註 14〕不過他在考察諸多不同哲學派別的哲學思考之後，仍給出了一個一般性的界定或「本質定義」（essential definition）：「哲學是探索最後眞相（ultimate reality）的學科」。〔註 15〕但在勞思光看來，這一界定仍存在一定的困難，即所謂的「最後眞相」並沒有客觀獨立的意義，它隨文化的進展而改變，哲學史發展的脈絡清晰地說明了這一點，即哲學並不以客觀一定的內容爲其硏究對象，哲學硏究的領域是在不斷的變化擴展之中的。

雖然如此，我們仍可由實指定義（ostensive definition）來界定哲學，即依照哲學發展的歷史將諸哲學門類羅列出來，而以哲學作爲這些學科或門類的總名或總稱，依此我們可以說，哲學是一個個硏究最後眞相的學科的總名。〔註 16〕哲學的門類大致包括：宇宙論、形上學、道德哲學（包括倫理學）、神學、方法論、知識論、文化哲學、邏輯解析、心性論，其中心性論爲中國哲學所特有。這雖不失爲解釋哲學的一種方式，可以讓人對哲學有一基本的把握，但這並非對哲學的一種嚴格界定，尤其是在當代哲學家越來越嚴厲地批評乃至拒斥「終極原理」或「終極實有」等說法的時候，上述界定越來越不能讓人對哲學有一清晰明確的了解，勞氏晚年放棄各種對哲學的定義轉向由哲學思考的特性來解釋哲學的做法也正說明上述界定根本上來說是不成功的。並且上述實指定義只是簡單地以心性論爲中國哲學之中心內容並將其歸入哲學行列之中，這並沒能很好的安立中國哲學的合法性並說明中國哲學的特色之所在。除此而外，勞思光還從哲學的功能或任務的角度對其加以說明。

〔註 13〕陳修齋：〈關於哲學本性問題的思考〉，《武漢大學學報》1988 年第 2 期，頁 3。
〔註 14〕勞思光：《哲學問題源流論》，頁 1；勞思光：《哲學淺說新編》，頁 3；勞思光：《文化問題論集新編》，頁 99～100。
〔註 15〕勞思光：《哲學淺說新編》，頁 6。
〔註 16〕勞思光：《哲學淺說新編》，頁 14、80。

　　就功能或任務的角度而言，勞思光認爲，可以從三個方面來界說哲學：哲學是智慧之學、哲學是價值之學、哲學是反省之學。不少哲學討論的問題尤其是傳統形而上學的問題，常常是經過數千年的討論而無法獲得一確定的答案，這自然就容易引致對哲學研究的意義的質疑。並且由近代哲學思考的成果來看，傳統形上學本身確有內在的錯誤，〔註17〕但這並不意味哲學中的這部分內容是毫無意義的，因爲它可以磨練人的智慧，提供一種 "mental exercise"，正如球類運動的規則本身或許並沒有多少意義，但這些運動卻可以磨練人的體力，提供一種 "physical exercise"。但我們卻不能因此而認爲哲學就是一種「智力的遊戲」（intellectual play），因爲除此而外，哲學還有更爲重要的功能或任務，即對價值問題的思考。

　　在說明哲學是價值之學之前，爲了論述的方便我們先說明哲學何以是反省之學。說哲學是反省之學，主要是就知識論或是邏輯分析而言，西方近代哲學十分清楚的說明了這一點。一般性的知識主要是對外物的了解，而哲學常常需要考察這一般性知識的基礎，說明這些知識的確定性以及它們的可能範圍等等，這大概可以說是一種知識的知識，哲學在這一意義上，就是一種「反省之學」。

　　依照勞思光的區分，人類心靈所面臨的問題有三種：實然的問題，即事實的有無問題；必然問題或規律問題，即關於條件與條件間的關係問題，這兩類問題涵括一切科學與常識的研究對象；應然問題或價值問題，即所謂應該與不應該的問題，或者說是普遍性的道德規範或價值標準何以確立的問題。〔註18〕價值問題有其自身的獨立性，無法化約爲事實問題或規律問題，是哲學探究中的一個核心課題，尤其是對於價值意識之根源的探究，這並非其他科學所能完成。在這一意義上，我們可以說，哲學是價值之學。〔註19〕基於這一點，勞思光對當代哲學（contemporary philosophy）提出十分嚴屬的批評，批評的焦點正集中於劉述先所謂的：「當代西方哲學最不會處理的就是

〔註17〕勞思光：《哲學淺說新編》，頁 19。
〔註18〕勞思光：《哲學問題淺說新編》，頁 21～25、82。
〔註19〕將價值問題作爲哲學思考的中心是勞思光一貫的立場，其全部哲學思考也都以價值哲學爲中心而展開，就這一點而言，勞思光與新康德主義者文德爾班（W. Windelband）、李凱爾特（H. Richert）等人的思想較爲一致，關於新康德主義的價值哲學的簡明介紹可參涂紀亮：〈新康德主義的價值哲學〉，《雲南大學學報》第八卷第二期（2009 年 2 月），頁 3～10。

價值問題，我們很難由之得到什麼有用的指引」。〔註20〕勞思光認爲西方哲學自希臘以來，始終是以認知心爲主，因而西方哲學發展的歷程，其實就是以認知心爲主的文化精神的發展歷程，勞氏將這種文化精神稱爲「重智精神」。〔註21〕現代西方哲學正是這種文化精神成熟發展的產物，文化精神發展至最成熟的時候，其優勢與缺失都會最爲突出的展現出來。現代哲學尤其是英美哲學重邏輯分析，在純粹哲學領域成就很大；現代哲學越來越強的經驗主義傾向，理論上否定一切對「絕對」的預認，落在政治上也就較爲重視政治制度的形式原理的問題，反對權利的絕對化，因而有民主政治這種成熟型的政治制度的產生，這都是重智的西方文化精神的優長之處。不過，這種文化精神也有它根本的缺失，即價值意識的僵化或認知心對道德心的壓制，這樣也就有了西方重智精神的危機，價值的功利化使得物化之勢日盛，這從當代西方思想界對自身文化傳統的批評也不難看到。〔註22〕這一趨勢更反映在邏輯實證論（logical positivism）對哲學的看法上。邏輯實證論者提出一種意義的理論（theory of meaning），其以「可證實性」（verifiable）爲中心，一切有所陳述但其內容無法證實的命題都被稱之爲「僞似」（pseudo）命題，因而它也就是「無意義的」（meaningless）。按照 V. C. Aldrich「認知意義」（cognitive meaning）與「圖繪意義」（pictorial meaning）的區分，我們不難理解，前文所謂的「無意義」當是指無認知意義。這樣，邏輯實證主義者就以「無意義」的罪名將傳統哲學中的形上學命題乃至價值哲學中的命題全都從哲學中剔除掉，而僅以廣義的邏輯、語言分析方能稱之爲「哲學」。對此，勞思光給出了自己的批評，按照意義理論對命題或語句的意義進行分類，對於哲學思考而言具有無可否認的意義，不過任何的「分類」只能決定一種「區別」，而不能決定任何東西是否應該取消，區別是歸屬的問題，而取消則是存廢的問題，如果從區別跳躍到取消、從歸屬的決定跳躍到存廢的決定，就存在一種理論間隙。〔註23〕一個作區分的標準，要涉及取消或存廢等實質問題，就必須加

〔註20〕 劉述先：〈論中國人的價值觀在現代的重建〉，《文化與傳播》（深圳大學中國文化與傳播系主編，上海：上海文化出版社，1993），頁9。

〔註21〕 「重智精神」是勞氏早期判定西方文化的一個核心概念，此處不做展開討論，論文第二部分討論文化哲學的時候，將有專門的論述。

〔註22〕 牟宗三亦謂：「有古希臘傳統的，有科學的，有那種外在的、觀解的思考路數的，其結果卻並不能保住『價值』。」見牟宗三：〈從西方哲學進至儒家學術〉，《生命的學問》，頁25。

〔註23〕 勞思光：《哲學問題淺說新編》，頁75～76。牟宗三亦有類似的批評，其謂：「從

上一個涉及實質的標準，否則這樣的講法就存在內在的理論間隙。是以，對邏輯實證論者來說，必須能夠證明「所謂無認知意義的命題根本對人生全無意義」，然後方可決定那些傳統哲學的命題是否應該取消。〔註24〕價值命題並非具有認知意義的命題，大概並不是一個完全錯誤的論斷，但是如果因此而將其完全從哲學中排除出去，那就是一種嚴重的錯誤，因爲這將使人生中的根本問題或者說人類必須注意的問題成爲無人注意的問題，因爲人生根本不能離開對價值的追尋。〔註25〕價值問題並非認知性的科學所能處理，同時將這些問題完全交付宗教來處理亦非明智之舉，在勞思光看來，「現代西方心靈似乎除了仗宗教來維繫一點價值意識以外，剩下來就只有功利意識」，〔註26〕但僅憑信仰並不能眞正確立公是公非。同時就文化的角度而言，宗教只是半截文化，〔註27〕在文化功能方面存在根本的限制。對勞思光來說，關於價值的哲學探討，根本上還是爲當代文化問題尋求解決之道。而「文化之本義亦只能是實現價值而已」，或者說「文化本是一自覺主體的創造成果，如果說得學院氣重一點，則應說文化過程是一主體在實然中實現應然，或依照應然之方向重新範定實然之過程」。〔註28〕按照勞氏對於文化的看法，宗教並不能給予文化以超越的安立，這裏的宗教首先指的是以「神權」爲中心的基督教。

> 以「神權」爲最高主宰，以「皈神」爲最後歸宿，這一定導生出否定現世，甚至否定文化的態度。但由於尋求神力之庇護，畢竟本身仍是一種文化活動，所以這裏就有不可免的矛盾。人取這種精神方向，大概不外兩種結局：一種是眞正「皈神」，則不能成就現世的文化（因爲就「皈神」的目的說，現世文化是不必要的，而且人之現世根本就是一種「罪」，也說不上價值）。如果要成就現實文化，則結果必走向另一種結局，就是：並不眞正「皈神」，而只將這一套教義作爲現世

超越知識方面說，他們看的太輕，其態度是不理不屑。我不理可以，我不能從學問上客觀地予以原則上的抹殺。劃分界限可以，我不能以爲那都是癡人說夢，或只是玩弄字眼（play of words），或只是概念的詩歌、情感的滿足，而無積極的意義可講、正當的事業可作。我以爲這都是過其分的。」見牟宗三：〈論「上帝退隱」〉，《道德的理想主義》，頁249。

〔註24〕勞思光：《哲學問題淺說新編》，頁78。
〔註25〕勞思光：《文化問題論集新編》，頁109。
〔註26〕勞思光：《哲學問題淺說新編》，頁121、53。
〔註27〕勞思光：《文化問題論集新編》，頁173。
〔註28〕勞思光：《文化問題論集新編》，頁109、37、171。

生活的某種工具。這兩種結局都是不值得讚美或尋求的。〔註29〕
這可以視爲勞思光基於文化的立場，對宗教的一種批判。文化作爲主體在現
實世界中一種實現價值的活動，必然一方面能確立文化得以成立的價值源
頭，這即勞氏所謂的價值意識或價值自覺，另一方面價值意識不能空懸，而
必須於現實世界中實現自身。這在勞思光看來即是「人文主義」的基本方向。
宗教之弊在其無法落實，但如果無法確立價值的根源而只將價值化歸現實利
害問題，那麼這又將墮入「物化的方向」，人在現實中的生活態度將變成一種
無是非的狀態。〔註30〕人文主義的精神方向，依勞思光的理解方是人類文化
的出路所在，既能使價值意識於現實中落實又不完全陷入現實利害之中而歸
於物化。儒學所體現的正是這種人文主義的精神，雖然儒學內部存在其他方
面的弊病。所謂「觀乎人文以化成天下」中的「化成」，就是指在當前的世界
中實現一種理序。〔註31〕勞氏以上宗教批判雖以基督教爲主，不過其對佛教
依然成立，因爲在其看來，佛教的基本方向是舍離解脫，〔註32〕表現出否定
世界之態度。

　　循著文化哲學的這一思考方向，勞思光對孔子思想給出了自己的定位：

　　　　孔子則不奉神權，不落物化，不求舍離，只以自覺主宰在自然事實
　　　　上建立秩序，此所以爲「人文主義」。……就規模而論，孔子之學確
　　　　是一宏大貫徹之文化哲學。〔註33〕

前文提到，依照勞思光的看法，一套文化哲學必然是以價值哲學爲其前提的，
所以價值所以可能的超越根據，「自覺心」或價值意識的安立也就成爲文化哲
學能否成立的關鍵所在。勞氏認爲，孟子即是順孔子文化哲學的脈絡從哲學
上解決自覺心如何安立的根本性課題，此即體現爲孟子所建立的心性論。那
麼，以孔孟爲代表的先秦儒學在勞思光的文化哲學背景下也就有了一個基本
的定位。中國的哲學，在勞思光看來，基本上以價值哲學爲骨幹，中國哲學
之精彩處在於主體性之顯現及實踐理性之展開，〔註34〕這些基本觀念也就成
了勞思光寫作《中國哲學史》的主要理論背景，勞氏基本上是以價值文化哲

〔註29〕勞思光：《哲學問題淺說新編》，頁95。
〔註30〕勞思光：《哲學問題淺說新編》，頁95。
〔註31〕勞思光：《哲學問題淺說新編》，頁94。
〔註32〕勞思光：《新編中國哲學史（二卷）》，頁240。
〔註33〕勞思光：《新編中國哲學史（一卷）》，頁103、116。
〔註34〕勞思光：《中國文化要義新編》，頁13。

學為線索梳理整個中國哲學史，並以相關理論設準加以衡定。〔註35〕

　　可見，勞思光的中國哲學研究乃是以其對文化問題的關注為前提的，其個人在價值文化問題上的見解、主張極大地影響了他對中國哲學尤其是儒學的看法，其中確有不少深刻的洞見，在中西哲學對比的視角下，也能夠很好的突出中國哲學自身的特性。不過，這一視角顯然太過單一，其雖然也能突顯中國哲學中某些方面的內容，但因此更遮蔽了諸多重要的思想面相，這在其對漢代哲學、魏晉玄學乃至佛學的討論中表現得極為明顯。下文對此將有專門的討論。由此，我們可以說勞思光的中國哲學研究，基本上是以他的價值文化哲學為視角審視傳統中國哲學，抉發其中具有開放性和世界意義的意涵，察識其弊端及問題的癥結所在，並試圖找尋中國文化未來發展的路向。由勞氏文化哲學思考的整個歷程來考察他的中國哲學研究，或許較之從純客觀的「哲學史」角度來考察這些工作成果，更為準確客觀。當然，勞氏在《中國哲學史》及以前的作品中還有大量關於中國哲學研究方法的思考，不過勞氏晚年的相關思考更為成熟豐富，我們下面介紹勞氏晚年思想時將一起討論。

　　綜上所述，不難見出勞思光早年主要是基於其對文化問題的思考而關注哲學的，努力維護作為文化之根本的價值意識在哲學思考中的核心位置。他對中國哲學的探究同樣是以此為背景的，其關注的核心之點乃是中國文化的未來路向問題，或者說是傳統文化與現代文化間的關係問題，這要求首先對中國傳統文化本身作一番清理的工作，此一工作的重點即落在中國傳統哲學上面，而這同樣也是重建中國哲學的一個前提性和預備性的工作，是以有《中國哲學史》一書的寫作。〔註36〕勞思光晚年關於中國哲學研究的思考，更為注重在安立中國哲學合法性的同時，力圖使中國哲學真正成為一種「活的哲學」（living philosophy），〔註37〕使之既在理論上合乎學院性的標準，同時又具有文化上的引導性功能。

　　中國哲學雖經歷了百多年的歷史，但至今仍未進入到一種穩定的狀態，關於中國哲學之特性及其研究方法等問題仍頗多爭議，尤其是一些「錯誤」

〔註35〕不特如此，勞思光對西方哲學的處理同樣以其對價值文化哲學的關懷為背景，參勞思光：《哲學問題源流論》，頁 20～30。
〔註36〕勞思光：《危機世界與新希望世紀：再論當代哲學與文化》（劉國英編，香港：中文大學出版社，2007），頁 xiii；勞思光：《新編中國哲學史（三卷下）》，頁 661。
〔註37〕勞思光：〈中國哲學研究之檢討及建議〉，《虛境與希望——論當代哲學與文化》，頁 7。

的研究取向使得中國哲學處於越來越被動的局面，在勞氏看來，「目前各地區華人社會中的中國哲學研究，只有表面的熱鬧，實際上卻正陷入一種內部貧弱、外境艱難的困局」。〔註38〕勞思光批評了幾種具有代表性的研究取向。首先就中國人自身的研究取向而言，以哲學史研究的態度與傳道的態度從事中國哲學研究是兩類最具代表性的研究取向。前者往往局限於一種史學性質的研究，忽視中國哲學自身的理論向度與效力，容易使中國哲學研究淪爲埃及研究一類的學問，這將無法使中國哲學在當前及未來世界中發揮自身的作用，不過這並非意味哲學史的研究完全沒有必要。後者主要指當代新儒家而言，這類研究隱含著一種危機，即不能正視中國哲學中失效的成份，結果使研究者無法覺察中國哲學有某種重組的需要，因而將加強中國哲學的衰落。就國外的中國哲學研究而言，較具代表性的是「漢學研究」、「中國研究」，前者類似於一種民族學或民俗學的研究，後者僅重視政治經濟社會問題的研究，哲學思想只處於附屬的位置。此外，還有一種研究取向則是將中國哲學研究歸入宗教研究之列，這完全忽視了哲學與宗教之間的差異。〔註39〕那麼，如何眞正使中國哲學成爲一種活的哲學呢？就勞思光而言，這必須滿足兩個方面的標準，第一，合乎現代學院哲學的標準，這裏涉及的主要是中國哲學與世界哲學如何溝通的問題；第二，能夠眞正發揮文化上的功能，這主要針對中國哲學能否回應當代文化危機而言。〔註40〕中國哲學要成爲活的哲學，除了能進入世界哲學之中以外，還必須發揮一定的文化功能，此即勞氏所謂 "philosophy beyond a game"。〔註41〕

就第一點而言，當代中國哲學一開始即是以西方哲學爲參照而建構起來的，在研究方法上更是如此，西方哲學中的各種流派不斷被用來作爲詮釋中國哲學的參照系，但由於中西文化之間的差異，這種種不同的哲學流派都不

〔註38〕勞思光：〈回顧、希望與憂慮：關於「中國哲學研究」的基點意見〉，《危機世界與新希望世紀——再論當代哲學與文化》，頁119。
〔註39〕勞思光：〈中國哲學研究之檢討及建議〉，《虛境與希望——論當代哲學與文化》，頁3～13。
〔註40〕此即張祥龍所謂：「研究古代文獻的最終目標是促進哲學研究本身的活力，爲解決那些困擾當前和未來人們的問題提供新的思路」，參張祥龍：〈中國哲學研究方法的多元化〉，《中國人民大學學報》2003年第2期，頁16。
〔註41〕勞思光：〈「中國哲學」與「哲學在中國」〉，《虛境與希望——論當代哲學與文化》，頁31；勞思光：〈從「普遍性」與「具體性」探究儒家道德哲學之要旨〉，《思辯錄：思光近作集》，頁43～44。

可能成爲完美的參照系，除非我們完全不顧中國哲學自身的特殊性。這樣，如果我們要使中國哲學合法地進入到世界哲學中來，首先應當破除對於哲學本身之西方中心主義的理解。

前文提到，哲學本身是無從定義的，勞思光晚年不但否認存在哲學之本質定義的可能，同時也認爲實指定義亦無法解決哲學定義問題的困難，其轉而提倡一種開放的哲學概念。哲學研究對象的不確定性使得定義哲學成爲困難，那麼我們又當如何指認不同哲學間的共同特性呢？勞氏認爲答案在於哲學思考的獨特性，即哲學思考總具有反省的特性。〔註42〕由之也就可以給出一個開放的哲學概念：

　　哲學思考是對於（a，b，c……）的反省思考。〔註43〕

這一開放的哲學概念不僅劃定了哲學論說的一般範圍，同時也保證了哲學思考的開放向度。括弧中的 a，b，c……指哲學思考的對象或題材，對象的不確定性不但可以涵括以往的各種哲學，同時亦保留了未來可能出現之哲學的位置。哲學思考處理不同的題材常常具有不同的功能，而一旦我們確定了某一題材，那麼我們由之也就確定了一種特殊的哲學。而唯一能夠否定某特殊哲學的理據是有證據表明這種哲學所處理的問題，與眞實人生全無關係。〔註44〕由此，我們也就不能以某一特殊的哲學概念作爲衡定其他哲學的判準，這就保證了各特殊哲學之間的平等性與對話的可能性。〔註45〕一般意義上的開放哲學概念的意義在於確定哲學的基本範圍以及保證不同文化傳統下之哲學間的溝通的可能性；而在每一特殊哲學中，一些重要的問題如「哲學應該作什麼」、「我們應當怎樣從事哲學研究」等方有解答的可能。那麼，中國哲學如

〔註42〕 唐君毅亦有類似之哲學觀：「哲學固可無所不反省，對人之道德、宗教，皆可加以哲學的反省。在此義上，哲學之思維，即可涵蓋萬方。」見唐君毅：《生命存在與心靈境界》，頁594。

〔註43〕 勞思光：〈對於如何理解中國哲學之探討及建議〉，《思辯錄：思光近作集》，頁9。

〔註44〕 勞思光：〈對於如何理解中國哲學之探討及建議〉，《思辯錄：思光近作集》，頁12。

〔註45〕 後一點實在極爲重要，當前學界存在這樣一種情況，即「將自己所熟悉的某一特殊哲學強加於另一特殊哲學，而嚴重地歪曲後者，甚至使它變爲無聊的廢話或古怪的信仰」，這在一些從事英美哲學乃至歐陸哲學的學者身上表現得十分明顯，他們常以極爲狹隘的標準粗暴、任意地批評傳統中國哲學，在勞思光看來這是哲學溝通方面的一個可悲的事實，勞思光：〈對於如何理解中國哲學之探討及建議〉，《思辯錄：思光近作集》，頁17。

何在這一開放的哲學概念中尋得自己的位置呢？關鍵只在澄清中國哲學自身的特性及其功能所在。

　　中國哲學以引導人生爲主，其重點在道德哲學與政治哲學，〔註 46〕在功能上偏重於「引導性」，對世界及人生提出主張，即所謂"philosophy as proposal"，〔註 47〕這與西方哲學在功能上偏重於「認知性」存在很大的差異，而這大概正是以西方諸哲學流派詮釋中國哲學常常存在扞格之處的原因所在，因而試圖以某一西方哲學流派作爲詮釋框架重塑中國哲學的努力都很難取得眞正的成功。勞思光不再通過「以西觀中」的方式來確立中國哲學的「哲學性」，而在反省性思考（reflective thinking）這一哲學的共同意義下，將哲學區分爲「認知性的哲學」（cognitive philosophy）與「引導性的哲學」（orientative philosophy）兩大類，中國哲學作爲一種引導性的哲學，自然也就成爲普遍哲學或是世界哲學的一部分。〔註 48〕說某一哲學是引導性的，意指此一哲學能在自我及世界兩方面引起變化，即所謂「自我轉化」與「社會轉化」，中國哲學中關於理想人格之達成以及在自然世界中實現人文化成的討論即分屬上述兩方面內容，這也就是中國傳統哲學的基本功能。

二、中國哲學研究的方法論問題

　　要使中國哲學在面對現時代文化問題時發揮正面的文化功能，在一定意義上即是以傳統中國哲學作爲思想資源反思現代性給人類帶來的困境。但問題是，傳統中國哲學本身並非無需任何改動就可發揮作用，相反，要使傳統中國哲學繼續發揮作用，必須對其進行一個改組與重建的工作，這即涉及勞思光所提出的一個重要的理論區分：開放成素（open elements）與封閉成素（close elements）的區分。〔註 49〕任何一個文化或是哲學的理論或系統，其中

〔註 46〕勞思光：〈中國哲學研究之檢討及建議〉，《虛境與希望——論當代哲學與文化》，頁 19、21。

〔註 47〕勞思光：〈中國哲學研究之檢討及建議〉，《虛境與希望——論當代哲學與文化》，頁 9；勞思光：〈從世界見永恆——紀念唐君毅先生逝世周年學術演講會講詞〉，《思光人物論集》（梁美儀編，香港：中文大學出版社，2001），頁 83～84；勞思光：〈答友人書——論中國哲學研究之態度〉，《新編中國哲學史（三卷下）》，頁 667。

〔註 48〕張汝倫以爲勞思光以引導性來解釋哲學確抓住了哲學的基本特點，見張汝倫：〈論中國哲學的自主和自決〉，《中西哲學十五章》（上海：上海書店出版社，2008），頁 6。

〔註 49〕勞思光：〈中國哲學之世界化問題〉，《危機世界與新希望世紀——再論當代哲

必然有一些成分是被歷史社會脈絡（historical-social contexts）所限定的，這一部分也就只能在這一特定的情境（situation）上才能發揮功能，隨著情境的改變這部分內容常常會出現失效的問題，因而可以稱之爲文化系統中的封閉成素。這即涉及所謂的歷史動態觀的問題，〔註50〕即客觀世界總是無限展開的，人類永遠都會有新的經驗和問題，當原有的文化系統不足以籠罩這些問題的時候，文化在功能上就出現失效的問題，一文化或哲學系統之所以會有封閉的成素，原因即在於此。但因爲每一文化系統都不能不觸及一些人類共同的問題，是以其中又包含有一些具有普遍性或是開放性的內容，也即開放性的成素，這一部分內容乃是離開歷史社會脈絡而可以繼續發揮其功能的。這樣，哲學史的研究在哲學研究中便成爲必要，因爲只有通過對哲學史作一通盤的清理、考察，我們才能確定傳統哲學中具有開放性的內容。當然，開放性成素的確定，理論上不能不受研究者自身的問題意識與立場的影響。

哲學史研究所涉及的主要是對以往存在的哲學思想的整理和衡定，這其實是整個哲學研究的基礎性和前提性的部分。要使中國哲學成爲一種活的哲學，那麼對於中國哲學史的整理就必須能夠合乎現代學院哲學的標準，消除自身與世界哲學之間的隔閡，這主要體現在「語言的選擇或建構、論證的建立，以及方法的自覺」等方面。〔註51〕就論說語言來講，勞著《中國哲學史》大量使用「主體性」、「價值意識」、「自覺心」、「意志」等極具「現代性」的語彙作爲哲學史論述的基本元素。在學院世界內部，我們大概已經很難完全

學與文化》，頁 54～57。劉述先所強調的理一與分殊之間的辯證關係，亦類於所謂開放成素與封閉成素之間的關聯，劉氏謂：「從現代的觀點看，必須採取一種更鬆動、更有彈性的方式講理一才能符合當前的情勢。正像田立克之講『上帝以上的上帝』，東方也需要更進一步正視『道可道，非常道』的涵義。理在不同的時代要有不同的表徵，而過去人卻往往有一種傾向一個時代的表徵當作超越的道理本身，漢代所謂三綱五常正是一個典型的例證。超越的理要具體落實，就必成爲有限的分殊，而把有限的分殊無限上綱就會產生僵固的效果。」參劉述先：〈「兩行之理」與安身立命〉，《儒家思想開拓的嘗試》（北京：中國社會科學出版社，2001），頁 99。

〔註50〕勞思光：〈中國哲學之世界化問題〉，《危機世界與新希望世紀——再論當代哲學與文化》，頁 58；勞思光：〈回顧、希望與憂慮：關於「中國哲學研究」的幾點意見〉，《危機世界與新希望世紀——再論當代哲學與文化》，頁 124。關於勞思光「歷史動態觀」的討論可參閱梁美儀：〈論「歷史動態觀」與文化本質論之間的張力〉，《無涯理境——勞思光先生的學問與思想》，頁 133～137。

〔註51〕勞思光：〈中國哲學研究之檢討及建議〉，《虛境與希望——論當代哲學與文化》，頁 7。

避開這些現代性的語彙而對中國哲學作一種純粹中國式的敘述，但問題是，這些語彙在將傳統中國哲學引入世界哲學的同時，在多大程度上客觀地傳達了中國哲學本身的意涵？除了語彙是現代性的以外，勞著《中國哲學史》在敘述方式上更以理性思辨或邏輯解析爲主，這裏首先就涉及這樣一個問題：源於西方的哲學分析方法能否用於中國哲學史的清理工作？在勞思光看來，方法與一個特殊的理論或觀點不同，當我們以西方某個特殊的理論或觀點解釋中國哲學的時候，或許會出現曲解的問題；但是方法本身作爲一種理論工具是具有普遍性的，這包括現代西方哲學界發展出來的邏輯解析、語言解析等方法。〔註52〕哲學史研究的客觀性主要取決於我們能否客觀的展示以往的種種哲學理論，而分析方法作爲一種具有普遍性的工具並不會傷害這種客觀性。不過，這裏仍需質疑的是，方法固然主要起一種形式的和工具的作用，但我們如何把握各種方法自身的限制呢？也就是說當某種哲學理論包含有邏輯解析的方法所無法處理的內容或層次的時候，我們是否還應局限於這種分析的方法？事實上，馮耀明等學者以分析哲學的方法批評中國哲學的一些主張和論點的時候，往往對於其所使用之方法的限度缺少自覺。勞氏本身其實已經意識到這一點：「了解中國哲學有一個最大的障礙，就是中國哲學中某些詞語的指涉，每每是日常生活中所無而只在工夫過程中呈現的。因此，如果一個治哲學的人自己根本未致力於任何工夫過程，則他很容易覺得找不到那些詞語的指涉何在」。〔註53〕不只在中國哲學中特定語彙的理解方面存在勞氏上述的問題，中國哲學中的諸多具體理論同樣存在這一問題，而這正好說明了理論思辨、邏輯解析等的限度所在。

　　哲學史既然是敘述「哲學」的「發展史」，那麼這樣一種「史學」敘述不能不以各哲學家所思考的哲學問題爲中心來展開，基於此，勞氏就哲學史寫作提出著名的「基源問題研究法」（Key-problematique approach）。〔註54〕依勞思光之見，哲學史需要符合三個條件：事實記述的眞實性、理論闡述的系統性、全面判斷的統一性。事實記述的眞實性意指哲學史中所敘述的理論，必須儘量彌

〔註52〕勞思光：《新編中國哲學史（卷一）後序》，頁311；勞思光：〈哲學史的主觀性與客觀性〉，《虛境與希望——論當代哲學與文化》，頁76～77。

〔註53〕勞思光：《新編中國哲學史（卷三下）校後記》，頁668。

〔註54〕關於勞思光基源問題研究法的更爲細緻的討論可參閱陳廷志：〈船山意倦興亡日·史筆如神定是非——勞思光「基源問題研究法」的省察（上、下）〉，《鵝湖月刊》總第227、228期（1994年5、6月），頁40～45、38～51。

合原著而不失眞；理論闡述的系統性是指哲學史敘述必須將前人思想之理論的建構脈絡展示出來，而無散亂之象；全面判斷的統一性則是說哲學史要統觀人類心靈之發展、智慧之成長，所以必須有一貫的判斷原則、一定的理論設準（postulate），〔註55〕以使所下的判斷表現一定的識見、一定的尺度。〔註56〕前兩點大概不會引起太大的爭議，容易引起質疑的是第三點，當我們以某種統一性的觀點，即所謂的理論設準來解釋全部哲學史的時候，這些理論設準的確立，在一定程度上取決於哲學史工作者個人的立場，那麼由此對以往哲學家之理論的評斷是否有太過主觀之嫌？甚至更爲極端的，這種評斷在哲學史敘述中是否根本就不必要？對於很多人來講，答案都是肯定的。不過，對勞思光而言，哲學史工作乃是全部哲學研究的一個基礎性的部分，要使中國哲學在面對當代文化危機時發揮正面的功能，我們必須以當下所關注之哲學問題爲中心發掘出中國哲學史中具有開放性和普遍性的內容，那麼對各哲學家思想之理論效力的衡定也就成爲不能回避的一個環節。而眞正符合上述三個條件的哲學史研究方法即是所謂的「基源問題研究法」：〔註57〕

> 所謂「基源問題研究法」，是以邏輯意義的理論還原爲始點，而以史學考證工作爲助力，以統攝個別哲學活動於一定設準之下爲歸宿。〔註58〕

這種方法在操作程序上，首先必須確定所謂的基源問題。這裏存在一個基本的設定，即一切個人或學派的思想理論，根本上是對某一問題的答復或解答，理論的全部內容乃是以該問題爲根源的，這個問題即是所謂的基源問題。基源問題的獲得必須以相關材料爲基礎進行一種理論還原的工作。確定基源問題之後，我們就可以進而抽繹出由基源問題引生的次級問題及爲解答這些問題所建構之理論，將這些層次分明的理論組成一整體，也就完成了所謂理論展示的工作。最後，通過統一性的理論設準對各具體的哲學理論加以衡定，整個哲學史敘述至此結束。

就勞思光試圖將中國哲學納入世界哲學之中的努力而言，基源問題研究法及與之相配的諸理論設準之重要性也就十分的顯明，因爲我們只有具備了

〔註55〕勞思光：〈整理哲學問題時所用之設準〉，《哲學問題源流論》，頁4～15。

〔註56〕勞思光：《新編中國哲學史（卷一）》，頁10。

〔註57〕勞思光：〈邏輯實證論簡評〉，《西方思想淺談──思光少作集（六）》，頁286～290。

〔註58〕勞思光：《新編中國哲學史（卷一）》，頁10。

一套理論的設準，足以統攝中國哲學與西方哲學，然後我們方能表明中國哲學在世界哲學中的地位與意義。〔註59〕可見，勞思光關於哲學史研究之方法論的反思，根本上即是從哲學普遍性的角度確立中國哲學的「哲學性」，中國哲學研究要突破僅僅限於哲學史研究之狀況，能夠面對當前時代問題而有所回應，勞思光的努力方向顯然是我們不能不重視的。正如有學者所指出的：

> 哲學知識基本上包含一種普遍性的要求，說中國哲學與西方哲學是
> 不可通約的（incommensurable），即等於說哲學必須放棄普遍性的要
> 求，因而甚至是不可通約的。這無疑是哲學的自殺。〔註60〕

從哲學語彙、解析方法到理論問題的處理，勞思光無不從普遍性或是世界哲學的角度加以思考，這爲「中國哲學之世界化」〔註61〕奠立了方法論基礎，同時也使中國哲學研究能夠眞正進入當代學院世界之中。中國哲學研究只有在這方面有所突破，方能眞正化解所謂的「合法性」危機，乃至使中國哲學成爲當代哲學的「立法者」。〔註62〕析論至此，我們大概已經清晰地呈現了勞思光中國哲學史研究的基本輪廓，對於他的研究成果《中國哲學史》我們也就可以從一個更爲廣闊的視野加以了解和把握。

第二節　以價值文化哲學爲中心的儒學重建

就勞思光前後期對中國哲學的全部關注來看，儒學作爲中國哲學的主流，是他考察的重點所在，勞氏在晚年的演講中說：「我雖然不是一個新儒家，沒有宗派意識，可是我總覺得就中國的哲學傳統講，儒學還是最值得重視的一個學派。」〔註63〕對於儒學的詮釋與重建無疑是勞思光中國哲學研究中最具建設性意義的內容。學界已有不少學者，如鄭宗義、杜保瑞、高柏園、龔鵬程等對勞思光詮釋先秦儒學以及宋明儒學的內容作出了批判性的考察，但對勞思光的儒

〔註59〕勞思光：《新編中國哲學史（卷一）》，頁14。

〔註60〕李明輝：〈當代中國哲學研究前景〉，《「勞思光思想與中國哲學世界化」學術研討會論文集》，頁244。

〔註61〕勞思光：〈中國哲學之世界化問題〉，《危機世界與新希望世紀——再論當代哲學與文化》，頁47～63。

〔註62〕有關從「世界哲學」的角度討論中國哲學之再建的問題，還可參閱何秀煌：《文化‧哲學與方法》（臺北：東大圖書公司，1988），頁9～41。

〔註63〕勞思光：〈從當代思潮看新儒家〉，《危機世界與新希望世紀——再論當代哲學與文化》，頁117。

學詮釋與重建作整體而全面的考察的作品尚不多見。〔註 64〕依照勞思光對價值文化哲學的理解，先秦哲學中最具開放性與普遍性的是孔孟哲學，不過孔孟哲學作爲一種理論本身並非即已完滿，由之，勞氏即確立一衡定後世儒學之判準，如其以漢儒之說爲歧出，宋儒二程之學在理論上對孔孟之學有所補充，〔註 65〕但眞正將孔孟之學發展成熟階段的是陽明哲學。下文即以勞思光對孔孟哲學詮釋爲中心考察勞思光對儒學的重建，點明勞氏的儒學意識。〔註 66〕

　　如前文所述，勞思光哲學思考的中心在於文化問題，對於文化的哲學思考便展現爲一種價值哲學，因爲所謂文化即是主體於實然界中實現價值。那麼，在勞思光價值文化哲學的問題意識下，傳統儒學的基本理論旨趣何在？它將呈現爲一種什麼樣的理論形態？

一、作爲價值文化哲學的孔孟之學

　　如同牟宗三以先秦諸子大抵都是針對「周文疲弊」而發，〔註 67〕勞思光亦認爲「禮」觀念爲孔子之學的始點，「仁、義、禮」三觀念爲孔子理論之主脈，孔子思想之核心可歸結爲「攝禮歸義」、「攝義歸仁」。

　　孔子之前即有所謂「禮儀之辨」，如《左傳‧昭公五年》記載了魯昭公訪問晉國，晉侯與晉臣女叔齊關於禮的討論。晉侯謂女叔齊曰：「魯侯不亦善於禮乎？」對曰：「魯侯焉知禮！」公曰：「何爲？自郊勞至於贈賄，禮無違者，何故不知？」對曰：「是儀也，不可謂禮。禮，所以守其國，行其政令，無失其民者也。」〔註 68〕禮主要取「秩序義」，其意義在於確立一穩固秩序，其與一切秩序之具體內容即儀文，有根本性的差別。孔子的貢獻即在於順此一區分進而確定「禮」的根基之所在。就禮作爲人對於秩序之自覺建構而言，其絕非自然之產物，而必然有主體之自覺活動參與其中。那麼，主體依據何種

〔註 64〕 胡健財：〈勞思光先生「心性論」立場的儒家哲學之詮釋〉，《萬戶千門任卷舒——勞思光先生八十華誕祝壽論文集》，頁 103～126。

〔註 65〕 勞思光謂：「如果我們體會到整個中國哲學的本質，則我們不能不說宋儒不但是代表中國哲學正統的，而且是完成中國哲學正統的。」見勞思光：〈論東方文化精神〉，《儒學精神與世界文化路向——思光少作集（一）》，頁 94。

〔註 66〕 依勞氏之見，「所謂『儒學』，即指孔子和孟子所建立的學派」（勞思光：〈哲學思想與教育〉，《虛境與希望——論當代哲學與文化》，頁 48），勞氏對不同儒者之學的衡定基本上即以孔孟之學爲標準，是以我們對勞氏詮釋孔孟之學的相關材料加以考察，大體即可了解勞氏對儒學的把握和定位。

〔註 67〕 牟宗三：《中國哲學十九講》，頁 48。

〔註 68〕 楊伯峻：《春秋左傳注（四）》（北京：中華書局，1981），頁 1266。

原則而建立禮呢？這也就涉及所謂「義」的觀念。勞思光選取《論語》中十多條討論「義」的材料，經分析後認爲，所謂「義」，在《論語》中皆指「正當」或「道理」。〔註69〕《論語・衛靈公》：「子曰：君子義以爲質，禮以行之，孫以出之，信以成之。君子哉！」勞思光以爲「義以爲質，禮以行之」即「攝禮歸義」之謂：

> 禮依於義而成立，「義」是「禮」之實質，「禮」是「義」之表現。於是，一切制度儀文，整個生活秩序，皆以「正當性」或「理」爲其基礎。人所以要有生活秩序，所以大則有制度，小則有儀文，皆因人要求實現「正當」。換言之，一切習俗傳統，不是「禮」之眞基礎，而要求正當之意識方是「禮」之眞基礎。至此，一切歷史事實、社會事實、心理及生理方面之事實，本身皆不提供價值標準；自覺之意識爲價值標準之唯一根源。〔註70〕

這樣，禮就不只是一外在的儀文，而是以人求「正當」的自覺意識爲基礎的「生活秩序」，所謂「義」即是合理、正當。然則人何以能求正當且如何做到正當呢？依勞思光的看法，這即孔子思想中「仁」一觀念所處理之問題。

> 蓋「義」指「正當性」，而人之所以能求「正當」，則在於人能立「公心」。「公心」不立，則必溺於利欲；「公心」既立，自能循乎理分。
>
> 立公心是「仁」，循理是「義」。〔註71〕

行爲能循理或合理，即是「義」之所在，亦即價值之所在，而「義」之所以可能，乃以「仁」或所謂公心爲前提，是以勞氏進而說：「蓋『仁』是自覺之境界，『義』則是此自覺之發用。能立公心者，在實踐中必求正當。此所以『仁』是『義』之基礎，『義』是『仁』之顯現」。〔註72〕所以在理論上，禮以義爲實質，而義以仁爲基礎。在實踐上，眞要使行爲合義循理，即須顯現仁心或喚起人的「公心」。〔註73〕對儒家而言，在在如理或事事如理即是聖哲之爲聖

〔註69〕勞思光：《新編中國哲學史（卷一）》，頁83～85。
〔註70〕勞思光：《新編中國哲學史（卷一）》，頁85～86。
〔註71〕勞思光：《新編中國哲學史（卷一）》，頁89。
〔註72〕勞思光：《新編中國哲學史（卷一）》，頁89。
〔註73〕勞氏以「公心」釋仁主要承自程伊川之說，伊川相關說法有：「又問：如何是仁？曰：只是一個公字。學者問仁，則常教他將公字思量。」「仁之道，要之，只消道一個公字。公只是仁之理，不可將公便喚作仁。公而以人體之，故爲仁。只爲公則物我兼照，故仁所以能恕，所以能愛；恕則仁之施，愛則仁之用也。」此外，程明道亦有「公心」之說，「聖人致公心，盡天地萬物之理，

哲，〔註74〕此亦即人道德實踐或人之爲學的目標所在，其根本途徑即是不斷提升人的「自覺意識」或「公心」，因爲「仁」爲大公之意志狀態，或「求正當」之意志，爲一切行爲及判斷之動力，〔註75〕勞思光通常即以「意志之純化」說之，〔註76〕也就是說，「純粹化意志」或「理性化意志」乃儒家道德實踐的本質工夫之所在。

這也就是說，禮作爲人的自覺行爲的表達，其所以能夠成爲構築社會秩序的基礎，就在於其合乎一基本的形式化原則──「義」（或「理」），而人之所以能在行爲上做到循理合義，就在於人有能不爲其他利害關係以及感性私欲影響的仁心。此不受現實利害及感性私欲影響的仁心所凸顯的正是所謂的「主體自由」，或者說體現了人的自主性、主宰性，因而是一自覺心或自覺意識。孔子之學的重心最終即落在仁心之自覺及培養上面。而孔子思想根本上即是一以價值意識或仁心爲價值之根源的價值文化哲學。孔子思想爲儒學奠

各當其分：佛氏總爲一己之私，是安得同乎？」與牟宗三喜以「感通」或萬物一體說仁不同，勞氏更側重以公說仁，因以公說仁更合乎道德理性由普遍性之要求以確立形式化之道德法則之目的，但牟氏以「感通」說仁除說明孔孟儒學與康德自律倫理學有相通性之一面外，更突出二者之不同，即儒家強調情感在道德中的作用，也就是儒家所謂之仁固然屬道德理性或實踐理性，但其中更有本體論的覺情（ontological feeling）。有關牟氏與康德在道德情感問題上的分歧可參閱李明輝的相關討論，見李明輝：〈孟子的四端之心與康德的道德情感〉，《儒家與康德》，頁 105～145。

〔註74〕勞思光：〈哲學的責任〉，《文化問題論集新編》，頁 107；勞思光：〈關於中西文化問題的討論〉，《文化問題論集新編》，頁 195；孔子亦以之爲人生理想之所在，勞氏謂：「孔子既以爲每一事上均有一具體理分，故在論人生態度時，自己即表示處處盡分爲其理想」，勞思光：《新編中國哲學史（卷一）》，頁 96。這裏必須對「理分」的觀念稍作解釋，當我們說儒者在道德實踐上尋求事事如理合義的理想之境，此中所謂之理、義，仍只是一形式性的原則，也就是說其並不包含具體的內容，但理不空懸，它必隨主體的道德實踐而於現實中落實，是以這裏就有所謂的「理分」的問題。理、義作爲形式性的原則，它僅體現出一純粹的價值意識，但我們就道德生活說理分時，則涉及價值意識的具體化問題。也就是說，主體依普遍而抽象的價值意識經對現實情境之審度而轉爲具體的道德價值，此即爲一主體在此具體情境中之理分所在，這也即是主體的責任或義務之所在。同時由於同一個體在同一境況下可能面對多種無法同時完成之理分，這時就產生不可免之理分間的衝突，此即爲勞氏論儒家悲劇性的基本理論所在，下文將有具體論述。勞思光：《新編中國哲學史（卷一）》，頁 85、94～96。

〔註75〕勞思光：《新編中國哲學史（卷一）》，頁 97。

〔註76〕勞思光：《新編中國哲學史（卷一）》，頁 113。

定了基本方向，但其中仍遺留有重要理論問題尚待解決，即「自覺心」或「主宰力」如何證立（justification）的問題？孟子所建立之「心性論」的貢獻就在於其從理論上說明這一課題，是以勞氏以孟子代表儒學理論之初步完成，孔子立仁、義、禮之統，孟子則提出性善論以補成此一學說。〔註77〕簡單考察孟子對此一問題的闡述，我們即可明白勞思光對儒學的基本定位。

在勞思光看來，孔子思想因孟子性善說之補充而基本完成。下面我們看勞氏如何論說孟子以四端說證明性善之論。

> 人在自覺生活中，時時有「應該不應該」之自覺，不論人所具之知識如何，以及人持何種內容之價值標準，總之，人必自覺到有「應該不應該」。此種「應然」之自覺，與利害之考慮不同。人當離開利害考慮之際，仍有此種自覺。孟子就價值自覺之四種表現而說「四端」，此即「惻隱」、「羞惡」、「辭讓」、「是非」。

> 人之惻隱、羞惡、辭讓、是非之自覺，皆爲當前自覺生活中隨時呈現者，亦皆爲價值自覺；總而言之，即爲「應該不應該」之自覺。

> 此種價值自覺，通過各種形式之表現，即成爲各種德性之根源。自另一面言之，人由於對當前自覺之反省，發現此中含各種德性之種子，即可肯定人之自覺心本有成就此各種德性之能力。〔註78〕

勞思光詮釋孟子四端之說的關鍵在於，就人之自覺活動肯定一般意義之價值自覺。既然人於現實生活中隨時都可能有應該不應該之意識的出現，那麼統攝各種關於應然之價值活動並使之成爲可能的價值自覺必須作爲一前提而首先被肯定，這裏根本不涉及將心或自我作爲「實體」來加以處理的形上學問題。〔註79〕參照牟宗三的一段表述可以更好地理解勞氏的這一詮釋：

> 人生而在「存在」中，在行動中。在「存在的行動」中，人亦必同時與其周遭的世界相接觸，因而亦必有見聞之知。這是一個起碼的事實。但人所首先關心的是他自己的德行，自己的人品，因爲行動更有籠罩性與綜綱性。行動包攝知識於其中而爲其自身一附屬品。

〔註77〕勞思光：《新編中國哲學史（卷一）》，頁117。
〔註78〕勞思光：《新編中國哲學史（卷一）》，頁120～121。
〔註79〕對勞思光而言，「我」爲一純活動，超乎一切決定關係之上，故而其僅只就活動或功能的角度論說自覺心、自我、價值意識諸概念，而不涉及傳統形上學問題，參勞思光：《哲學問題源流論》，頁8。

> 他首先意識到他的行動之使用上的得當不得當，馬上跟著亦意識到
> 道德上的得當不得當。〔註80〕

人總處於「存在的行動」中，行動得當與否、應當與否，是人所首先意識到的問題，道德意識或價值自覺即隨之而時時呈現，相較於知識活動而言，價值自覺更具有一種切己性。這大概可以理解爲是從存在論的角度對人之道德意識或價值自覺的一種說明。價值意識的肯定也就爲一切價值活動立一穩固之根基，正如康德以「善良意志」爲無條件的善或絕對的善，一切善的事件皆以善良意志爲條件，〔註81〕勞思光亦以「應該」或「不應該」之意識，即決定人之行爲方向的內在動力，爲「意志」。〔註82〕此決定人之行爲方向的價值意識或意志若不受現實利害或感性私欲所影響，即可保證具體行爲爲循理合義，此時所謂的意志則是純粹意志（pure will）或理性意志（rational will），亦即實踐理性（practical reason）。〔註83〕正是在這一意義上，勞思光以儒家道德實踐的工夫關鍵在於磨練、透顯理性意志。孟子四端說之要旨即在說明人所本有之價值意識或理性意志，儒家本就人的道德意識立說，不過勞思光在論說的過程中，基本上是從更一般意義上之價值意識說之，勞氏順之進而說明孟子性善說之意涵所在。

人經由對當下行動之反省而揭露、透顯價值自覺內在於人之自身，此即「性善」說的基本意涵所在。此中所謂「性」類於亞里斯多德所謂「essence」，也就是說，使得現實之善成爲可能且內在於人自身的價值意識，乃人區別於其他存在的根本特性所在。〔註84〕

經由上文簡單梳理不難發現，勞思光對孔孟儒學的詮釋，乃是依其價值文化哲學的問題意識而展開的，且在很大程度上將儒家道德實踐的關懷轉換而爲一般意義上之價值哲學問題，因而使得其對問題的討論極大地抽離了儒家思想自身的思想文化脈絡，康德道德哲學對勞氏的思考影響很大，〔註85〕

〔註80〕牟宗三：《現象與物自身》，頁 21。

〔註81〕鄺芷人：《康德倫理學原理》（臺北：文津，1992），頁 14。

〔註82〕勞思光：《新編中國哲學史（卷一）》，頁 105。

〔註83〕勞思光：〈從「普遍性」與「具體性」探討儒家道德哲學之要旨〉，《思辯錄：思光近作集》，頁 48；鄺芷人：《康德倫理學原理》，頁 92～98。

〔註84〕勞思光：《新編中國哲學史（卷一）》，頁 121～122。

〔註85〕Lin Tongqi, Henry Rosemont, Jr., Roger T. Ames, Chinese Philosophy: A Philosophical Essay on the "State-of-the-Art", *The Journal of Asian Studies*, Vol. 54, No. 3（Aug., 1995），pp.754（該文的中文譯本可參林同奇、羅思曼、安

這樣的討論固然能夠將儒學從特定的思想文化脈絡的限制中解放出來，因而使得問題的討論更具普遍性，但勞氏單一的詮釋視角以及他對相關問題的基本立場，也使得其對儒學的詮釋存在「窄化」的問題。勞思光在詮釋、重建孔孟之學的基本內容之後，借由一些更爲一般性的理論設準，對儒學的義理形態給與了清晰明確的定位。

二、價值之根源與主體之確立

首先，就文化問題來看，勞思光認爲孔子所創立之儒學爲「人文之學」，具有鮮明的「人文主義」特徵。正如前文所述，文化問題的討論以價值哲學的思考爲基礎，是以由對價值之根源的論說大致可以確定一理論屬何種形態。這即涉及勞思光處理哲學史問題時所使用的一個重要理論設準：價值根源之設準。

依勞思光的考察，價值根源之歸宿大概有三種可能：〔註86〕

1、歸於絕對主體（absolute subject）；可簡稱之爲歸宿於「心」。

2、歸於形上意義的自然（metaphysical nature）；可簡稱之爲歸宿於「天」。

3、歸於經驗意義之形軀我（physical self），可簡稱爲歸宿於「形軀」。

需要稍作說明的是，將價值根源歸於「天」的理論大概有數種形態，如漢儒董仲舒、宋代周濂溪、張橫渠的宇宙論系統、老莊之說以及將形上之天人格化爲一最高權威意志的希伯來宗教精神等。在勞思光看來，按照價值問題的本性，價值的根源只能歸於絕對主體或者「心」，文化是一價值活動，必須承認一主體，始有價值成立之可能，〔註87〕其他諸種理論對於價值問題之解決均存在不可避免之困難。

要解明價值的本質意涵，我們需要先介紹勞思光關於「自我」問題的一組理論設準。在勞思光的哲學思考中，一個哲學理論或者歸於主體性（subjectivity），或歸於客體性（objectivity）。〔註88〕哲學理論中，形上學、宇宙論等方面的內容大體以「客體性」爲主，而道德、宗教、藝術、文化等

樂哲：〈中國哲學──關於它的「新動向」的一篇哲學論文〉，林同奇：《人文尋求錄：當代中美著名學者思想辨析》，頁384～417；劉昌元：〈仁的當代詮釋：一個批判的回顧及新的嘗試〉，《中國哲學與文化（第一輯）》（劉笑敢主編：桂林：廣西師範大學出版社，2007），頁134～160。

〔註86〕勞思光：《哲學問題源流論》，頁6。

〔註87〕勞思光：〈世界島上文化的航程〉，《文化問題論集新編》，頁40。

〔註88〕勞思光：《新編中國哲學史（卷一）》，頁307。

問題的哲學思考大多以「主體性」為主。〔註89〕西方近代哲學以及中國哲學的大部分內容都屬於後者，只有落到對「主體性」的思考上來，才能真正闡明其本來意涵，勞氏之不滿意馮友蘭的中國哲學研究，就在於馮氏以新實在論這一「客體性」的理論標準來闡解以「主體性」為主的中國哲學，這是極不相應的；勞氏認為以主體性為主的心性論並不必然歸於形上學，亦可由之得到說明。

如此，要衡定並分析以主體性為主的哲學理論，也就需要借助一組相關的理論設準，即有關自我境界之劃分的理論設準。自我境界可分為以下數種：〔註90〕

1、形軀我（physical self）——以生理及心理欲求為內容。
2、認知我（cognitive self）——以知覺理解及推理活動為內容。
3、情意我（aesthetic self）——以生命力及生命感為內容。
4、德性我（moral self）——以價值自覺為內容。

所謂自我境界，乃指自覺心在各層活動中以哪一層為究竟而言，〔註91〕也就是說自覺心之活動駐留於不同的境域因而產生自我境界之不同，這即是劃分不同自我的基本依據所在。這裏所謂的活動主要指主體的自主自覺活動而言，是以，不同的自我境界皆以自覺心為其呈現條件，〔註92〕就此而言，「形軀我」實不應歸入此列，蓋完全以生理及心理欲求為內容之活動，恰恰使得主體之自主自覺無以彰顯。勞氏於《哲學問題源流論》一書中論自我境界時未列「形軀我」之境，其原因正在於此。

以「自覺心」說「自我」乃是一純形式化的說法，我們不應從「實體」、「靈魂」等傳統形上學的角度去加以思考，而只需從自我的諸種不同的自覺活動來加以了解，是以有「認知我」、「情意我」、「德性我」的區分。認知我

〔註89〕勞氏謂：「吾人可知『價值問題』之根源，出於此一能力（即應然自覺），而並非出於事實上某種存在，或某種關係，換言之，即不能從『客體性』（objectivity）一面獲得解釋，只能從『主體性』一面獲得解釋。」見勞思光：《新編中國哲學史（卷二）》，頁88。

〔註90〕勞思光：《新編中國哲學史（卷一）》，頁109；勞氏《哲學問題源流論》一書對自我境界的劃分略有不同，無「形軀我」一層，見勞思光：《哲學問題源流論》，頁8。

〔註91〕勞思光：《哲學問題源流論》，頁8。

〔註92〕張燦輝：〈勞思光早期思想中的自我問題〉，《無涯理境——勞思光先生的學問與思想》，頁33。

包含作純思考活動之自我及能有經驗感受之自我，其側重自我自覺作接受內外經驗並運用思考而產生知識；情意我則側重突出自我自覺顯露一種生命情意的觀賞或情愛的活動；德性我則主要指自我之價値自覺而言，其表現爲一種「應然之自覺」或「普遍化之迎拒意識」。〔註93〕當然，自我之境界可以並不限於此三種，不過德性、認知、情意之自覺心三層的劃分，作爲一種劃分方法有很高的理論效力，即從不同文化傳統對此三種境界之關係的處理可以闡明一文化之眞正特色及其缺弱之所在，是以勞氏分別以「重德精神」與「重智精神」定位中西文化，即中國文化以德性我爲主而有壓抑認知我的傾向，而西方文化重認知我而有壓抑德性我的傾向，中西文化各自的弊端亦由之產生，後文闡論勞氏文化哲學時再作具體論述。

　　質言之，以主體性爲主的哲學理論必然以自我或自覺心的肯定爲前提，而自我或自覺心的根本特徵在於自由自主、主宰性，是以對價値文化哲學的考察也就不能不以對自我的相關說明爲前提。〔註94〕對此最具衝擊性的無疑是所謂的自然主義哲學，因其最重要的理論目的正在於將「自覺領域」化歸「自然領域」，此一目的若眞能達成，則「自我」或「自我意識」及一切意識活動如何安頓將成問題，因而這是有關哲學與文化理論之方向的重大關鍵問題。〔註95〕自然主義的基本哲學立場是，在現實世界中沒有超乎自然（nature）以外的東西（或現象、假設）存在；換句話說，所有東西都必須與自然事實一致，從方法論的角度看，即所有東西都必定可以通過自然科學或經驗科學的方法來理解。〔註96〕如何回應自然主義的挑戰也就成爲以主體性爲主之哲學理論成立與否的關鍵所在。

　　勞思光對自然主義作出了如下的衡定與定位：

　　首先涉及的是自我與科學語言問題，這裏所涉及的主要是所謂的決定論與自由意志的問題。西方近代哲學知識論的思考呈現出一種基本的思考方式，即

〔註93〕勞思光：《哲學問題源流論》，頁8～10；張燦輝：〈勞思光早期思想中的自我問題〉，《無涯理境——勞思光先生的學問與思想》，頁33。

〔註94〕勞氏謂：「主體自由爲價値之可能基礎——即使價値成爲可能者。因如上所論，價値必超出條件系列而成立；超出條件系列即不受決定，不受決定是謂自由。『主體』則特提主宰義。」見勞思光：《哲學問題源流論》，頁13。

〔註95〕勞思光：〈論非絕對主義的新基礎主義〉，《危機世界與新希望世紀——再論當代哲學與文化》，頁152。

〔註96〕鄭宗義：〈新自然主義哲學與中國哲學研究〉，《萬戶千門任卷舒——勞思光先生八十華誕祝壽論文集》，頁197。

一切存在都可以化作一組條件來說明，有如此的條件即可引出如此的後果；就我們面對的世界來講，事實上一切所謂的存在都是許多無窮的條件序列（series of conditions），這大概可以說是廣義決定論的觀點。〔註97〕科學陳述所展示的必定是條件系列及其交互關係，這是科學語言的特色所在。那麼眞正排除在科學語言陳述範圍以外的，只有「自動性」與「自主性」即「自我」的觀念；換言之，科學語言不能容納「不受條件決定」這一個意義，科學語言的架構一被選用，即無法承認「不受條件決定」或「有自主性」的 entities 之「有」。〔註98〕

　　勞氏認爲順著在科學語言中自我確不存在的思路進行下去，將會引出更爲極端的論斷。第一種可能就是，假定科學知識是唯一的知識，既然對自我無法建立起眞知識，則我們當前所具有的對自我之自覺的意識內容都可視爲虛幻。但這將引生嚴重的後果，即我們將不能說「我的想法」、「我的行爲」、「我的希望」等等，整個人生將成爲無法理解（incomprehensible），這顯然與我們的生活世界不相符合。還有一種可能就是如費格爾（Herbert Feigl）等人的想法，將自我意識的一切內容都化歸神經生理的某種狀態或歷程，但如果「自我」化約爲某種條件系列中之一個環節，「自我」就不成其爲「自我」了。是以，勞思光認爲，科學語言不能陳述自我是一事，自我在生活世界不能被取消又是另一事，「自我」是虛幻的這一斷定本身也就是無法接受的。〔註99〕

　　那麼，在一個後形上學思維的時代，排除對自我之形上學的論說，我們如何從理論上說明自我問題呢？勞思光這裏提出層級結構（hierarchical structure）與外加特性（supervenient characteristics）兩個觀念來加以解釋。勞氏給出了如下的圖示：〔註100〕

交互的活動領域

自主的活動領域

有機的存在領域

物理的存在領域

〔註97〕勞思光：〈自由與責任〉，《虛境與希望──論當代哲學與文化》，頁173。

〔註98〕勞思光：〈論非絕對主義的新基礎主義〉，《危機世界與新希望世紀──再論當代哲學與文化》，頁157。

〔註99〕勞思光：〈論非絕對主義的新基礎主義〉，《危機世界與新希望世紀──再論當代哲學與文化》，頁157～158。

〔註100〕勞思光：〈論非絕對主義的新基礎主義〉，《危機世界與新希望世紀──再論當代哲學與文化》，頁159。

　　上圖四個領域所構成的層級結構基本反映了我們當前的生活世界，處於底層的是物理世界或自然世界，物理世界中出現生命現象因而也就有了有機體領域，在有機體領域出現了具有自我意識或自主性的人，於是便有了自主活動的領域，眾多自主性的人之間出現交互關係，因而有所謂交互活動領域。之所以會形成如此的層級結構，主要是因爲每一上層領域都包含一下層所不具備之「外加特性」。因而每一上層領域只能部分地通過下層領域來加以解釋，這一點在自主的活動領域一層表現尤爲明顯，其中「自主性」或「自我意識」的特性無法通過下層而得到說明，而自然主義的理論傾向即是試圖通過一種化約的方式來取消自主性這一外加特性。

　　以認定「自我」或「自主性」爲前提的意義領域的世界或文化活動所創生的世界，是我們的生活世界所不可缺少的組成部分，只有在這一世界中我們才有意志、決定、選擇、責任等詞語的使用，而這些詞語的使用無不圍繞「自主性」這一觀念而獲得意義，也就是說，這些詞語只有預認「自主性」或「自我意識」才是可理解的。是以勞思光認爲，「我們如果要保持這個意義領域，則即不能不接受『自我意識』之『有』的認定。」〔註101〕這樣才能對我們當前的生活世界提供更爲完滿的解釋，而一切所謂的科學語言都無法籠罩整個生活世界。勞思光完全從語言哲學的角度說明認定「自我」存在之必須，給出承認「自我意識」之存在的理據（justification），由此避免傳統形而上學「自我意識由何而來」之古老問題的纏繞。〔註102〕

　　自我觀念的確立爲說明人的自覺活動領域，即自主的活動領域與交互的活動領域，提供了理論基礎。以下我們再回到人的自覺活動中應然自覺這一部分，說明勞思光何以認爲價值根源只能收歸自覺心或價值主體，進而爲孔孟儒學之定位奠立理論根基，勞氏對孔孟儒學的定位同時又是建立在儒學與宗教（基督教、佛教）的比較以及心性論與宇宙論、形上學的區分、對比的基礎之上的，下文的分析即以此爲中心而展開。

三、以價值文化哲學爲中心之宗教、形上學批判

　　人類所以會有價值問題產生，源於人具有一特殊能力（faculty），即對

〔註101〕勞思光：〈論非絕對主義的新基礎主義〉，《危機世界與新希望世紀——再論當代哲學與文化》，頁162。

〔註102〕勞思光一開始就避免從形上學的角度來處理自我的問題，勞氏早期的相關討論，可參勞思光：〈自由意志問題釋疑〉，《自由、民主與文化創生》，頁193～204。

於應然（ought to be）之自覺意識。是以，闡明價值之本質意涵的關鍵就在說明「應然」究竟爲何義？勞思光借「應然」與「實然」、「必然」之區分來加以說明。〔註103〕應然問題所涉及者爲價值，實然問題只涉及事實，必然問題則涉及的是規律。面對必然問題，我們只能確定各條件與條件之間的關係，其意義依於人之推理思考能力而成立；面對實然問題，我們只能說明實際上存在的條件或事實，其依於人的知覺能力而成立。因而，據必然與實然的模式去思考，我們只能決定「某些條件能決定某些後果」及「某一事實確由那些條件決定」，根本不能涉及應然問題。〔註104〕也就是說，事實領域是屬於廣義的決定的領域，其中根本無價值或應然問題。所以，勞思光認爲：

> 價值之主宰必爲超越的，此所謂超越指超越條件系列而言。在條件系列中無價值問題發生；故若有價值，則價值必在條件系列外寄根。
> 〔註105〕

循此，價值之所以可能必以超越事實領域條件系列決定之上的自我之最高自由爲前提，〔註106〕凡被決定者皆無所謂「應該」或「不應該」，亦即無所謂價值。勞思光正是在對比應然與實然、必然的基礎上來說明自我或主體性的，因其超越於條件系列之上，所以勞氏常以最高自由、超越之我、絕對主體、價值大本、自主、主宰等說之。〔註107〕

應然或價值本身須具備普遍性與規範性，也就是說辨別是非善惡的價值標準必須符合普遍性的要求。〔註108〕而只有完全不受現實利害及感性私欲干擾的純粹理性或勞氏所謂的作爲大公之心的「仁」才能真正保證價值規範之普遍性，人之行爲要真正合乎道德，作爲行爲之動力的意志就必須遵從能夠決定行爲之方向的理性能力，這也就是意志的理性化何以是道德實踐之本質工夫的關鍵所在。基於此，一切唯樂論（hedonism）及功利論（utilitarianism）

〔註103〕勞思光：〈理性與民主〉，《文化問題論集新編》，頁 118～121；勞思光：《新編中國哲學史（卷二）》，頁 87～90。

〔註104〕勞思光：〈理性與民主〉，《文化問題論集新編》，頁 118～119。

〔註105〕勞思光：〈哲學問題源流論〉，頁 11～12。

〔註106〕勞思光：〈關於錢穆先生的文化理論〉，《儒學精神與世界文化路向》，頁 159。

〔註107〕勞思光：《哲學問題源流論》，頁 11～13；勞思光：〈關於錢穆先生的文化理論〉，《儒學精神與世界文化路向》，頁 159。

〔註108〕勞思光：《新編中國哲學史（卷二）》，頁 88；勞思光：〈理性與民主〉，《文化問題論集新編》，頁 120；勞思光：〈宗教精神與宗教問題〉，《儒學精神與世界文化路向》，頁 202～203。

皆不能確立起眞正的價値，因其徹底地將個人苦樂作爲價値基準，〔註 109〕因而只言感受而不能確立超越形軀感受之上之普遍的理，所以，若將價値根源歸於經驗的形軀我，那將是對價値或理的消解。〔註 110〕順此一路向發展至極端，必引向純物化的思想觀念，而這將是對價値文化的顚覆和毀滅。〔註 111〕

　　可見，勞思光所謂的價値哲學並非是將價値本身作爲一客觀實在或是屬性加以探究，而是要究明對人類而言何以有價値問題的產生，追問價値的根源何在？所以，價値意識或價値自覺的確立是問題的關鍵所在。價値自覺源於自覺心，自覺心體現爲一種主宰性，但此主宰因內在或外在之不同而使價値自覺展現爲兩種不同的形態。但僅有一主觀的價値意識還不是價値問題的全部，就價値問題而言，主體表現爲一德性我，其根本特性在於對普遍性之迎拒。〔註 112〕這裏所謂的普遍性主要體現爲相較於主觀面之價値意識而具有客觀普遍性的價値標準，此即上文勞氏所詮釋之孔孟哲學中的「理」、「義」觀念，勞氏亦順康德道德哲學將其說爲「公共律式」〔註 113〕即所謂普遍的道德法則，作爲道德行爲之主觀根據的道德準則只有符合客觀普遍之道德法則才能保證行爲的道德性。勞思光大抵接受康德自律的觀點，即公共律式或道德法則不能是外加於活動之主體者。〔註 114〕所以要眞正由價値哲學的角度判定一思想之義理形態，還必須進而討論作爲價値標準之「理」的性質。由主體之價値自覺及作爲價値之標準的「理」兩方面，勞思光對宗教與形上學給出了十分清晰地理論定位並由此突出孔孟儒學的根本特徵。爲說明儒家與宗教之不同，〔註 115〕勞氏提出另一重要理論設準：價値自覺之二型的設準。

〔註 109〕勞思光：〈世界島上文化的航程〉，《文化問題論集新編》，頁 35。

〔註 110〕勞思光：《哲學問題源流論》，頁 7～8。

〔註 111〕勞思光：〈世界島上文化的航程〉，《文化問題論集新編》，頁 36；勞思光：《知己與知彼》（臺北：時報出版公司印行，1986），頁 54～55；勞思光：〈宗教精神與宗教問題〉，《儒學精神與世界文化路向》，頁 215。

〔註 112〕勞思光：《哲學問題源流論》，頁 11。

〔註 113〕勞思光：〈論康德精神與世界文化之路向〉，《文化問題論集新編》，頁 170。

〔註 114〕勞思光：〈論康德精神與世界文化之路向〉，《文化問題論集新編》，頁 170。

〔註 115〕勞思光有關宗教問題的論述並不太多，重要者有〈宗教之討論〉（收入勞思光：《書簡與雜記》（臺北：時報出版公司印行，1987））、〈宗教與人生〉、〈宗教精神與宗教問題〉（二文並收入《儒學精神與世界文化路向》）、〈人權和神權：宗教意識與宗教現象〉（勞思光：《文化哲學講演錄》（香港：中文大學出版社，2002），頁 77～85）等，且勞氏之宗教觀在前後期思想中並無太大變化，勞氏晚年嘗謂：「我對宗教的了解自然隨自己的學力及造境而轉深切，但基本態度

自我在價值之域的活動可有兩種不同的型態：〔註116〕

第一型態：超越內在之主宰；或，以純粹主體自覺為價值主宰及依歸的
　　　　　型態。

第二型態：超越外在之主宰；或，以超越對象為價值主宰及依歸的型態。

如上文所述，就自我之價值自覺超越實然界之條件系列決定而言，自我
於應然界表現出自主性和主宰性。就主宰與自覺心之直通或間離的不同關係
我們可以看出道德心與宗教心之不同。「倘自覺心自己隨時主宰，並不將此主
宰力外射，則此是純粹道德心，其主宰為超越而內在者；倘自覺心將此主宰
力外射，而寄於一設定之存有，則此是宗教心，其主宰為超越外在。」〔註117〕
這一區分所涉及的是宗教的一個重要特徵，即所謂「信仰」，宗教多立一神並
賦以對象性，此所以各宗教之神均被當作一存有看，此神作為最高主體即是
信仰之對象，且人心通於神並合於神意方可為善，所以神為價值之根源所在。
〔註118〕就宗教中作為主宰之主體外在於人而言，勞氏以超越外在說之。道德
心之不同於宗教心於此甚為明顯：道德心雖亦超越於經驗界條件系列之決
定，因此我們說其具有超越性，但其亦不被對象化、存有化，內在於每個個
體，因而可以說是超越內在。宗教心將主體對象化、存有化也使其包含一道
德心所不具備之特性，即所謂超越完成的問題。

道德心要求事事如理，人盡其分，其所要求者只是「理之圓滿而不在事
之完成」，「我由道德心之堅持，自己必順此心之指示而對此一事獻出全力以
走向此一如理之結果，但究竟事實上是否有此結果成立，則為我所不能問，
不必管者。」〔註119〕也就是說，對人而言，道德意志之主宰僅表現在對行為
之方向是否如理的決定上，但事實之能否成立完成受外在事象因素之決定或
影響，此非主體所能決定者。對比牟宗三之於道德心的理解，勞氏之說的特
點更加明顯。依牟宗三的理解，道德心不只決定行為之方向且為絕對之形上
實體因而亦是天地萬物之存在根據，也就是說，道德心不只是道德原則同時

　　無大改變。」（勞思光：〈《文化問題論集新編》序言〉，《文化問題論集新編》，
　　頁 xv）。

〔註116〕勞思光：《哲學問題源流論》，頁 11；勞思光：〈宗教精神與宗教問題〉，《書
　　簡與雜記》，頁 205～206。

〔註117〕勞思光：《哲學問題源流論》，頁 12。

〔註118〕勞思光：〈宗教精神與宗教問題〉，《書簡與雜記》，頁 205。

〔註119〕勞思光：〈宗教精神與宗教問題〉，《書簡與雜記》，頁 207。

亦是存有原則，因而牟宗三方以此爲基礎思考分屬價值界與存在界之德與福之間的統一的問題。在勞思光看來，道德心只是超越於經驗事象之上之道德意識，而非形上實體，是以其完全無法籠罩屬存在界之經驗事象，因而勞氏說：「道德心本不涉存有，故只求活動中理之圓滿（行爲之如理），不求存有中事之完成。」〔註120〕宗教心則不然，神意不只是價值根源之所在，同時亦是諸事象之最後決定者，因而其不只表達一理上之應然，且亦決定事上之必然，也即理必然要在事中完成。此即上文所謂「超越完成」之意。

　　當然以上只就有神宗教而言，佛教並不崇信一外在之人格神，是以爲區分孔孟儒學與佛學之差別（當然此亦爲儒學與其他宗教之區分），勞思光進而提出另一理論設準：世界意義之設準。價值自覺對於世界或萬有之態度，分爲兩種：「肯定之態度」與「否定之態度」。〔註121〕對道德心而言，世界爲實現價值之場，世界爲事象場，每一事象對道德心言，皆正是實現價值之活動所資，故道德心決不排斥世界，對世界取肯定之態度；宗教心則不然，宗教教義大抵皆以世界爲罪惡之源，故對世界取一舍離態度。〔註122〕勞思光取價值文化哲學之立

〔註120〕勞思光：〈宗教精神與宗教問題〉，《書簡與雜記》，頁 207。勞氏認爲孟子所謂的四端之心其實就是指**道德意識的四種先驗模式**，見勞思光：〈對於如何理解中國哲學之探討及建議〉，《思辯錄：思光近作集》，頁 32。楊祖漢教授亦論及這一點，楊氏指出：勞先生「只說至能分判是非善惡之自覺心，而不進一步肯定此心是一心體，即乃是一實體性之本心，亦不能說此心即性即天，爲一可創生一切善的源泉。他只說此心是一先驗的主體，是價值之始點，而並非一本具萬善之本體。勞先生之說當然可以自成一套，但以此來詮釋孟子，顯然是不相應的。勞先生嚴格限定孔孟之學於心性論之義，而不許道德心性爲一實體性之存有，又認爲由道德心而給出的方向或理只是規範的理，而非存在界所依遵的存在之理，以此爲儒學之標準理論，據此標準來衡量批判古今之儒家學說，所論是很有問題的。」見楊祖漢：〈再論儒家形上學與意志自由〉，《當代儒學思辯錄》，頁 114。盧雪崑亦由之批評勞思光曰：「較之胡先生只『用常識解釋哲學』，馮先生對中國哲學的特性『茫無所知』，勞先生實勝一籌。然勞先生自己只以文化哲學的角度解釋儒家，似亦犯上『連主體性本身也悟不透』的毛病。」（盧雪崑：〈牟宗三先生對儒學義理性格之衡定略述〉，《新亞研究所通訊》第五期（1999年 3 月），頁 23。）盧雪崑更對勞思光將孟子詮釋一套去形上學化的心性論提出批評，參盧雪崑：《儒家的心性論與道德形上學》（臺北：文津出版社，1991），頁 73～91。吳汝鈞亦不滿於勞思光對「德性我」的理解：「德性我若只在主體的道德自覺、價值自覺方面說，不能上達形而上的天命、天道，則境界仍是有限，不能成無限心，終是有憾」，見吳汝鈞：《純粹力動現象學》，頁 189。

〔註121〕勞思光：《哲學問題源流論》，頁 12。
〔註122〕勞思光：〈宗教精神與宗教問題〉，《書簡與雜記》，頁 209。

場審視各家哲學，認為佛教哲學與先秦孔孟之學的重點皆落在主體性之一面，均為心性論中心之哲學，但要判分二者，佛教之「舍離精神」與儒家化成天下之「人文精神」也就成為其關注的重點所在。〔註123〕勞氏說：

> 儒學之「主體性」，以健動為本，其基本方向乃在現象界中開展主體自由，故直接落在「化成」意義之德性生活及文化秩序上。……佛教之「主體性」，則以靜斂為本，其基本方向是舍離解脫，故其教義落在建立無量法門，隨即施捨，以「撤銷」萬有上。所有涅槃及六度之義，為大乘諸宗所同，雖異於小乘之自了，終是以「度」為主。其所肯定者在「彼岸」不在「此岸」。此即見其「主體性」亦與儒學所肯定者，根本不同。〔註124〕

與宗教將主體對象化、存有化的特徵相比，「舍離精神」對諸宗教而言乃一更具一般性的特徵，不論是否崇信人格神，各宗教大多包含此「舍離精神」。就宗教心之偏重收斂一面而言，道德精神更具積極性，「將宗教心視為最高或最後之段落，頗有問題」。〔註125〕由此，勞思光提出「究竟義」與「過程義」之區分以說明宗教於價值文化上的不足及可有之作用。

> 文化活動為實現價值之活動：就價值之實現言，必有二成子可說，其一為實現價值之主體，其二為此主體活動之所依。就主體之建立說，則為一超升過程。即心靈由欲望思感中上升而透顯最高自由：但如只有此上升過程，則價值之源雖明暢，而並無「實現」可立；欲成實現價值之過程，而成就人文，則此主體必重鑄關係界。此為重鑄過程，有超升而無重鑄，則便是棄絕精神，舍離精神，此為宗教之本性所在。〔註126〕

由此，勞氏以為宗教精神只有半段文化活動，因其只能立主體而不能於實然關係界中實現價值，道德精神則包含文化活動之全程，既確立一代表最高自由之主體，亦包含此主體對實然關係界之重鑄。是以就文化活動之究竟義而言，道德精神較宗教精神完滿，因此勞氏有所謂「人文教」或「以聖代神」

〔註123〕勞氏謂：「『儒學』與『佛教』之差異，則在於『肯定世界』與『否定世界』兩種基本態度，其他皆非主要判別標準也。」見勞思光：《新編中國哲學史（卷三上）》，頁57。

〔註124〕勞思光：《新編中國哲學史（卷二）》，頁240。

〔註125〕勞思光：〈理性與民主〉，《文化問題論集新編》，頁131。

〔註126〕勞思光：〈宗教精神與宗教問題〉，《儒學精神與世界文化問題》，頁220～221。

之構想，〔註127〕因爲就究竟義來講，道德精神較宗教精神更爲完滿，而道德精神只肯定由修養工夫而達致之聖境而無需肯定一外在之人格神，但若取消人格神則直接涉及宗教之存廢問題，因爲對於嚴格意義上的宗教而言，它的決定性的構成要素即是對超人的人格存在者或神的信仰。〔註128〕歷史是無限展開的，我們顯然不能僅就究竟義而直接否定宗教，因而勞思光進而就「過程義」而說宗教之三用。在介紹勞氏所理解之宗教之正面意義之前，我們再對勞氏所認爲之宗教可能有之弊端略作說明。

> 人之價値活動，在宗教神籠罩下維持，自較省力；然外向以慕求，必生希冀之心；而意志之虛立對象，必有傷於主體精神之安固。明無對象性，而立之爲對象，又常與智性衝突，且尤易與情緒相混。……與情緒相混則成一大難關。情緒所生，常有私意，即此已足阻礙價値活動之暢明。……人格化之神本爲情緒對象，故信奉人格神者，斷難離情緒之束縛。束縛於情緒中，且以此與皈教奉神相混，人生中遂出現一不能講理而彼此衝突部分。〔註129〕

此即本理性主義立場以宗教立人格化之神乃情識作用之結果，在這一點上牟宗三與勞氏的觀點一致，其謂：「這樣地人格化之是理性外的情識作用，或說是依附於理性的一種超越的情識。因此，就這樣的個體存有（神）擬人化而說神智神意，這同樣也是理性外的情識作用——超越的情識作用。上帝這個概念，自其形成而言，本就有虛幻性。」〔註130〕正因信仰中無法避免情緒與私意的作用與影響，因而如何克服所謂「盲信」的問題也就成爲問題的關鍵所在，就宗教事實來看，這根本就是一個無法徹底解決的問題，而這也正是不同宗教信仰之間衝突不斷的根本原因所在。依照勞思光的思路，價値文化問題只能以理性意志爲最後判準，由之排除感性欲求的干擾進而保證價値本身的普遍性，在這一意義上，人格化的神所包含之情緒的成分，本身就與純粹理性意志存在一定的背離，由此，勞氏判定宗教中以佛教爲最高，因其不設定人格化神，因而更能凸顯最高主體自由，其弊只在不能肯定世界以成就人文。

　　由價値文化之究竟義說宗教之不足，並不能否定宗教與價値文化之過程

〔註127〕唐君毅、勞思光：〈宗教之討論〉，《書簡與雜記》，頁258。
〔註128〕〔德〕恩斯特・圖根哈特：《自我中心性與神秘主義：一項人類學研究》，頁101。
〔註129〕唐君毅、勞思光：〈宗教之討論〉，《書簡與雜記》，頁258。
〔註130〕牟宗三：《圓善論》，頁234。

義上的價值，由之，勞思光有所謂「宗教三用」之說。

一爲突破作用。這裏勞思光並不從人之經驗心理解釋人何以有宗教信仰，而以宗教精神本出自人之自覺心，可以推動個人精神之上升，即超離感性欲望之束縛，這在各宗教中表現得極爲明顯。就宗教能使自我超拔感性欲望之束縛而顯主體自由而言，這在一定意義上可以促進文化的活力，因文化活動之動力根本就在由最高主體自由展現之價值自覺。是以勞氏說：「突破欲望之網羅，使人之自覺心自形軀系縛中脫出，則有阻擋物化之作用。」〔註131〕

二爲安息作用。價值文化活動爲一持續之活動，並非主體一經自覺即可完成全部之文化活動，主體之價值自覺僅只是價值文化活動之始點，如何克服現實中種種干擾而保持主體自覺於不墜，本身即是一重大問題，因「最高自由之不昧，全恃自力，毫無保證可說，亦毫無限制依賴可說」，「若立一神，因其有存有性，便不似純活動義之自覺易沒於一時之昏昧中，故以神而使人上升，在常人較易收『穩固』之效。」〔註132〕

三爲收斂作用。這主要是就宗教有助於喚起人之價值自覺來說的。人之能有價值自覺大抵可有以下三種方式：由當前之價值活動隨機指點；由知識之反省以透顯主體，即勞氏所謂「窮智見德」；由情意我轉化至價值我，宗教確立人格神之信仰，即通過「情意我」以提挈人之價值自覺。宗教信仰雖雜有情識作用，然由此確能喚起人的價值自覺，進而使自我不再封鎖於知識領域。〔註133〕

正是基於以上在價值文化問題的視域下對儒學與宗教等的比較，勞氏對孔子所開創之儒學作出了「人文主義」的定位：

> 既不須崇拜一虛立之超越主宰，亦不須以事實代價值，或以自然代自覺，而此一自覺主宰亦不須超離。……從超越主宰者，是神權主義；從自然事實者，是物化主義；持超離之論者表舍離精神。孔子則不奉神權，不落物化，不求舍離，只以自覺主宰在自然事實上建立秩序，此所以爲「人文主義」。〔註134〕

勞思光對儒學的這一定位，我們可以這樣來理解：與唐君毅、牟宗三將儒學

〔註131〕勞思光：〈宗教精神與宗教問題〉，《儒學精神與世界文化路向》，頁216。
〔註132〕勞思光：〈宗教精神與宗教問題〉，《儒學精神與世界文化路向》，頁216～217。
〔註133〕勞思光：〈宗教精神與宗教問題〉，《儒學精神與世界文化路向》，頁218。
〔註134〕勞思光：《新編中國哲學史（卷一）》，頁103。

理解爲函攝宗教性之人文主義不同，在勞氏的理解中，儒學所體現出的人文主義更接近西方近代與宗教相分離甚至對立的人文主義的特徵，在這一點上，勞氏與徐復觀的想法極爲接近。〔註135〕徐復觀在這一點上與唐君毅、牟宗三之間的分歧，李明輝有較爲清晰的論辯，〔註136〕稍加對比即可見出勞、徐之間的一致性。勞氏以康德道德哲學爲參照對儒家心性論的重構與徐復觀同樣極爲一致，即均反對對儒學作形上學的詮釋而將其僅理解爲一套自律倫理學，〔註137〕羅哲海「非宗教性質之自我轉化的倫理學」的概括或許更能表

〔註135〕林維傑亦論及徐復觀與勞思光在這一問題上的相似性，參林維傑：《儒學的宗教人文化與氣化》，《中國哲學與文化（第八輯）》，頁 117。黃俊傑對此一詮釋進路的思想史背景有很好的說明：「二十世紀中國知識界所理解的儒家思想是理性的、人文主義的、缺乏宗教內涵的思想傳統，舉例言之，民國八年（1919）二月，胡適（1891～1962）出版《中國哲學史大綱·卷上》，此書的第四篇就以孔子爲『實行的政治家』。民國五十八年（1969）一月，徐復觀（1902～1982）在他的《中國人性論史：先秦篇》第二章討論周初人文精神的躍動，並討論宗教的人文化；第四章也是從宗教意識向道德意識的轉化，論孔子在中國文化史上之地位。這是五四以降中國人在崇拜『民主』與『科學』，追求理性的時代思想氛圍之下，所建構的孔子與儒學的現代形象。這種孔子及儒學的形象，以其將『宗教』與『人文』峻別爲二，終不免啓人疑竇。」見黃俊傑：〈試論儒學的宗教性內涵〉，《東亞儒學史的新視野》（臺北：台大出版中心，2004），頁 105。

〔註136〕李明輝：〈徐復觀論儒家與宗教〉，《人文論叢（2006 年卷）》（馮天瑜主編，武漢：武漢大學出版社，2007），頁 402～412；李明輝：〈徐復觀與殷海光〉，《當代儒學之自我轉化》，頁 104～105。此外 Heiner Roetz 對此也有論及，參 Heiner Roetz, Confucianism between Tradition and Modernity, Religion, and Secularization: Questions to TU Weiming, *Dao: A Journal of Comparative Philosophy*（2008）7, PP.367–380。

〔註137〕我們略引幾段徐氏詮解儒學思想的文字即可見出他的基本立場，如徐氏謂：「道德不能在任何形式的經驗主義中生穩根，**任何經驗主義的道德都是相對的**，缺乏**普遍性、永恆性**那一面的道德。」孔子『『知天命』乃是將外在的他律性的道德，生根於經驗界中的道德，由不斷地努力而將其**內在化、自律化**，以使其生根於超經驗之上。」（徐復觀：〈有關中國思想史中的一個基題的考察——釋《論語》「五十而知天命」〉，《中國思想史論集續篇》（上海：上海書店出版社，2004），頁 253）「孔子的所謂天命或天道或天，用最簡捷的語言表達出來，實際是指道德的超經驗的性格而言；因爲是超經驗的，所以才有其普遍性、永恆性。因爲是超經驗的，所以在當時只能用傳統的天、天命、天道來加以征表。」（徐復觀：《中國人性論史（先秦篇）》，（上海：上海三聯書店，2001），頁 77）「『天命之謂性』的『天』，不是泛泛地指在人頭頂上的天；而系由向內沉潛淘汰所顯現出的一種不爲外界所轉移的內在的道德主宰性。因此，這裏的所謂天命，只是解脫一切生理束縛，意志沉潛到底時所顯出的不知其然而然的一顆不容自己之心。此時之心，因其解脫了一切生理地，後天地束縛，而只感覺其爲一先天地存在，亦即系突破了後天各種樊籠的一種普遍地存在，中庸便以傳統的『天』

達勞思光的想法。〔註138〕通過下文介紹分析勞氏對心性論及形上學的比較，可以十分清楚地表明這一點。

我們先略述徐復觀對形上學的批評。〔註139〕按照徐復觀的詮解，先秦孔孟之學乃是奠基於道德實踐的「爲己之學」，其重心在於自我的發現、升

的名稱稱之。」（徐復觀：《中庸的地位問題》，《中國思想史論集》（臺北：臺灣學生書局，1983），頁80～81）「陸象山以至其他主張『心即理』的人都認爲倫理之理，乃由心而出：所以究極地說，便說『心即理』。一切現象（即是經驗世界），與象山所說的倫理之理，風馬牛不相及。」（徐復觀：〈心的文化〉，《中國思想史論集》，頁244）徐氏的詮釋極大地淡化了儒家「理」、「天」或「天命」所包含的宗教性以及形上學的意涵，大體是依康德自律倫理的思路來詮釋相關內容，這與勞思光的儒學詮釋十分相似。李明輝亦論及這一點，他說：「對唐、牟等人而言，儒家所言的『天人合一』意謂宗教與人文之相即而不可分；但徐先生卻將此『天』字僅理解爲『超經驗』之義（如康德將道德法則視爲超經驗的），而完全抖落了其宗教意義」。見李明輝：〈從康德的「道德宗教」論儒家的宗教性〉，《儒家傳統與啓蒙心態》（哈佛燕京學社編，南京：江蘇教育出版社，2005），頁236。此外，錢穆詮解儒學的立場與徐、勞二家亦十分接近，錢氏謂：「孔孟則專就人類仁孝之心，即人類同心情方面言來建立人倫，卻不透過此而說萬物一體。因萬物一體已屬宇宙論範圍，而孔孟則偏重人生論。只就人文本位，不肯透進一層來講宇宙。」參錢穆：〈濂溪百源橫渠之理學〉，《中國學術思想史論叢（五）》（北京：三聯書店，2009），頁68；錢氏對陽明思想中諸多形上論述的批評正說明了這一點，朱湘鈺對錢穆的陽明詮釋有十分細緻的梳理，參朱湘鈺：〈錢穆先生思想中的陽明圖像〉，《國文學報》第三十九期（2006年6月），頁111～137。以上詮釋路向並非爲牟宗三所否定，不過牟氏認爲僅從倫理學的角度詮釋儒學並不能盡其全部意蘊，牟氏對儒家倫理學的詮釋與勞思光的詮釋可以說基本一致，牟氏的觀點的簡要表述可參牟宗三：〈理性的理想主義〉，《道德的理想主義》，頁22～23。至於從文本詮釋的角度來看孟子心性論是否由道德界而延伸至存在界，可參閱楊儒賓的相關討論，見楊儒賓：〈「性命」怎麼和「天道」相貫通的──理學家對孟子核心概念的改造〉，《杭州師範大學學報》2010年第1期，頁1～12。

〔註138〕〔德〕羅哲海：《軸心時期的儒家倫理》（陳詠明、瞿德瑜譯，鄭州：大象出版社，2009），頁250。

〔註139〕更爲詳盡的介紹可參李維武：〈消解形上學〉，《徐復觀學術思想評傳》（北京：北京圖書館出版社，2001），頁171～185；李維武：〈徐復觀消解形而上學的思想歷程及其意義與局限〉，《中國哲學的現代轉型》（北京：中華書局，2008），頁145～164；馮耀明：〈形上與形下之間：徐復觀與新儒家〉，《中國儒學（第五輯）》（北京：中國社會科學出版社，2010），頁55～88；李清良：〈論徐復觀對熊十力思想的繼承與推進〉，《中國儒學（第五輯）》，頁215～248。牟宗三對徐復觀批評形上學的立場有明確了解：「現代西方沒有實踐的智慧學，形而上學不能講了，結果只有科學。徐復觀先生晚年說形而上學不要講了。某種形而上學或許不能講，但不是一切形而上學都不要講。」見牟宗三：〈原始的型範第三部分‧先秦儒學大義（二）〉，《鵝湖月刊》總第384期（2007年6月），頁3。

進與完成，強調道德的純粹性、普遍性與內在性。但戰國中期以後，陰陽五行觀念開始流行，漢儒遂將此類觀念納入儒學系統之中，「走向以陰陽五行言天道、天命，再由這種天道、天命，加上經典上的知識，以言人性，構成幾個天人性命合一的大哲學系統，這主要是憑思考加上想像的類推，在自己生命之外所構成的系統」。〔註140〕「天命」觀念遂完全外在化、形象化，進而成就一純粹思辨性的形而上學，這與孔孟之學強調反躬實踐、向內沉潛的思想路向迥異。那麼「拿西方的形而上學來理解儒家的思想，尤其是混上黑格爾的東西，是冒著很大的危險，增加兩方的混亂，無半毫益處」。〔註141〕基於其對外在的思辨形上學的不滿，徐復觀進而對方東美、〔註142〕熊十力、

〔註140〕徐復觀：〈程朱異同〉，《中國思想史論集續篇》，頁382。

〔註141〕徐復觀：〈有關中國思想史中一個基題的考察〉，《中國思想史論集續篇》，頁255。

〔註142〕必須說明的是，方東美與熊十力、唐君毅、牟宗三等在形上學問題上的觀點是有很大差異的，是以牟宗三即認爲勞思光對形上學的批評是可以適用於方東美的，因爲如此只能成就一metaphysical ethics而非moral metaphysics，「光講客觀面不行，但客觀面也不能拉掉，這個『天』不能拉掉。這裏面的分際你仔細一看就講出來了。現在許多人，譬如，徐（復觀）先生、勞思光，他們就想把這個『天』拉掉。『天』怎麼能拉掉呢？這個不對的嘛。像方東美先生那樣，就是光講客觀面，主觀面不講，那才是落在勞思光所批評的dogmatic，那就是所謂對於價値作存有論的解釋。那不可靠的。方東美是如此，他瞧不起《論語》、《孟子》。」見牟宗三：〈原始的型範第二部分·《周易大義》（三）〉，《鵝湖月刊》總第381期（2007年3月），頁9。另參牟宗三：《中國哲學十九講》，頁61、牟宗三：〈原始的型範第三部分·先秦儒學大義（二）〉，《鵝湖月刊》總第384期（2007年6月），頁3～4。基於這一點，牟氏進而認爲方氏的學問與儒家有隔：「重主體，這是儒家跟其他各家各派的分別。這個主體從free will、moral will透出，這個主體眞正是能的主體，這個主體當作『能』看。……馮友蘭不能算儒家，因爲他正好不重視『能』，他也講道德，但不從主體講。……熊十力先生了解儒家抓住主體這個『能』，了解得十分透徹，熊先生就是儒家的，可以做開山祖。……抓不住這個核心就不是儒家。錢穆先生、方東美、馮友蘭統統不是儒家。所以方東美根本反對宋明理學，反對孟子，稱讚荀子。」見牟宗三：《周易哲學演講錄》，頁36～37。此外李明輝甚至因方氏與熊十力等在思想上的差異而質疑方氏是否能歸入新儒家之列，李明輝：「筆者對於大陸學者將方先生歸入當代新儒家之列，持保留看法，因爲方先生的生命情調基本上是美學的，而非道德的。他正是透過這種生命情調來看儒家，故他所了解的（或者說，所欣賞的）儒家基本上只是其生命情調之投射。這可以說他何以輕《論語》，重《周易》和《尚書·洪范》，貶抑宋明儒學，抬高先秦儒學，並且特別欣賞道家和華嚴宗。故我們只能說：他欣賞儒家思想底某些側面，卻不宜說：他是儒家思想底代表人物。」見李明輝：〈當代新儒家的道統論〉，《當代儒學的自我轉化》（臺北：中研院文哲所，1994），頁150。

唐君毅等人的思想提出了嚴厲的批評:「即使非常愛護中國文化,對中國文化用功很勤、所得很精的哲學家,猶如熊師十力以及唐君毅先生,卻是反其道而行,要從具體生命、行爲層層向上推,推到形而上的天命、天道處立足,以爲不如此便立足不穩。沒想到,形而上的東西,一套一套的有如走馬燈,在思想史上從來沒有穩過。熊、唐兩先生對中國文化都有貢獻,尤其是唐先生有的地方更爲深切。但他們因爲把中國文化發展的方向弄顛倒了,對孔子畢竟隔了一層。」〔註143〕我們不能不說徐氏對孔子的思想有其深切的體會,其強調回歸孔子重視個體之內在道德生命的思想性格,也是熊、唐、牟乃至勞思光等人所並不否認的,因爲牟宗三等正是在這一意義上說儒學乃至儒釋道三教均爲生命的學問。但徐氏將熊、唐、牟等人的形上學思想等同於西方近代以前之思辨的形上學則斷不能爲他們本人所接受,通觀牟氏著作中隨處可見的對思辨形上學或觀解的形上學的批評即可見出這一點,也就是說,在對外在的思辨的形上學的批評這一點上,徐復觀與熊、唐、牟以及勞思光的立場是完全一致的。問題的關鍵在於,形而上學是否僅有思辨的這一種型態,如若一方面能肯定孔子重內在道德生命或內在的人格世界的立場,另一方面且能保住人之形而上學的嚮往且不流於想像、虛構,那麼一種異於思辨形上學的道德的形而上學或實踐的形而上學也就是可能的。熊、唐、牟等人所欲發掘的正是傳統儒學中這一方面的內容,當然這直接關涉的是對儒學經典文本的詮釋問題,在熊、唐、牟據之肯定儒學有形上學維度的文獻處,徐復觀恰恰給出了一種非形上學的詮釋路向。不過徐氏也認爲存在不同於思辨的形上學之另外一種形上學,《中庸》即是由另一途徑開出另一種性格不同的形而上學;〔註144〕或就《論語》來看,「對於孔子而言,仁以外無所謂天道。……性與天道的貫通合一,實際是仁在自我實現中所達到的一種境界」,這也就是「渾然與物同體」的精神境界,「此境界之自身是無限的;由此境界所發出之要求,所應盡之責任,也是無限的」;〔註145〕此外,徐氏還認爲「儒家也可以有其形而上學」,不過它是由道德發展上去的形而上學,與西方由知性推演上去的形而上學,雖有相同的語言,而決不是相同的性格,「馮友蘭之徒,硬拿著一種西方形而上學的架子,套在儒家身上,如『新理學』

〔註143〕徐復觀:〈向孔子的思想性格回歸〉,《中國思想史論集續篇》,頁 183。
〔註144〕徐復觀:〈中庸的地位問題〉,《中國思想史論集》,頁 81。
〔註145〕徐復觀:《中國人性論史(先秦篇)》,頁 89、88。

等說法，這便把儒家道德實踐的命脈斷送了」。〔註146〕但這似乎還不能完全等同於牟宗三等所創構之道德的形而上學，即以心性天道爲形上實體並以之作爲天地萬物存在的形上根據。〔註147〕徐氏對儒學的理解與唐、牟有很大

〔註146〕徐復觀：〈儒家精神之基本性格及其限定與新生〉，《儒家思想與人文世界（徐復觀文集・卷二）》（李維武編，武漢：湖北人民出版社，2009），頁 39～40。

〔註147〕不少學者在反對、批評牟宗三形上學思想的時候，往往都不加反思的以徐復觀的相關批評作爲根據，但這恰恰忽視了徐氏所批評之形上學與牟宗三所理解之形上學之間的重大差異，相關批評可參陳迎年：《感應與心物──牟宗三哲學批判》（上海：上海三聯書店，2005），頁 359。徐、牟在對待宗教、形上學等問題上之所以有如此不同的看法，這不能不從他們中西文化比較的不同模式上來加以考量。眾所周知，徐、牟對中國傳統思想的詮釋、重建均是以西方文化、西方哲學爲參照的，有關徐復觀的立場我們可以從他回憶自己讀書生活的一段話來加以了解：「自卅八年與現實政治遠緣以後，事實上也只有讀書之一法。我原來的讀書計畫，要在思考力尚銳的時候，用全部精力去讀西方有關哲學這一方面的書，抽一部分時間讀政治這一方面的書，預定到六十歲左右才回頭來讀線裝書。但此一計畫因爲教書的關係而不能不中途改變。不過在可能範圍內，我還是要讀與功課有關的西方著作。譬如我爲了教《文心雕龍》，便看了三千多頁的西方文學理論的書。爲了教《史記》，我便把蘭克、克羅齊及馬伊勒克們的歷史理論乃至凱西勒們的綜合敘述，弄一個頭緒，並都做一番摘抄工作。因爲中國的文學、史學，在什麼地方站得住腳，在什麼地方有問題，是要在大的較量之下才能開口的。我若不是先把西方倫理思想史這一類的東西摘抄過三十多萬字，我便不能了解朱元晦和陸象山，我便不能寫《象山學述》。」（徐復觀：〈我的讀書生活〉，《文化與人生（徐復觀文集・卷二）》，頁 233-234）但這樣一種對比的視角也對徐氏的中國文化詮釋產生了一定的障礙，比如他對宗教、形上學的理解基本上都是以西方爲標準，是以他不能不批評相關內容而儘量將中國文化朝另外一個方向解釋，所以他強調宗教的人文化，儒家思想的非形上學性格，然而中國文化、儒家思想本身又存在一些這種非宗教、非形上學之人文主義思想所不能涵括的內容，是以徐氏又不能不在一定程度認爲孔子的思想體現出某種宗教精神或是儒學同樣也肯定某種形上學，但因爲其基於西方文化背景對宗教和形上學的了解，使得他不能不否認宗教和形上學的正面價值，中西文化之間的差異使得他的論述存在不少含混、曖昧之處，而在其所體會到的儒學亦可以具有某種宗教性、亦承認某種形上學這些關鍵之處，徐氏因其對宗教、形上學等的忌諱而未能作深入的討論，這使得他的理解與牟氏的理解存在一定的差異。牟宗三則不同，他恰恰是在這些細微的差別處體會出中國文化自身的特質和眞精神，並予以深入的闡發，是以他表面上是在使用西方化的一些概念，如宗教、形上學等，然而這些概念的內涵卻早已發生改變，亦即牟氏自覺的拓展、擴充這些概念的內涵以使其對於中國文化具有適用性。所以他一方面強調儒學的宗教性，一方面卻對以基督教爲代表的宗教予以激烈的批評；他一方面強調儒學形上學的一面，一方面卻對西方形上學予以批評和反思。徐氏則僅只在西方的意義上來理解這些概念，那麼在他這裏完全看不到這些概念

的不同，但在成就人的道德生命而反對將儒學講成一套抽象、外在的哲學系統這一點上，他們確是完全一致的，正如有論者所指出的：

> 徐復觀先生之所以反對形而上學，反對宗教，所以主張回歸孔子的思想性格，主張以爲己之學爲線索講孔子，挖掘孟子、程、朱、陸、王等的貢獻，乃是要建設他所謂的平鋪的人文世界。因爲在他看來，人的世界一旦爲鬼神世界和形上世界所籠罩，主動性便不在人，人便很難在一個具體的歷史文化生活世界裏主動地配合自己生命、生活的自然展開，去成就一個充實而有光輝的生命主體；在認識敏感上，人們也不會朝民族歷史文化生命和個人生命所處現實上充分意識、用力。〔註148〕

徐復觀在很大程度上是基於其對儒學之思想性格的體認對傳統形上學予以批評，〔註149〕勞思光更從理論上對諸形上學思想予以深入的清理、剖析，進而說明孔孟之學不僅原本就是一不包含形上學成分的純粹的心性之學，且在理論效力上優於各種混有形上學成分的儒學理論。勞氏不只對儒學史上的各種形上學理論予以批判性的考察，更質疑牟宗三在現代學術背景下重新肯定天道觀的理論方向，是以勞氏批判或消解形上學的努力顯然較徐復觀更爲徹底，我們不只可以由之更爲深入地把握勞氏對儒學的詮解，同時亦可由之更爲徹底地反思以牟宗三爲代表的當代新儒家的形上學理論。

傳統儒學的形上學理論主要體現爲漢儒以宇宙論爲中心的哲學及宋儒的形上學理論。就勞思光的詮釋而言，宋儒周濂溪、張橫渠仍未完全擺脫漢儒

與中國哲學之間的親和性。就徐、牟之於康德哲學的理解我們即可深切的看到這一點，有學者強調卡西爾對徐復觀思想的影響，其實在對儒學之詮釋方面，康德之於徐氏的影響也是很深的，除上文已論及的一些具體問題以外，徐氏其實有極爲自覺的表述：「康德正是由西方文化通向中國文化的巨人」（徐復觀：〈痛悼吾敵，痛悼吾友〉，《文化與人生》，頁318）。徐、牟均肯定康德哲學中的正面內容，並以之爲背景來討論儒學，然而大體上康德思想在一定程度劃定了徐氏理解儒學的限度，牟氏卻能突破這些限制而見到儒學超出此一部分之外的重要內容。徐、牟所代表的中西文化比較的兩種模式在很大程度上決定了他們在儒學詮釋上的差異。

〔註148〕賀照田：〈徐復觀晚年定論及其思想意義〉，《當代中國的知識感覺與觀念感覺》（桂林：廣西師範大學出版社，2006），頁180～181。

〔註149〕徐氏對儒家形上學形態及其理論困難缺少更爲具體的說明討論，高柏園以《中庸》爲例對此有所反思，參高柏園：《中庸形上思想》（臺北：東大圖書公司，1988），頁72～74。

宇宙論中心的哲學，其理論展現爲一種半形上學半宇宙論的型態，二程之學則已剔除宇宙論的成分，展現爲一種較爲純粹的形上學系統，朱子之學則是對此前儒學的綜合，陸象山、王陽明的心學則爲以主體性爲中心之心性論系統，合於先秦孔孟之學的本旨，而這大體是宋明儒學之理論一步步走向精緻並回歸先秦孔孟思想立場之過程，勞氏即由之確立其宋明儒學分系問題之「一系說」。〔註150〕需要略爲說明的是，勞思光對形上學諸概念的使用與學界的通常用法有所不同，本文一般都是在通常意義上來使用形上學這一概念的，下文在介紹勞氏相關思想時則在勞氏的意義上使用這些概念。

宋儒形而上學思想依照勞思光的梳理，主要包括宇宙論或天道觀或存有論與本性論或形上學兩部分。勞思光對形而上學的批評大體即針對這兩方面來展開。從價値哲學的角度來看，這兩者均是以「客體性」或「存有性」爲中心的哲學，或者說是對價値作存有論的解釋（ontological interpretation），即從一存有（Being）說明價値。〔註151〕二者之不同在於：

> 形上學之主要肯定必落在一超經驗之「實有」（reality）上，建立此肯定後，對於經驗世界之特殊內容，可解釋可不解釋。即有解釋，亦只是其「形上實有」觀念之展開。此「實有」本身之建立並不以解釋經驗世界爲必要條件。而宇宙論之主要肯定，則落在經驗世界之根源及變化規律上，此種根源及規律雖可視爲「實有」，但非超經驗之「實有」。其建立根據每與經驗世界之特殊內容息息相關。〔註152〕

漢儒董仲舒之學是一種典型的宇宙論中心的哲學，宋儒濂溪、橫渠則爲半形

〔註150〕勞思光：《新編中國哲學史（卷三上）》，頁30～47。必須說明的是，此處的討論還涉及文本理解與詮釋的問題，勞思光由自然宇宙論的角度詮釋宋儒周、張之學是否合乎周、張思想之本旨，這是一個非常値得討論的課題，如郭曉東在論張橫渠的文章中即認爲：「那種作爲西方哲學意義上的單純的『宇宙論』的天道在中國思想傳統中根本擔當不起『天道』這兩個字眼」，「勞思光先生以『宇宙論』釋周、張之學，雖有其特定內涵，但不契於道學之精神，則顯而易見」。（郭曉東：〈道德譜系下的張橫渠「氣」論研究〉，《復旦學報》2006年第5期，頁83）而汪暉在其有關宋儒天理概念的討論中基本上吸收採納了勞思光對宋儒天道觀的批評，參汪暉：《現代中國思想的興起（上卷第一部·理與物）》（北京：三聯書店，2008，頁206）。不過本文的重點在於闡明勞氏本人的儒學意識，而不在其文本詮釋本身合法與否，是以對此不作專門討論。

〔註151〕勞思光：《新編中國哲學史（卷二）》，頁78；勞思光：《新編中國哲學史（卷三上）》，頁40。

〔註152〕勞思光：《新編中國哲學史（卷三上）》，頁37。

上學半宇宙論之思想系統，其中均包含有相當之宇宙論的陳述。依勞思光的看法，這種宇宙論的思想在理論效力上極弱，是一種極爲粗糙的理論型態，因其自身包含不少無法克服之理論困難。第一、宇宙論乃是對存有之描述，無論其爲必然之形上規律或是實然之經驗事實，如何由之轉換爲價值性或規範性之陳述，或者說宇宙論意義之規律如何能作爲價值之標準？〔註153〕則不能不是一亟待說明之課題，否則必然有混淆事實與價值之嫌。由上文所述勞氏對價值之意涵的分析更能見出這一點，因價值問題屬應然，事實領域屬於廣義的決定領域，其中根本無涉於價值問題。

第二、宇宙論論述中所預認之形上實體或形上實有（metaphysical reality）「天道」既然實際運行於萬有之中，爲決定萬有之規律，那麼萬有即應完全受天道之決定，也就是說當前世界應該並不存在違背或違離此規律之可能。〔註154〕此外，由於天道同時是價值之根源所在，那麼「惡」如何可能也就是必須予以說明的問題。宋儒大抵順《禮記‧樂記》「天理」、「人欲」之分以確立一二元性（ethical duality），由之說明人乃因感性私欲之弊而出現違背天理或天道之行爲，是以有惡的出現，人若使自身之行爲循理而爲善，則人內在自覺又成爲理論上必須肯定者。但這並不能從根本上解決問題，因如此說時，我們不得不考慮，既然天道乃決定萬有之形上規律，何以人獨能不受此規律之決定？而這即涉及所謂主體自由或自由意志的問題，如果說當前世界爲天道所決定，人爲其中之一部分，

〔註153〕勞思光：《新編中國哲學史（卷三上）》，頁76；勞思光：《新編中國哲學史（卷二）》，頁29〜30。

〔註154〕宗密《原人論》即有相關質疑：「所言萬物皆從虛無大道而生者，大道即是生死賢愚之本，吉凶禍福之基。基本既其常存，則禍亂凶愚不可除也，福慶賢善不可益也，何用老莊之教耶？又道育虎狼，胎桀紂，夭顏冉，禍夷齊，何名尊乎？」聖嚴法師：《華嚴心詮：《原人論》考釋》（北京：宗教文化出版社，2006），頁209。唐君毅亦論及此一問題，「然此上之說乾元誠道爲至善，乃通其表現之全體，而自外部觀之。此亦可說是膚廓而不切。若自此全體中所生人物，其生後有互賊其生，而人有種種善惡事看，則亦非此一至善之語所可了。何以依一至善之道而生人物，會有互賊其生與種種惡事？此爲依上述之至善之義，作直線推論，所不能說明者。此爲宇宙間之一大弔詭，亦可動人之大悲憫、大疑惑，而覺其不可解者。於此吾人初只能就此所生之人物之惡之發生之所依，加以敘述。是即在此所生之人物，爲一有定形定限之存在，而只求其自身之存在時，便可賊害他生，而對他有惡事。故此人物之存在爲有定形定限，即其一切惡事之所依。而吾人亦可說此有定形定限，即爲人物之存在之根本惡。如西哲萊布尼茨所謂形上學的惡是也。」參唐君毅：《中國哲學原論：原教篇》（北京：中國社會科學出版社，2006），頁36。

那麼人當該亦爲其所決定，這裏就並不存在所謂自由意志的問題；但若要眞能說明惡的問題，那麼主體自由或自由意志又成爲不能不肯定之前提。總之，在宇宙論的敘述模式下，人之自覺活動的地位如何說明，即成一重大問題。〔註 155〕但宇宙論更爲嚴重的困難還不在於此，而是所謂的「背反」（antinomy）問題。

　　第三、儒家尤其是宋明儒所謂天道，並非一純形式概念，而是有實質內涵的。即儒者常以「仁」或「生」說天道，所謂「天地之大德曰生」或「天地之道，可一言而盡也：其爲物不貳，則其生物不測也」，也就是說天道乃是一生物成物之道。〔註 156〕但實際世界中「生」與「生之破壞」常常是相依出現的，這樣，我們說世界「生生不息」的同時卻也不得不肯定世界不斷有「生之破壞」隨之出現，此即出現一「背反」問題。而若以此包含「背反」之天道作爲價值標準，那麼每一價值實現時，其反面亦隨之出現。在實際道德生活中，我們則不能不面對更爲嚴重之背反，以殺魚養人爲例，若此對全人之生而言爲一善行，那麼對魚而言則爲生之破壞，亦即是惡。這樣善惡本身不能不成爲相對性之概念。

　　勞思光對宇宙論的批評是十分深刻的，不過必須處理的問題是，天道觀是否只有勞氏所詮釋者這唯一一種型態，或者說，宋儒所確立之天道觀是否即是一種自然主義的宇宙論？事實上，依照牟宗三的詮釋，宋儒的天道觀乃是一種道德的形而上學，其根本特徵在於天道即超越即內在，也就是說天道並非外在於人之形上實體，心性即天道，天道本身並非關於自然世界存在之客觀規律，天道之決定即心性之主宰。楊祖漢對此有十分準確、詳盡之梳理。〔註 157〕如果說宋儒的天道觀確屬此一理論型態，那麼勞氏對自然宇宙論的相關批評也就並不一定適用於宋儒。但道德的形而上學意義上的天道觀是否爲勞氏所必然接受呢？事實上，從勞思光對道德的形而上學的批評來看，其大抵排斥一切型態的天道觀乃至形而上學，但這僅是就勞氏在理論上的主觀意願來說的，若純就理論本身而言，勞氏所堅持之純粹的心性論與牟宗三所創構之道德的形而上學並不必然無法相容。下文討論勞氏對道德的形而上學的批評時，我們再具體說明這一點。

〔註 155〕勞思光：《新編中國哲學史（卷三上）》，頁 41、60；勞思光：《新編中國哲學史（卷二）》，頁 54～55。
〔註 156〕唐君毅：《哲學概論（下）》，頁 695～698。
〔註 157〕楊祖漢：〈再論儒家形上學與意志自由〉，《當代儒學思辨錄》，頁 107～123。

　　宋儒形而上學的另一型態即所謂的形上學或本性論，以伊川哲學爲代表。相較於宇宙論或天道觀，本性論更具理論效力。因本性或理雖爲形上實有，但其並非經驗世界之形上規律，現實世界中萬有並非全爲性或理所決定。本性或理作爲一規範或一理想狀態，其爲萬事或萬物當該實現者，但卻並非現實世界已有之存在狀態，如此即可避免天道觀所面臨之諸多理論困難。但本性論亦有其自身無法克服之困難。首先即是所謂的「本性實現中之衝突問題」，此時，本性或理取殊別義。在生命界中，「全生」乃有生之物的本性或理之所在，那麼不同生物因成就各自之性而出現之相互破壞現象如何解釋？同樣，就共同意義之本性或理說，倘以「生」爲共同之理，生命之互相破壞以保全自身的現象同樣在理論上難以說明。〔註158〕其次則是理於氣中實現的動力何在？因理乃一可實現但尚未實現於當前世界中者，是以針對此種「未定性」必設定一「未定項」，但理、氣均爲客觀實有，不能含有「未定項」，此外，也不能以理、氣之外的第三者來說明此「未定性」問題，若如此理氣必成第二序之觀念，我們是否應該繼續以本性論說此種理論即成問題，因而理之可實現但未實現的未定性即無法說明。在勞思光看來，解決此一難題的關鍵在於：

〔註158〕勞氏之質疑如下：「萬物以實現其本性爲『好』；但某種存在則在實現自身之本性時，即破壞其他存在之本性之實現，此種存在因此即應看作具有『惡之本性』者。如此表述，似一面仍可以維持『以實現本性爲善（或好）』之原則，另一面又可以對虎之兇殘之否定立一理論基礎。然而，倘接受此說，則生命界中除植物外，其餘即全具有『惡』之『本性』；蓋一切動物，包括人類在內，皆以破壞其他生命爲維持自身生命之必需手段。在『天道觀』一面，若以『大德曰生』定『天道』之內容，則生命界即似悖於『天道』者。在『本性論』一面，如以『生』爲生物之本性，則生物同時互相否定對方本性之實現，此所謂生命界之內在衝突。此種衝突固不是有任何邏輯之必然性，但爲實際世界之眞實情況。若此世界本視爲不生於理者，則此點尚不成問題；但『天道觀』、『本性論』均必視此世界爲依『實理』而生，於此，此一問題即成爲無法克服之困難矣。」見勞思光：《新編中國哲學史（三卷上）》，頁 247。勞思光將伊川「性即理」之說界定爲「本性論」明顯受到亞里斯多德哲學的影響，亞氏之說相對於柏拉圖系統而言，其最大的不同即是將後者之靜態結構改造爲一動態結構，亦即以本性（essence）與「實現」觀念爲中心來解釋一切事物，就價值觀角度而言，萬物皆以本性之實現爲目的或善，相關討論可參勞思光對亞里斯多德哲學的解釋，見勞思光：《哲學問題源流論》，頁 112。而勞思光在討論伊川、朱子之「本性論」時，即以「實現」觀念爲中心檢討其中所存在的理論困難，並直接以二程於殊別義所說之「性」等同於於亞里斯多德所言之「本性」（essence），見勞思光：《新編中國哲學史（三卷上）》，頁 151。

必須在「理」、「氣」兩觀念外，另設定一能決定「理之實現」之力量。
然如此設定是，即如前所説，將使「理」、「氣」皆降爲第二序之觀念，
因對「世界之肯定」，「理」與「氣」皆無決定性，而決定性屬於此另
一力量矣。此即可通至第三種理論心性論之肯定。〔註159〕

那麼，我們以形上之理之充足實現的觀念來安頓價值問題似乎也就不那麼穩
妥了。其內部難題之克服必待心性論之出現方能眞正完成。我們且不論勞思
光以「本性論」詮解伊川、朱子之學是否恰切，這裏需要指出的是，勞思光
在二程哲學詮釋上前後期所存在的變化。我們先看勞思光 1952 年所發表之《論
東方文化精神》一文對二程之學的論定：

欲表明主體爲價值之可能基礎或根源，則必須另有較嚴格的説法，
此點二程做到了。二程首先認爲：「性即理也」，又説「性即是理」，
所謂理，實指是非善惡之所稽，性即理，即指性爲知識價值之大
本。……然而理與自我是什麼關係呢？……他們（二程）先決定性
不是實然的意義，善惡稽於理而立，而理與性本是一事：所以盡性
即循理；而所謂善即是循理。這樣他們所説的性善已比孟子嚴格多
多，不是荀子之説所能攻擊了。我們可以由此看見儒學精神之發展，
而這個發展的具體表現是對價值源於主體一點有了更進一步的説
明。……二程所用的心、性、理等字，其實皆指主體。……孔子哲
學的方向是重德，但對德亦無明朗説法；孟子則由性善以説明德性
主體根源，已接觸主體的最高自由境界，然而孟子之説畢竟不嚴格，
只能當作啓示。……二程學説發揚重德精神，而從頭處理問題，結
果我們才看見儒學之大成。〔註160〕

這一大段論述，以下兩點最值得我們注意：1、二程之説屬以「主體性」爲中
心之哲學；2、二程之學不但繼承了孔孟哲學之本旨，且較孔孟之説更爲成熟、
嚴格。如果我們嚴格依照勞思光此處對二程之學的詮釋的話，那麼其與勞思
光後來在《中國哲學史》中對二程之學的定位有著根本的區別。勞氏後來認
爲明道之學偏重「天道觀」，其中也包含「本性論」之成分，而伊川之學則基
本上以「本性論」爲主。但不論天道觀或是本性論均爲重「客體性」之哲學，
與以主體性爲中心之哲學根本不同，是以勞氏後來認爲「伊川並非眞持『主

〔註159〕勞思光：《新編中國哲學史（卷三上）》，頁 64。
〔註160〕勞思光：《儒學精神與世界文化路向》，頁 89～94。

體』觀念者」、「伊川此處之立場,乃一形上學立場,而非心性論立場」。〔註
161〕若以勞氏任一哲學理論或歸於客體性或歸於主體性的論定,勞氏前後期對
二程之學的判定可謂全然相悖。其次,就勞氏以孔孟之學或心性論爲中心之
哲學爲判準衡定全部宋明儒之學而言,既然二程之學非但沒有違背孔孟學說
之本旨,且是對其說之發揚與完善,那麼我們如何能說二程之學較之象山陽
明之學與孔孟之學存在更遠之理論距離?這樣,也就根本無法成立其所謂的
宋明儒學分系之「一系說」。

　　再看勞思光於 1956、57 年間完成的《哲學問題源流論》一書對二程之學
的論述:

> 若就儒學本身之觀念演變言,則使儒學入歧途自荀子始;而荀子之
> 說以性惡論爲基源。考性惡論之所以出,乃在於將自然生物意義之
> 人性,與道德價值意義之主體相混,而混實然與應然是。今揭「性
> 即理」之義,則性善之旨頓明。蓋自然領域爲事象領域,乃理之所
> 顯;而善則在如理;言「性即理」,則性不在事象中,荀子與孟子所
> 面對之問題之不同,即豁然朗現。於是儒學由歧途而歸正路。就「性
> 即理」而言,二程之主旨當在據心性以建立一普遍之肯定,以顯肯
> 定世界之精神,而其說則扣緊理字講;善之爲善,肯定之爲肯定,
> 皆據於理。……二程言「性即理」,重在說明一切肯定如何可能,而
> 對於「作一切肯定之主體」則說得少;故理成爲泛存之理,仁義內
> 在或價值根源於心之根本義轉不甚顯豁。〔註162〕

勞思光這裏大體仍以二程之學爲主體性或心性論爲中心,這一判定與此前相
同,不過,這裏值得注意的一個變化在於,其開始批評二程對主體性一面之
強調不夠,即所謂「仁義內在或價值根源於心之根本義轉不甚顯豁」,而理成
爲「泛存之理」。這樣,勞氏不再全由主體性一面論二程之學,而是意識及其
說對客體性之強調似乎較之對主體性之強調更多。勞思光於 1970 年代所完成
之《中國哲學史》直接將明道之學判定爲以「天道觀」爲主之哲學,而將伊
川之學判定爲以「本性論」爲主之哲學,二者均以客體性爲中心,而這也就
成爲勞思光對二程哲學之定見。當然我們可以從勞思光個人思想的改變來說
明這一詮釋的轉變,不過非常明顯的是,勞氏一直都十分注意二程之學中有

〔註161〕勞思光:《新編中國哲學史(三卷上)》,頁 174～175。
〔註162〕勞思光:《哲學問題源流論》,頁 40～41。

關心性的論述，早期其基本上因這一部分論述將二程之學衡定爲以主體性爲中心之哲學，後來則極力淡化這一部分內容於二程之學中的關鍵性地位，進而扭轉自己對二程之學的判定，將其衡定爲以客體性爲中心的哲學。這一根本性的轉變也就使得其一系說成爲可能。

這樣勞思光以價值問題爲中心，視宇宙論、本性論、心性論之序列爲理論效力愈來愈強之發展進程，再配合孔孟義理之本旨的標準，勞氏即由之確立其關於宋明儒學分派之一系說。同時，由先秦儒學、漢代儒學以至宋明儒學的演進脈絡亦清晰地展示出來：漢代儒學乃至宋儒周、張之學均爲宇宙論中心之哲學，二程之學則爲純粹之形上學系統，這兩者都屬於以存有說價值之型態，並不契合價值問題之本旨；先秦孔孟之學以及象山、陽明之學大抵屬於以主體性爲中心之心性之學，爲眞正能揭示價值之本質且對價值問題有較完滿之解決者。

如上文所論，除勞思光所批評之天道觀型態以外，宋儒所言之天道觀尚可被詮釋爲一種以道德爲中心之本體宇宙論而非自然主義之宇宙論。那麼勞思光所堅持之主體性爲中心的心性論與此種天道觀間有何種理論上的關聯？闡明這一點無疑可以讓我們更爲透徹把握勞氏所持儒學觀的整體面貌。此種型態之天道觀以牟宗三道德的形而上學最具代表性，以下我們即分析勞氏心性論與牟氏道德的形而上學之間的理論關聯。

勞思光在此一問題上的討論，主要針對孔孟之說與《易傳》、《中庸》間之異同而展開的。在勞氏的詮釋系統中，前者基本上是一心性論系統，後者則爲一天道觀系統，依勞氏客體性與主體性兩種理論形態的劃分，二者之間本質上是不相容的。但就牟宗三的道德形而上學之詮釋系統而言，《易傳》、《中庸》之天道觀非與孔孟之說對立者，相反乃是孔孟之學的圓滿發展。〔註163〕勞思光則對此種「發展說」提出了自己的質疑。

勞思光的第一點質疑主要就理論效力方面說。若說天道觀較之心性論爲更完滿之理論型態，則首先必須說明的一個問題即是，心性論中究有何種理論困難必待天道觀出現方能解決？我們知道，牟宗三所謂道德的形而上學亦本人之道德意識所確立者，其首先爲一套道德哲學或自律倫理學，此與勞思光所謂主體性中心之心性論可謂全同。不過。牟宗三更以此道德意識可上提而爲一形上實體，即成爲具有「存有意義」之「理」，而這正是勞氏的詮釋系

〔註163〕牟宗三：《心體與性體（一）》，頁45～64。

統所不能允許者。在勞思光看來，若此處之「存有」爲「獨立意義之存有」，則很難避免一切外在形上學所共同面對之困難，若其爲「依於主體性之存有」，則「天道觀」本身即統攝至「心性論」之下，它也就並不能眞正解決心性論可能存在的理論困難。那麼我們也就很難說天道觀較之心性論更具理論效力，而所謂的「發展說」其實並不能成立。此外，將作爲價值原則的道德意識投射於存有界而視之爲「存有之規律」，更容易導生「應然」與「實然」相混淆的理論問題。〔註164〕

還須補充說明的一點就是，即便我們說勞思光對於宇宙論、形上學的批評僅只針對自然主義之宇宙生成論而有效，依牟宗三的詮釋進路，宋明儒所確立之形上學爲一道德的形上學或實踐的形上學，因而其可以免於勞思光相關批評的質疑。不過，其對道德的形而上學之批評尚可作進一步延伸，馮耀明即順勞思光的思路對於宋明儒以至當代新儒家的形上學思想提出了更爲尖銳的批評。馮氏設想了一個所謂的「德古來」（Dracula）外星人的思想實驗，其目的在於衝擊儒家「仁者與天地萬物爲一體」的思想理念，由上文分析可知，這正是儒家形上學思想的重要根據。依馮氏的設想，德古來外星人有著與儒家一樣的思想理念，即「仁者與天地萬物爲一體」的「天人合一」思想，且其以一種叫做「狄勤士」（Djichens）的生物的鮮血作爲食物，不過因爲一次科學實驗的意外使得全部狄勤士均染上了一種無藥可救的「德滋病毒」（Daids），德古來外星人在面臨糧絕命斷的困境時，通過高科技探尋到地球上的人類的血液與狄勤士的完全吻合，由此，馮氏質疑，德古來人在自保與犧牲人類之間當如何決斷呢？〔註165〕

不少人可能會認爲馮耀明的分析有些可笑，本文不擬對此多作討論，劉述先等學者對此已有所回應，〔註166〕不過我們由此確可引向對儒家形上學所可能有的一種省思。當然這裏首先應當思考的一點是，分析哲學作爲一種方法在多大程度上可以用於中國哲學的研究上來？也就是說這一方法本身的限度何在？這涉及更爲深層的方法論課題，顯然不是對此一方法之簡單的肯定或否定所能

〔註164〕曾慶豹亦認爲牟宗三將作爲價值判斷的道德主體作存有論的延伸是混淆了事實判斷與價值判斷的不同，參曾慶豹：《上帝、關係與言說——批判神學與神學的批判》（上海：華東師範大學出版社，2008），頁555。

〔註165〕馮耀明：〈德古來（外星人）的新儒家世界：一個思想實驗〉，《「超越內在」的迷思：從分析哲學的觀點看當代新儒學》，頁249～261。

〔註166〕劉述先：〈論當代新儒家的轉型與展望〉，《現代新儒學之省察論集》，頁1～5。

解決問題的，是以本文暫不處理這一問題。其次，馮氏的質疑與本文討論較爲相關的則是所謂儒學之中所可能存在之「僞善」的問題，這是歷來學者都常常論及的一個問題，如劉昌元即質疑到：「更令人困惑的是儒家喜歡講仁者與天地萬物同體、感通。如果眞的這樣，他們怎麼能忍心食肉？既然植物沒有感覺，而素食者亦能生存，甚至有時還被視爲更健康，那麼他們應成爲素食主義者。孟子說君子不忍聽羊被殺的哀鳴，而需『遠庖廚』，但這似乎有掩耳盜鈴之嫌。」〔註167〕鄭宗義教授在討論儒學爲環境倫理所能提供的思想資源的問題時，即指出，儒家一方面主張人有感通關懷自然以至與天地萬物爲一體的能力，同時又不能不承認人必須利用自然以求生存，這裏面實在存在著很大的矛盾與張力，很容易招致僞善之譏。鄭氏更以儒學史上三個不同的經典版本的詰難來加以說明。最古老的版本是孟子所提出的「君子遠庖廚」的說法，第二個版本是陽明的一個說法：「惟是道理，自有厚薄。比如身是一體，把手足捍頭目，豈是必要薄手足，其道理合如此。禽獸與草木同時愛的，把草木去養禽獸，又忍得。人與禽獸同時愛的，宰禽獸以養親，與供祭祀，燕賓客，心又忍得。至親與路人同是愛的，如簞食豆羹，得則生，不得則死，不能兩全，寧救至親，不救路人，心又忍得。這是道理合該如此。及至吾人與至親，更不得分別彼此厚薄。蓋仁民愛物，皆從此出；此處忍得，更無所不忍矣。」最後則是熊十力的版本：「一日，師聞人言，將買雞而殺之。師曰：買一殺者可也，取一生物而殺之，不必也。其人曰：此不徹底之殺生也。師默然久之曰：設責吾不徹底戒肉食，則吾唯有自承其責，拊胸沉痛而已。若以不徹底殺生爲可非笑者，此何忍聞？使殺生而可徹底做去，則人之類其絕久矣。留得一分殺生不徹底之心，即宇宙多一分生意。願與世人共策勉也。」〔註168〕

　　一個對儒學有著深深的認同且能篤實踐履的人不難體會儒者在面對上述種種情況時，所自然引生的矛盾與緊張感，這是高遠的道德理想面對具體現實時所無法避免的衝突與緊張。我們當然不必由此即簡單否認儒家形上學思想的深層哲理及其所透出的宗教性意涵對於現實人生的引導性作用，但這卻促使我們不得不面對各種思潮如環境倫理中素食主義者的質疑，並深層的反思儒學的形

〔註167〕劉昌元：〈康德、牟宗三與道德形上學〉，《天人之際與人禽之辯──比較與多元的觀點》（新亞學術集刊第 17 期）（陳榮開主編，香港：香港中文大學新亞書院，2001），頁 139。
〔註168〕鄭宗義：《儒學、哲學與現代世界》，頁 305～323。

上學思想,以對當代人類面臨的各種問題做出更為有力的回應。觀不同儒者的相關說法,我們大致可以見出儒學在「殺生」問題上的基本態度。

首先我們看小程子的說法:

> 問:佛戒殺生之說如何?曰:儒者有兩說。一說,天生禽獸,本為人食,此說不是。豈有人為蟣蝨而生耶?一說,禽獸待人而生,殺之則不仁,此說亦不然。大抵力能勝之者皆可食,但君子有不忍之心爾。故曰:「見其生不忍見其死,聞其聲不忍食其肉,是以君子遠庖廚也。」舊先兄嘗見一蠍不忍殺,放去。頌中有二句云:「殺之則傷仁,放之則害義。」〔註169〕

伊川此說似乎並不以戒殺生乃必然接受者,他更為強調的是殺生與儒家不忍之仁心間所存在的張力。後來真德秀對此有更為清晰之表述:

> 術謂法之巧者。蓋殺牛既所不忍,釁鐘又不可廢,於此無以處之,則此心雖發而終不得施矣。然見牛則此心已發而不可遏,未見羊則其理未形而無所妨,故以羊易牛則二者得以兩全而無害,此所以為仁之術也。聲謂將死而哀鳴也,蓋人之於禽獸同生而異類,故用之以禮而不忍之心施於聞見之所及,其所以必遠庖廚者,亦以預養是心而廣為仁之術也。〔註170〕

在禮之不可廢與仁心之不忍之間確實存在很大的張力,儒者處此僅能通過一些善巧之法以求兩全。殺生與仁的本質是極端相悖的,是以若無「策略」上之處理,則殺生乃是對仁之最大的傷害。對於傳統儒學而言,此一緊張關係之所以無法化解,與「禮」在儒家中之關鍵性的地位緊密相關:「聖人之教蓋如此不得已有故而殺曰祭曰養曰賓三事而已」。〔註171〕大概是受佛教的影響,此後儒者一步步開始肯定戒殺生之說,我們看陽明弟子顧應詳的說法:「然則佛氏之不殺生何如?曰:佛氏無父無君之教非吾中國聖人之教也,至於不殺生一節不可盡非之」。〔註172〕雖然顧氏亦認為:「今日為養與祭燕賓客而殺生無乃非情乎?」但其終歸認為佛教不殺生之說乃應當肯定者,焦竑即主張「戒殺生論」。〔註173〕

〔註169〕〔宋〕程顥、程頤:《二程集》,頁399。

〔註170〕〔宋〕真德秀,《西山讀書記》卷七,《文淵閣四庫全書》本,頁166。

〔註171〕〔清〕姚文然:《姚端恪公集》外集卷十一,清康熙二十二年姚士塈等刻本,頁351。

〔註172〕〔明〕顧應祥:《靜虛齋惜陰錄》卷十,明刻本,頁120。

〔註173〕〔明〕焦竑:《戒殺生論》,《焦氏筆乘》(上海:上海古籍出版社,1986),頁

而後來的學者更以戒殺生之說乃儒家本有之思想，如清人張澍即說：

> 或問於張子曰：戒殺生之說，釋教也，吾儒亦遵之，悖矣？予曰：此
> 吾儒教也，釋氏竊之而不善用反自割其手足以飼鷹虎，愚矣！〔註174〕

由此看來，儒家自始即面對仁與殺生之間的緊張關係，儒者始終試圖於二者之間尋求一種平衡，若以「僞善」說之，顯然失之膚淺，這裏的緊張關係根本上是由儒家仁愛的道德理想與現實中祭祀等禮之必要間的衝突所引生的，儒者後來逐漸轉向肯定戒殺生之說，正是面對此一緊張關係而發。以此來否定儒學萬物一體之仁的說法，仍然無法解決問題，因爲即便取一種去形上學化的立場來理解儒學，仁愛之心與殺生之間的緊張關係依然是不得不去面對的一個問題。就今天的社會情境來看，儒家似乎更可以主張戒殺生之說了，是以有學者說：「如果從今天的社會現實來看，儒學並不贊成佛學的『止殺』的一些具體論證，諸如祭祀之需要、奉養之需要等等都值得重新的思考。現代社會物質文明極大的豐富，『奉養』在原則已不再成爲一個問題，釁鐘之類的活動亦因『禮崩樂壞』而早已廢棄，虎狼蛇蠍不僅對人的生存不再構成威脅而且自身多處在瀕臨物種滅絕的悲慘境地，那麼設若朱熹、王陽明再生，他們還會不會依然堅持原儒『君子遠庖廚』、『以羊易牛』的『仁之術』，抑或與時俱進，重新考量『止殺』的問題呢？」〔註175〕

不過，儒者似乎還是可以從「差等之愛」的角度對「殺生」作一定程度的辯護，同爲當代新儒家之代表人物的唐君毅先生即持這一觀點。唐氏認爲儒家本有愛物之意識，即由對物有情，而依於一積極的參贊化育之存心，自覺的以愛物爲吾人至高道德生活之一端。〔註176〕此積極的參贊化育之心乃一「情無所不運，愛無所不普」之「仁心」，同於天地生物之心。就人應否愛人外之物而言，其困難點在於人欲求其存在於世界，則人在實際生活中，恒不免傷物以自養。在唐氏看來，這裏涉及的是「愛之差等的問題，而非愛之有無的問題」，「人之仁愛之流行自然之序，原之能先及與我相類似多者，而次及於相類似較少者。夫個體與個體之類似，乃依於理之同」，「依此自然之序之仁愛之流行，亦即依乎天理之流行，而非吾人私意之安排。然人與人或動物之類似，有差等而非無

70～74。

〔註174〕〔清〕張澍：《養素堂文集》卷二十九，清道光刻本，頁353。

〔註175〕陳立勝：《王陽明「萬物一體」論——從「身——體」的立場看》（上海：華東師範大學出版社，2008），頁121～122。

〔註176〕唐君毅：《中國文化之精神價值》，頁143～144。

所類,則愛有差等而非無所愛,充愛之量固必及於一切萬物。當其衝突之際,人之不能免於傷物以養人,即非意在傷物,而實在養人,則此中似有所忍而有所不仁,實非眞有所忍,有不仁,而唯是順乎天理而行。至當其未嘗衝突之際,則人固可以此仁心兼涵萬物」。〔註177〕這也就是說,仁心流行之差等有序乃天理之自然,其中並無人之私意造作,因而在不得已的情況下,傷物養人,順仁心之自然發用流行,依然是合乎天理而不悖於仁心的。是以,唐氏認爲西方人以人在現實世界中不能免於傷物,而以愛物不在道德生活中,亦即佛家之主素食或委身飼虎的做法都是有所偏失的。郭齊勇教授也認爲,儒家雖然由尊重動物的內在價值的角度主張關愛動物,但並不由此而必然主張「不殺生」,儒家不主張素食其實不違「天地之常道」。〔註178〕

　　勞氏的第二點質疑則是所謂天道之存有地位的問題。天道觀的要旨在於存有原則與價值原則之合一,或者用牟宗三的話來說即是道德秩序即是宇宙秩序、宇宙秩序即是道德秩序。當我們說作爲價值原則的天道亦可解釋說明存有問題時,當然不是說存有界完全合乎此原則,或是說存有界完全爲此一原則所決定,因而天道作爲存有原則不可視爲實然或必然。這樣,天道至多只爲一意志之要求,或理想信仰所寄之方向,也就是說,「天道」本身之「存有地位」,只能歸於「應然」,是以其不能不植根於主體性或主宰自覺中。〔註179〕天道若眞只具有應然之存有地位的話,「天道」本身即無所謂「實有性」,因其不能離「心性」而獨立。而且更重要的問題是,「心性論」究竟有何必要須立一「天道」?

　　勞思光弟子馮耀明、溫偉耀等順勞思光的這一思路由內在超越問題切入對道德的形而上學提出了進一步的批評,即質疑在牟宗三哲學中天道、天理的超越性或形上實體性。馮氏認爲牟宗三對「超越」一概念的理解存在含混之處,這使得他在無限智心及天道、天理的理解上存在滑轉:「牟先生雖一再強調儒家的天道、天理有『形上實體』的意思,但他在這裏無疑已從『超越實體』的概念不知不覺地滑轉爲『超越的概念或原理』的概念上去」,「牟先生似乎不能堅持天道、天理或太極是創造天地萬物的形上存有或超越實體,

〔註177〕唐君毅:《中國文化之精神價值》,頁146。
〔註178〕崔濤、郭齊勇:〈先秦儒家生態倫理思想探討〉,《主體性中國:中國社會科學輯刊(2010年6月夏季卷)》(上海:復旦大學出版社,2010),頁8~12。
〔註179〕勞思光:《新編中國哲學史(卷三上)》,頁53。

而只能承認它們是有普遍性及必然性的超驗概念或原理而已」。〔註 180〕溫偉耀亦以馮耀明的批評爲基礎，質疑牟氏由內在於人的普遍性出發，進而探向其形上的（超經的）根源（ontological ground）以確定有所謂「無限智心」之存在的由內而外的進路是否合法，因而其順馮氏之批評質疑到：「牟宗三所說的『無限智心』，究竟是不是真實地存在的『超越實體』？抑或只是一種『超驗的概念或原理』而已？」〔註 181〕

　　馮、溫二氏的批評顯然並非毫無根據，不過馮氏對牟宗三相關文獻的誤讀卻在很大程度上誤導了他在這一問題上的看法。〔註 182〕就馮氏所引《中國哲學十九講》中的一段材料來看，〔註 183〕牟宗三論述的重點是在針對心理學意義上之主體概念而說儒家所講的主體即仁乃是有客觀普遍性的，而不像心理學意義上的主體乃是純主觀的，但說仁是客觀的，也不應該將其理解爲外在的對象，是以牟氏進而以康德的十二範疇作對比來加以說明，也就是說，牟氏這段論述的重點不在說主體或仁的超越性或形上實體性。就此而言，馮氏的批評顯然推論太過。馮氏對所引《圓善論》中一則材料的說明，〔註 184〕同樣缺乏說服力。牟氏此段論述的重點在於通過對康德所謂「理神論」或「智神論」的對比闡述，認爲雖然理神論者並不冒險肯斷根源的存有或最高原因爲具有智性與自由的睿智體，而只以之爲形式的、理的上帝，不過其所肯認之理的上帝仍爲一個體存有，在牟氏看來這裏面依然有其虛構性，並非純粹理性之決定。因而牟氏所提到的「形式的超越概念」，只是針對對上述根源存有或最高原因作特殊規定即規定其爲一個體存有來說的，但絲毫不否定其形上實體性，即仍肯定其爲根源存有或最高原因，這即是牟氏所強調的，無限智心之肯定乃是純粹理性的決定，其中絲毫不摻雜情識的因素。

　　雖然說馮耀明的相關批評在一定意義上乃是基於對牟宗三的誤解，不過由勞思光而來的這兩點質疑對於牟氏道德形而上學而言卻是十分相干的，可

〔註 180〕馮耀明：〈當代新儒家的「超越內在」說〉，《儒學與當今世界》（楊祖漢主編，臺北：文津出版社，1994），頁 86～87。

〔註 181〕溫偉耀：《「無限智心」是「谷魯（Grue）」：基督宗教對牟宗三「道德論證」的判教》（香港：香港中文大學崇基學院宗教與中國社會研究中心，2003），頁 9。

〔註 182〕林維傑亦注意到馮耀明對牟宗三的這一批評，並有所回應，參林維傑：〈牟宗三先生論儒教〉，《揭諦》第 7 期（2004 年 7 月），頁 103。

〔註 183〕牟宗三：《中國哲學十九講》，頁 63～64。

〔註 184〕牟宗三：《圓善論》，頁 246～247。

以說是道德的形而上學能否確立的關鍵所在，因心性論作爲一套自律倫理學或道德哲學，其完全可自圓其說，那麼由之所發展出之天道觀有何必要？其次，牟宗三深知康德之後一切外在的形上學均無法逃避獨斷的質疑，那麼並非外在於主體的天道的客觀實有性如何說明？其實這也正是道德的形而上學何以必要以及何以可能的問題。〔註185〕本文第一章之所以以此兩問題爲中心論述道德的形而上學，即試圖對這套形上學所面對之兩大難題有所說明。以下簡單說明這兩個問題並闡明勞氏心性論與道德的形而上學之間的關聯。

誠如唐君毅所言，世間各大宗教都必須包含若干原則性信仰，如死後之精神存在，永恆的正義（如善必被賞惡必被罰），及能通眾心之神心之存在等。〔註186〕儒家並不肯定人格神的存在，是以並非通常意義上的宗教，但儒家在歷史上確曾發揮了宗教在西方世界所具有的功能，是以其對宗教所關注之諸重要課題，亦當有所涉及。如此處所謂永恆正義的觀念，此不只是宗教信仰所要求者，凡有理性之存在者必有如此之期望。〔註187〕牟宗三確立道德的形而上學很重要的一點即是要回答此一對全體人類而言具有根本性之課題，其表現型態或理論契機當然是康德所思考之德福問題。〔註188〕如果說，此類問題並非人類所可全然忽略者，那麼牟宗三順儒家思想傳統對其予以解決，自然是合法的，不僅如此，其更可視爲對傳統儒學理論的一種推進，傳統儒學雖常涉及此一話題，但並無較爲完整之理論說明。當然勞思光亦可將其實然與應然二分的立場貫徹到底，而認爲儒學無需此一理論環節亦可爲人提供安

〔註185〕謝大寧在回應勞思光在此一問題上對牟宗三的質疑時，亦提到：「由超越的體證如何進入形上學是一個問題，而應不應該試圖由超越的體證以進入存有的世界又是一個問題，而後者的答案顯然應該是肯定的。」參謝大寧：《儒家圓教底再詮釋：從「道德的形上學」到「溝通倫理學底存有論轉化」》（臺北：臺灣學生書局，1996），頁51。

〔註186〕唐君毅：〈與勞思光先生論宗教書〉，勞思光：《書簡與雜記》，頁263。

〔註187〕唐君毅認爲：「一切高級宗教中之超越信仰，皆出自人之求至善至眞完滿無限永恆之生命之要求，求拔除一切罪惡與苦痛之要求，賞善罰惡以實現永恆正義之要求，因而是人所當有的」，見唐君毅：《人文精神之重建》，頁505。另唐氏《中國文化之精神價值》一書十四章第一節〈宗教要求之內容與其產生之必然性及當然性〉有更爲詳細之論述，參唐君毅：《中國文化之精神價值》，頁308～315。

〔註188〕依牟宗三之見，儒家道德實踐的最高造詣乃是成聖，而成聖所涉及的則是最高圓滿的問題，是以有所謂「德福一致」問題或宇宙的公平、公道問題的產生，參牟宗三：〈原始的型範第三部分‧先秦儒學大義（三）〉，《鵝湖月刊》總第385期（2007年7月），頁7～9。

身立命之本。這涉及勞氏儒學詮釋中的另一重要問題「義命分立」說，本章第二節將作專門討論。

就第二點而言，[註189] 勞氏心性論與牟宗三道德的形而上學之間的分歧主要在於，心性究爲一純粹之道德意識、價值自覺或亦可上提而爲一具有絕對性之形上實體？若取前一立場，那麼天道顯然無法確立其客觀實有性，因勞、牟均反對外在之形上學，天道必收歸主體性方可眞正得以安立，但若心性僅只是一先驗的道德意識，那麼天道只可能是一具有普遍性之道德法則，而不可能同時是一形上實體而具有客觀實有性；但若取後一立場，則心性即天道，其不只是一先驗的道德意識，同時亦爲形上實體，具有絕對之客觀實有性。但其客觀實有性如何從理論上加以說明，則是眞正的困難所在。第一章的相關討論充分的說明了這一點，唐、牟等大抵都強調此爲經由儒者之道德實踐所確證或實證者，非由理論推演而來，那麼從哲學分析的角度出發，勞氏自然很難接受牟氏將道德意識形上學化的做法。其實勞思光亦意識到就儒學史而言，由心性論確立天道觀並非全無可能：

> 倘必欲持此說以解釋「天道」觀念成立之根據，則至多只能用於陸
> 王之學。陸王皆堅持「心外無理」，則「天道」及「天理」等觀念，
> 自皆可視爲次級或第二序者。[註190]

尤其是勞氏晚年在〈由儒學立場看人之尊嚴〉一文，對儒學中一些宇宙論的陳述給與了正面的肯定。如《中庸》云：「中也者，天下之大本也。和也者，天下之達道也。致中和，天地位焉，萬物育焉。」就以上勞氏對宇宙論的批評而言，這種說法無疑包含重大的理論困難。但勞思光於此則說，這些陳述並不是眞正對這個世界有所描述，但「我從不認爲有關和諧或宇宙秩序之類的學說只是無內容的空談。實際上，我要說這些學說觸及極爲重要的問題，不過並非認知的

〔註189〕 戴璉璋教授亦論及勞先生的相關批評，但其僅順牟宗三道德的形而上學之義理略作說明，未有詳細之分梳，見戴璉璋：〈儒家天命觀與其涉及的問題〉，《傳承與創新——中研院文哲所十週年紀念論文集》（鍾彩鈞主編，臺北：中研院文哲所籌備處，2000），頁32～34。此外，伍志學也論及這一點，參伍志學：〈勞思光先生論儒家道德主體性哲學詮釋〉，《「勞思光思想與中國哲學世界化」學術研討會論文集》，頁55～68。

〔註190〕 勞思光：《新編中國哲學史（卷三上）》，頁53。此外，勞氏亦曾言：「自孔孟至陽明，儒學之發展步步走向德性之肯定：最早之秩序觀念，步步與價值自覺通接，最後顯現出一徹頭徹尾之道德秩序，內歸於一心，外達於萬物。可稱爲世界哲學中最純粹之『道德形上學』。」見勞思光：《中國文化要義新編》，頁30。

問題。」〔註191〕我們知道，所謂道德的形而上學即是從仁心或天地之生德說明宇宙秩序或宇宙和諧之可能，通過人之自覺努力達致一萬物各得其所、各盡其性的理想狀態，事實上，勞氏亦正由此說明人的尊嚴。如果說傳統儒學中有關宇宙秩序或宇宙和諧的論述有其確定的意義，那麼牟宗三所謂道德的形而上學至少是對這種意義的一個極爲合理的理論說明。〔註192〕可見，勞思光的詮釋架構之於儒家思想若想具有更大的籠罩性，那麼它似乎並不能僅僅限於以先驗的道德意識爲根基所確立之價值文化哲學，而不能不思考如何將唐、牟所強調的儒學的形上學維度納入其詮釋系統之中。

此外，我們知道道德的形而上學於個體方面的積極意義還在於其宗教性的功能。勞氏對此其實亦不反對，其討論宗教問題時曾提出「以聖代神」的觀念，並由之表明儒學何以能在中國文化中發揮宗教功能，而自身又不變爲一宗教。〔註193〕道德的形而上學同樣一方面強調儒學並非基督教意義上的宗教，同時亦肯定儒學具有宗教性。由勞氏近年的有關看法更可見出他在這一問題上的立場：「我們純粹客觀來看，新儒學也是有這個發展的可能，因爲儘管你就建構理論的標準看，懷疑中國的道德形上學是不是很穩固，但它處理道德形上學問題的功用，仍可以用來處理別的宗教信仰所處理的那些問題。」〔註194〕如果說，儒學確可發揮宗教性的功能，那麼對於儒學之宗教性的說明同樣也是極爲必要的一項工作，而這也正是新儒家尤其是唐、牟所十分強調的一點。

就道德的形而上學之天道觀與宗教性這兩方面來看，其與勞思光對儒學的詮釋顯然並非水火不容，問題的關鍵只在於，如何由心性論過渡到天道觀。

〔註191〕勞思光：〈由儒學立場看人之尊嚴〉，《思辯錄：思光近作集》，頁 150、152。此正如牟宗三所謂：「生生不息惟是根於仁而來之價值命題，非經驗事實命題也。」見牟宗三：〈世界有窮願無窮〉，《道德的理想主義》，頁 264。

〔註192〕上文曾論及新儒家學者認爲儒學對「世界」的理解近於海德格爾，其實勞思光亦有相同的看法，勞思光認爲："although Confucian philosophy is, in its basic character, far different from any European philosophy, the Confucian world-view is still comparable to the phenomenological world-view. Confucians always emphasize the central position of the 'human world' in the cosmic process. They deny the mechanistic concept of nature world. They also refuse the concept of personal God." 參 Lao Sze-kwang, Making Chinese Sense of Phenomenology, *Space, Time and Culture*（David Carr & Cheung Chan-fai eds.）, Kluwer Academic Publishers, 2004, pp.2.

〔註193〕勞思光：《中國文化要義新編》，頁 192～194。

〔註194〕勞思光：〈從當代思潮看新儒家〉，《危機世界與新希望世紀——再論當代哲學與文化》，頁 116。

勞思光因限於康德自律倫理學的框架以及對一切形上學思維方式的否定，〔註195〕因而否認從心性論過渡到天道觀的合法性。不過，由於唐、牟個人在實存體驗上與傳統儒學尤其是宋明儒學中形上慧識相契合，是以天道觀的認定成爲其詮解儒學的一個重要前提。勞思光的儒學詮釋具有很強的理論效力，但其所堅持的這一衡定標準也使得傳統儒學中所包含之證悟或「信仰」的成分全然被剔除掉，那麼傳統儒學在他的詮釋框架中僅只展現爲一套以心性論爲中心的價值文化哲學。因而勞思光與唐、牟的分歧最終不能不歸結到這一點上，在勞氏質疑由心性論過渡至天道觀是否合法的同時，牟宗三亦批評勞思光對儒學的詮釋是「順著康德的思路往下拖」。〔註196〕勞思光質疑的合理性在於，如何從理論上進一步穩固道德的形而上學乃是作爲哲學流派的新儒家不得不繼續努力的一個重要方向；牟宗三質疑的合理性則在於，一種「寡頭的人文主義」顯然並不能眞正說明儒學的宗教性，如果我們希望繼續從引導性哲學或生命的學問這一方向拓展、深化傳統儒學，儒學的宗教性，理論上亦展現爲一套形上學，則是不能不加以說明的一部分內容。理想地看，牟宗三哲學與勞思光哲學當該有一個恰切的契合點，一些學者承接勞思光去形上學化的儒學詮釋路向，更爲極端的反對儒學形上學，這雖然在一定程度上合乎現代哲學去形上學化的趨向，且不說這些反對意見是否都能站得住腳，其首先將使得儒學陷入到現代哲學的諸種困境之中，如相對主義等，對儒學的這樣一種詮釋與改造不能不使其面對種種新的理論困難。

第三節　作爲價值文化哲學的儒學如何安頓現實人生

　　不論是唐君毅、牟宗三將中國哲學理解爲「生命的學問」，勞思光將中國哲學界定爲「引導性的哲學」，抑或是有學者以中國哲學爲「實踐哲學」，〔註197〕

〔註195〕勞思光：〈論非絕對主義的新基礎主義〉，《危機世界與新希望世紀──再論當代哲學與文化》，頁167～173。

〔註196〕牟宗三：《中國哲學十九講》，頁344。

〔註197〕張汝倫以爲新儒家將中國哲學界定爲人生哲學甚至是「心性之學」，乃是對中國哲學的「窄化」，因而試圖以「實踐哲學」的概念來說明中國哲學的眞正特質，張氏謂：「在西方哲學中，『實踐哲學』有狹義和廣義之分。狹義的實踐哲學只是指道德哲學和政治哲學。廣義的實踐哲學是指人類正確生活的方式和目的，人的公共世界和政治生活，人的自由活動和人際交往活動的哲學思考。如上所述，中國哲學起源上的兩個特殊性使得它一開始首先就在狹義

我們都無法否認的一點就是，對人生意義問題的探尋是中國哲學中的一項核心議題。〔註 198〕所謂對人生意義的探尋當然不是將人生作爲對象作純粹現象學的描述，而是透過理性思考尋求人生的目的所在或如何方爲理想的人生，而這亦即傳統中國哲學所謂「安身立命」的問題。〔註 199〕這一課題在勞思光的儒學詮釋中自然佔有重要的位置，主要展現爲學界所熟知的「義命分立」說，其爲孔孟（義）性命觀在勞氏詮釋框架下的理論表達。正如勞氏在後形上學的背景下將孔孟所開創之儒學詮釋爲一套非形上學的價值文化哲學，勞氏對孔孟（義）性命觀的詮釋乃試圖回答現代社會中人們如何回應安身立命的問題，或現代人能否眞正確立安身立命的根據？〔註 200〕孔孟之學作爲一種前現代的思想觀念，其如何轉化成能夠爲今天的人類提供安身立命之所的思想資源，也就是說，

和廣義兩個意義上的實踐哲學。……實踐哲學關心的是人類正確生活的方式和目的，實際上是對人生意義的思索與探究。……因此，廣義的實踐哲學總是與人生哲學有關，實踐哲學的概念完全可以涵蓋中國哲學是生命的學問或中國哲學的道德性之類的說法。」見張汝倫：〈實踐哲學：中國古代哲學的基本特質〉，《文匯報》2004 年 7 月 25 日。

〔註 198〕當代中國哲學家尤其是新儒家多強調哲學的重點在對生命自身的反省，海德格爾亦謂：「若把哲學只了解爲一些和生命分離的純智構作的話，則這一意義的哲學是無力（machtlos）的。」轉引自關子尹：〈說悲劇情懷——情感的先驗性與哲學的悲劇性〉，《無涯理境——勞思光先生的學問與思想》，頁 178。

〔註 199〕劉述先：〈兩行之理與安身立命〉，《儒家思想開拓的嘗試》，頁 59～102；肖群忠：〈儒者的安身立命之道〉，《哲學研究》2010 年第 2 期，頁 48～52；向世陵：〈儒家「安身立命」思想發微〉，《社會科學戰線》2010 年第 4 期，頁 33～38；羅義俊：〈儒家智慧與安身立命〉，《學術月刊》1994 年第 1 期，頁 33～37。

〔註 200〕石元康：〈多神主義的困境——現代世界中安身立命的問題〉，《當代西方自由主義理論》（上海：上海三聯書店，2000），頁 242。自覺地以儒學作爲安身立命之學來加以探討的大概始自宋明理學，楊儒賓謂：「在宋代理學興起之前，儒教雖然與佛老並稱爲三教，但儒與佛老有種不言自喻的分工模式，亦即儒家（或儒教）扮演維持世間倫理的角色，而佛老則擔負起和安身立命有關的宗教義務。這種分工通常以『內─外』對舉的方式表現出來。內外如果以區域劃分，則此世界之內者爲儒學，此世之外者爲佛老。所以儒是『方內』，佛老是『方外』；儒是『世間法』，佛教是『出世間法』。如果以性質劃分，則反而身心之內者爲佛老，而身心之外者爲儒學，所以佛老爲『內學』，儒爲『外學』。這種分工也常以聖俗或眞俗對分的情況顯現，依次劃分，則佛老爲聖學或聖諦，儒爲俗學或俗諦。……但從李翱以下，這種宗教秩序的安排逐漸受到挑戰。當儒者不再滿意這種劃分，也不認爲佛老所居的『內學』或『方外』位置眞能窮盡『性命之學』的眞理時，他們就要介入佛老一向擅長的學問領域了。」見楊儒賓：〈作爲性命之學的經學——理學的經典詮釋〉，《長庚人文社會學報》第二卷第二期（2009），頁 208。

孔孟之學與今日人類實際生存狀態之間有何相干性？勞思光對孔孟（義）性命
觀的詮釋可以說是對此一問題的一個可能性的解答。首先我們應該清楚說明的
是現今人類與古代人類獲取生命意義的方式是極爲不同的，石元康依照韋伯等
的分析，對此有很好的歸納性的說明：〔註201〕

> （17世紀的科學革命以前）的宇宙觀是一個目的論式的宇宙觀。根
> 據這個宇宙觀，世界上的每樣東西由於都是神所創造的，因此也都
> 被賦予一定的功能及目的，而這個功能也成就了該項事物的意
> 義。……人在這個宇宙中也有其特定的地位，人類最高的活動就是
> 去冥想這個宇宙的秩序，並找出自己在這個宇宙中所應該處的地
> 位。……這是一個充滿意義的世界，人生的意義也就從冥想活動中
> 獲得充分的實現。……在這個世界中，事實與價值是不可分的，在
> 這個世界中，宗教及哲學能夠給我們提供生命的終極意義。……但
> 是，現代科學將這個世界觀徹底粉碎了。世界不再是一個充滿了意
> 義及目的的宇宙，它雖然仍表現出一個秩序，但這個秩序只是因果
> 式的機械的秩序。在這個秩序中，我們只能找到事件與事件之間的
> 因果關係，而不是它們之間的意義關聯。休謨所提出的實然應然之
> 間有一條不可逾越的鴻溝的講法，所表現的正是這種宇宙觀。……
> 世界是由事實所構成的，因此，當我們要去探索意義時，不可能在
> 世界中找到它。意義及目的不再是能被發現的東西，而是被創造的。
> 這就是世界解咒後的宇宙。〔註202〕

對比上文的分析，我們可以清楚的看到，石元康這裏所描述的現代人的世界
觀恰恰是勞思光所肯定並接受的基本事實，他的相關思考正以之爲起點，即
我們所面對的乃是一個非神聖性的完全世俗化的世界，而世俗化正是現代社
會區別於傳統社會的一個根本特徵。〔註203〕勞氏將價值得以確立的唯一根據
收歸主體正是基於事實與價值或實然與應然二分這一根本性的前提，世界只

〔註201〕泰勒（Charles Taylor）論現代性的三個隱憂亦十分清晰明瞭地論及這一點，
　　　　參查理斯‧泰勒：《現代性之隱憂》（程煉譯，北京：中央編譯出版社，2001），
　　　　頁1～14。
〔註202〕石元康：〈多神主義的困境——現代世界中安身立命的問題〉，《當代西方自由
　　　　主義理論》，頁251～252。
〔註203〕金耀基從社會學的角度對「現代」的內涵作了十分清晰地說明，參金耀基：《從
　　　　傳統到現代》（北京：中國人民大學出版社，1999），頁98～104。

是一個由條件系列決定的因果關係領域，主體的價值意識則使人能夠超越這一決定領域而追尋並實現意義與價值。是以勞氏說：「人生之意義自只能在『義』之領域上成立，因人不能作主宰處，便無可著力；亦只有事實，而無意義可說。」〔註204〕正是在這一意義上，勞氏極爲強調限定義之「命」觀念出現的思想史意義。

一、義命分立

春秋以前之「天」大抵尚處於原始宗教（primitive religion）階段，〔註205〕其爲具有主宰性之「人格天」，人事之吉凶禍福全爲「天」所主宰，觀相關材料對「天道」之論述即可知之，錢大昕謂：「古書言天道者，皆主吉凶禍福而言。《古文尚書》：滿招損，謙受益，時乃天道。天道福善而禍淫。《易傳》：天道虧盈而益謙。《春秋傳》：天道多在西北。天道遠，人道邇。灶焉知天道。天道不謟。《國語》：天道賞善而罰淫。我非瞽史，焉知天道？《老子》：天道無親，常與善人。皆論吉凶之數。」〔註206〕這樣，正義或公正之類的觀念遂亦由天所主宰，而「天命」即成爲價值之標準所在。與此同時亦開始出現限定義或命運義之「命」，如《詩經・召南・小星》所謂「實命不同」、「實命不猶」，《鄭風・蜾蛛》所謂「不知命也」等；「天命與命運不同之點，在於天命有意志，有目的性；而命運的後面，並無明顯的意志，更無什麼目的，而只是一股爲人所無可奈何的盲目性的力量。」〔註207〕在勞思光看來，與人格天相分離的客觀限定義之「命」的出現具有重大的思想史意義：

> 「命定義」之「命」，固是晚出之義，但正與日後儒學所取之態度相符。倘就哲學史之尺度説，此種演變正是思想之進展。……蓋「客觀限定」與「主觀自覺」之分，正是哲學上一大問題，亦是哲學進展中一大關鍵。〔註208〕

命觀念的出現之所以重要，並不在於這一概念表達了客觀限定的意涵，毋寧說，這一觀念的凸顯背後包含的是主體的道德自覺，正是在人的自覺活動（包

〔註204〕勞思光：《新編中國哲學史（卷一）》，頁105。

〔註205〕余英時：〈中國知識人之史的考察〉，《現代危機與思想人物》（北京：三聯書店，2005），頁2。

〔註206〕〔清〕錢大昕：《十駕齋養新錄》（上海：上海書店出版社，1983），頁45。

〔註207〕徐復觀：《中國人性論史》，頁34。

〔註208〕勞思光：《新編中國哲學史（卷一）》，頁74。

括認知的和實踐的）的邊界處，方才有命觀念的出現。是以徐復觀如此界定命：「在人力所不能達到的一種極限、界限之外，即是在人力所不能及之處，確又有一種對人發生重大影響的力量，這便是命。」〔註209〕所以，由命的觀念我們至少可以分析出兩層涵義：它既從反面展示了人之主體性的自覺同時也凸出了人自身的有限性。由此即可引出勞氏所謂的「義命分立」說。

《論語》論命有兩則很具代表性的材料：

> 伯牛有疾。子問之，自牖執其手曰：亡之，命矣夫。斯人也，而有斯疾也；斯人也，而有斯疾也。

> 子曰：道之將行也與，命也；道之將廢也與，命也；公伯寮其如命何？

就前則材料而言，孔子顯然以冉伯牛不應有此遭遇，不應有而實遭遇之，則為無可奈何之事，是以孔子將其歸之於命。就第二則材料來看，道之行於天下，顯然是合乎正義的事情，然而其是否真能在現實中實行，則不是人所能完全決定的。是以，這裏就存在所謂義之所當為與行為之實際結果之間的分裂。人類之所以會有對義的肯定與追求，根本就在人能有價值自覺，於此人能自作主宰，其為體現個體自由及自主性的領域；然而成敗問題或由義為方向所引生之行為是否達致預期的結果，則非人所能控制和決定，是以只能歸之於命。這即是義與命、自覺主宰與客觀限制或應然與必然、自由的領域（realm of freedom）與決定性的領域（realm of determinism）〔註210〕之間的區分。

孟子繼承《論語》義命分立的思想而說為性命之辨：

> 孟子曰：口之於味也，目之於色也，耳之於聲也，鼻之於臭也，四肢之於安佚也，性也，有命焉，君子不謂性也。仁之於父子也，義之於君臣也，禮之於賓主也，知之於賢者也，聖人之於天道也，命也，有性焉，君子不謂命也。

依勞思光的詮釋，「性也，有命焉」中的性主要指人之形軀層之各種官能欲望，因而是被限定或被決定者，「命也，有性也」之性則指主體性而言，其所指涉者為人之價值意識，命則均取「命定義」，其所指涉者包括經驗界之一切條件系列。孟子此章性命對揚，其目的即在辨明：「凡屬被決定之功能，皆不表主體性」，也就是說，對人而言真正屬於性者為人之價值意識，『性』與『命』

〔註209〕徐復觀：〈有關中國思想史一個基題的考察──釋《論語》「五十而知天命」〉，《中國思想史論集續篇》，頁251。

〔註210〕勞思光：〈關於術數的反省〉，《虛境與希望──論當代哲學與文化》，頁113。

各指一領域，而此兩領域即合成吾人之世界」。〔註211〕

　　既然經驗界爲被決定者，即屬於命一領域，那麼人所能努力者唯在義或性之領域，因只有在這一領域，人之自主性、主宰性方可得以展現，也即人只有在此一領域才有自由可言，那麼，人生之意義也就只能在這一領域中得以確立。儒學作爲「成德之學」，〔註212〕亦即「教化之學」，〔註213〕其根本目的在於使人從自然狀態轉化上升成爲有德性之人，而這即涉及「教化」的問題。因人能否成就一己之德，全由個人自作主宰，其根本動力在於人所本有之價值意識之自覺。對於儒家而言，「所謂成德，即是事事如理」，〔註214〕聖哲作爲儒家所追尋之理想人格，其本質就在事事如理或在在如理。〔註215〕儒家肯定人人可以爲聖人，即是將人生之意義寄託在道德人格之成就上。

　　在勞思光的詮釋系統中，所謂理或義，乃指具有普遍性之價值規範而言，而人之價值自覺本身即含普遍規範之要求。〔註216〕是以理本身還僅只是一形式化的概念，其以普遍性爲本質特徵。理、義亦略有不同，即理乃從客觀面而言，而義則從主觀面而言，正如伊川所謂：「在物爲理，處物爲義」，也就是說，每一事皆有一普遍之理，而在人之意志行爲方面能循理以處物即爲義，〔註217〕亦即由之而生之行爲乃爲正當。而「行爲是否如理，不在其『結果』，而在其『方向』。行爲方向是由意志方向決定，因此行爲方向是否如理，要看行爲背後的意志處於何種狀態中。意志的狀態，可以分作『受形軀感受支配』的狀態與不受此種支配的狀態；如意志在受形軀感受支配的狀態中，則其方向是逐欲，即不是循理；反之，即是循理。」〔註218〕

〔註211〕勞思光：《新編中國哲學史（卷一）》，頁147。

〔註212〕勞思光：《新編中國哲學史（卷二）》，頁85；勞思光：《新編中國哲學史（卷三上）》，頁318；勞思光：〈從「普遍性」與「具體性」探究儒家道德哲學之要旨〉，《思辯錄：思光近作集》，頁43；勞思光：〈哲學思想與教育〉，《虛境與希望——論當代哲學與文化》，頁48；勞思光：〈論儒學在中國現代化運動中之正反作用〉，《虛境與希望——論當代哲學與文化》，頁149～154。

〔註213〕勞思光：《新編中國哲學史（卷一）》，頁100。

〔註214〕勞思光：〈關於中西文化問題的討論〉，《文化問題論集新編》，頁195。

〔註215〕勞思光：〈哲學的責任〉，《文化問題論集新編》，頁107。

〔註216〕勞思光：《新編中國哲學史（卷一）》，頁125；勞思光：《新編中國哲學史（卷三上）》，頁288、312。

〔註217〕勞思光：《中國文化要義新編》，頁24；勞思光：《中國哲學史新編（卷三上）》，頁176。

〔註218〕勞思光：《中國文化要義新編》，頁29。

由此，我們即不難明白何以勞思光以「意志之純粹化」或「意志之理性化」爲儒學最根本之成德工夫。〔註219〕所謂意志之純粹化即是指使作爲行爲方向之決定者的意志不受現實利害及感性私欲所影響，而意志之理性化乃指意志完全以普遍性規範爲要求，意志之理性化即意志與理性之合一，如此由意志所決定之行爲方向，必因意志不受現實利害及感性私欲之影響而合乎普遍性之要求，此即所謂循理合義。不過這還僅只是就理論層次而言：

> 嚴格地説，關心道德問題的人，決不能拋開日常生活的領域去講道
> 德。代表「普遍性」的理論與境界，都必須關注到「具體性」的日
> 常生活中，才能顯現道德意識的文化意義。〔註220〕

有關道德的講論不能只是一套空頭的理論，是以其不能不涉及所謂「價值意識之具體化」的問題，是以對儒家而言「價值在於具體理分之完成。」〔註221〕所謂具體理分與抽象之價值意識不同，其已涉及理之具體內容，也即是說在特定社會情境中，各具體之行爲如何方算是「循理合義」。僅僅一抽象的價值意識或形式化的理並不能眞正決定一具體的道德行爲，所以抽象的價值意識只有具體化，也即與特定的情境脈絡相結合，方足以指導人的行爲。孔子所謂：「父爲子隱，子爲父隱，直在其中矣」，即可由之得到合理的解釋。「葉公以爲能不顧父子之關係，表示正直合理；孔子則謂，正直合理不在於視父子爲路人，而在於各盡其父子之理分。」〔註222〕如果僅站在抽象的層次來看待這一問題，我們自然很容易就會想到孔子顯然有徇私之嫌，但如果我們明白道德行爲必然是抽象之價值意識的具體化或具體理分之完成，則我們就不難體會孔子何以會有如此之觀點，這也就是理想的「普遍性」與生活的「具體性」之間的差異。理分在這裏即包含有「責任」或「義務」的意思，也即在道德實踐中具體應爲之事。〔註223〕勞思光之所以強調理分的觀念，這本質上

〔註219〕勞氏曰：「意志如何理性化，乃成爲儒學工夫論的中心，意志理性化的完成即自我轉化的完成」；「意志的理性化是這種成德之學的根本主張」，見勞思光：〈論儒學在中國現代化運動中之正反作用〉，《虛境與希望──論當代哲學與文化》，頁153。

〔註220〕勞思光：〈從「普遍性」與「具體性」探究儒家道德哲學之要旨〉，《思辯錄：思光近作集》，頁43。

〔註221〕勞思光：《新編中國哲學史（卷一）》，頁94～95。

〔註222〕勞思光：《新編中國哲學史（卷一）》，頁94。

〔註223〕勞思光：《新編中國哲學史（卷一）》，頁85；勞思光：《新編中國哲學史（卷二）》，頁85。

仍是由儒學自身的人文性所決定的。對儒家而言,講論道德的關鍵不在成就一套關於道德的知識,更為重要的是如何喚醒人的道德意識而使之在當前世界中生出具體的道德行為,進而由之促使個體的自我轉化、成就道德人格,若僅只探尋一套知識理論,也就無法發揮文化上人文化成的作用。

正因為儒家論道德包含理想的普遍性與生活之具體性兩方面內容,所以命的觀念才得以凸顯,其根本上是儒者因著普遍的道德理想而行時,面對現實情境所引發的種種無可奈何而對自身之有限性的一種體認。是以,對儒家而言,言命並非就意味著宿命論,而是對生命之有限性的指認。〔註224〕那麼理想的普遍性、完滿性與現實生活的具體性、有限性之間的張力如何平衡?是否將義(性)與命簡單分立之後,將人生之意義或努力的方向寄託於義的領域,現實人生即得安頓?對於唐君毅、牟宗三而言,純粹的人文主義是無法安頓現實人生的,只有透出並體證絕對的終極實體,吾人之現實生命方可得以貞定。與徐復觀一樣,勞思光將儒學詮釋為一不折不扣的人文主義,〔註225〕由此所確立的人生方向是否真的足以貞定吾人之現實生命?由此,我們可以轉而論述勞思光所謂的「承當精神」以及「理分之衝突」與「儒學之悲劇性」的問題。

二、理分之衝突與承當精神

人若只限於自然生命或形軀我的境界之中,那麼我們的生活將只是「一套套束縛,一串串苦難,一個愚昧無聊的歷程」,是以印度思想中不論是吠陀以來的傳統思想抑或佛教教義,都以「離苦」、「解脫」為人生之目的和意義所在。〔註226〕但人畢竟不只是一純粹之自然生命或生物生命,人在實踐領域並非完全被決定者,而是有其自由的,在實踐活動中,實踐的主體性得以顯現,此實踐的主體性亦可稱為道德的主體性或德性的主體性。有主體性即表示人並非只為對象世界之條件系列所決定,他通過事事如理之實踐活動一方面成就自我之德性,另一方面這些活動本身作為價值之實現亦改變或善化對象世界,因而在自然世界之上可有文化世界之確立。此時,人亦可說是文化之主體。

自我作為德性之主體或文化之主體,即已突破或超越對象界之條件系列的

〔註224〕劉述先:〈「兩行之理」與安身立命〉,《儒家思想開拓的嘗試》,頁93。

〔註225〕李明輝:〈從康德的「道德宗教」論儒家的宗教性〉,《儒家傳統與啟蒙心態》,頁235。

〔註226〕勞思光:〈論「承當精神」與「最高自由」〉,《歷史之懲罰新編》,頁216~217。

決定和束縛，但「即在主體在客體中實現價值之際，卻有一不可逾越之限制出現，而由這個限制即生出一必然之罪、必然之苦。這個限制即是『生命之有限性』，所生出的罪與苦即是理分之不相容（incompatibility of duties）」。〔註227〕

自我作爲德性主體在價值領域雖可展現其自主性、主宰性，但儒家人文主義的關懷使得價值不能只是現實世界之上或之外的東西，所謂「道不空懸，必須實現；不實現，不足以爲道」。〔註228〕那麼主體在當前世界實現價值的同時，也就不得不面對對象世界帶來的限制。這裏的限制可分兩層說，第一層即主體實現價值活動之結果並非主體所能掌控，這根本上可由義（性）、命分立之說加以說明；第二層則可收歸生命自身來說，即因爲生命自身的有限性，人也就不能同時完成幾種義務（即所謂理分）。當人要同時完成兩種或兩種以上之義務時，因爲生命本身的限制，人必須有所取捨，但不論如何取捨，其必定在義務上有所虧欠。「而義務的虧欠即是人生之『罪』，若有不可免的虧欠，即有不可免之『罪』」。〔註229〕在勞氏看來，落在「有限生命之實踐歷程」上，理分之衝突或不相容根本無解決之可能，因具體生命之有限性乃不可免者，而「道德實踐」之涉及具體之生命，亦是不可免者。〔註230〕

在勞思光看來，這兩層限制中後者方爲眞正的主體自由之限制、眞正的人生之悲劇，亦即人生所不可免之罪與苦。儒家以聖人爲理想人格，人生之目的及意義正在通過個人之價值自覺而達至事事如理的聖哲境界。但就具體生活而言，所謂事事如理，即是要處處完成理分或義務，但生命自身的有限性使得人不得不面對理分上的虧欠，對於一個有價值自覺或德性自覺的人而言，這即是一種「苦」。是以勞氏謂：「『罪』不可免，『苦』亦不可免；就『不

<hr>

〔註227〕勞思光：〈論「承當精神」與「最高自由」〉，《歷史之懲罰新編》，頁221～222；勞思光：〈生命悲情與「存在主義」之正面意義〉，《存在主義哲學新編（修訂版）》，頁171～172。勞氏所謂「理分的衝突」與 Alasdair Macintyre（麥金泰爾）所論當人無法同時完成其所承擔之不只一種社會角色的責任時所面對之道德兩難（moral dilemmas）非常接近，麥氏的討論請參 Alasdair Macintyre, Moral Dilemmas, *Philosophy and Phenomenological Research*, Vol. 50, Supplement（Autumn, 1990）, pp.368.有關儒家對於道德兩難問題的定位及其解決方式的討論，請參黃慧英：〈儒家對道德兩難的根本立場〉、〈再論儒家對道德衝突的消解之道——藉《公羊傳》中『權』的觀念闡明〉，《儒家倫理：體與用》（上海：上海三聯書店，2005），頁77～86、87～105。

〔註228〕牟宗三：《道德的理想主義》，頁7。

〔註229〕勞思光：〈論「承當精神」與「最高自由」〉，《歷史之懲罰新編》，頁222。

〔註230〕勞思光：《新編中國哲學史（卷二）》，頁86。

可免』說，亦可稱爲『必然』。這種生命中的必然之『罪』，必然之『苦』，方是眞正的『原罪』，眞正的『遍苦』。……事有大小，理無大小；凡有理分之虧欠，皆是不可辭的『罪』。」〔註231〕

既然人的有限性是無可改變的，那麼由理分之衝突帶來的罪與苦自然也就無法消除，是以人生終歸只能是悲劇性的。這裏我們可以略微介紹一下勞思光關於悲劇的理論。

就已有的悲劇作品而言，勞思光認爲悲劇可分爲三種類型。〔註232〕第一種類型是指以「命定」或「命運」觀念爲基礎的希臘悲劇，如《俄狄甫斯》（Oedipus），其主要透過命運力量的恐怖性來突顯生命之悲劇。第二種類型是指以「缺陷」觀念爲基礎的悲劇，如《哈姆雷特》，其主要是因人自身性格的缺陷而引生矛盾乃至悲劇。第三種類型是指以「衝突」觀念爲基礎的悲劇，主要是指與惡勢力之間的衝突而引生的悲劇，如左拉的《娜娜》。勞思光進而認爲這三類悲劇中，以第一種層次爲最高，第三種爲層次最低，因爲命運悲劇更能突顯生命自身的深層次問題，是「無可歸咎」的悲劇，第三類悲劇則是可歸咎的悲劇，不是生命本身的悲劇，不能透顯生命深處的問題。但無論是哪一類悲劇，總可以「有限性」概念作統攝性的原理來加以說明。就生命自身之有限性而言，勞思光認爲還存在一種層次更高之悲劇，即所謂由「責分間的不相容」或理分之衝突而引生的生命悲劇，這種悲劇乃有極高之價值自覺的人方能領會。何以說，生命悲劇要高於其他三類悲劇？因爲就人作爲有價值自覺之主體而言，前三類悲劇原則上是可以克服的，蓋有價值自覺者唯求事事如理，命運只能決定成敗問題而無法決定如理與否，而當人依價值自覺努力克服自身性格上的缺陷時，不論現實上是否眞能克服，但總可說是對缺陷的超越，而所謂衝突更不待言。但無論人有多高或如何純粹之價值自覺，理分之不相容總非可克服、超越者，是以由理分之不相容所引生之生命悲劇乃眞正是無可奈何的最深沉的悲劇，而其根源仍在「生命之有限性」這一點上。

> 理分不能完成，即形成德性之虧欠。「予有慚德」成爲每一個尋求成德之境的人們共有的歎息。當心靈觀悟到這裏，才會明白這裏依舊沒有徹底的自我的主宰。此所以易終於未濟。……可是，當眞有「至安之地」嗎？我們明白了上節所說的「理分之衝突」與「生命之有

〔註231〕勞思光：〈論「承當精神」與「最高自由」〉，《歷史之懲罰新編》，頁 224、225。
〔註232〕勞思光：〈關於悲劇之原理〉，《書簡與雜記》，頁 312～317。

限性」，則我們就會知道，在生命本身即有對「理分」之不可免的侵
害，這種侵害即使理分之安全成爲不可能完成的事。……這樣，我
們才看出「生命」本身之可悲了。生命不唯自身是命定的空虛，而
且還妨害自覺主體的自由。凡庸之人，永受需求支配，滾來翻去，
固是可憐；希聖希賢，也不過陷於理分衝突之中；除非自欺自大，
否則必知自己實無所完成，依然是一空虛，是一幻滅。〔註233〕

由上述討論及所引文字不難見出，勞氏的哲學思考固然始終以文化哲學爲重
心，但這其中也包含著勞氏本人對時代以及生命本身之極深的悲情，在這一
點上，勞氏與新儒家尤其是唐、牟完全一致。但若生命終歸只能是悲劇性的，
這種所謂的「空虛」、「幻滅」又如何能安頓人的生命？人生的歸宿究竟何在？
一切宗教信仰之對象已爲勞氏所排除，其全部哲學的基點只在人的主體自由
或價值自覺這一點，那麼其是否眞是生命意義與人生歸宿之寄託所在呢？

　　萬古蒼茫，六合侷促。我將安歸？

　　但在我拋盡一切浮思，洗去一切意氣之際，在無限茫茫中忽有一直
接感悟。這個感悟就是：罪即是罪，我仍是我。倘我知此不可免之
罪與不可免之苦，我仍可安然承當。我知圓成之不可得，我便承當
此一不可得。我不唯應超越現世之成敗，亦應超越對聖哲之企求。
有限之生命，還它一個承當；虧欠之理分，還它一個承當；不可免
之罪，安然當之；不可免之苦，安然受之。〔註234〕只要我們不勉強
要作耶穌口中的首先擲石子的人，我們即在承當一切「罪」、一切「苦」
中，顯現一「德」。這裏是主體自由的最後展現。〔註235〕

這大概是順勞思光義命分立之說所能得出的唯一結論，否則必墮入徹底的命
定論或以一切皆爲虛幻之虛無主義。勞氏此處所論確彰顯出生命的悲劇性及
生命自身的莊嚴，我們雖可說生命是悲劇的，但這絕非悲觀的，相反其中透
出一股濃重的「悲劇英雄」的味道。不過，我們應當注意的是，勞氏的這一
詮解仍合乎傳統儒學之義理精神，觀伊川的相關說明即可明白：

　　「知天命」，是達天理也。「必受命」，是得其應也。命者是天之所賦

〔註233〕勞思光：〈生命悲情與「存在主義」之正面意義〉，《存在主義哲學新編（修訂
版）》，頁171～172。
〔註234〕關於勞思光承當精神的討論，可參閱伍志學：〈論承當精神〉，《萬戶千門任卷
舒──勞思光先生八十華誕祝壽論文集》，頁33～42。
〔註235〕勞思光：〈論「承當精神」與「最高自由」〉，《歷史之懲罰新編》，頁226。

> 與，如命令之命。天之報應，皆如影響，得其報者是常理也；不得
> 其報者，非常理也。然而細推之，則須有報應，但人以淺狹之見求
> 之，便謂差互。〔註236〕

> 君子有義有命。「求則得之，舍則失之，是求有益於得也，求在我者
> 也」，此言義也。「求之有道，得之有命，是求無益於得也，求在外
> 者也。」此言命也。至於聖人，則惟有義而無命。〔註237〕

> 順乎理，「樂天」也，安其分，「知命」也。順理安分故無所憂。
> 〔註238〕

> 聖人樂天，則不須言知命，知命者，知有命而信之爾。……命者所
> 以輔義，一循於義則何庸斷之以命哉。〔註239〕

伊川雖並不反對「報應」之類的觀念，但其所強調者仍是君子當「順理安分」，
一是皆以義爲準，如此也就可以臻於樂天無憂之境，此即所謂「以義安命」。
勞思光自述爲一人文主義者（humanist），〔註240〕這一立場使得他的相關思想
特別契合儒家義命分立的思想觀念，而這大概也較爲合乎近代以來日漸世俗
化的時代的基本精神。

三、唐君毅論「超越的信仰」及其對傳統儒學精神之推進

　　對於勞思光的論述我們不能不質疑的是，當人眞正處於極端的人生困境
中，面對生命自身的悲劇性及荒謬性時，個體依其價値自覺是否眞能承擔起
這絕大的痛苦而不消極頹廢甚至墮入極端虛無的深淵之中？且如牟宗三所質
疑的，人於道德實踐中若只問是非而不論成敗，那就顯得太悲壯了，非人情
之所能安，其能否眞正慰勉人之道德實踐於不墜亦爲可懷疑者。林玫玲通過
對先秦儒家相關問題的分析認爲：「雖然先秦儒者試圖以運命、義命、領袖神
義論等理論，解決神義論問題，但我認爲，上述理論僅對少數具有尊德樂義
之精神的人產生說服力，對一般人而言，仍缺乏強烈的說服力。人趨利避害，
本爲天性，如何能夠使人們相信德即是得呢？這恐怕須要有強烈道德意識的
人才能夠做得到。……不是每一個人都具有強烈的道德意識，故，以義命思

〔註236〕〔宋〕程顥、程頤：《二程集》，頁 161。
〔註237〕〔宋〕程顥、程頤：《二程集》，頁 367。
〔註238〕〔宋〕程顥、程頤：《二程集》，頁 1028。
〔註239〕〔宋〕程顥、程頤：《二程集》，頁 125。
〔註240〕勞思光：〈《存在主義哲學》自序〉，《存在主義哲學新編（修訂版）》，頁 xiii。

想來解釋神義論是無法說服眾人。」〔註241〕是以唐君毅有質疑說，若儒家之學僅只是文化之學、道德之學，其並不足以使人安身立命：

> 我們可以問：人之存在於宇宙，其根源畢竟在哪里？亦可以問：人死
> 後到哪里去？再可以問：人如何保證人能實踐道德，完成文化理想？
> 或問：縱然人類文化永遠發達下去，畢竟人類最後歸宿何處？或問：
> 人解決了自己的問題，畢竟對人以外之眾生之苦痛問題，作何交代？
> 人又如何根絕人與眾生之苦痛罪業之生生不窮？人如對這些問題，都
> 不能有一答案，則人生在世，仍是飄萍。人倫之愛，只在百年之內。
> 學術文化之盛世，在一朝大劫來臨時，終是齊歸空幻。這些問題，正
> 是世界各宗教家之所用心。儒者對於這些，一般只是存而不論。然這
> 些問題未決，即現實人生之外面，仍是一片茫昧。〔註242〕

而這即是唐氏講論儒學而特重儒學之宗教性的根本原因所在，此中之關鍵即是其所謂儒學之「自信之精神」，亦即覺悟人所本有之本心本性之超越性、無限性，證悟此本心本性爲一形上實體。對儒家而言形上學與宗教乃一體之兩面，因此形上學乃道德的形上學或實踐的形上學，在唐氏看來：「至於反宗教、反形上學，而只自局限於人之現實存在之儒學，則此絕非緣孔孟、宋明儒家精神之向上發展，以更升進之儒學」。〔註243〕這一點亦爲牟宗三所認同，儒學之宗教性及其形上學維度乃是其詮釋儒學的根本旨趣所在。不過，與牟宗三相比，唐君毅在儒學之宗教性的闡發上走得更遠，由第一章的分析，我們看到，牟宗三雖然試圖借由解決康德德福問題而推進儒家在義命問題上的思考，即通過對命觀念的超化而力圖解決德福一致的難題，但其最終的解決方案並非絕對完滿，其並未走出傳統儒學以義安命的思路太遠。唐君毅則更加強調儒學之宗教性及其與各宗教之相容性，吸收其他宗教之重要觀念，面對勞思光於上文就生命之有限性而論及主體於道德實踐中所不得不面對之兩層限制，唐氏給出了自己的解答，這應該說是對傳統儒學精神的拓展。

　　唐君毅晚年有「超越的信仰」之說，即「整個宇宙中一切當然者皆必然實現」之信仰，或「整個宇宙之一切善皆必完成」之信仰，「人實現善之願望無不能究竟滿足」之信仰，此即一極簡單而極樸實之「一切止於至善」之信

〔註241〕林玫玲：《先秦哲學的「命論」思想》，頁402～403。
〔註242〕唐君毅：《中國人文精神之發展》，頁311。
〔註243〕唐君毅：《中國人文精神之發展》，頁314。

仰，而由此信仰實可統攝容許其他種種信仰，如道德生命之永存、神聖心體之存在、一切有情之能普度、善惡之因果等。〔註244〕

由此，即可對德福問題或義命問題予以說明：

> 善惡因果之信仰……固不能由現見之經驗事實加以證實，而依一般
> 理性之思維言，善惡與苦樂禍福，乃異類之事，則亦不能由其一以
> 推論必與其二相連。此皆前所論及。故其間之因果，亦只爲人之順
> 其賞善罰惡之心，所必然不容已於加以肯定，而有之超越的信仰而
> 已。〔註245〕

人依其理性自然期望德福或善惡賞罰直接有一相應的匹配關係，然而這並非在經驗世界中所可加以證實和說明者，亦非人類理性本身所可解決者。是以唐氏將佛家善惡因果觀念引入人的道德生活之中以說明解決此一難題。不過，對於一般儒者而言，義乃是首出之原則，若以善惡賞罰之說作爲道德實踐之依據則有引生道德功利主義之危險，是以唐氏以善惡因果之信仰只應作消極之運用：

> 然人所依此善惡因果之信仰，而爲善唯所以致福於來世，去惡唯所
> 以避禍於來世，則落入個人功利主義，而違悖道德生活之要求。今
> 依吾人之重在當下之道德生活之相續之觀點言，則對此善惡因果之
> 信仰，亦將只作一消極的運用，而觀其消極的意義。即此信仰之意
> 義，唯在使人知爲善者之受苦，爲惡者之受樂，皆非究竟義之事。
> 由此即見此宇宙之存在之原理，非必與道德之原理相違者。人之信
> 此善惡因果之說，若止於此，則可去除人之由見人之善惡與所受禍
> 福之恒不相應，而疑宇宙存在之原理，爲與道德之原理相違之懷疑
> 論。此善惡因果之說，即有去除此懷疑論之價值，而當爲人所信。
> 然過此以往，謂人必賴信善惡因果，而後爲善去惡，專取此說之積
> 極的意義，以教人行道德，則必落入個人功利主義之說，其本身非
> 道德生活，而非吾人之所當取者矣。〔註246〕

對唐君毅而言，勞氏之立場可說是一頓教，須有根器者方能直下承擔，所謂

〔註244〕唐君毅：《生命存在與心靈境界》，《中國現代學術經典・唐君毅卷》（石家庄：
　　　　河北教育出版社，1996），頁 777。
〔註245〕唐君毅：《生命存在與心靈境界》，頁 775。
〔註246〕唐君毅：《生命存在與心靈境界》，頁 775。

截斷眾流使人直下先認取義之所在，亦即道德生活上之當然之所在。〔註247〕
牟宗三之立場本質上來說，其實亦較接近勞氏之說。在唐氏看來這一立場對
眾人而言如何能保證人之道德行爲之相續而不斷則並無必然性，是以唐氏援
引佛家善惡因果之說以補充儒家之道德理想，但同時唐氏亦強調義之至上
性，只以善惡因果之信仰作消極之作用，不至墮入道德功利主義，進而維護
儒家本有之道德理想。就這一點而言，唐氏的思想更具教化的意義，其對德
福或義命問題的處理顯然也就更爲圓融。

　　至於勞思光所謂的理分之衝突，唐氏則將其歸之於「道德人格之樹立歷程
中之艱難」。人爲成就道德人格而行之道德實踐，不能不面對種種之問題與艱難
之情形，其中極端之情況即人處於某一處境中，根本無任何行爲可化解此情境
所包含之矛盾。「此即如人之處於忠孝不能兩全之境時，此忠孝原皆爲其道德理
想，而其所在之境，行孝則違忠，行忠則違孝，只容其有忠孝之行爲之一。則
此中人無論如何行爲，皆對其道德理想有所孤負，而不能無憾於心。於此，人
即或抱憾以終身，或者爲欲兼成忠孝，而不惜捨身殺生。」〔註248〕所謂忠孝不
能兩全即是理分之衝突，〔註249〕「此人之爲成其道德人格而不惜殺生捨身者，
乃世所謂聖賢之人格，此聖賢之殺生成仁，捨身成義，乃世間最使人感動、崇
拜、讚頌之事，而亦爲世間最使人感歎、惶惑而似不可解之事。」〔註250〕但唐
氏並不以此艱難困苦之境爲只有負面或消極意義者，因人之所以能成就純粹之
道德人格，此困境本身有助成之作用，正是於此困境中，人方眞正成就一純粹
之道德人格。「則此種種矛盾之成份，亦有成此人格之純一之意義，而非只可以

〔註247〕唐君毅：《生命存在與心靈境界》，頁525。
〔註248〕唐君毅：《生命存在與心靈境界》，頁519。
〔註249〕牟宗三亦曾論及理分衝突的問題，不過與唐、勞側重從人生之罪與苦之悲情
　　　　角度加以論述相比，牟氏的討論顯得更爲抽象而少了實存感受的內容，牟氏
　　　　謂：「道德的實踐不能離開現實的生活，尤其不能離開歷史發展中的集團生
　　　　活。如是，在隨特殊環境的屈曲宛轉而實現或表現理想時，就不能不有特殊
　　　　性，譬如當戰爭時，不能不殺敵。勇士殺敵是他那個時候的最高道德。此嚴
　　　　若違背『愛人』一理想。然在歷史發展中實現理想，此亦可說是『易地則皆
　　　　然』。如是，在那個階段中，此理想仍有普遍性、客觀性。又如，當忠孝不能
　　　　兩全時，或舍孝存忠，或舍忠盡孝，然無論如何，當他公心而發時，皆是客
　　　　觀的、普遍的。隨歷史發展中的特殊環境而表現理想，理想因所受之限制而
　　　　成之特殊性不傷害其普遍性與客觀性，此與隨軀殼起念的私利的主觀性不
　　　　同。」見牟宗三：〈理性的理想主義〉，《道德的理想主義》，頁23～24。
〔註250〕唐君毅：《生命存在與心靈境界》，頁520。

矛盾說之者；亦非可視爲無所貢獻於此純一之人格之完成；複不能外在於此人格之形成所根之道德實踐，而不能在此道德實踐境之外。」〔註251〕

　　唐氏之說並非眞能化解人於上述處境中之苦難，不過以道德人格之成就來統攝說明此困境本身並非完全外在於人的道德實踐，因而只有消極或負面之意義，相反其可增進人之超越的信仰。從現今政治哲學或是社會哲學的角度來看，無論是牟宗三之於德福問題的思考抑或是勞思光對於所謂理分之衝突問題或唐君毅對於超越的信仰問題的探討，其目的都在於肯定儒家道德理想之優先性與絕對性的前提下，免除人因自身之有限性所遭遇之種種問題而對道德理想本身所可能生起的懷疑乃至否定，換言之，其目的仍在成全道德自身，但對於以上種種問題的克服，不能不有諸多制度層面之思考來加以配合，但這並非說，社會政治層面的思考即可解決以上難題，這顯然是做不到，因爲從來就沒有、將來也不可能會有一絕對完美的制度。因而，在人面對種種困境的同時而不失掉對於道德理想的信守，道德宗教層面的探討始終有其必要。由此，唐君毅對宗教信仰於生活中之地位有極恰切之論述。

> 由吾人之所謂當下之自覺心靈中，既包括一般所謂生活上之感通於其境之事，又可包括此等等超越的信仰於其旁，則此當下之自覺心靈，乃以當前者爲其核心之事，以後者爲其周圍之事。在這正常之生活中，此核心之事，應顯而爲主，而此周圍之事，則隱而爲輔。然在一非常之情形中，則此周圍之事，亦可轉而爲核心之事。此非常之情形，即吾人一般所謂感通於境之生活，不能進行，或進行至於其極限邊沿時，如人遇大災難之際，如地球之大地震、核子戰爭、人類瀕於滅亡淨盡之際，或自己個人與所親之人，在大病患，在死生呼吸之際，或個人爲人類世界所棄絕之際，則人之日常生活中之境，全然破壞，人亦不知如何求與相感通，而只存於一大迷亂大惶惑中。則此時存於人心之旁之諸超越的信仰，即由其周圍，次第向此生命之核心進發，而成生命中之主要意義，或核心意義所在，如由居陰位而入於陽位。人之心靈，即可更全面向在此諸超越的信仰，所對之超越的死後之世界、神靈之世界，而此諸世界，即緣此諸信仰而下激，以展現於人之心靈之前。於是一切形上世界之神秘奇跡，皆可至少在人之心靈中出現。吾人一般所謂與當下之生活中之境，

〔註251〕唐君毅：《生命存在與心靈境界》，頁521。

> 求感通之事，則退至生命之核心之周圍，其所具之意義，亦只居此
> 周圍之地，而不能爲主，只能爲輔，或根本成爲無意義之可言者，
> 如今居陽位者，皆入於陰位。〔註252〕

當人的生活處於常態之下時，宗教信仰對其而言似乎並不能顯其積極之意義，甚至在常識看來，「或以爲此純屬個人自由信仰，以滿足其主觀之情感上之要求；或以爲此要求，爲尊重經驗事實，與一般之理性思想，所不應信仰之迷信」。〔註253〕但我們卻並不能由此即全然否棄超越的信仰，因爲人在常態生活受到破壞而處於非常之情形時，生命之安頓不能不有此超越的信仰以爲寄託：

> 在一般正常之情形中，則此超越的信仰，則只宜爲其輔，以存於無
> 人之心之周圍之旁，而不必用，故不當居核心之位。在此正常之情
> 形中，人能存此諸信仰，以爲輔而不必用，亦即所以使其在非常之
> 情形中，得以爲主，而盡其用。如布帛米粟，在平日之衣食生活當
> 爲主，而醫藥、珍饈、錦繡，唯在非常之情形下，爲人所用。此皆
> 理之所當然，而非有偏私之意，存乎其中之論也。故宗教之徒，亦
> 世是所不可少。亦如醫藥、珍饈、錦繡之不可少，以備非常之用。
> 然人終不能賴醫藥以爲生，不能終日以珍饈、錦繡爲衣食。故人之
> 生活之常道，仍在其當下之一般生活中，與境求感通之事，居生命
> 之陽位。此即足以是乾坤保合成太和，以安常而應變，以行於此中
> 庸之常道，而未嘗不能極高明矣。〔註254〕

宗教信仰於一般日常生活固然不應居核心之位置，然其對於整全之人類生活而言，其存在之必要性顯然無可否定。唐君毅有關日常生活與諸超越的信仰之相互配合之論可謂極平實圓融之說法。

綜上，如果從平衡世俗之人文主義與宗教間的張力來看，勞思光、牟宗三、唐君毅哲學之特色乃是極爲明顯的。勞思光由文化哲學的立場出發，只能於極小的限度內肯定宗教的正面意義，是以其思想基本上以人文主義爲最終之歸宿。牟宗三雖同樣極爲強調人文主義之重要，不過其已努力融合人文與宗教，或試圖以宗教統攝人文，其對儒學之宗教性的闡述稍顯不足，而唐君毅則對宗教信仰之正面意義強調得最多，且對宗教信仰與人文間之內在關

〔註252〕唐君毅：《生命存在與心靈境界》，頁 778～779。
〔註253〕唐君毅：《生命存在與心靈境界》，頁 775～776。
〔註254〕唐君毅：《生命存在與心靈境界》，頁 779。

聯體察最深。

　　儒學之實踐的品格當該是我們把握儒學之最根本的特徵，那麼其作爲對現實人生可以起引導性作用之生命的學問或成德之學，對宗教所涉及之諸問題亦應有其正面之論述。就此而言，勞思光對儒學的詮釋較之於牟宗三尤其是唐君毅顯然要狹窄得多，這自然是由其否定形上學，強調哲學思考之開放性的立場所決定的，不過，對相關問題之遺漏不能不說是其哲學思考之不足。

第三章　儒家現代化如何可能？
——牟宗三對中國文化路向問題的思考

　　誠如金耀基在《從傳統到現代》一書中所指出的，20世紀最偉大與莊嚴、最迷惘與挑戰的事實，乃是全球性的「傳統」到「現代」的大變動，不論是歐洲、美洲、非洲還是亞洲，無不或多或少、或快或慢、或自動或被強迫地從傳統的藩籬中走了出來，儘管我們對傳統有著深摯與熱烈的依戀，但現代化的誘惑似乎是無法抗拒的。〔註1〕自鴉片戰爭以降，中國思想界的諸多爭論，從中西文化論爭以至多元現代性的討論，無不以傳統與現代之間的緊張關係爲中心而展開。同樣，儒家的現代化也是牟宗三新儒學思想的核心內容，相關討論主要集中於所謂的「新外王三書」:《歷史哲學》、《道德的理想主義》、《政道與治道》。依牟宗三之見，儒學在過去兩千多年的發展，大致可分爲三期:由先秦儒家以至東漢末年爲儒家學術的第一階段;宋明理學是儒家學術發展的第二階段;而當前則屬於儒家學術的第三階段。〔註2〕儒學第三期發展的使命就在從儒家內部的生命中積極地要求並促進、實現現代化，亦即所謂本儒家內聖之學開新外王:

> 假如在這個時代，儒家還要繼續發展，擔負它的使命，那麼，重點
> 即在於本其內在的目的，要求科學的出現，要求民主政治的出現——
> ——要求現代化，這才是眞正的現代化。〔註3〕

〔註1〕　金耀基:《從傳統到現代》，頁91。
〔註2〕　牟宗三:〈《政道與治道》新版序〉;牟宗三:〈儒家學術之發展及其使命〉，《道德的理想主義》，頁1～15;牟宗三:《人文講習錄》，頁9。
〔註3〕　牟宗三:〈《政道與治道》新版序〉，《政道與治道》頁12。

就此而言，要眞正透徹把握牟宗三的思想，除關注其對傳統儒學內聖之學或心性之學的詮釋而外，還必須深入剖析其新外王思想，並且牟氏創造性地繼承了傳統儒學內聖外王的觀念架構，並不以道德宗教與政治思想爲完全隔絕而互不相涉，或者說內聖與外王兩面是緊密地關聯在一起的，這即是牟宗三所強調的儒學的實踐品格或人文主義的特徵。相較於對牟宗三道德的形而上學的討論而言，學界對牟宗三新外王學的關注較少，只是在政治哲學的討論中有所涉及。〔註4〕本文不擬從政治哲學的角度對牟宗三這方面的思想加以討論，而試圖從文化哲學的角度對牟氏的相關思考加以梳理。牟氏以儒學爲中國文化之主流，而所謂儒家的現代化，不過就是中國文化自身的一種拓展和演進，因而實際上也就是中國文化的路向問題。這顯然比純就部門哲學的角度討論牟氏的相關看法更能揭示牟氏思想的眞實意涵。〔註5〕基於其自己的哲學觀念，牟宗三對文化、歷史等都有著個人的、且迥異於常識的看法，只有對牟氏的這些看法先作一探討，我們才能眞正把握牟氏的新外王思想，正因爲牟氏的想法距離常識很遠，是以學界對其「坎陷說」、「開出說」存在不少誤解，這些誤解流傳既久，似乎成了某種定見。

與第一代新儒家梁漱溟乃至大多數五四時期的學人一樣，牟宗三以中國

〔註4〕 何信全、劉曉、蔣慶等都曾從政治哲學的角度對此加以論述，對這些研究著作的批評性考察可參考李明輝：〈由「內聖」向「外王」的轉折──現代新儒家的政治哲學〉，《中國文哲研究集刊》第二十三期（2003 年 9 月），頁337～350。新近出版的相關研究著作還有唐忠綱的《德性與政治：牟宗三新儒家政治哲學研究》（北京：中國言實出版社，2008），但由於湯氏對牟宗三的整體思想尤其是其內聖之學缺乏足夠的同情以及對學界相關討論的了解的不足，其對牟宗三政治哲學的批評常常落入學界一些常見的誤解和批評之中，讀過該書摘要者即不難見出這一點。

〔註5〕 必須指出的是，正如林鎮國所提到的，牟宗三及其年代的精神特色是表現在哲學巨型敘事的構造上（見林鎮國：〈重訪人文主義：從沙特、海德格、德希達到牟宗三〉，《開放時代》2003 年第 1 期，頁85），是以牟氏始終執著於系統哲學的建構，但也正是在這一點上，我們必須始終以牟氏哲學的整體哲學爲背景──這不但包括牟氏哲學的基本架構還包括他所關注的核心問題，否則我們很容易誤解牟氏的諸多想法，而各種外在的批評正由此產生，大陸近年來諸多有關牟宗三哲學的批判性研究或多或少都表現出這一問題，有關牟氏新外王思想的該類論文可參看宋寬鋒：〈中西文化比較模式與先驗哲學框架──牟宗三儒家「新外王學」建構的理路與曲折〉（《吉林大學社會科學學報》第 49 卷第 6 期（2009 年 11 月），頁92～98），其中充斥了大量從概念到思想理路的種種誤解，本文無意花費過多筆墨說明其中的誤解，僅意在指明牟宗三哲學研究中普遍存在的一種方法及態度上的偏失。

現代化的目標在於實現科學與民主，[註6] 而科學與民主正是西方文化之特點與長處之所在。[註7] 不過與陳獨秀等完全否認中國文化的價值不同，梁漱溟、牟宗三在肯定中國文化自身存在一定弊病的同時，更爲強調中國文化在現代世界所具有的積極意義。牟宗三等對中國現代問題的討論一開始就是從文化哲學的視角出發的，因而中國現代化的問題在很大程度上被轉化爲中西文化間的對比、融合的問題。在牟宗三這裏，中國的現代化大抵即是儒家的現代化，是以他將此一問題確定爲儒學第三期之發揚：即儒學本身之充實，「充實之之道，端賴西方文化之特質之足以補吾人之短者之吸納與融攝」。[註8] 他們首先所面對的問題是：「他——西方化——怎麼會成功這個樣子？這樣東西——賽恩斯與德謨克拉西——是怎麼被他得到的？我們何可以竟不是這個樣子？這樣東西爲什麼中國不能產生出來？」[註9] 這一提問乃是首先將科學與民主作爲一種文化現象或文化成果，進而探尋其得以產生的根源，因而這其實是一個文化史觀或文化發展之動力或動原的問題。[註10] 是以梁氏緊接著說：「結果西方化的面目如此而只是想把這兩樣東西引進來便了，以致弄得全不得法，貽誤很大。要知道這只是西方化逐漸開發出來的面目還非他所從來的路向。我們要去學他，雖然不一定照他原路走一遍。但卻定要持他那路向走才行，否則單學他的面目絕學不來的。並且要知道西方化之所以爲西方化在彼不在此。」[註11] 與唯物史觀相反，梁、牟更強調文化發展的精神因素，是以牟氏有所謂「文化生命」的說法，而梁氏則以 will 爲基礎提出中、西、印三種不同文化路向的說法。

　　牟宗三的文化哲學思考，既是使儒學擺脫自身之現代困境的一種努力，同時也是對現代世界之諸種弊病的一種回應，因而這一思考本身即具有世界性的意義。它一方面意識到面對現代人的生存困境，傳統儒學所可能提供的正面資源，但同時如果將儒學僅僅限定在傳統的形態之中亦不足以真正地解決這些難題，正是在這一意義上才出現所謂儒家的現代化或儒學精神之開拓

[註6]　陳榮灼：〈現代化與人文精神：唐君毅的進路〉，《思想與文化（第四輯）》（上海：華東師範大學出版社，2004），頁 196。

[註7]　梁漱溟：《東西文化及其哲學》（北京：商務印書館，1999），頁 50。

[註8]　牟宗三：《道德的理想主義》，頁 3～4。

[註9]　梁漱溟：《東西文化及其哲學》，頁 50。

[註10]　牟宗三：〈中國文化大動脈中的終極關心問題〉，《時代與感受》，頁 419～448。

[註11]　梁漱溟：《東西文化及其哲學》，頁 50。

的問題。所以要澄清牟宗三文化哲學的意旨，首先我們應當探明其對當前世界之弊病的診斷及治療方案，其次，傳統儒學在這裏所能提供的正面資源是什麼？其自身的限度又在什麼地方？它要眞成爲個體乃至社會實踐的引導性原則，其如何開拓或充實自身，或者說儒家自身的現代化如何可能？本章即分兩節對上述問題加以說明。

第一節　儒學第三期之發揚

一、現代社會之病痛及儒家的回應之道

上文已略述牟宗三所謂的儒學三期發展的基本想法，儒學在各期的表現稍有不同，這大體是因爲各期所面對的現實問題有所不同。在牟氏看來，儒家學術在第一期、第二期各因當時之社會現實而在各自之時代盡了自己的責任和使命。儒學在今天面對的是一個與傳統社會全然不同的現代世界，因而它所要回應和解決的難題亦有所不同，儒學的傳統形態本身並不足以眞正全面地解決當前人類所面臨的難題。是以，儒學在今日有其自身的使命和不得不作出的相應的調整。這也就是所謂儒學第三期之發揚的問題。

牟宗三基本上是就著文化意識的提升而言時代使命的：

> 這個時代是古今來一大變，不可白白地過去。……這是個天翻地覆的時代，一切標準都沒有了。這個時代講人文很難，但亦正其時也。從大處說，十九、二十世紀以來，從中國說，三四十年來，爲什麼成爲反人文的現象？這後面實有一種趣味上的根據。……這個時代，大家只對自然有興趣，對人文則不感興趣。自然與人文是對立的。凡研究或欣賞自然，其後面的精神都是「量」的，講人文則是「質」的。質的，保住價值，量的，則泯滅價值。〔註12〕

大體而言，倫理道德、價值、宗教等均屬於人文世界者，除此而外，人還面對一個自然的、事實的世界，當然這一區分本身只是近代以來的事情，不過，它卻成了我們今天必須面對的一個事實。如果說人們只是要求將人文的與自

〔註12〕牟宗三：《人文講習錄》，頁52。唐君毅亦以人類當前所面對之世界，乃人之心靈由觀照凌虛境外轉下轉以向於感覺世界、功能世界與類之世界及個體之世界而來，而由之所形成之現代社會文化之世界，「乃與人類之古典的社會文化，重在由觀照凌虛境而上轉內轉，以形成一以道德宗教爲本之社會文化，其根本方向不同者。」見唐君毅：《生命存在與心靈境界》，頁900～901。

然的區分開來而不混淆彼此，同時亦尊重各自的獨立性，這自然是一種較爲健康且積極的態度，因爲隨著近代科學的發展，一個所謂「客觀的世界」逐漸從過去的原始的統一的世界中分離出來，它成爲一種平面的、量的世界，這與立體的、質的人文世界有著本質上的差異。不過，五四以來中國知識份子受西方思潮的影響，常常自覺不自覺地以自然的來否定人文的，這即是牟氏所謂的現代人之趣味的轉變。然而，這一轉變給現代人類所造成的後果卻是極爲嚴重的。

（一）人的「物化」

現代社會之弊病首先表現爲唯物論之「物化」的思想傾向。這一思想傾向的嚴重後果在於，其將不可以物化的「生命」物化，「視人爲一物質的機器，不把人當人看，把生命中的人性、正義、理想、價值，全予以否定。」〔註13〕視人爲物，則所謂的人格或人自身的尊嚴、價值，均無以確立，順此，人最終必只還原爲一物質的自然生命；無精神生命之提撕，則不能不墮入虛無主義的深淵。牟氏於此尤其強調人之自然生命之上之道德生命或精神生命，此道德的精神生命即根於人所本有的且定然而不可移的善性，正是在這一意義上，牟氏對存在主義者薩特（Jean-Paul Sartre）之於確定不移之「人性」概念的否定以及馬克思主義者僅由私利性或階級性視人的做法予以嚴厲地批評。

在牟宗三看來，人爲一有限存在者，乃物質形體與心靈之組合體，物質形體與心靈這兩方面構成他自己的兩個括弧，也就是說人不論如何創造變化其自己，都不能越出這一範圍。由此，我們即可確定通常所謂的人性或人的定義。「普通所謂有『人性』以及人可定義，就是人的形體形態與人的心靈表現之內在律則兩者結合起來而言的。譬如說『人等於理性的動物』，此中『動物性』一概念即含在人的具體的形體形態下的，而『理性性』一概念即含在人的心靈表現之內在律則下的。」〔註14〕如此理解的人性乃是就人作爲一有限存在之類而言的，因而是邏輯定義中的人性，它是由將「人」作爲一客觀外在之對象加以了解而得來的，是以，牟氏將其稱爲「人」這一有限存在之「形成之理」（principle of formation）。牟氏認爲，如此之人性觀念並未能盡人性之全與眞，因其尙未接觸到具體而眞實的生活。人乃是一在具體實踐中不斷成就自身的有限存在，是以不能被靜態化爲一不變的外在對象，因而落在

〔註13〕牟宗三：〈人文主義的基本精神〉，《道德的理想主義》，頁195。
〔註14〕牟宗三：〈論無人性與人無定義〉，《道德的理想主義》，頁155。

實踐上，我們還應該將人理解爲一實踐的主體。這裏的實踐還不能從一般普泛意義上來加以理解，它是循其本有之內在資源而實現、成就自身的活動，或者說盡性的實踐活動。在實踐的意義上，我們即觸及更爲本眞的人性概念，此即牟氏所謂的人的「實現之理」（principle of actualization），亦即孟子所謂的「人之異於禽獸者幾希」的道德心性。由第一章的相關分析，我們知道，此道德心性即是一形上實體（metaphysical reality），其爲人在道德實踐中成己、成物的根底所在，是一切價值所以可能的最後根據，其爲定然而不可移者，人生之意義亦由之而確立。如若否認此定然而不可移之人性之存在，則「人眞成無根底之飄萍，悖謬不可解（absurd，irrational）之東倒西歪，橫衝直撞之孽障。」〔註 15〕同樣，僅從私利性、階級性視人，都是基於人的自然生命對道德的精神生命的抹殺。

（二）理智一元論與科學一層論

其次即是所謂理智一元論或科學一層論的問題。五四以來中國知識份子都認識到科學的重要性，因而要求向西方學習科學，但在牟宗三看來，國人由之也形成一個不得了的毛病：「科學一層論、理智一元論，泛科學、泛事實、泛理智的態度」，這根本上乃是理智主義的僵化。依牟氏之見，「科學的研究是要用『理智』。理智所分析綜和的對象是自然的物質現象，客觀的具體事實。理智之表現必撲著一個物（客觀對象），而凡爲理智所撲著的也必外在化而爲一平鋪的客觀事實。如此，它好去分析綜和，依是，在理智面前總是平鋪的事實之一層。這就是科學的對象。是以每一科學劃分它的範圍即是圈出一套平鋪的事實」。〔註 16〕科學研究對於人類而言可以增加我們的知識，有其積極的意義，這並無問題，不過我們在肯定科學的積極意義的同時，還必須對科學的限度和範圍有所自覺，即科學「只知平鋪的事實，只以平鋪事實爲對象，這其中並沒有『意義』與『價值』」。不解科學之限度者必以科學爲標準否定意義與價值，這即成爲獨斷的，因而是科學一層論、理智一元論：「把科學的『理智分析性』與科學的『事實一層性』從科學本身冒出來氾濫而爲言論行事的普遍態度、籠罩態度」。〔註 17〕這種態度的最大害處就是對意義、價值的抹殺，然而整體的人生不只事實對象這一層，意義和價值問題乃人類所不可

〔註 15〕牟宗三：〈論無人性與人無定義〉，《道德的理想主義》，頁 173。
〔註 16〕牟宗三：〈關於文化與中國文化〉，《道德的理想主義》，頁 327。
〔註 17〕牟宗三：〈關於文化與中國文化〉，《道德的理想主義》，頁 328。

回避者，對意義與價值之根源的探尋乃是確立人生全部活動之方向的關鍵所在，對此，「你愈不注意它，它那裏便愈荒涼、愈黑暗，而人生也便愈盲目、愈混亂」。〔註18〕即便是在今日，自然主義思潮日盛，意義與價值問題並無穩固之根基，這不單是五四以來中國社會面臨的問題，其同樣也是西方世界乃至全體人類共同面對的難題，由之所引生的相對主義乃至虛無主義的問題愈來愈爲人類所憂慮。

（三）儒學之於現代社會的正面價值及其缺弱

儒家「人文化成」的人文主義精神或文化意識正可對治這些問題，就消極方面而言，其可針對唯物論之物化以及理智主義之僵化，從積極方面來看，其正可開發價值觀念，開拓出一人文的價值的世界。依牟氏之見，所謂的人文主義精神或文化意識，「簡單地來說，就是：我們要眞正是一個人，把自己做人看，把人做人看」。〔註19〕所謂將人眞正看作是一個人，首先並非指人的自然生命而言，毋寧說是要從人的自然生命上翻一層而確立一道德的精神生命以提撕、護持人的自然生命，成全其爲一個人，此即牟宗三所謂：「從自己的生命中徹底翻出『理性』的自覺、『價值』的自覺，才算是眞覺悟。覺悟就是從個人自私的軀殼生命中看出一個異質的眞實生命、理性的生命，超越乎軀殼的生命而有存在，這就是價值之所在、人格之所在」。〔註20〕可見，所謂人文意識或價值意識根本上即是對人之生命自身的關注，而儒家的學問由之亦可稱之爲「生命的學問」，「有這樣的生命學問，始能立起並貞定吾人之生命，而且眞能開出生命的途徑，個人的與民族的，甚至全人類的」。〔註21〕

所謂關心人的生命，即是爲人類尋求安身立命之道，就個人主觀方面而言，這首先涉及的顯然是人生的意義問題，就儒學來說，此乃內聖面之道德宗教所處理的問題；但人並非只有道德生活或宗教生活，其同時還有公共之政治生活與社會生活，是以儒學還有其外王面之關懷，即對社會政治之關注。是以，牟氏謂：「生命的學問，可以從兩方面講：一是個人主觀方面，一是客觀的集團方面。前者是個人修養之事，個人精神生活升進之事，如一切宗教

〔註18〕　牟宗三：〈人文主義的基本精神〉，《道德的理想主義》，頁195。
〔註19〕　牟宗三：《道德的理想主義》，頁295。
〔註20〕　牟宗三：《道德的理想主義》，頁295。
〔註21〕　牟宗三：〈關於「生命」的學問——論五十年來的中國思想〉，《生命的學問》，頁34。

之所講。後者是一切人文世界的事，如國家、政治、法律、經濟等方面的事，此也是生命上的事，生命之客觀表現方面的事。」〔註22〕成中英後來即繼承了此一觀念：「由於公共生活世界並非人類所有生活的一切內涵，故民主與人權之外尚有德性的修持可言。同樣，科學知識之外也可以有心性、主體性的認知和體悟。」〔註23〕

那麼儒學面對物化以及理智主義之僵化的現實而開發文化意識，首先必須**對個人主觀方面之安身立命問題有所交代**。牟宗三以孔子爲例來說明，他說：孔子「通體是文化生命，滿腔是文化理想」。〔註24〕文化生命既不同於「只是生物生命」，亦不同於「隔離的宗教生命」，相對於動物純爲一生物生命而言，人能有理性的、價值的自覺，亦即「從他的生命中湧出一個異質的理性生命、精神生命」，由之而眞正成全自己爲一個人，「這個理性生命、精神生命，就是人的本，也就是道，就是天，就是神」，人由之而可確立自身的人生意義，這裏即體現出儒家人文主義所包含的宗教性意涵，此正如本文第一章之所述。但人之通過道德實踐體悟一異質的理性生命、精神生命以成全自己並非是與世隔絕的，也就是說人不能沒有日常生活，那麼**日常生活本身必須有所安排**，亦即有其軌道，此即儒家所謂的文制，如倫常、祭喪之禮等。「道的表現而爲禮樂，就是『文』。拿『道的表現』來成全人，就是拿『文』來成全人：此即是『人文化成』。文是道與器，天與人，內與外，本與末的綜和表現」。〔註25〕儒家這種人文化成的人文主義精神與基督宗教之隔離的、偏至的放棄人間世之一切的精神不同，後者雖能於生物生命之上肯認一精神生命，卻不能由之以成就文化，是以牟氏以文化生命爲超越的宗教生命與形而下的生物生命之綜和，正是在這一意義上，我們說儒家的人文精神是綜和的、圓盈的精神。

以上乃是就個人主觀修養方面討論如何安頓人生的問題，這即是儒家的狹義的實踐，即個人的道德實踐，但儒家同時還有其社會政治的關懷，因而儒家的廣義的實踐必然還包含客觀實踐或社會實踐的內容。由此即可言儒家實踐的現代意義，因爲傳統儒學在這一方面的表現是不夠的。**因人不能不有**

〔註22〕牟宗三：〈關於「生命」的學問──論五十年來的中國思想〉，《生命的學問》，頁33～34。
〔註23〕成中英：〈現代新儒學建立的基礎──「仁學」與「人學」合一之道〉，《儒學與新儒學（成中英文集卷二）》，頁407。
〔註24〕牟宗三：《道德的理想主義》，頁296。
〔註25〕牟宗三：《道德的理想主義》，頁297。

其公共的社會政治生活，是以對於現實政治不能不有所安頓。〔註26〕依牟宗
三的看法，「儒家的政治社會的實踐，在以往的形態下，是治民安民愛民，視
民如子。尚未進至興發民，視其為一『公民』，積極地與政治生關係。這就是
儒家的理想主義之實踐尚未進至充實的境地。」〔註27〕這也就是牟氏何以說
中國以往有治道而無政道的原因所在，也就是說，對於客觀的政治實踐沒有
一合理的安排，特別是對於政權的轉移沒有一個合理的安排。因而儒家要在
客觀實踐方面，即社會政治方面有合理的安排，不能不吸納產生於西方的民
主政治：「民主政治也適宜於我們，……民主政治的切實內容，如思想、言論、
集會、結社、宗教、信仰等之自由，及其依憲法而施行的制度基礎（此制度
基礎保障那些自由），卻為普遍而永久的真理。這個真理，在儒家的理想主義
之實踐上，必然要肯定。它若不肯定這個政治制度，則人的尊嚴，價值的實
現，即不能保存。」〔註28〕這也就是說，儒家道德的理想主義，對於人的成
全需要以民主政治作為保障，因而牟氏將民主政治作為新外王的「形式條
件」，〔註29〕只有在民主政治這一外部的形式條件的保障之下，儒家人文化成
之理想的實現才有現實的保障。

　　牟宗三更由廣義的實踐的立場對家庭國家天下給出一形而上學的或超越
的證明（metaphysical justification or transcendental justification）。儒家的實踐之
所以是理想主義的實踐，就在於其不只是寡頭的言社會實踐本身，而是本超
越的道德理想以善化、化成現實世界，這也就是將超越的普遍的價值理想在
具體的社會現實中加以落實。正是在這一意義上，我們才可以說文化，上帝
僅有超越之一層，動物則只有物質一面，均無以言文化，而唯有人才可言文
化，此正因其一方面有超越的價值理想而不像動物那樣只有氣化的物質的這

〔註26〕是以牟宗三說，人的安身立命或橫渠所謂「為生民立命」的「立命」，當分
　　　　客觀方面和主觀方面兩面來說，外部的社會政治生活軌道的確立，乃是從
　　　　客觀方面說的安身立命，「從外邊的生活軌道引申到自己內部、自己的生命
　　　　問題，這就十分難說，非三言兩語。以前各大宗教、哲學講得很多，儒、
　　　　釋、道、基督教皆有貢獻，這是內邊的問題，與客觀的是兩面。外邊的問
　　　　題即使統統解決，安排恰當，天衣無縫，若對自己內部生命無法，那也無
　　　　法。安身立命最後是在自己內心，外邊只是配合的安排。不過社會軌道好
　　　　了，就比較容易。」見牟宗三：〈中國人的安身立命〉，《牟宗三先生晚期文
　　　　集》，頁444。
〔註27〕牟宗三：〈理想主義的實踐之函義〉，《道德的理想主義》，頁62。
〔註28〕牟宗三：〈理想主義的實踐之函義〉，《道德的理想主義》，頁62。
〔註29〕牟宗三：《政道與治道》新版序，《政道與治道》。

一層，一方面又不能不有現實的物質的一面，這兩者的綜和即成就所謂人的文化。「而人的文化不能離開現實，此所謂現實即是民族氣質，或民族的現實生活，因而文化亦不能離開民主國家」。〔註30〕對於文化的討論，可以僅只注意及其普遍性的一面，因而只作一理論性的說明，然而文化本身的意義並不在理論方面，而在於其體現爲作爲主體的人本其普遍的價值理想於具體的現實中所展開的創造活動：「倘若注意到實現與創造，則民族國家必然被肯定。蓋眞理是普遍的，而其實現則不能不與特殊的結合。從形上學方面講，普遍的理實現於特殊的東西中，方能成『個體』；理雖是普遍的，而說到其實現，則不能不肯定個體。離開個體，理之普遍徒顯其空掛。從人類社會方面講亦如此。個人、家庭、國家都是實現理者。理實現於個人的實踐中，因而肯定個人；亦實現於家庭的關係中，因而亦肯定家庭；亦實現於國家的組織中，因而亦肯定國家。」〔註31〕

因而，即便是所謂的「天下」或「大同」的理想，也只能是在肯定民族國家的前提下，理想主義之實踐的進一步擴大，而決不能以國家的消滅爲前提。儒家人文主義這種實踐的品格，即包含著對家庭國家之形而上學的證明：

> 從文化的創造，眞理的實現方面說，民族的氣質，個人的氣質，是它的特殊性，是它實現之限制又是它實現之具體的憑藉，因此，家庭國家就是實現眞理創造文化之個體，它們是普遍者與特殊者結合而成的。普遍者作爲構成它們的一成分，因而亦即是在它們之中呈現。呈現即實現。實現眞理即是創造文化。普遍即是它們的理性根據，即上文所說的「超越的根據」。此即是仁，或道德的理性。我們根據這個理性的實踐，既能成就文化的創造，亦能成就家庭國家天下等之肯定。以上的說法，是家庭國家等之形而上學的證明。〔註32〕

由個體自身以至家庭、國家、天下均涵括在人的生活範圍之下，儒家的實踐即是在肯定人的全部生活範圍的同時並使之理性化，由此方可說是眞正對人之生活的完滿的安頓。是以學界對新儒家尤其是牟宗三將儒學化約爲純粹主觀的心性之學而忽略社會政治領域的批評顯然是值得商榷的，牟氏對於儒學之人文主義精神或實踐品格的強調，恰恰在於儒學與基督教或是佛教之隔離

〔註30〕牟宗三：〈理想主義的實踐之函義〉，《道德的理想主義》，頁74。
〔註31〕牟宗三：〈理想主義的實踐之函義〉，《道德的理想主義》，頁77。
〔註32〕牟宗三：〈理想主義的實踐之函義〉，《道德的理想主義》，頁78。

精神相比，能夠眞正正視個體之外的人的生活的全部領域，只不過，這其中不能不有本末之不同，因爲若無超越層之價值理想的指引，客觀面之社會實踐將迷失其方向。這全部的生活範圍牟氏分別以主觀精神、客觀精神、絕對精神說之：個人主觀之道德修養屬主觀精神，家庭作爲人倫人道的起點，乃道德理性表現自身之起始處，但因家庭的關係是骨肉至親的關係，其中情的成分居多，因而尙未進至客觀的境地；家庭以外之國家政治組織則已進至客觀的境地，道德理性於此處有客觀之表現，是以屬於客觀精神。人類的道德實踐還可由超越此客觀精神而進至絕對精神之境，這即體現爲在肯定家庭國家的基礎上並融合之的天下觀念。不過，在牟氏看來，天下的觀念仍限於人類的範圍，是以這裏所謂的絕對還只是「相對的絕對」或「有限的絕對」，「眞正的絕對精神必須越過這個限制而擴大至天地萬物」，這即已進至宗教之境，以及儒家「仁者與天地萬物爲一體」的境界。〔註 33〕至此，方爲儒家道德實踐之領域的全面展示，這也就是第一章所論之儒學的宗教性。

　　儒家實踐在現時代要眞正落實，爲人類確立一全面的安身立命之道，僅有個人之主觀的道德實踐以及安排現實政治之民主政治制度，仍是不夠的，其還需要科學知識作爲實踐眞正得以展開、落實的「材質條件」。個人方面之道德宗教以及公共領域之國家政治法律等都是「實踐的」，而邏輯、數學、科學則是「觀解的」或「理論的」，其對於儒家之實踐而言何以爲必要呢？牟氏認爲：科學知識「是整個實踐過程的一個通孔。這一通孔缺少了，實踐即成爲封閉的。照一個人的實踐說，一個文化生命裏，如果學統出不來，則在此道德宗教的文化生命中，聖賢人格的實踐很可能膠固窒塞而轉爲非道德的，而其道德理想性亦很可能限於主觀內而廣被不出來，而成爲道德理性之窒死。照集團的實踐說，如果這個通孔缺少了，則眞正的外王是很難實現的。」〔註 34〕以下以科學知識於個人道德實踐中之積極意義，略說科學知識於儒家之道德實踐中的必要性。〔註 35〕

〔註 33〕　牟宗三：〈理想主義的實踐之函義〉，《道德的理想主義》，頁 86。

〔註 34〕　牟宗三：〈人文主義的基本精神〉，《道德的理想主義》，頁 203。

〔註 35〕　說明這一點很重要，牟宗三等新儒家對於知識、科學的肯定，乃是基於普遍之人類理性對知識、科學予以文化或價值上的說明，這並非如有些學者所質疑的：新儒家對於傳統儒學何以未能產生科學的探討僅僅因爲「懾於西方現代科學技術的強大威力」而來的一種情緒上的反應，這一理解太過於強調新儒家的「救亡意識」，這與他們客觀的學理分析明顯不符，由此極大地忽視了新儒家在相關問題的討論上的普遍意義，同時，新儒家的相關討論也不能的

　　牟宗三早年著有《王陽明致良知教》一書，牟氏後來對此書並不滿意，唯取其中《致知疑難》一章作爲《從陸象山到劉蕺山》一書中《王學是孟子學》一節之附錄。此章對於陽明致良知問題的討論卻可以很好的說明儒家道德實踐何以需要科學知識作爲「材質條件」一義。

　　依牟宗三的看法，陽明所謂「致良知」之「致」不單表示個人完成道德行爲之修養工夫這一套內容，並且其還表示必須有知識之一套作爲補充。而這裏所謂的知識，即科學知識，其並非良知天理所可以提供，而是知之於外物而有待於學的，這也就是說，每一道德行爲必然都是行爲方向與知識之統一，前者決定行爲應當、合理與否，後者決定行爲所以落實的具體途徑。是以牟氏謂：「良知天理決定行爲之當作，致良知則是由意志律而實現此行爲。然在『致』字上，亦複當有知識所知之事物律以實現此行爲。吾人可曰：意志律是此行爲之形式因，事物律則是其材料因。……良知既只是一個天心靈明，所以到致良知時，知識便必須含其中。知識是良知之貫徹中逼出來的。否則，無通氣處，便要窒死。」〔註36〕

　　牟宗三以上看法可以看作是對於道德行爲之發生條件的分析，對於任何道德行爲來說，若僅只一決定其當爲與否之形式性命令，並不足以眞正實現該行爲，因而對相關事物及具體情境的了解和把握對於道德行爲之落實實至爲關鍵。對於公共領域之社會政治問題的處理同樣如此，僅有一民主制度作爲架子，還並不足以處理具體的問題，對於各種社會政治問題的解決，不能不以相應的知識爲條件，這也就是牟氏所謂知識作爲「通孔」的意義。但知識問題並不爲傳統儒學所重視，是以牟氏認爲這乃是中國文化生命發展的限度所在。那麼儒學在今日要完成其安頓人生或人文化成的使命，則不能不對此作更爲積極的探討。

二、儒學第三期之開展

　　基於以上分析，牟宗三確定了儒學在當前發展的基本方向與使命或所謂儒學第三期之發展：

　　　　一、道德宗教的學問之綱維及其轉爲文制而成日常生活方面的常

簡單的化約爲道德與知識的關係問題來加以衡定，這根本無法説明這一討論的文化意涵。有關批評可參方朝暉：〈知識、道德與傳統儒學的現代方向〉，《中國社會科學》2005 年第 3 期，頁 80～90。

〔註36〕牟宗三：《從陸象山到劉蕺山》，頁 179、182。

軌，必須予以充分的重視。即必須在科學知識以外，承認有更
高一層，更具綱維性、籠罩性的聖賢學問之存在。這方面的開
發與承續，從學問方面說，名曰道統之不斷；從文制方面說，
名曰日常生活方面的常軌之建立。

二、作爲政治生活的常軌的民主政治，必須視爲生命中生根的眞
實理想，疏導出其基本精神與價值，而促其實現。這裏含有
人類客觀精神的奮鬥史。必須疏導出中國的文化生命裏何以
未發展出，西方的文化生命裏何以會發展出，而且必通曉政
治形態之發展與轉進。這方面的開發與承續，吾人名曰政統
之不斷。

三、科學代表知識，這是生命與外界通氣的一個通孔。吾人必須了
解它的基本精神與特性，必須疏導出中國文化生命裏何以不出
現邏輯、數學與科學，西方文化生命裏何以會出現。這是知識
方面「學之爲學」的問題。這方面的成立與繼續，名曰學統之
不斷。〔註37〕

儒家第三期之開展實際上也就是儒學的現代化，也就是儒學通過自身的調整以
回應現時代人類所面臨的問題，這一思考本身具有世界性的意義，不過是以中
國的問題爲出發點。其中，道統所代表的是爲個體提供人生意義與方向的道德
宗教的學問以及由之所確立的日常生活之軌道，在牟氏看來，儒學這一方面的
內容具有永恆性的意義，因其所處理的問題本身是人類所無法免除的，正是在
這一意義上，牟氏說：「原儒家學術之所以爲常道，乃因爲其本質本爲教化的，
而其所以爲教化之本質則在主重提撕人之覺醒（從現實推移中覺醒）」。〔註38〕
這也就是說，儒學本質上要求人於現實生命中覺悟一超越的精神生命，以提撕、
安頓人的現實生命，進而確定人生的意義，勞思光也正是在這一意義上認爲儒
家的成德之學、工夫論乃是中國哲學中具有普遍性、開放性的內容（universal
elements or open elements）。〔註39〕這一部分是傳統儒學尤其是後來宋明儒學所
較爲強調且討論得最爲深入的內容，也即傳統儒學中內聖之學一面。但人生不

〔註37〕 牟宗三：〈人文主義的基本精神〉，《道德的理想主義》，頁 196～197。

〔註38〕 牟宗三：〈儒家學術之發展及其使命〉，《道德的理想主義》，頁 9。

〔註39〕 勞思光：〈從唐君毅中國哲學的取向看中國哲學的未來〉，《中國哲學與文化（第
八輯）》，頁 23。

只有這一面，是以其還必須對主觀個人之外的客觀政治這一領域有合理的安排，同時，科學知識作爲個體以至政治實踐所以可能的「材質條件」，亦爲不可缺少者，這兩者都是傳統儒學所不甚措意或是未能很好處理的部分，這即是牟宗三所謂的「新外王」的兩項主要內容，而所謂儒學的現代化，亦即本傳統儒學之常道或內聖之學以「開出」「新外王」。

何以必須要本傳統儒學之內聖之學呢？牟宗三由此論及以上所謂儒學第三期之開展的意義並非僅限於中國，而是世界性的。在牟宗三看來，西方名數之學（賅攝自然科學）雖然昌盛，但見道不眞，文化背景不實；是以其之所以有今日之成就，都不過是形下方面之成績而已。中世紀以來，基督宗教經人文主義之批判，已經很難恢復其綱維性的作用，是以由之所產生之個人主義、自由平等博愛之思潮，雖促使民主政治之產生，但因其無超越之理性根據來護持、安頓個體之生命，所以個人轉而爲軀殼之個人，自由遂淪爲情欲之自由。同樣，名數之學自有其正面的積極意義，然而若不能予以超越的安立，「科學之利正不能見其必多於其弊」。所以對於中國文化而言，名數之學以及民主政治正可表現其充實架構之作用，儒學之理想與實踐得以眞正的落實，然西方文化因其超越理想之失落，名數之學與民主政治之弊日顯，是以，牟氏認爲以傳統儒學融攝源於西方之名數之學與民主政治，「其作用與價值，必將爲世界性，而爲人類提示一新方向」。〔註40〕

由此，我們當略爲說明的即是牟宗三所謂的「道德的理想主義」或「理性的理想主義」，這在一定意義上乃是牟氏對儒家人文化成之人文主義精神或實踐品格的界定，澄清道德的理性主義或理性的理想主義之實義無疑可以澄清不少因字面理解而來的誤解。

〔註40〕 牟宗三：〈儒家學術之發展及其使命〉，《道德的理想主義》，頁 6。陳克艱對於「中國問題」之民族性與世界性有很好的說明：「中國問題的起因決定了它自始就具有人類性。中國本來是沒有問題的，近代以後的中西大交通才提出了中國問題。中西文化以兵戎相見的方式開始相互間的大交通，這實在既是中國人又是西方人的不幸。正是這一不幸的開端，造成了近現代中國多數知識份子總是擺脫不了以民族主義的觀點，以『比賽』的觀點看待中西方關係的歷史、現狀和未來。然而，人是自由的存在，任何開端都不應該成爲人的宿命。中國問題的解決，取決於我人能否擺脫，以及在多大的程度上擺脫那種掩蓋了或說失落了中國問題的人類性的觀點，取決於我人能否，以及在多大程度上把中國問題當作人類問題來看待和思考。」見陳克艱：〈兩種文化理性——韋伯與梁漱溟比較閱讀〉，《唯識的結構》（北京：新星出版社，2006），頁 203。

在牟宗三的哲學思考中，始終有一個基本的理論區分作爲它的背景，即超越的價值層與實然的經驗層的區分，後者須由前者來加以提撕、護持，如此方能確立其自身的意義與價值，因爲如若取自然主義或是唯物論的立場，我們所面對的世界本身就只是一平面的、事實的經驗世界，如此就很難確立其意義與價值的根源和標準，是以牟宗三才會借用「雲門三句」的說法來表示這一套理念，〔註41〕即首先必須經由截斷眾流以確立一切價值之本，這就是傳統哲學所謂的見體或是見道，其次，還必須說明所見之體是有絕對普遍性的，即所謂的「涵蓋乾坤」，最後就是所謂的「隨波逐浪」，這也就是說具有絕對普遍性的形上實體不能與現實相隔絕，而是必須回返實然的經驗世界以提撕、善化此經驗世界，這即是由超越的分解歸入辯證的綜和。〔註42〕前文所論道德的形而上學或是「儒學式的人文主義」〔註43〕等等都可以在這一背景之下來加以說明和理解。由此我們也就不難理解牟宗三所謂的理想主義。

在牟宗三看來，所謂的「理想」並非僅指「一個未來的未實現」，而是說其作爲人對於未來的嚮往或憧憬，必須是有意義和價值的，如此方能保住其理想

〔註41〕牟宗三：《心體與性體（一）》，頁 143。

〔註42〕關於超越的分解與辯證的綜和，牟宗三說：「中國哲學談到實踐之事，必工夫、本體兩面同時講究，作工夫以呈現本體，到最後工夫、本體固可以是合一，但在實踐歷程中，工夫與本體的分別一定要先承認的。『本體』在康德分爲三理念說之，在中國則只『本體』一名，無二無三。這『本體』觀念的來由，可說源遠流長，它可溯自《詩經》頌文王之詩：『維天之命，於穆不已，於乎不顯，文王之德之純。』《中庸》引此詩，繼之再贊一句曰：『純亦不已』。……『於穆不已』是客觀而絕對地講的不已，其地位就等於西方哲學的上帝，即創造原則也，中國人不說上帝創造萬物，而說天命不已。文王之德之純亦不已是主觀實踐地的不已，是聖人的工夫。工夫之最高境界是『天理流行』，在『天理流行』處，工夫完全將本體呈現出來，本體與工夫合一，這可說是『辯證的綜和』。」（牟宗三：〈超越的分解與辯證的綜和〉，《牟宗三先生晚期文集》，頁 462）「『辯證的綜合系統』，必以『超越的分解系統』爲根據。」（牟宗三：〈論黑格爾的辯證法〉，《生命的學問》，頁 186）唐君毅亦有類似的表述：「然此上之體用渾合之論，雖似極圓融，又實宜先有一分疏。因所謂即用可以見體，乃自用之顯而能隱，進而能退，伸而後屈處，以見有具超越意義之體；而非只透過一用之顯，或伸進之用，即可順此用以見體。要說順用見體，必先知有體，方可順用見體。若人先未知有體，則以用觀體，可不見體，而只見用。」（唐君毅：《生命存在與心靈境界》，頁 801～802）明白這一點我們大概不會機械地認爲新儒家的內在超越說存在所謂既超驗（與感性無關，超越）又經驗（與感性有關，內在），既然神聖（上帝）又世俗（人間）的巨大矛盾，見李澤厚：〈說儒學四期〉，《歷史本體論·己卯五說（增訂本）》，頁 133。

〔註43〕牟宗三：〈人文主義的完成〉，《道德的理想主義》，頁 239。

的意義,否則其不過是一經驗事實,根本無所謂的價值或理想,在牟宗三這裏,意義與價值乃是根源於道德心或「仁」的,所以一切的行為要成為有價值的或是具有理想的意義,其都必須是根於此道德心或「仁」。是以牟氏說:「『理想』的原意根於『道德的心』。一切言論與行動,個人的,或社會的,如要成為有價值的或具有理想意義的,皆必須依據此原意的理想而成為有價值的,成為具有理想意義的。……『道德的心』是普遍地存在著的,……這就是我們一切言論行動以及判斷一切言論行動的起點與標準」。〔註44〕「人的一切活動,一切實踐,皆不能離此道德的實踐之仁心而別有其本。離開此本,沒有一事是值得稱讚的。」〔註45〕道德的心或仁之所以是理想主義的,乃是從其好善惡惡、為善去惡這方面,也即其作為價值之本的意義上來說的。惡之所以可能,就在於人心為物欲所陷溺,人完全墮為生物意義上的軀殼生命,而道德心或仁則可辨別善惡同時促使人為善去惡,從道德心對治克服人由陷溺物欲而生之惡而使人的現實生活皆依仁而發而成為善這一點上來說,道德心或仁是理想主義,因其保證了人類行為的道德價值,它本身即是衡定意義與價值的標準。

那麼道德心或仁又如何是理性主義的呢?這裏的理性顯然是指道德實踐理性而言。首先如果人的行動只順生理的欲望衝動走,這樣人的生命就完全是非理性的;若由之僅只意識到人的生命不過是一赤裸裸的生物生命(biological life as such),這依然還是一非理性的自然生命。但若有一自然生命之上之道德生命或精神生命來提撕、潤澤此自然生命,那麼自然生命本身即得安頓,並由之而成為理性的,此高一層的道德生命或精神生命即是道德心、仁。是以,首先相對於人的生理欲望乃至自然生命的盲目性而言,道德心是理性主義的。其次,相對於柏格森之直覺主義的浪漫主義而言,由道德心所發之理想主義是理性主義的,因前者乃是「一種無歸宿、無安頓的盲爽恍惑」,而後者的實踐品格決定其為「一種切實可實踐的至誠之道」,這也就是說,道德心相對於浪漫主義之無著落而言是理性主義。此外,道德心之理性主義與邏輯理性之理智主義也是根本不同的。〔註46〕

基於以上分析,牟宗三將儒學界定為道德的理想主義或是理性的理想主義,不難發現,一些基於常見的誤解將牟宗三乃至全部儒學都理解為是「浪

〔註44〕牟宗三:〈理性的理想主義〉,《道德的理想主義》,頁 17～18。
〔註45〕牟宗三:〈理性的理想主義〉,《道德的理想主義》,頁 20。
〔註46〕牟宗三:〈理性的理想主義〉,《道德的理想主義》,頁 22。

漫式」的理想主義的看法，恰恰是牟宗三所謂的道德的理想主義所要反對的，因儒家式的理想主義一方面固然要求人類的全部實踐活動都不失其道德的意義與價值，同時更強調理想本身的實踐性。

經由以上分析，我們現在可以對牟宗三所謂儒家之現代化之基本意涵作一簡單總結。基本上來講，所謂儒家的現代化就是在現代世界的背景之下，以儒家思想為基底吸納源自西方的科學與民主，以探尋全面安頓當代人類的現實生命的可能途徑或理想方向。所謂以儒家思想為基底，即是肯定儒家內聖之學對個體主觀生命之安頓的積極意義，民主作為安排社會政治的一個客觀架構，以及科學作為人類全部實踐得以落實的「材質條件」，需要與儒家內聖之學相配合，方能對個體以外的人類生活亦有所安頓，這就要求有一個大的綜和。就中國文化生命自身而言，這也就是如何本儒家內聖之學以「開出」民主與科學或「新外王」；因民主與科學乃西方文化之成績，是以儒家之現代化的過程又可理解為是中西文化系統之結合；就哲學自身而言，這可以說是一徹底唯心論系統之創構。〔註47〕那麼，這一大的綜和如何可能？或者牟氏所謂的開出如何可能？下節我們將從牟氏文化哲學的視角對此予以分析說明。

第二節　儒家現代化之證立

一、牟宗三的歷史文化觀

牟宗三曾明確提到：「一哲學系統之完成，須將人性全部領域內各種『先驗原理』予以系統的陳述」，〔註48〕落在牟氏自己的哲學思考中來看，這全部的領域主要包括道德宗教以及科學與民主這兩大方面，前者主要表現為牟氏對儒學之形上學及宗教性的論述，後者大體上即是在文化哲學的視角下以儒家思想為基底對西方文化的融攝，〔註49〕這根本上就是儒家之現代化或中國文化之未來路向的問題。

在牟宗三的哲學思考中，其對中西文化問題的關注主要是基於對中國文

〔註47〕　牟宗三：〈鵝湖之會──中國文化發展中的大綜和與中西傳統的融會〉，《牟宗三先生晚期文集》，頁445～458。

〔註48〕　牟宗三：〈《歷史哲學》自序〉，《哲學哲學》，頁21。

〔註49〕　牟宗三因而說：「哲學之全體當有三面：一、主觀實踐一面；二、客觀實踐一面；三、純理智的思辨一面」，見牟宗三：〈關於歷史的哲學〉，《歷史哲學》，頁455。

化的出路這一問題的思考，這也就決定了他對文化的思考並不取經驗的立場，將文化僅只看作已有的經驗事實加以分析，而是將文化理解爲人類精神活動的表現，這樣一來，所謂中國文化的現代化，顯然就不是簡單地將西方文化已有的成果外在地添加到中國文化中來，而是在文化發展的根本處，即人的精神活動加以調整，以使民主科學能在中國文化中生根。由人類精神活動之表現來看文化，即是牟氏所謂的「綜起來了解文化」：「這樣綜起來了解文化，就是了解創造文化的生命人格之表現方式，即生命人格之精神表現的方式。這種生命人格之精神表現的方式也就是文化生命之表現的方式。依是，綜起來了解文化就是了解一個民族的文化生命之表現的方式或途徑」。〔註50〕道德、宗教、藝術、政治、科學等等這些文化現象都是人類精神活動的具體展現，是人類理性精神的體現，因爲若缺少超乎自然世界之上的理性精神的存在，那麼這些異質於自然事實的文化現象也就不可能出現了。但文化又不能只是純粹的理性精神自身，它必須是理性精神在現實中的表現。

　　經驗事實既是理性精神得以表現的載體，同時也對理性精神的表現構成一定的限制，前者可以說是經驗事實在文化上的積極意義，後者則是其消極意義，正是由後者，我們說文化是有差異的：

> 心、理是不能不表現的。它如何表現？它不能不藉氣質來表現。心、理雖可以指導氣質，變化氣質，但亦須藉氣質來表現。依是，氣質是表現心、理的。心、理雖普遍，而氣質則特殊。個人有個人的氣質，民族有民族的氣質。依是，心、理藉氣質來表現，同時亦受氣質的限制。因爲受氣質的限制，所以氣質之表現心、理始有表現方式之可言。而一言表現之方式，就函有表現方式之不同。這就是文化不同之根源。〔註51〕

這裏的心、理就是指理性精神而言，它作爲文化發展的根據和動力，使得人類的文化生活成爲可能，但理性精神的表現卻又不能不受經驗事實或氣質的限制，是以對於不同的民族而言，文化因理性精神表現方式之不同而展現爲不同的形態。也正因爲人類不同文化形態均是理性精神之表現，是以其無不包含一定的意義和價值，在這一意義上來說，我們就不能不肯定文化的多元性。

〔註50〕牟宗三：〈關於文化與中國文化〉，《道德的理想主義》，頁317～318。
〔註51〕牟宗三：〈關於文化與中國文化〉，《道德的理想主義》，頁319。

　　進而我們可由之解釋牟宗三的歷史觀。〔註 52〕基本上，牟氏是從上述文化觀或文化哲學的視角來理解歷史的，歷史並非發生於過去的「客觀」事實，而是「精神實體」於現實中步步展現自身的歷程。〔註 53〕牟氏的歷史觀大體上可以說是一種文化史觀。對牟氏來說，理性精神在內涵上是無窮無盡的，也就是說，理性精神可以有無窮多之表現的可能性。但因為經驗事實或氣質的限制，一個民族不可能將理性精神的全部內容一時都表現出來，而只能是表現其中之一部分內容，同時這一部分內容還必須在歷史中逐步開展擴充其意義，以及「在歷史中通過自覺將其所未表現的逐步發展出來」。〔註 54〕這就是所謂理性精神表現自身的歷史性，理性精神之表現的歷史性才是使得歷史得以可能的根據，牟氏所謂於歷史事實中窺見貫徹歷史之「精神實體」，即是指由「客觀的」歷史發展過程分析其背後的理性精神。

　　這裏需要略作說明的是，牟宗三《歷史哲學》之作受到黑格爾很大的影響，是以不少學者質疑牟氏的論證方式完全是黑格爾式的，甚至是歷史目的論的。李明輝教授對此有很好的辨正，李氏認為牟氏關於歷史哲學的討論根本上仍然是以依照康德哲學之「現象」與「物自身」的區分而建立的義理架構為基礎的，雖然康德與黑格爾均將歷史視為精神或意志底自由之表現，且就整體而言，歷史有其規則和目的；但二者之間還是有根本性的區別。因為，對黑格爾而言，理性乃內在於現實之中，具現於歷史之中，但對康德而言，理性作為實踐理性雖非對現實無能為力，但卻可以獨立於現實或歷史之外而有其真實性。這樣，我們就不應該簡單地將牟宗三的歷史哲學等同於黑格爾的歷史目的論，而應作如下康德式的理解：「康德底歷史目的論主要在指出人類在歷史中應當追求的目標。只要人類以有理性者自居，人類在歷史中的活動就不止是一種盲動，而是有意識、有目標的行動。這個目標系建立在人類理性底基礎上，故其必然性是一種理上的必然性（實踐的必然性），而非勢上的必然性（因果的必然性）」。同時，「這種歷史目的論代表一種理解歷史的觀點，透過這種觀點，我們才能了解人類底各種活動在歷史中的意義」。〔註 55〕

〔註 52〕更為詳盡的討論可參考邱黃海：〈牟宗三先生「歷史概念」之批判的展示〉，《鵝湖月刊》總第 287 期（1999 年 5 月），頁 16～32；陳榮灼：〈牟宗三的歷史哲學〉，《東海哲學研究集刊》第 15 期（2010 年 7 月），頁 361～372。

〔註 53〕牟宗三：〈《歷史哲學》自序〉，《歷史哲學》，頁 20。

〔註 54〕牟宗三：〈關於文化與中國文化〉，《道德的理想主義》，頁 319～320。

〔註 55〕李明輝：〈歷史與目的〉，《儒學與現代意識》，頁 143～149。

正如我們不能將牟宗三道德的形而上學作自然主義的解讀一樣，牟宗三對人類歷史文化的理解同樣不是形而上學的歷史目的論的，他強調的是歷史文化中包含有人類精神的價值方向，歷史文化乃是人類精神之自主自由的體現，理性精神的目的性使得作爲人類實踐活動之展現的歷史文化本身亦包含有一種目的，這是人類理性自身所設定的，也是人類實踐的價值方向之所在，正是在這一價值方向之下，我們才能衡定以往歷史文化的意義和價值之所在。

二、中西文化精神論析

基於以上的歷史文化觀，牟宗三對中西文化之形態及其背後的精神根據作出了自己的闡釋。統觀中西文化，牟宗三對比二者之不同，將中國文化界定爲「仁的文化系統」，而西方文化則是「智的文化系統」，這兩種不同的文化系統背後的精神根據分別爲：「綜和的盡理之精神」與「分解的盡理之精神」。說西方文化爲「智的文化系統」主要偏就由希臘文化發展而來之傳統而言，而希伯來傳統也是西方文化中很重要的一個部分，西方文化由此又表現爲一宗教型的文化系統，對比而言，中國文化則體現爲一禮樂型的文化系統；不過希伯來文化與希臘文化背後的精神根據是一致的，即都以「分解的盡理之精神」爲其精神原則。

就中西文化的源頭來看，在文化的發端處，二者關注之重心就有很大的不同，中國文化所首先關注的是「生命」，而西方文化所首先把握的則是「自然」。〔註56〕中國文化關注生命，從個人方面來講就是正德修己以調護、安頓自己的生命，從百姓一面來講則是通過利用、厚生以安頓人民之生命。是以，中國文化的重點主要落在道德、政治這一面，其所首先開闢出的是一個價值的、意義的領域。其中最爲核心之觀念即是「仁」，而「智」「就在政治的措施中，在利用、厚生中表示，在道德、政治的籠罩下而爲實用的表現」，因而中國文化基本上是仁智合一而以仁爲籠罩者的系統。〔註57〕至孟子即心言性點明仁義內在的觀念，這一文化系統的格局大體即已確定，其以人所本有之道德心性的觀念爲中心，此即是一道德的生命、理性的生命，在個體生命之深度上，體現爲一心性天道相貫通的道德宗教情懷，而在社會生活的廣度上，則展現爲一禮樂型的文化系統。

〔註56〕牟宗三：《中西哲學之會通十四講》，頁17～34。
〔註57〕牟宗三：《歷史哲學》，頁190。

　　希臘傳統作為西方文化的源頭之一，它首先把握的是「自然」，其對自然的把握，乃是將自然作為一外在的客體，對其作對象性的考察，以探究每一具體事物之上的普遍之「理」，這本質上是一觀解或理論的活動或者說是「智」的活動。在這一意義上，牟宗三將西方文化規定為「智的文化」。順此觀解活動之進一步的發展，也就有了邏輯、數學、科學的產生，這也就開拓出了「智的全幅領域」，「外而貞定了自然，內而貞定了思想」。〔註58〕就社會生活領域而言，希伯來傳統對西方文化產生了極為深遠的影響，西方文化在這一方面即展現為一宗教型的文化系統。

　　那麼，牟宗三何以將中西文化之不同歸結為「綜和的盡理之精神」與「分解的盡理之精神」之不同呢？所謂「綜和的盡理之精神」與「分解的盡理之精神」之意涵又是什麼呢？

　　依照牟宗三的解析，中國文化最根本的內容包括兩個方面：一是於個體一面由心性修養以成就理想人格；二是社會倫常方面之禮樂文制。概而言之，前者即是盡心、盡性，後者則是盡倫、盡制；不過這兩者本質上並非互不相關，因為理想人格的完成必然是通過在社會倫常中的道德實踐而達到的，而禮樂文制本身又是根源於道德心性的。不論盡心盡性抑或是盡倫盡制都是本超越於自然生命以上之道德生命或理性生命而發的，所以說根本上即是「盡理」。為什麼說這種「盡理」的方式是「綜和」的呢？

　　中國文化就社會倫常一面說禮樂文制，並非寡頭、隔絕地來談，而必然是通著超越面之心性、天道而說之，反過來說，其從生命之深度上論心性、天道，亦必然也是通著「歷史文化中廣被人群的禮樂文制」的，〔註59〕這種超越面與現實面圓融為一而不隔絕的「盡理」，牟氏即稱之為「綜和的盡理之精神」。回顧上一節的相關討論，我們不難發現，所謂「綜和的盡理之精神」，與牟宗三所闡發的「儒家式的人文主義」或儒家的實踐品格，表達的是相同的意涵，換言之，本質上這都是對中國文化──這裏主要是指儒家文化之本質特徵的揭示。以上是就禮樂文制一面講，就個體之道德修養一面而言，中國文化同樣表現出這樣一種「綜和」的特點，牟氏以孟子所言之「踐形」來說這種「綜和的盡理之精神」：

　　　「踐形」就是有耳當該善用其耳，有目當該善用其目，有四肢、百

────────────

〔註58〕牟宗三：《歷史哲學》，頁195。
〔註59〕牟宗三：《歷史哲學》，頁193。

> 體當該善用其四肢、百體。善用之,則天理盡在此中表現,而四肢、
> 百體亦盡爲載道之器矣。此之謂實踐其形,亦曰:「以道殉身」也。
> 如是,則不毀棄現實,而即在現實之中表現天理;而現實不作現實
> 觀,亦全幅是天理之呈現。〔註60〕

這其實說的還是儒家超越與內在、形上與形下、體與用圓融相即的特點,這一根本特點,牟氏在這裏即以「綜和」說之,或者與基督教「隔離的形態」相區別,而確定其爲「圓盈的形態」。

我們再看牟宗三對西方文化所體現之「分解的盡理之精神」的分析。牟宗三分別就希臘傳統、希伯來宗教精神以及民主政治三方面對此加以說明。首先,就希臘文化而言,其主要以「自然」爲其把握之對象,對於「自然」的把握與對於「生命」之把握的根本區別在於,後者必然是歸於生命自身的一種內在的體悟,前者則以自然爲一外在之客體而予以對象性之觀照;對於生命自身的貞定,端賴生命本身之內在的覺悟與升進,對於自然的貞定則需把握住作爲外在對象之自然的存在之理或形構之理;前者可以說完全是一種「存在的」把握方式,後者則是一種「非存在的」、「觀解的」、「理論的」、「認知的」把握方式。〔註61〕中西文化在起點處所關注之對象以及不同之把握方式,使得各自的發展逐漸展現爲不同的文化形態。由此,我們其實可以想見何以牟氏會對朱子之學給出「主智主義之他律道德」的判定,〔註62〕蓋儒家論道德之最初始的關切在於生命自身之安頓,是以對於生命、道德的關注只能由「存在的」進路或「逆覺」的、體證的方式入,而不能採取認知的、對象性的方式加以把握,朱子之論道德正正是以認知的方式把握道德,這自然與牟氏對儒家論道德之基本形態的判定完全相悖,而其判朱子爲「別子爲宗」也就並非那麼難以理解了。由對象性的認知方式把握外在之自然,哲學上成就的即是外在的觀解的形而上學,此以柏拉圖哲學爲代表;知識上則成就了邏輯、數學、科學,當然科學的產生乃是近代以後的事情,不過,在牟氏看來其仍是希臘傳統以概念爲中心而把握自然之「分解的盡理之精神」的「流傳」。〔註63〕牟宗三由此總結「分解的盡理之精神」所包含的三層意涵:1、

〔註60〕牟宗三:《歷史哲學》,頁193。

〔註61〕牟宗三:〈存在的進路與非存在的進路〉,《人文講習錄》,頁124～129。

〔註62〕牟宗三:《心體與性體(三)》,頁437。

〔註63〕牟宗三:《歷史哲學》,頁195。

函抽象義，2、函偏至義，3、含有使用「概念」，遵循概念之路以前進之義。〔註64〕

　　何以說基督教亦體現為一種「分解的盡理之精神」呢？牟宗三認為：「此處所謂『分解』完全是就耶穌的宗教精神之為隔離的、偏至的而言。耶穌為要證實上帝之絕對性、純粹性、精神性，遂放棄現實的一切。」「他之將感覺界的一切剔除淨盡而彰顯上帝，一如幾何學家之彰顯幾何中的方圓。幾何中的方圓，不是感覺的。要顯那個方圓，必須把感覺的東西統統抽盡。數學中的數目及數目式之純粹性亦然。雖然一是屬於科學，一是屬於宗教的，而其基本精神之同為『分解的盡理之精神』，則固彰彰明甚。」〔註65〕這也就是說，基督教將上帝人格化為一絕對的超越者，與希臘哲學探尋「超越而外在之理」以及數學之純形式化的思考模式，背後都有一「分解的盡理之精神」為其根據，這種精神之獨特性正與中國文化超越內在、形上形下圓融相即的「綜和」的精神形成鮮明的對比。牟氏常以「圓盈的」與「隔離的」或「盈教」與「離教」判分儒學與基督教正是基於上述兩種文化精神間之差異的對比分析。〔註66〕

　　此外，民主政治如何亦體現為一種「分解的盡理之精神」呢？依牟宗三之見，成立民主政治的兩個基本觀念是：自外限制或外在地對立而成之「個性」、以階級的或集團的對立方式爭取公平正義，這兩點歸結為一個政治、法律形態的「客觀制度」之建立。〔註67〕之所以說這體現的是一種「分解的盡理之精神」，關鍵就在於，其能於具體的社會倫常關係之上確立一「抽象的」、

〔註64〕牟宗三：《歷史哲學》，頁196。

〔註65〕牟宗三：《歷史哲學》，頁196、197。

〔註66〕唐君毅以「自覺地求實現」與「自覺地求表現」判分中西文化精神正同於牟宗三對中西文化精神之區分，此一判分的根本就在於超越理想與現實世界之「隔」與「不隔」，以此正可突出中國文化或儒家文化之人文化成之人文精神之所在，唐氏曰：「中國文化根本精神，為自覺地求實現的，而非自覺地求表現的。西方文化根本精神，則為能自覺地求表現的，而未能真成為自覺地求實現的。此處所謂自覺地求表現的，即精神理想，先全自覺為內在，而自覺的依精神之主宰自然生命力，以實現之於現實生活各方面，以成文化，並轉而直接以文化滋養吾人之精神生命、自然生命。而此所謂自覺地表現的，即精神先冒出一超越的理想，以為精神之表現，再另表現一企慕追求理想，求有所貢獻於理想之精神活動，以將自己之自然生命力，耗竭於此精神理想前，以成就一精神之光榮，與客觀人文世界之展開，而不直接以文化滋養吾人之精神生命、自然生命。」見唐君毅：《中國文化之精神價值》，頁361。

〔註67〕牟宗三：《歷史哲學》，頁198、199。

「一般的」「客觀制度」，牟宗三後來正是在這一意義上，以民主政治爲一種客觀的架構性的存在，這遠比中國文化由盡倫盡制所確立之倫常關係要更具「抽象性」與「一般性」，是以牟氏認爲民主政治在西方的出現雖以階級對立爲現實機緣，不過根本上仍是本於其一貫之「分解的盡理之精神」。

由「綜和的盡理之精神」與「分解的盡理之精神」的對比分析，牟宗三對於近代以來中國知識份子之於「中國問題」的思考給出了自己的診斷：中國文化之所以不能開出科學與民主，就在於這一文化背後之精神以「綜和的盡理之精神」爲主，而「分解的盡理之精神」沒有得到充分的彰顯。這也就是從文化發展之動力或其背後之精神根據論說中國文化何以沒有出現邏輯數學科學以及民主政治與近代化之國家政治法律的文化根源。中國的現代化或者說儒家的現代化，合乎邏輯的，必然是以文化精神的拓展或調整爲根本，而其實也就是兩種不同文化的融合之道。牟宗三後來在《政道與治道》一書中更以「理性之運用表現」與「理性之架構表現」、「理性之內容表現」與「理性之外延表現」兩對區分來對說明中西文化形態之間的差異，並指明中國現代化或儒家現代化的根本就在如何由理性之運用表現轉出理性之架構表現。與《歷史哲學》的相關分析相比，牟宗三在《政道與治道》中的分析更爲清晰透徹，且對所謂的「開出說」或「坎陷說」作出了較爲明確的闡釋。

我們先來看牟宗三對理性之運用表現（functional presentation）與理性之架構表現（constructive presentation or frame presentation）這一區分的闡釋。依照牟宗三的分析，理性之運用的表現乃是「據體以成用」或「承體之起用」意義上的表現，它總是在具體生活中牽連著「事」來說的；正因其總是關聯著具體的生活的，所以這裏所謂的理性主要是指「實踐理性」而言。〔註 68〕這種體用相即不離的表現方式之最爲根本的特性于是可以概括爲：「攝所歸能」、「攝物歸心」；能所之間並不存在一種對待的關係，強分之則可說爲「隸屬關係」（sub-ordination）。〔註 69〕與此相對應，理性之架構表現主要體現爲一種抽象性的思維方式，因其能於具體事物之上作抽象的思考，是以有概念之使用，因而在架構表現中的理性乃是偏於非道德意義的「觀解理性」或「理論理性」，這一方面使得普遍客觀性得以確立，同時也使得分裂得以產生，即不像理性之運用表現那樣圓融或「混沌」，各個領域都有其確定的界限。依牟

〔註68〕牟宗三：《政道與治道》，頁 40。
〔註69〕牟宗三：《政道與治道》，頁 45。

氏之見，理性的這一表現方式乃是以對待關係爲底子，由此形成一「對列之局」（co-ordination）。〔註70〕

　　理性的這樣兩種不同的表現方式，使得這兩種文化展現出極大的差異，首先由理性之運用的表現看中國文化之特色。從人格方面來講，聖賢人格之感召就是理性之運用的表現，儒家所謂「君子之德風，小人之德草，草上之風必掩」或「所存者神，所過者化」，說的都是聖賢德性的化育作用，這中間是沒有媒介或橋樑的，因而是十分具體的。從政治方面而言，理性之運用的表現則體現爲儒家德化的治道。因缺少一種抽象、架構的思維方式，儒家對於政治權力轉移的問題並沒有給出很好的解決，因而總是出現「打天下」或是「一治一亂」的「非理性局面」，按照牟宗三的解釋，這即是沒有確立起所謂的「政道」。是以，儒家對於現實政治的思考主要落在「治道」上，而以聖君賢相作爲理想的政治形態。對於政治而言，這根本就是在政道無法確立的情況下的權法，它可以表現出一種極高的理想性，如所謂「老者安之，少者懷之，朋友信之」，但這對於現實政治而言都是針對具體的個體生命之現實生活來說的，而對於自由、平等、人權、權利等概念缺少一種抽象性的思考，因而不能於人民之具體的現實生活以上，確立起客觀的近代意義上的國家、政治、法律，反而使得儒家高遠的政治理想之實現缺少一客觀、必然的保證。「從知識方面來說，則理性之作用表現便要道德心之『智』一面收攝於仁而成爲道心之觀照或寂照，此則爲智的直覺形態，而非知性形態。」〔註71〕這也就是說，在理性之運用的表現或作用表現之下，「知識」本身並沒有客觀獨立性，而是爲德性所統攝，仍然是一種具體的、直覺形態的生命智慧，因而也就不能成就抽象普遍的邏輯數學科學。

　　在牟宗三看來，理性之架構表現的主要成就，概括而言，不外科學與民主政治兩項，是以《政道與治道》一書亦主要是就科學與民主政治兩面來討論西方文化所體現之理性的架構表現這一根本特徵。首先從政道或者說安排政治之道方面來看，與過去中國將政權完全寄託在具體的個人身上不同，民主政體則將政權寄託在一抽象的制度之上，人民於此亦由德性的主體轉而爲有其政治之自覺的政治主體，人民與皇帝（代表政權）之間不再是一種隸屬的關係，也就是說人民不再是無政治自覺之被動的被感化的對象，而是有其

〔註70〕牟宗三：《政道與治道》，頁45。
〔註71〕牟宗三：《政道與治道》，頁43。

個性之獨立的存在，因而其與皇帝之間形成一種對待的關係，而對列之局正由此形成，政權也就「從個人身上拖下來，使之寄託在抽象的制度上，而爲大家所總持地共有之」，這是政道得以確立的關鍵所在，而民主政體亦隨之出現。政治權力之轉移亦由「革命」、「打天下」之「非理性的」轉而爲理性的。政治由此也就不再是聖君賢相下之吏治，而是民主政體下的民主政治，而民主政體下的政治運用只是由選舉與被選舉而取得定期的治權，政權因其有一抽象而客觀之制度爲其保障，其本身不再會被非理性地奪取。相對於國家作爲一文化單位而言，國家因人民在政治上的獨立轉而成爲政治意義上的統一體。近代意義上的法律亦因人民在政治上的自覺而得以確立。就科學知識而言，其之所以產生，乃是以預設一主客體之間的對待關係爲前提的，這只有在理性之架構表現下方能出現，在理性之運用表現下，心物一體呈現，主客體之間的對待關係被泯滅，其可以達至一種很高的人生境界，不過因物不能從心之籠罩下解放出來而成爲一外在的認知對象，科學知識也就很難成立。

經由以上分析，我們不難看出，「理性之運用表現」、「理性之架構表現」的區分與《歷史哲學》一書中「綜合的盡理之精神」、「分解的盡理之精神」的區分大體上是一致的，其目的都在突出中西文化形態差異背後之中西文化精神上的不同。概略言之，中國文化精神表現出明顯的重具體性、主體性、能所合一之綜合性的特徵，而西方文化精神則表現出突出的重抽象性、客觀性、主客對待之分解性的特徵。而在具體的文化形態上，中西文化間才會有種種不同：道德宗教方面有圓盈之儒學與隔離之基督教之差異、政治上有聖賢人格之化育與民主政治之差異、科學知識方面有「智」爲仁所統攝而爲一種智慧與「智」因其客觀獨立之發展爲成就邏輯數學科學之差異。

理性之內容表現（intensional presentation of reason）與理性之外延表現（extensional presentation of reason）的區分，主要是從政治方面闡釋中西文化的不同，與牟宗三關於以上兩對區分的論述相比，牟氏提出這一對區分之更爲積極的意義在於，他在區分「民主之內容的意義」（intensional meaning of democracy）與「民主之外延的意義」（extensional meaning of democracy）的基礎上對民主政治之意涵給出了更爲明確的界定，其順傳統儒家的政治思想規定了人類最高的政治理想，同時也說明了此一政治理想之落實必賴民主政體的確立。

就政治方面而言，理性之內容的表現完全以「存在的生命個體」爲中心，其所關注者乃是存在的生命個體之具體的生活、價值與幸福，當然並不是說

理性之外延的表現在政治方面不關注生命個體，而是說理性之外延的表現能在這些具體的內容之上「通過政治意義的自由、平等、人權、權利諸形式概念」以尊生命、重個體，只有在後者的意義上，民主政體、客觀的制度才成為思考的重心。理性之內容的表現既以存在的生命個體為首出觀念，那麼其最高政治原則即是以人民為中心來衡量「治天下者之為德為力、為真為假、為王為霸」，這也就是所謂「民本」的觀念，由之所成就之儒家的德治的最高目標，就在使每一存在的個體生命「各適其性，各遂其生」、「各正性命」。由此，牟宗三即確定出民主之內容的意義：政道上確立推薦、普選（「天與」、「人與」）之「公天下」觀念（隨政權而言政道）；治道上確立「讓開散開，物各物物」、「就個體而順成」之原則（隨治權而言治道）；道德上確立「先富後教」、「嚴以律己，寬以待人」之教化原則。〔註72〕

　　牟宗三認為，儒者本其「實際的直覺心靈」所確立之政治理想表現出極高的理想性，代表了人類理性之精神方向，但因理性之內容表現本身所存在的限制，這一理想在過去的現實政治格局中很難真正實現。理性之內容表現的限制主要體現為：在「得天下」方面不能順孟子所謂「推薦」、「天與」的公天下觀念而形式地、制度地思考此公得以實現的可能性，而這也就使得「打天下」以及「一治一亂」的格局無法從根本上加以破除；從治天下方面說，儒者「唯仁者宜在高位」的觀念使得真正的法治無法確立，即相應於客觀制度之第一義的法或憲法無法確立，以往儒家所能肯定之法乃是第二義的法，即刑法之法以及處理公共事務之客觀標準或客觀程式意義上的法，這樣治理天下之效果太過於依賴治者個人之德性修養，所謂「徒法不能以自行」，其必然導致「人存政舉，人亡政息」以及治者負擔過重。

　　由此也就不難見出西方順理性之外延表現而來之民主政體下的政治的積極意義，「西方人是在這種『外延的表現』所成之種種法律、契約、架構、限制中生存活動，這些是他們的外在的舞臺與綱維網。他們是拿這綱維網來維繫夾逼著他們個人主觀的活動。」〔註73〕這也就是說，在理性之外延表現下，客觀面之政治實踐不再於個體主觀面之道德修養上尋求解決之道，政治因其自身之獨特性而被思考，由之所形成之民主政治有相當的客觀性和穩定性，於存在的個體生命之上的制度也就成為個人之自由、權利得以實現的外在保

〔註72〕牟宗三：《政道與治道》，頁109。
〔註73〕牟宗三：《政道與治道》，頁132。

障。不過，理性之外延表現仍有其不足：理性之外延表現本在成就民主政體上那些形式概念，「形式的自由與權利上的平等都過問不著個人主觀生命之如何順適調暢其自己。如是，人們乃在此外在的綱維網中，熙熙攘攘，各為利來，各為利往，儘量地鬆弛，儘量地散亂，儘量地紛馳追逐，玩弄巧慧，儘量地庸俗膚淺，虛無迷茫，不復見理性在哪里，理想之根在哪里，人生、宇宙之本源在哪里，一方面外在地極端技巧與文明，一方面內在地又極端虛無與野蠻。」〔註74〕

理性之內容表現雖對政治自身之自性的思考不足，由之所引生之高遠的政治理想亦須有客觀的民主政體作為其得以實現的外在保障，不過，其對具體的個體生命之關注，在個人主觀方面確能使人有所安頓，而不至流於物質生命之氾濫，僅有理性之外延表現以安頓客觀之政治制度，此並不真能保住全體人類的理想性。是以牟宗三對理性之內容表現與外延表現之關係有如下之說明：

> 以內容的表現提撕並護住外延的表現，令其理性真實而不蹈空，常在而不走失；以外延的表現充實並確定內容的表現，令其豐富而不枯窘，光暢而不萎縮。〔註75〕

簡單而言，牟宗三的意思不過是說理性之兩種不同的表現方式之間存在一種相互為用的互補關聯，或者說這即是牟宗三所設想的中西文化融合之道，本章第一節即已說到，人的安身立命，不只個體生命之主觀方面需有道德宗教來加以安頓，同時人之客觀的公共政治生活亦須有所安頓，在牟宗三看來，傳統儒學之長正在於第一點，而其所缺或西方之所長正在後者，中西文化融合之必要，正在於生命之安頓存在不同的維度。如果說理性之內容的表現為傳統儒學之典型特徵，而理性之外延的表現乃西方文化尤其是近代以來之科學與民主的根本特徵，那麼牟宗三對傳統儒學的批評，我們其實可以理解為是傳統與現代之間的一種雙向批判，或者是張灝所謂的「以傳統批判現代化，以現代化批判傳統」，〔註76〕較之極端的保守主義者或是反傳統主義者而言，

〔註74〕 牟宗三：《政道與治道》，頁 134。

〔註75〕 牟宗三：《政道與治道》，頁 135。

〔註76〕 張灝：〈傳統與現代化——以傳統批判現代化，以現代化批判傳統〉，《張灝自選集》（上海：上海世紀出版集團、上海教育出版社，2002），頁 309〜325。張氏認為，人在現代化的過程中已漸漸失落了，人已失去反省和決定自己生命的目的與方向的能力，人已不知道什麼是自己真正的需要和價值，什麼是人之所以為人的特性；人變成了大腦發達，而心靈枯萎的動物；而傳統思想，不論是儒家、佛家或道家，都是環繞人的生命問題而展開的，它們所關注的

這或許是現代人面對傳統與現代之間的關係問題時可以堅持的一種較為積極、健康的態度，韋政通所謂「創造轉化」的意義也在於此，即對於任何一種文化傳統，都必須經過一個批判的過程來加以吸收。〔註77〕劉述先對此有較為中肯的評價：「牟先生提出三統之說，是接觸到了今天問題的真正癥結之所在。但如何在今日保存日漸式微的道統，而進一步吸納西方的政統與學統，卻又不流於民主法治、科學技術的流弊，這不只是中國，實際上是今日全人類必須面對的重大問題。」〔註78〕此外，就牟宗三對於民主之內容意義與外延意義的區分，我們不難見出，牟氏所理解的民主乃是以儒家王道的政治理想為其內容，而以源於西方的民主政治作為其外在的形式或架構，而這即是牟宗三所確立之政治理想。

三、儒家現代化之道

以下所要說明的就是，牟宗三所確立的這一中西文化融合之道是否可能？這是儒家能否由傳統形態轉化為現代形態或者說儒家之現代化的根本所在。「現代化的基本精神是『對列格局』之形成」，〔註79〕儒家的現代化也就是本其所固有的理性之運用的表現開出理性之架構的表現，或者說形成所謂的「對列格局」，這不簡單是如某些學者所理解的我們就學習人家的科學與民主就好了，而是說要真正使得科學與民主在中國生根，不能不是兩種不同的文化精神之間的融合，同時就傳統與現代之雙向批判的視角而言，我們固然渴望科學與民主，但我們同時也不能不意識到科學與民主自身的限度之所在，也就是說，我們在熱情擁抱現代化的同時，如何能不陷入現代化本身所

是人的生命的究竟目的，它們所探討的是生命目的的終極價值和意義，因此對於現代人類而言，傳統思想有一種暮鼓晨鐘的功能：它可以提醒我們需要追問人的終極目的是什麼、追問現代化所產生的種種制度、技術、目標對人有何意義等等，總之我們有必要以傳統為基點去批判與反省現代化。參張灝：〈五四運動的批判與肯定〉，《幽暗意識與民主傳統》，頁198。或者如勞思光所說，針對現代文化的弊病，傳統文化尤其是儒學可以發揮其「治療功能」（therapeutic function），見勞思光：〈從當代思潮看新儒家〉，《危機世界與新希望世紀》，頁114～115。

〔註77〕韋政通：〈中國思想傳統的創造性轉化〉，《韋政通八十前後演講錄》（武漢：華中師範大學出版社，2009），頁6。

〔註78〕劉述先：〈當代新儒家的探索〉，《儒家思想與現代化——劉述先新儒學論著輯要》，頁260。

〔註79〕牟宗三：〈《政道與治道》新版序〉，《政道與治道》，頁19。

包含的諸多弊病之中呢？

在牟宗三看來，傳統儒學內聖外王的格局是有其積極意義的，不過內聖與外王之間的關係不應該是一種直通的關係而應該是一種曲通的關係。因為外王政治有其內部之特殊結構，這並非內聖之作用所能窮盡，也就是說，由內聖之運用表現並不能直接推出科學來，亦不能直接推出民主政治來，「從理性之運用表現直接推不出架構表現來」。〔註80〕這其實也就是說，內聖之運用表現與科學和民主政治之間只能建立起一種非直接的關係：

> 一、內聖之德性與科學、民主有關係，但不是直接關係；二、科學、
> 民主有其獨立之特性。這兩方面的意義即表示既獨立而又相關。運
> 用表現與架構表現既獨立又相關，這如何而可能？我們如何能真正
> 把它們貫通起來？〔註81〕

既然理性之運用表現與架構表現之間不能是一種直通的關係，那麼二者之間的關聯自然也就不能用邏輯推理來表明，但其中含有一種「曲通」或者是「逆」的關聯。我們看牟氏的分析：

> 德性，在其直接的道德意義中，在其作用表現中，雖不含有架構表
> 現中的科學與民主，但道德理性，依其本性而言之，卻不能不要求
> 代表知識的科學與表現正義公道的民主政治。而內在於科學與民主
> 而言，成就這兩者的「理性之架構表現」，其本性卻又與德性之道德
> 意義與作用表現相違反，即觀解理性與實踐理性相違反。即在此違
> 反上遂顯出一個「逆」的意義，它要求一個與其本性相違反的東西，
> 這顯然是一種矛盾。它所要求的東西必須由其自己之否定轉而為逆
> 其自性之反對物（即成為觀解理性）來成立。它要求一個與其本性
> 相違反的東西，這表面或平列地觀之，是矛盾；但若內在貫通地觀
> 之，則若必須在此一逆中始能滿足其要求、實現其要求，則此表面
> 之矛盾即在一實現或滿足中得消融。〔註82〕

之所以如此繁瑣地徵引牟氏以上論述，原因就在，這段話大概是牟氏對內聖開出新外王之「開出說」或「坎陷說」的最為清晰的闡釋。此中最為關鍵的意思有兩點，一是道德理性依其本性必然要求代表知識的科學與表現正義公道的民

〔註80〕牟宗三：《政道與治道》，頁48～49。
〔註81〕牟宗三：《政道與治道》，頁49。
〔註82〕牟宗三：《政道與治道》，頁49～50。

主政治，一是所謂的「逆」的意義。依照前文的分析，我們知道，就人之現實生命的安頓而言，其必然涉及主體自身一面以及客觀公共領域一面，這兩面之安頓不能不說都是人類理性之要求所在，本儒家之道德理性固然可以從道德宗教一面實現個人主觀面之安頓，然而對於客觀面之安頓，這卻不是道德理性本身所能實現的，科學與民主政治之意義正在於其能助成此客觀面之安頓，正是在這一意義上，牟宗三才說科學與民主政治乃是道德理性之不能不有或者必然的要求，也就是說，就人類理性之精神方向而言，儒家內聖之學必然要求科學與民主政治，或者就人類理性而言，理性之運用的表現與理性之架構的表現的結合乃是其必然的要求。這顯然帶有某種「目的論」的味道，不過這不同於黑格爾哲學意義上的目的論，這裏所謂的「必然要求」只是就人類理性之共同理想或普遍要求來說的。然而，理性之運用的表現與架構表現依其本性乃是相對反或是矛盾的，不過理性之架構表現對於現實生命之客觀面的安頓恰恰又是道德理性自身的內在要求，這樣，二者表面上的矛盾於此可以得一消融，在這一意義上，牟宗三認為由內聖或道德理性以開出科學與民主政治，或者說由理性之運用表現轉出理性之架構表現，體現為一種「辯證發展的必然性」，這裏所謂的「辯證發展」即是指理性之運用表現與架構表現之表面矛盾的消融來說的。〔註83〕道德理性為實現其理想或順其內在之要求，不得不自我坎陷（自我否定），讓開一步而轉出理性之架構的表現，所謂「讓開一步」只是要確立科學與民主政治自身的獨立性，但我們卻不能因此認為此二者即可完全與道德理性無關。在牟宗三看來，這必然導致科學一層論與泛政治主義的弊病，〔註84〕是以牟宗三說：「凡是真理皆當有關係，相輔助以盡其美，相制衡以袪其弊」，〔註85〕只有如此，我們才能在追求現代化的過程中不陷入現代化的諸種弊病之中。正是在這一意義上，墨子刻認為牟宗三的「曲通說」是很有道理的：「按照牟氏的看法，完全實行內聖外王的理想是需要『理性之架構表現』，即是實行經濟政治的現代化，而同時把現代與內聖外王的神聖理想貫通起來。……其實，章（太

〔註83〕就牟宗三對儒家思想與科學民主之辯證關係來看，「高懸道德心性作為至高無上的本體，宇宙秩序亦由此出發（道德秩序即宇宙秩序），那又何需現代科學與民主（均與傳統道德基本無關）來干預和參與呢？這不是理論上的附加累贅麼？」之類的質疑顯然是不相干的，相關質疑參李澤厚：〈說儒學四期〉，《歷史本體論‧己卯五說（增訂本）》（北京：三聯書店，2006），頁132；李澤厚：〈何謂「現代新儒學」〉，《世紀新夢》（合肥：安徽文藝出版社，1998），頁109～111。

〔註84〕牟宗三：《政道與治道》，頁51、53。

〔註85〕牟宗三：《政道與治道》，頁51。

炎）、牟兩位思想家這種看法相當合乎今天中外很多的思想，因爲不少的知識份子都同意現代化是一方面環繞著工具理性的現實需要，而另一方面則需要一種『道德性語言』（moral language）或『人文主義』作爲文化社會的基礎。然而強調『曲通』的牟氏十分了解到把工具理性和人文主義相結合這種過程的困難」。〔註 86〕由此我們就不能簡單地將「良知自我坎陷」的說法完全看成是沒有實際意義的「概念遊戲」。〔註 87〕以上基本上就是牟宗三對「開出說」或是「坎陷說」的詮釋。

此外，還須說明的是，牟宗三由理性之運用表現轉出架構表現的思路對中國文化之現代化的方向問題的說明，是否如某些學者所說乃是一種「西化」呢？〔註 88〕牟宗三亦明確意識及此一問題。在牟宗三看來，討論新外王或是科學與民主政治的問題，主要關涉的還只是儒家的時代使命問題，這一時代使命即是儒家如何能現代化，積極融攝源自西方的科學與民主政治，不過這裏確實還必須注意的一個問題就是，我們在要求現代化、吸納西方文化之成果的同時，如何又能不落入「西方化」呢？這即涉及牟宗三所謂「中國文化之主位性的維持」的問題，依牟氏的看法，決定中國文化是否爲「中國的」關鍵不在於我們是否吸納科學、民主政治以現代化，而在於我們能否於文化的動源、文化生命之方向處堅持以儒家爲主流之中國文化的主位性，〔註 89〕這也就是牟宗三所謂的必須是「本內聖」以開出「新外王」。按照牟宗三的思路，對於中國未來的發展而言，理想的社會模式應該是，以儒學爲主流的中國文化能夠爲中國人的安身立命提供主觀方面的精神資源，同時亦可由之確立日常生活的軌道，而公共生活或政治領域，則可通過吸納源於西方的民主政治而得以安頓，科學的引入更使得這整套理念的展開有一重要的保障。這一理想的社會模式應該理解爲是儒家文化精神的一種開拓，是以在道德宗教這一根本處，牟宗三不得不以「判教」的方式來護衛儒學的根本地位，而這即是對以儒學爲主流之中國文化的主位性的一種堅持，在牟宗三看來，只要堅持這一點，儒家的現代化就不會是所謂的「西方化」，而是儒學在現時代因

〔註 86〕墨子刻：〈20 世紀中國知識份子的自覺問題〉，《學術思想評論（第 3 輯）》（瀋陽：遼寧大學出版社，1998）頁 186～187。
〔註 87〕韋政通：〈感恩與懷念：唐君毅、牟宗三、徐復觀和殷海光四先生對我的影響〉，《深圳大學學報（人文社會科學版）》（2011 年 5 月），頁 5～15。
〔註 88〕蔣慶：《政治儒學》（北京：三聯書店，2003），頁 90。
〔註 89〕牟宗三：〈《政道與治道》新版序〉，《政道與治道》，頁 22～23。

著自身的時代使命而不得不作出的一種自我發展。

就牟宗三對中國文化路向問題的思考來看，其中依然透顯出一種很強的民族主義文化心理，經由牟氏的分析我們看到，中西文化精神有著很大的差異甚至是相對反的，不過西方文化精神對於中國文化而言，是其自我充實、脫困的必要條件，是以牟宗三以辯證的開顯或是自我坎陷來說明中國文化吸納西方文化之方式。反傳統文化的西化論者正是在中西文化的差異處見出二者相容之不可能，是以要求全面否定中國文化，牟宗三的努力大概正可視為對此種觀點的反駁，即努力說明中西文化精神即便存在對立緊張的一面，但二者之間的接通仍然是可能的，也就是說，我們仍然可以在堅持中國文化之基本立場的前提下，實現中國文化對西方文化的吸納。牟宗三全部文化哲學思考的核心就在說明，中國文化吸納作為一種異質文化的西方文化是可能的，並且就理性精神來看，西方文化中民主科學對於中國文化實現自身而言是必須的，也就是說，人類實踐必然以此為方向，這同時又可視為是對民主科學之價值意義的證立，儒家文化現代化之可能性正基於此。

牟宗三對中國文化之未來路向問題或現代化問題的分析，本質上來說是一種文化哲學的反思，不少學者對此都提出過批評，不過大多都是出於誤解，李明輝教授等的研究工作很好地澄清了相關誤解。然而，這樣一種哲學的反思，其中包含有諸多形而上學的因素，在今天這樣一個後形而上學的時代，社會學等經驗科學的發展使得我們更傾向於從經驗的角度來考察所謂現代化乃至文化問題，這大概是牟宗三的相關思考很難為人所接受的一個重要原因。由此，我們必須思考的一個問題就是，牟宗三上述思考的積極意義何在？這一思考模式的限度又何在？假若我們真正揭示出這一思考模式的限度所在，是否可以由之給出一更為合理的文化解釋模型？對以上問題的思考，除勞思光以外，不論是在新儒家內部，還是批評新儒家的學者都沒有給予足夠的重視。勞思光對於中國現代化乃至文化問題的思考，在其哲學思考的前後期有一個很大的轉變，其中最為根本的契機就是他對牟宗三等新儒家以及自己早期之文化觀的反省，勞氏後來以「黑格爾模型」（hegelian model）說之，〔註90〕我們暫且不論勞氏的這一界定本身是否準確，但我們如果要更為深入透徹的考察牟宗三的文化哲學，那麼勞思光對於所謂「黑格爾模型」之文化

〔註90〕勞思光：〈中國現代思潮之流變及評估〉，《虛境與希望──論當代哲學與文化》，頁104。

觀的批評以及由之所確立的「文化的二重結構觀」顯然十分值得我們的關注。這爲我們批判性的考察牟宗三的文化哲學提供了一個很好的參照系，基於這樣一種考量，本文第四章將對勞思光的文化哲學做較爲全面的考察，並力圖對上述問題作出回答。

第四章　從儒學精神之重建到文化的二重結構觀——勞思光文化哲學的內在發展

　　我們先由勞思光的兩段自述來簡要介紹其文化哲學思考的根本問題及其前後期思考相關問題的重要轉折：

> 回到我自己的研究來說，我之所以在晚年致力於文化哲學，其實並不意味著我在哲學思維上有什麼突然的改變。我最早關懷哲學問題，原是以文化危機意識為動力。數十年中種種研究工作，都只是為了解及克服這種危機而作的努力之一部分。我生長在中國傳統文化開始失效，而現代文化並未實化為新文化秩序的迷亂時代；在這樣的歷史環境中，面對「中國文化向何處去」的問題幾乎是不可避免的事。就此而論，對文化問題的探究成了一種「歷史的任務」。進入純理論的層面講，則我了解哲學學說愈多，愈發現哲學本身正陷入一種危機狀態。這使我不得不通過重重的反省思考，自己尋找出路。我曾經採用黑格爾模型的理論，來探求中國儒學的新出路（「少作集」）；後來決意對傳統中國哲學作一番整理，因之寫了《中國哲學史》。〔註1〕
>
> 我早期的文化觀自然屬於黑格爾模型，因此，若不計細節而只論其大旨，則其得失所在實可從黑格爾模型的理論特色（characteristics）看出來。我在晚近論著中提出文化的二重結構觀，正是因評判黑格

〔註1〕 勞思光：〈《文化哲學講演錄》自序〉，《文化哲學講演錄》，頁 xiii。

爾模型而發。〔註2〕

由以上兩段材料我們大體可以把握到，勞思光的哲學思考乃是以文化問題爲中心，但這一文化哲學的思考對其個人而言卻存在一前後期之變化。就其早年的哲學思考來看，勞氏繼承了五四以來中國知識份子的「救亡」意識，力圖爲中國文化尋求出路，由於勞氏以儒家作爲中國文化的主流，是以中國文化的出路問題在他這裏基本上也就等同於儒學的出路或是儒學精神之重建的問題，正是在這一意義上，勞思光認爲可以將其對此一問題之思考所得稱爲「新儒學精神」，〔註3〕即以儒家「重德精神」統攝西方「重智精神」形成一更高層次之「德智圓融」的文化精神。而這也促使勞思光對東西方哲學作通盤性的清理工作，是以其有《哲學問題源流論》一書的寫作，勞氏意圖對中西印三大哲學傳統作全面性的考察，不過這部著作並沒有完成，勞氏後來主要將精力轉向對傳統中國哲學作清理性的工作，其成果即是後來在臺港地區影響極大的《中國哲學史》，這項研究工作差不多也耗費了勞氏中期哲學思考的幾乎全部精力。勞思光晚期則在中期工作的基礎上，開始重新思考文化問題，這期間其主要工作即用以清理當代西方哲學中諸重要哲學流派關於文化問題的思考，勞氏對中西哲學的清理也就構成其重新思考文化問題的重要思想資源，是以在此基礎上，他提出了諸多處理文化問題重要的理論區分。勞氏晚期哲學思考的主要特色在於文化的二重結構觀的提出，相對於其早年黑格爾模型的文化觀而言，這是勞氏文化哲學思考上的重要突破，這不只表現在前者具有更強的理論效力，同時還表現在，勞氏晚年極大地淡化了「救亡」意識，是以其晚年關於文化問題的思考更具理論的普遍性。所以勞氏認爲：「我在這個思考進程中所見到的理，卻不能是特屬於中國文化傳統的。即以雙重結構理論而觀，它自有普遍性的理論意義。我們可以通過它來看當代世界文化問題」。〔註4〕勞思光在文化哲學上的這一轉變更爲我們提供了重新省思牟宗三文化哲學的參照系。勞思光早年論及「人文學派」時提到，「儘管唐（君毅）牟（宗三）二先生都並未從具體組織方面來建立這一個學派的中心；有了思想、理論與精神，『人文學派』之存在便無可否認。至於我現在所談的『人文學派的民主科學理念』，也不是正式由整個學派承認的理論，主要只是我私

〔註2〕 勞思光：〈《文化問題論集新編》序言〉，《文化問題論集新編》，頁 xi。
〔註3〕 勞思光：〈關於中西文化問題的討論〉，《文化問題論集新編》，頁 189。
〔註4〕 勞思光：〈《中國文化要義新編》序言〉，《中國文化要義新編》，頁 xvii。

人所見。我所以大膽地用上『人文學派的』一語，是因爲我這裏談的理論是由我自己的文化哲學理論導出的。而近幾年我與牟宗三先生談論最多，我的文化哲學理論大致上與牟先生所持體系相近；即就這一部份導出的理論（即關於民主科學理念的理論）說，要旨也與牟先生所見不謀而合。唐君毅先生雖然未與我單獨詳論這一部份問題，但至少就大方向講，我從未知道唐先生有相反意見。這樣，我就姑且將我這一部份理論看作人文學派的理論了。」〔註5〕僅就勞氏自己的這一表述來看，其早年文化哲學的相關思考當與牟宗三的文化哲學十分接近，而這大概也就是二者論學如此相得的根本原因所在，二家不但面對共同的問題：「中國文化的出路」問題，且按勞思光自己的看法，他們對於問題的解決依照的是同樣的進路，同屬黑格爾模型的文化觀。基於這一點勞氏說到：「專就這一部份理論工作來說，卻由於基本模式相近，顯得頗多相合之處，這樣，他們（新儒家）有一段時間頗爲讚賞我的早期理論，而許多局外人也就因之將我也列入所謂『新儒學』一派。如果只看我的早期思想，這種認識也不能說全是誤解；我雖一向不是傳統主義者，但黑格爾模式的文化哲學，是我與這些學人的理路的共同基礎，也不妨說成同一派」。〔註6〕在勞思光看來，這一文化觀對於相對穩定之文化系統之內部結構的分析，確實有著相當的解釋效力，但是「如勉強要依黑格爾模型來尋求中國的現代化之路，則如走入不可通之路」。〔註7〕是以勞思光後來提出所謂的「結構（structure）分析」與「歷程（process）分析」這一理論區分，意在說明黑格爾模型的理論效力只在對一成熟的文化系統作靜態的結構分析，可是一個在變動中的文化是無法完全以結構分析來加以說明的，由此勞思光對新儒家所給出的「中國文化的出路」問題的解答作出了自己的省思：「後來到了牟宗三講『良知坎陷』，這是哲學家自用的怪字眼，就是改變價值意識的意思，這還是有黑格爾模型的共同特色：人的價值意識決定他自覺活動的方向。……作爲一個文化運動來講，新儒學運動本身就有大困難，困難在於，新儒學只能由結構分析來看。從歷程分析來看，我們要怎麼做？從哪里先做起？是不是都先由內部做價值意識的改變，人人都改變了之後，制度才會改變？若真如

〔註5〕 勞思光：〈人文學派的民主科學理念〉，《自由、民主與文化創生》（香港：中文大學出版社，2001），頁213～214。

〔註6〕 勞思光：〈《中國文化要義新編》序言〉，《中國文化要義新編》，頁 xiii。

〔註7〕 勞思光：〈《文化問題論集新編》序言〉，《文化問題論集新編》，頁 xiii。

此，是無從做起的」。〔註8〕勞思光對黑格爾模型的質疑，大概是認爲，當我們將用作結構分析的理論用作歷程分析的時候，這裏面存在嚴重的理論上的「誤置」，當我們以黑格爾模型來探尋「中國文化的出路」這樣的問題的時候，這裏面有著一種很強的「啓蒙」的意味，〔註9〕即要求每個個體之價值意識的調整或改變。孫善豪也說道：「與其說勞思光把中國文化之前途寄託在客觀活動領域之成立，毋寧說他是將之寄託在中國人觀念的改變與理想之振奮上」。〔註10〕如果參照後來社會學對於社會性實有（social reality）這一概念的理解的話，這種思考方式在理論上即根本忽略了社會性實有這一觀念，〔註11〕社會雖由個人所構成，可是社會一旦形成之後，它也就有了單個個人所不具備的性質，因而理論上我們不能以化約論的方式來解決問題。若是按照勞思光、牟宗三對文化所作的人文化成式的人文主義的理解，當然我們暫且不管他們對人文主義之理解上的差異，文化乃是將應然實現於實然中者，那麼對文化的思考除了對作爲應然的價值意識的探討之外，還必須有對作爲實然之社會實體之研究的配合，否則理論上必定存在根本的遺漏。勞思光晚年在文化觀上的調整，正因其有見於這一點。本章論述的重點即集中在勞思光早期及晚期有關文化問題的思考，尤其是其中的發展演變，進而考察此一轉變較之梁漱溟以來文化哲學思考的理論意義。

第一節　儒學精神之重建——勞思光早期文化哲學論析

與梁漱溟以及牟宗三等一樣，勞思光早期文化哲學思考的重點也落在中國文化之現代化或中國文化之出路的問題上，因其以儒學作爲中國文化之主

〔註8〕　勞思光：〈中國現代思潮之流變及評估〉，《虛境與希望——論當代哲學與文化》，頁 104～105。

〔註9〕　是以楊祖漢在回應余英時對新儒家「開出說」的批評時即指出：「坎陷說是對認知心的起源作一說明，對於此起源，人雖不知道，但並不妨礙認知心的發用。當然若能對其起源說明清楚，知其與良知之關係，知道其特性，則或可加強，深化其作用。這說明，對於以往的對知性並不夠重視的中國文化，尤有匡正、補救的作用。此一說明，作用在於喚醒。」見楊祖漢：〈論余英時對新儒家的批評〉，《當代儒學思辨錄》，頁 27。

〔註10〕孫善豪：〈對當代新儒家的實踐問題之探討（下）——勞思光哲學作爲對於實踐問題之回答〉，《哲學與文化》第 13 卷第 12 期（1986 年 12 月），頁 51。

〔註11〕勞思光：〈關於牟宗三先生哲學與文化思想之書簡〉，《思光人物論集》，頁 111。

流，〔註12〕且以文化精神作爲文化生成之最終根源，是以這一問題根本上又轉化爲儒學精神之拓展或重建的問題。儒學精神之所以有拓展之必要，就在於其本身存在一定的缺失或不足，〔註13〕西學東來恰恰成爲我們反思儒學精神之缺失的重要契機，正如牟宗三所分析的，勞氏亦認爲儒學之所缺恰爲西方文化之所長，〔註14〕這樣，儒學精神之拓展本身又是一中西文化融合會通的問題。由此，勞氏對中國文化之路向作出如下說明：「今日中國文化能否改造自身能否補其缺陷，具體地說，能否成就民主與科學，自本源上說，能否不忽略眾多主體並立之境域，全看中國人之心靈如何活動。……在重生之中國文化中，我們將有穩固安立的民主精神與科學精神，而且能上接道德心，不走入西方之歧路。」〔註15〕可以說，勞思光早期文化哲學思考的目的在於力圖回答近代以來中國人所面臨的一個根本性的課題，即如何吸納中國文化之所缺而爲西方文化之所長的民主科學，並使其能於中國文化中生根，這與牟宗三的思考並無太大不同。當然，與牟宗三一樣，勞思光的解決方案乃是基於其自己的特定的文化觀或文化哲學，是以要闡明勞氏對上述問題的回答必先介紹其文化觀。

一、價值之本義與文化的超越安立

對勞思光而言，文化之文化性必依人而立，完全脫離人的自然世界（當然，如此之自然世界如何可能本身即是一問題）根本無所謂文化，也就是說文化必然是人類創造之產物，〔註16〕但此處所謂「人類創造」必須加以限制，依勞氏之見，文化乃是人於實然世界中實現應然的活動，或「自覺的實現價值的活動」。〔註17〕這樣，把捉勞思光文化觀的關鍵又不能不落到對價值概念的理解。勞思光由自我或主體之統一以及本性之圓滿說價值，不過，價值本身仍有廣義狹義之不同，狹義之價值乃指道德上的善惡而言，廣義之價值則包括是非、好壞乃至認知等人的全部自覺活動。勞氏即由廣義之價值說至狹義之價值，逐步確定價值之本義。

〔註12〕勞思光：〈人文學派的民主科學理念〉，《自由、民主與文化創生》，頁227。

〔註13〕勞思光：〈人文學派的民主科學理念〉，《自由、民主與文化創生》，頁217。

〔註14〕勞思光：〈認識你自己──重新估定五四運動的意義〉，《自由、民主與文化創生》，頁239；勞思光：《哲學問題源流論》，頁44。

〔註15〕勞思光：〈理性與民主〉，《文化問題論集新編》，頁136。

〔註16〕勞思光：《文化哲學講演錄》，頁53。

〔註17〕勞思光：〈論康德精神與世界文化之路向〉，《文化問題論集新編》，頁162。

當然，首先必須指明的是，如本文第二章已經闡明的，價值根於人的價值意識或應然意識，所以其必設定主體之自由作爲前提。價值必然是指人之自覺活動而言，而人之自覺活動顯然包含一「意願」，即「自覺的指向力」，乃「使價值成爲可能者」。〔註18〕那麼廣義上的價值或好壞，即是指意願內容與由意願所導生之實際活動之符合與否。勞思光以一事例加以說明：我們希望將米煮熟，因而發明了一種煮米的方法，但運用這一方法的結果卻是使得米沒能煮熟，那麼這裏就出現了意願與活動結果之相違，因而是一矛盾或是不好。反過來，所謂的好就是意願與活動結果之統一，或自我之統一。是以勞思光說：「就價值本身說，一切價值本性上只爲主體統一之顯現，此爲理在事與在心之統一；故實踐中在一事上實現理，則主體統一便一度透出；主體統一即顯自由，因統一處即是主客對峙消融處」。〔註19〕但這一說明存在一個很大的缺陷，即不能說明道德領域亦即狹義上的價值問題，如若一強盜有殺人之意願，其意願與活動結果相符合，那麼這是否也能說是「好」呢？顯然，任何一個有理性的人都會否認這種說法。因而，我們必須對自我之統一作進一步之限定方能說明道德意義上的善惡亦即狹義的價值問題。勞思光認爲，這必須對具體的個別意願加以限定。如果我們抽象的或是形式的談意願，其僅指活動之「指向力」，但每一具體活動必然由一具體之個別意願所決定，此所謂具體之個別意願即是獲得具體內容之意願。而要使自我之統一這一對價值的界定亦可說明道德上之善惡，具體之個別意願必須滿足一條件，即服從「公共律式」，也就是普遍的價值標準或道德法則。所謂個別的乃只是主觀的，如果僅只說個別的意願與活動結果相符合，這還只涉及「主觀的統一」，而「公共律式」則是客觀的，若個別意願符合公共律式，那麼此時意願與所關之活動的統一乃是「客觀的統一」。加上這一限制條件，我們即可由之說明道德上之善惡問題。不難見出，勞氏對狹義上之價值的說明大體上是依康德自律道德的進路所給出的，亦即主觀的道德準則必須符合客觀的道德法則方眞能保證道德的道德性。在此一意義上，由自我之統一所生之行爲，即是一善的行爲，依勞思光的說法，即是「如理的行爲」，〔註20〕勞氏亦將這裏的「理」說爲行爲或事之「本性」，因而「事事皆有一理」，事事都有一本性，那麼所

〔註18〕勞思光：〈論康德精神與世界文化之路向〉，《文化問題論集新編》，頁168。

〔註19〕勞思光：《哲學問題源流論》，頁13。

〔註20〕勞思光：〈理性與民主〉，《文化問題論集新編》，頁121。

謂價值我們又可說爲是本性之圓滿。循此，勞思光認爲「價值即本性之圓滿
及自我之統一」。〔註21〕此外，依第二章之分析，我們知道，這裏所謂的「公
共律式」並不能是外在於主體或自我的，其只能是根源於一不受現實利害及
感性私欲影響之「超越主體」或所謂仁心、大公之心。〔註22〕

現在我們可以順此介紹勞思光對文化之本義的說明及其對文化所作的超越
的安立（transcendental justification）。首先我們必須引入勞思光所謂「境域」的
概念。依勞思光的分析，「所謂『境域』，乃相應主體活動之情況而立」，〔註23〕
爲說明文化問題之便，我們以道德理性或道德心爲例。相應於道德心之全部運
行而言，其包含三種不同之境域：相應於道德心之直接運行而言爲單一主體境
域或「單一主體之統攝（或攝受）境域」；相應於道德心之間接運行而言爲眾多
主體並立境域；相應於道德心之超越化運行而言爲主體之內境。〔註24〕

所謂單一主體統攝境域是指，作爲主體之道德心面對一組對象時，「只在
主體處理對象之活動上要求循理」，〔註25〕也就是說，於此境域中，只涉及道
德心如何於一一具體事務上實現價值的問題，簡言之，也就是心與事之問題，
諸事皆爲道德心所統攝，主體只要能做到純粹化其意志，即可使諸事循理合
義，亦即實現價值。

眾多主體並立之境域則大不相同，以公共事務說之最爲顯明。當眾多主
體面對一公共事務時，若要使事務得一合理之解決，顯然不能以其中任何一
主體爲主而傷害其他主體之主體性，這裏所涉及的其實就是所謂的「權力問
題」，也就是心與心或主體與主體間之問題，此一問題之解決必須有合理之國
家形式之存在，因爲國家之意義，「即在於它是如此一生活形式，人能在其中
高度發揮其自覺能力者」，〔註26〕所以對於公共事務之處理，必須有一在每一
主體之上之客觀中介的存在，由此方能在保住每一主體之主體性的同時對公
共事務本身作合理的處理，相較於道德心在單一主體境域中之直接運行而
言，道德心於眾多主體之並立境域的運行乃是間接的。

道德心之第三境域涉及的是「各主體實現最高自由之保證問題」，這涉及

〔註21〕勞思光：〈論康德精神與世界文化之路向〉，《文化問題論集新編》，頁 165。
〔註22〕勞思光：〈論康德精神與世界文化之路向〉，《文化問題論集新編》，頁 170。
〔註23〕勞思光：《新編中國哲學史（三下）》，頁 391。
〔註24〕勞思光：〈理性與民主〉，《文化問題論集新編》，頁 126。
〔註25〕勞思光：《新編中國哲學史（三下）》，頁 392。
〔註26〕勞思光：〈理性與民主〉，《文化問題論集新編》，頁 122。

道德心之超越化或宗教問題，其實也就是道德心自身之提升或超越的問題或「永恆之教化」問題。

　　與牟宗三論儒學第三期之開展相比較而言，勞思光對道德心之三種境域的劃分，其實與牟宗三的思路大體一致。勞氏所謂道德心之第一境域近於牟氏所謂人之主觀實踐領域，而眾多主體並立之境域與所謂客觀實踐大致相應，道德心之第三境遇即個體生命主觀方面之安身立命或道德宗教問題。二家之差異主要體現在對宗教問題之態度上，勞思光與牟宗三理論上固然都不接受人格神宗教，但勞氏明顯有一種「宗教人文化」的傾向，因而有所謂「以聖代神」之說，牟氏則仍強調天道的客觀實有性，以之爲超越而內在的形上實體。〔註27〕既然「宗教問題爲道德心所必須顧到之問題之一」，〔註28〕那麼，勞思光人文主義的立場顯然不是要取消宗教問題，不過其對宗教問題的處理與牟宗三之人文宗教觀相比，何者更爲完滿顯然也是可以討論的一個重要課題。

　　一般來講，勞思光與牟宗三對人之活動的三重境域的劃分基本涵括了人類活動的主要領域，牟宗三闡明儒學第三期之開展的目的正在於探尋於這三方面都對人生有所安頓的理想的社會模式；同樣，勞思光對於以價值爲基礎之文化哲學的探討，其目的亦在於使得人類的文化活動對於此三者都不致有遺漏，既然其爲人類活動所不可或缺之三重境域，那麼對此三方面之安頓自然有其必然性。此即勞思光所謂，「各境域本身有實在性」，「此三類問題，道德心必應一一照顧到；否則，一有遺漏，則即是道德心發用之不完全，或道德心自立限制，而不能暢順運用」。〔註29〕道德心於各境域之運行，即在使人類生活之各方面都能合理化，亦即於各領域實現價值，理想地說或本質地說，達至此境，人生問題方算有全面之安頓。而文化既然是價值於實然界域之實現，亦即此三重境域之合理安排，那麼文化的存在亦因之而有必然性。這大體就是勞思光對於文化所作的超越安立。文化存在之必然性的說明也就爲我們確立一「文化的普遍理念」提供了線索。從而這也使得我們有可能對以往

〔註27〕與徐復觀將天人合一僅理解爲一種主觀境界相同，即「所謂天人合一，只是心的二重性格（經驗性與超經驗性）的合一，除此以外，決無所謂合一」（徐復觀：《新版學術與政治之間》（臺北：臺灣學生書局，1985），頁452），勞思光的「以聖代神」說亦試圖將儒家的超越意識僅僅化歸爲「自我生命升進底主觀的境界」，取消其中所包含的超境界的存有義。
〔註28〕勞思光：〈理性與民主〉，《文化問題論集新編》，頁127。
〔註29〕勞思光：〈理性與民主〉，《文化問題論集新編》，頁127。

人類歷史上所存在的各種具體的文化形態作出評判。勞思光早期對希臘文化、基督教文化以及儒家文化、印度文化之得失的衡定均由此出發。

質言之，勞思光以合理、應當說價值，進而以價值說文化，而又以理想之文化形態爲能涵括全部人類活動領域者，其意圖不過在於爲人類生活之理性化尋求一宏偉藍圖：於個體道德心之內在提升方面，通過意志純粹化或理性化意志以使人之自然生命理性化；於單一主體境域，因生命自身之理性化，主體所面對之對象亦可達至事事如理之境；同樣，於眾多主體並立境域，因合理之國家制度的確立，公共事務之處理亦可得一合理化之解決。在思考進路上，勞思光於此對理想文化形態之確立，與牟宗三一樣乃是先驗主義的，也就是說理想文化形態之可能性或人類生活之全面理性化之可能性乃是奠基於超越的道德心或道德理性的。

這裏當稍作補充說明的是，勞思光有關境域的劃分還有另外一種說法，即依自覺心或主體究竟以何者爲我之不同而分爲：德性我、認知我、情意我。〔註30〕勞思光在分析中西文化特性之差異時常常會使用此三分法，不過他更多的是在處理中西各家哲學時使用此三分法，如儒家、佛家重德性我，道家以及存在主義重情意我，希臘哲學主流以及近代哲學多重認知我等等。而在對比文化之普遍理念而確定中國文化精神之缺失的時候，更多使用的是單一主體攝受境域與眾多主體並立境域之區分。勞氏之所以會選擇不同的區分主要是因爲分析不同問題時不同的理論區分在理論效力上會有很大的不同。

二、文化的普遍理念

基於以上分析，勞思光對文化的普遍理念作出如下說明：

> 文化作爲一活動看，乃實現價值之自覺活動：因價值不離主宰而成立，故「實現價值」一義必依主體性而言；換言之，一切「實現價值」的活動只能爲一「能自主」的「主體」之活動；所謂「價值」，依當前自覺中之「應然意識」而直證，本身不屬於事象之物理性質；但「價值」之「實現」必落在一組之事象上；所謂「價值在事象上之實現」，即指主體對一一事之「理」的「實現」；所謂「理」即指萬有之「本性」，此「本性」義與「發生歷程之始點」無關；「本性」、「理」、「應然」、「價值」等一系觀念，皆依「主體之統一」一義而

〔註30〕勞思光：〈人文學派的民主科學理念〉，《自由、民主與文化創生》，頁219。

立：「文化」既以「實現價值」為界定條件，故表「圓滿」之文化理
念即要求價值之「實現」之「圓滿」；價值之「實現」是否「圓滿」，
須就主體活動之「境域」觀之，主體活動在各境域中如皆能於事上
實現其理，則即為「價值之實現」之「圓滿」；在一定「方向」下之
特殊文化——或一特殊文化精神，常在「實現價值」活動中不能「圓
滿」，即對某一「境域」有所疏漏，此種疏漏即形成此特殊文化精神
之缺陷；在實際歷史行程中，一一文化精神之缺陷不必然能通過改
進而完全滿足，故普遍的文化理念所要求之「圓滿」，在實際歷史中
可能永不達成，但此無礙於文化精神之步步升進。〔註31〕

勞氏以上所論，我們在前文基本上都已作交代，這裏需要強調的是勞氏文化
觀最重要的兩個特徵，即文化的實踐品格及其涵蓋性。所謂實踐品格是指文
化並非靜態物，而是人之自覺的實現價值的創造性活動，依勞氏之見，儒家
人文化成的人文主義精神最為符合文化的這一特徵，僅就這一點而言，勞思
光對儒家的體會與牟宗三是一致的。所謂涵蓋性是指文化的普遍理念或理想
的文化形態當該涵括人類生活的全部領域，此即勞氏所謂價值實現之圓滿
性，而這也就是人類文化發展的應然性方向，這與牟宗三所構想之儒學第三
期之展開的前景也是一致的。不過，勞思光對文化之普遍理念的論述並不像
牟宗三那樣表現出較強的目的論色彩，而只是以圓滿作為一極限概念，〔註32〕
因而不太強調具體歷史中實踐上的必然性。

　　必須指出的是，在牟宗三、勞思光的哲學論述中，人文主義乃是一貫穿始
終的線索，這由本文以上介紹即可見出，所以這裏有必要對他們所謂的人文主
義作一必要的、綜括性的說明。牟宗三、勞思光有關人文主義的論述固然存在
很大的差別，尤其是論及人文與宗教之間的關聯的時候，這一點表現得極為明
顯。但二家之間的一致性也同樣非常顯著，就本章論述之主題即文化哲學來看，
他們顯然都肯定某種特定意義之人文主義。沈清松教授關於「人文」觀念的梳
理可以很好地幫助我們說明這一點。沈氏認為「人文」一詞具有多重意義，它
可以指涉一種學科，也可以指涉一種主義和世界觀，也可以指涉中國特有的一

〔註31〕勞思光：〈人文學派的民主科學理念〉，《自由、民主與文化創生》，頁217～
　　　　218。
〔註32〕勞思光：〈從唐君毅中國哲學的取向看中國哲學的未來〉，《中國哲學與文化（第
　　　　八輯）》，頁25。

種思想型態。〔註 33〕作為一種學科而言，「人文」一詞指人文科學（human science）；作為一種主義和世界觀而言，「人文」一詞指人文主義（humanism）。「就其為中國思想的一種特色而言，『人文』一詞特別指涉在中國各家各派哲學思想中，所流注之一種主要精神：人文精神。……大致說來，中國的人文思想似乎指一種由人性出發，有自覺地發揮其道德努力和道德成就，來轉化周遭的生活世界之義。」〔註 34〕牟、勞文化哲學的論述大體上都體現了沈氏所謂「人文」之第三種意涵，二家對於文化的理解均指向沈氏所謂的「人文精神」，而這種人文精神基本上乃是中國文化尤其是儒家文化所特有的一種思想特色，是以本文在介紹的過程中常以「人文化成」一詞加以限定。〔註 35〕

　　文化的普遍理念或理想的文化形態還只是基於理性的一種理想建構，其並不同於現實中的任何一種特殊的文化形態，各特殊的文化形態只有在與理想的文化形態的對比中方能映現出自身的特性及不足。對勞思光而言，確定各具體文化形態之特性與不足的目的，主要在於為中國文化尋求出路，是以這一思考背後所隱含的意圖是，決定一文化之特性的根本因素是什麼？如何通過對文化背後之決定因素的調整以彌補中國文化自身的不足？這即涉及勞思光關於文化精神與文化現象的區分。

　　按照通常人類學家、社會學家以及心理學家的研究取向，文化往往被假定為經驗性的存在，因而他們往往會選擇從環境、需求以及能力等方面來考察不同文化間的差異。但在勞思光看來，如此的研究進路所考察的僅只是文化現象，這還不能真正找到決定一具體文化形態之特性的最終因素所在。依勞氏的看法，文化作為人的自覺的創造性活動，它必然包含兩方面內容，一是在各文化系統中具體展現出來的觀念、生活態度、制度、習俗等文化現象，二是創造、產生這些文化現象的自主性因素，即文化精神。勞氏謂：「所謂文化精神，原即指文化活動背後之自決或自主之成素，它可以被描述為『自

〔註33〕沈清松：《解除世界魔咒──科技對人文的衝擊與展望》（臺北：商務印書館，1998），頁 242。

〔註34〕沈清松：《解除世界魔咒──科技對人文的衝擊與展望》，頁 243～244。

〔註35〕唐君毅明確指出：「我們所謂人文，乃應取中國古代所謂人文化成之本義。『人文化成』，則一切人之文化皆在內，宗教亦在內。」見唐君毅：《人文精神之重建》，頁 4。徐復觀對儒家人文精神之根源性意涵有清晰的論述，參徐復觀：〈原人文〉、〈原禮樂〉，《儒家思想與人文世界》，頁 57～59、60～61；徐復觀：〈擎起這把香火──當代思想的俯視〉，《徐復觀雜文續集》（臺北：時報出版公司，1981），頁 412～413。

由意志』或『自覺心』」，〔註36〕它體現爲人的自覺要求；不過，文化精神本身只是提供方向之能活動的主體，它要形成具體的文化成果或文化現象，還「必須穿入現象領域」，如此方能展現爲一組事象，成爲具體的文化。經驗世界雖爲文化精神實現自身之憑藉，但眞正決定具體之文化形態所以展現爲如此之形態的決定因素還在文化精神本身，所以勞思光說：「一個自覺要求，即是一種價值意識，種種不同的價值意識即決定不同的活動，活動的結果即在經驗世界中生出一定的事象」。〔註37〕對於文化精神的研究，就是要探究各文化活動背後的價值意識是什麼，亦即決定一文化形態出現如此種種文化現象的決定因素。勞氏既確定文化精神或價值意識爲文化特性的決定因素，那麼他對中西文化各自特性的思考自然也就落在對中西文化之文化精神或價值意識的分析上，同時，中國文化要克服自身之弊病而向前發展，其出路仍在中國文化自身之文化精神或價值意識的拓展。勞思光對此有一極爲明確之表述：

> 我覺得，文化精神是文化成績的根源：文化在具體表現中所呈現的精采處及缺陷處，都是由文化精神的特性而來；而文化精神根本上是由一定的自覺決定的；所以也可以由一種新的自覺的努力來改變它。中國的傳統文化精神與西方的文化精神，都各自有其精采與缺陷；而未來的文化路向，應是一個新的大建立。我們要自覺到這些已有的文化精神根源上的局限，來作一番超越轉化的自覺努力，以期一個更高的文化精神能由此出現。我這種看法與當代幾位有大智慧的學人的理論，比較接近；因此，在理論上我一向覺得這一條路是文化運動的正道，我自己也願意將希望寄託在這裏。〔註38〕

這裡所提到的「當代幾位有智慧的學人」即指唐君毅、牟宗三等人而言。由此，我們可以進而討論勞思光對中西文化精神之特性及其缺陷的論述。與牟宗三以「綜合的盡理之精神」與「分解的盡理之精神」、「理性之運用的表現」與「理性之架構的表現」、「理性之內容的表現」與「理性之外延的表現」等區分來判分中西文化類似，在大的方面，勞思光以重德精神與重智精神這一區分來判分中西文化之不同。

〔註36〕勞思光：《中國文化要義新編》，頁 5。
〔註37〕勞思光：《中國文化要義新編》，頁 5。
〔註38〕勞思光：〈《歷史之懲罰新編》自序〉，《歷史之懲罰新編》，頁 xxiv。

三、中西文化精神之特性及其缺陷

首先我們看勞思光對西方文化精神的揭示。按照一般人對西方文化史的了解，西方文化包括希臘文化和希伯來文化這兩個主要的組成部分。不過在勞思光看來，唯希臘文化之重智精神才是西方正統文化精神，〔註39〕勞氏的理由在於：1、西方文化最早的體系是希臘文化體系；2、雖然中古時期東方的希伯來文化曾經控制了西方文化，不過希臘文化一直在與希伯來文化作搏鬥，是以文藝復興之後西方文化重新回歸希臘文化精神。〔註40〕希伯來宗教文化所體現的主要是一種權威意識，這與希臘文化之重智精神（理性精神）乃是根本對立的，〔註41〕在勞思光看來，正是這兩種對立的文化精神的並立，使得西方近代文化必然走向一條悲劇之路。

依照前文對勞思光文化觀的分析，我們知道，文化的開端必然以人的價值意識的覺醒為前提，就發生歷程而言，文化的始點在於原始宗教。當人類最初面對死亡以及外在自然力量而恐懼戰慄時，他們因而有了對於某種權威力量的畏服，由此也就有了「神」的觀念的出現。對於剛剛從原始的迷蒙中覺醒過來的人類而言，神既是權威、神秘亦是價值之所在。〔註42〕在勞思光看來，人類意識中最初產生的這三種觀念乃是後來文化發展的基本動力，同時也決定了不同文化發展的方向；也就是說最初在人類意識中所映現的知識、權威、價值這三個基本的觀念，在不同的文化系統中各自佔據的地位是極不相同的，不同的文化精神以何者為自覺活動之方向大體即決定了該文化的基本特色，亦即文化精神之所在。如前文所述，知識、權威、價值這三個基本觀念，亦可以說是自覺心運行的不同方向或境域，理想地言之，一普遍之文化理念當可函攝這三者，不過，就已有之具體文化形態而言，其往往側重其中一個方面，因而形成某一獨特之文化系統，但因其對其他方向或境域有所忽略或壓縮，因而也就不可避免的存在一定的弊病。

隨著人類意識對於原始宗教的不斷突破和超越，知識、權威、價值混而為一的狀態被打破，以希臘文化為例，早期希臘半島上的人們，開始自覺關注的不是何者支配萬事萬物的「權威」問題，也不是如何方為「應該」的「價

〔註39〕勞思光：〈世界島上文化的航程〉，《文化問題論集新編》，頁 19。
〔註40〕勞思光：〈論西方文化〉，《儒學精神與世界文化路向》，頁 48。
〔註41〕勞思光：〈世界島上文化的航程〉，《文化問題論集新編》，頁 18。
〔註42〕勞思光：〈世界島上文化的航程〉，《文化問題論集新編》，頁 4。

值」問題，他們努力尋求一切存在的根據，試圖打破宇宙的神秘，因而將關注的焦點集中於知識。希臘文化在其開端處即表現出「重智」的方向，而順此一方向發展，西方文化即發展而爲一成熟的「重智」文化體系。當然必須說明的是此處所謂「重智」之「重」的確切意涵。所謂「重」乃是就某一文化背後之文化精神或活動方向之側重而言，「是指主從關係說」，〔註43〕因自覺心之活動可有種種不同之境域，某種特定文化精神可能以其中某一境域爲主，而忽略乃至壓縮其他境域，是以勞思光說：

> 說西方文化非重德體系，並非是說西方人不講道德，這一說法未免
> 過分可笑了——而是說西方文化正統對於道德之確定乃降屬於知
> 識；希臘哲學中（早期不談）自蘇格拉底後，各家學說總方向是由
> 智達德；這樣一來，德性成爲實然義，價值成爲一種認識內容；至
> 日後經驗主義興起，遂顯爲以智轄德的體系，再進一步，功利主義
> 作爲一個必然成果而出現。〔註44〕

說西方文化乃重智文化，當然這裏的西方文化主要指希臘文化系統而言，乃是指此一文化系統背後之精神方向以認知爲主，對於道德或價值問題未能做到恰切地處理，因其乃以認知的方式來把握道德，即所謂以智達德，如此根本不能觸及道德或價值之本性。〔註45〕是以，日後東方希伯來文化入侵希臘文化，西方人對於價值或道德問題的處理長期依賴宗教。在勞思光看來，嚴格意義的宗教精神本來與重智精神不相容，重智精神不能容忍宗教權威精神，這裏有理性與權威信仰之間的緊張，中古時期，二者不過是勉強共處。〔註46〕這在勞思光看來是西方文化生活中的一種分立：

> 重智精神的活動，最初的設定基礎是對立的主體與客體，或者說，
> 一個主客關係。這是一種本源的分裂。如果我們要把這種分立與上
> 面所談的希伯來精神與希臘精神分立區分一下，則我們可以約定一
> 下，稱它爲西方文化精神本身之分立，而把後一分立稱爲西方生活
> 中之分立。〔註47〕

〔註43〕勞思光：《中國之路向新編》，頁58。
〔註44〕勞思光：〈略談東西文化的異同問題〉，《儒學精神與世界文化路向》，頁148～149。
〔註45〕勞思光：〈世界島上文化的航程〉，《文化問題論集新編》，頁8。
〔註46〕勞思光：〈世界島上文化的航程〉，《文化問題論集新編》，頁15～17。
〔註47〕勞思光：〈世界島上文化的航程〉，《文化問題論集新編》，頁22。

這樣一種分立給日後西方文化帶來嚴重的問題，即因對價值問題未能有合理之安頓而導致價值功利主義乃至虛無主義：我們落實到現代文化問題上說，則宗教與現世之對分，適足以使心靈分裂；以宗教支持道德意識，結果只能使道德意識隨宗教之墮落而虛偽化。……現代文化的主要病症，在於道德意識之被解消。〔註48〕文藝復興以後，基督教在西方社會中越來越失去其統攝性的地位，如此一來，曾經依託宗教而得安頓之道德、價值隨之亦成為問題。在勞思光看來，希臘文化之重智精神與希伯來文化之權威精神之間本來就是對立的，隨著文藝復興之後希臘文化重智精神的復興，基督教必然隨之瓦解，價值之虛無化遂成為西方近代文化之必然命運。依勞氏之見，基督教上帝信仰本身就有其虛幻性，「西方宗教信仰中之『上帝』，在嚴格意義上，原只能當作理論的設準看（即當作設定的超越對象看），這一點在康德的第二批判中早已說明，而在儒學的觀點下，則這種設定本身亦無必要」，〔註49〕希臘文化之重智精神刺破宗教權威意識之虛幻性也就是必然的，而這也就必然導致重智精神不能合理安立道德或價值之必然的弊病。勞思光即由此梳理分析近代西方如何由文藝復興以至經驗主義、功利主義一步步滑落至物化的「命定的悲劇歸宿」。〔註50〕

西方文化之所以必然出現如此弊病的根本原因就在於，其對價值或道德問題沒有合理的安排，或者說重智的文化精神以「認知心吞沒道德心，遂有價值自覺僵化之局」。〔註51〕西方文化雖有如此之弊病，但這並非說西方文化全無是處，其正面成就在於由認知心之肯定而導生之科學與民主政治。這裏需要說明的一點就是，勞思光雖然肯定重智的文化精神可導生出民主政治，但卻需要區分在西方文化中的民主政治與民主政治本身（民主政治的理念），我們只能說前者與西方文化之重智的精神有必然性的聯繫，但民主政治本身並非與重智精神密不可分。〔註52〕勞氏此說的目的是要表明，西方文化固然導生出民主政治，但在西方文化安頓下的民主政治主要表現為一種消極的意

〔註48〕勞思光：〈儒學在現代文化中之意義——紀念孔子誕辰而作〉，《文化問題論集新編》，頁183。

〔註49〕勞思光：〈儒學在現代文化中之意義——紀念孔子誕辰而作〉，《文化問題論集新編》，頁182。

〔註50〕勞思光：〈世界島上文化的航程〉，《文化問題論集新編》，頁35～36。

〔註51〕勞思光：《哲學問題源流論》，頁30。

〔註52〕勞思光：〈世界島上文化的航程〉，《文化問題論集新編》，頁43。

義，因西方民主政治乃安頓在懷疑論及權利觀念之上，「在如此安頓下之民主政治適與其日趨感官崇拜之價值觀念相符合」，〔註53〕因而這一具體的政治制度本身仍有其弊病。這正類於牟宗三對政治一層論之批評。

再看中國重德文化之特性及其缺陷。依勞思光的分析，「中國文化精神只能以儒學精神爲代表」，這不單因爲儒學精神在史實上確是中國文化精神的主流，同時就根源性判準及成熟性判準來看，儒學乃是源生於中國且體系最爲成熟的文化系統。〔註54〕由前文第二章分析我們即可看出，儒學乃「成德之學」，其關注之核心在價值與道德，因而其正面成就或特性就落在對道德或價值之合理安頓上。自孔子開始儒學即有宗教人文化之傾向，知識問題雖未完全被忽略，但總不是關注的重心所在，是以儒學大致體現爲一種重德的文化精神。由此所形成之中國文化於是出現一種與西方文化截然不同之格局，即知識、權威、價值構成另外一種主從關係，價值或道德在其中爲自覺活動的主要方向所在，而認知心或智性活動出現萎縮，同時，儒學亦未表現出明顯的宗教精神。依照勞思光的看法，文化發展至最成熟的時候，其特色表現得最爲明顯，而同時其限制亦最爲突出的顯示出來。「陽明致良知教代表儒學之高峰，亦代表儒學之成熟期」，〔註55〕於陽明哲學中，儒學精神之限制亦表現得最爲顯明。勞思光通過分析陽明對待經驗知識之態度而得出結論認爲陽明之態度可分三面說：

> 第一面是將事理看成簡單易知者，認定只要人之意志方向不爲私欲所蔽，則自能見到所關事物之理：如論「溫清」之理處所說。第二面則強調道德意志推動有關道德行爲內容之認知：如所說誠於孝親自然思量寒熱，自要去求溫清之理等語，即是此意。第三面則強調與道德行爲無關之事理知識並不重要，亦非聖人所須知。此即解「聖人無所不知」一段議論之主旨。〔註56〕

由此，勞氏認爲陽明對「知識問題」完全是一消極之態度，其大體只承認道德行爲之價值，而不能承認知識活動之獨立價值。此外，儒學另外一大病痛在陽明及其後學中表現得同樣極爲明顯，即對於政治制度或「客觀化」問題

〔註53〕勞思光：〈世界島上文化的航程〉，《文化問題論集新編》，頁 45～46。
〔註54〕勞思光：〈中國文化之未來與儒學精神之重建〉，《儒學精神與世界文化路向》，頁 169～171；勞思光：〈中國哲學之世界化問題〉，《危機世界與新希望世紀——再論當代哲學與文化》，頁 48～49。
〔註55〕勞思光：《哲學問題源流論》，頁 43。
〔註56〕勞思光：《新編中國哲學史（三上）》，頁 318。

未能正視，〔註57〕以下以「單一主體攝受境域」與「眾多主體並立境域」這一區分分析中國文化之限制時可有更為清楚的解釋。

中國文化精神之限制就自覺心之活動方向而言，可以說是對知識或智性活動之忽略，就自覺心活動之境域而言，即是對「眾多主體並立境域」的遺漏：

> 儒家精神當上通之際，歸於單一大主，但下達至生活秩序之建立，本非進入生活主體之境域不可。生活主體是複多主體並立者，於此不能再保持一性。但儒學直至宋明，其所表現之重德精神卻仍以單一主體之模式攝受一切。於儒學精神有一大病，此病即是在複多主體之並立境域（即生活境域）之中，而自拘於單一主體之超越性模式。依此模式，現世中之各個實然人皆被視為單一主體，就價值之實現言，形成五倫等規範，而此各規範皆不能涉及複多主體間之平行關係，而只涉及一個主體（作為單一看）對外界所關者之主客關係。〔註58〕

眾多主體並立境域之忽略所導致的後果是什麼呢？這就是嚴格的科學知識以及民主政治制度無法由此一文化精神所導生。依勞氏之見，知識之成立，除知識內容本身之真確問題外，尚須照應一傳達問題，「一切科學知識之為科學知識，亦皆本於重傳達之精神而來」，〔註59〕知識之所以強調論證，就在於保證其客觀性，而此客觀性必以眾多主體之並立為前提，因只有視他人為主體，某個人所論證之知識方能為他人自主地接受，有此可傳達性，知識就不只為

〔註57〕 勞思光：《新編中國哲學史（三下）》，386～395。所謂「客觀化問題」主要是源自黑格爾思想的一個說法，黑格爾區分了「主體自由」（subjective freedom）和「客體自由」（objective freedom），個體的主宰性，直接表現在個體的活動上，這即顯現主體自由；最明顯的實例是自由意志所決定的道德行為。如果就許多並立的主體來看，而假定每一個個體或自我的主體自由互相排斥，或者互相隔絕，這會走入萊布尼茨的理論窮巷。但若並立的自我或主體能夠通過一種形式，建立一個共同表現主體性或主宰性的秩序，則此時主體自由即客觀化而成為客體自由，這裏最具體的實例，即是以契約的觀念為基礎的民主政治秩序或憲法秩序。在此之前，所謂政治秩序不過是征服者成為統治者後加到群眾身上的一種限制，基本上是依靠暴力取得權力來支配他人：這裏既無理性，也無理據可說。就這個意義來說，前現代的政治秩序便可視為缺乏「合法性」的秩序，必須是合法性的秩序，方能代表「主體自由的客觀化」。參勞思光：〈東亞文明與現代文化：前現代性、現代性與後現代性〉，《危機世界與新希望世紀──再論當代哲學與文化》，頁93。

〔註58〕 勞思光：〈世界島上文化的航程〉，《文化問題論集新編》，頁50～51。

〔註59〕 勞思光：〈理性與民主〉，《文化問題論集新編》，頁132～134。

一人所獨知，而是具有客觀性、普遍性者。〔註60〕「所以，就知識一面說，傳達問題之成立，以眾多主體境域之承認爲基礎」。〔註61〕

　　此外，在公共事務方面，對於眾多主體並立境域之忽略必然導致民主政治制度無法出現。「『德性我』涵絕對不二的主體性，這是『應然自覺』的本性所決定。當重德精神下，『德性我』將『認知我』及『情意我』壓縮時，一切對象皆與『德性我』直接而對；而『德性我』既絕對不二，則在其臨照下，一切對象皆只能被『攝受』於其下，而不能並立。這與『認知我』相反；『認知我』必假定一種並立的關係，那是『意義傳達』問題之所以產生的原因。」〔註62〕民主政治的本性在於建立正當共同權力的制度，「眾人共同的決定對眾人是唯一有約束力的決定」，是以必須承認自我以外之他人的主體性，也就是正視眾多主體並立境域，才可能出現民主的觀念。由此，我們也就不難理解，何以以認知心爲主之西方的重智文化反而能導生民主政治，蓋因其能有對知識之重視而正視眾多主體並立境域，由知識之傳達性問題而承認自我以外之他人的主體性。勞思光此處之分析，正同於牟宗三所謂中西文化存在「隸屬格局」（sub-ordination）與「對列之局」（co-ordination）之不同的說法，此外牟氏理性之運用的表現以及理性之架構的表現之區分亦於此大體一致，勞思光亦認爲牟宗三的上述區分與其兩種境域的區分基本一致。〔註63〕

　　由勞思光對儒學之分析與界定我們看到，儒學本爲一極合理之價值文化哲學，向上能通達價值之大本，即能洞見價值之本源，向下重落實，即注重對實然界之重鑄，勞氏以儒學之「現世愛」說之，因而眾多主體並立境域本不應爲儒學所遺漏，但因重德精神自身之特性使得儒學精神未能對眾多主體並立境域有合理之安排，而這正是中國文化精神的限制之所在。

四、儒家文化精神拓展之方向

　　勞思光見及這一點，即試圖彌補中國文化精神在客觀化一面或眾多主體並立境域方面的缺失，是以勞氏有〈國家論〉之作，〔註64〕以之作爲中國文化精

〔註60〕勞思光：〈民主政治價值之衡定〉，《哲學與政治》，頁160～161。
〔註61〕勞思光：〈理性與民主〉，《文化問題論集新編》，頁134。
〔註62〕勞思光：〈人文學派的民主科學理念〉，《自由、民主與文化創生》，頁224。
〔註63〕勞思光：〈論「窮智見德」〉，《儒學精神與世界文化路向》，頁220。
〔註64〕勞思光：〈國家論〉，《哲學與政治》，頁48～109。

神之補充，同時對民主政治作一絕對的安立或價值的安立。〔註 65〕勞思光從國家的實質、國家的機能與任務以及國家價值的衡定這三方面來闡釋其國家論。

依勞思光之見，人類的活動或者是超世的，或者是在關係界中且必然涉及對象的，國家活動顯然只能歸諸後者，亦即關係中的活動。而關係中的活動又可分為兩大類：人類獲取知識的認識活動以及人類意願貫串知識加於關係界的改造活動，即所謂安排活動。凡安排活動都必須包含兩個要素，即意願和知識。就文化的發展而言，安排活動又可依對象之不同分為兩種：原型的與次型的，前者以自然對象為對象，後者則以人的活動為對象，後者顯然較前者更為複雜。次型的安排活動還可分為兩種，個人事務的安排和超個人事務的安排。個人事務的安排以特立的個人為安排的主體，超個人事務之安排以何為主體呢？勞氏認為這顯然不能以特立的個人為主體，因為這將導致嚴重的問題：1、知識的損失，因為若以特立的個人作為超個人事務之安排主體，則其他為此安排所涉及的眾多個人的知識則不能發揮功能；2、意願的扭曲，因為單一個人的意願顯然不能保證其他所有人之意願的協調。是以若以某特立個人作為超個人事務之安排主體，必然導致知識的荒棄與意願的封鎖，這與安排活動的本旨是相違背的。因為安排活動既以人的意願為前提，則其必定是有向性的，亦即人類試圖將生活事務處理得更好。由此，超個人事務的安排只能以全體的意願為主體。問題是全體意願如何才能真正發揮決定安排的力量呢？勞氏認為其必須有另外一個極為重要的條件：對「統一的秩序」的承認，因為僅是散立的眾多個人意願並不能發揮主體的功能，亦即自由決定的功能。是以「統一的秩序是超個人事務安排的要件，超個人事務的安排的主體便是表現於統一秩序中的全體意願」。〔註 66〕勞思光即以統一的秩序作為國家的實質。這種統一秩序的建立即是對超個人權力的肯認，即所謂的主權，由此而納入此統一秩序的內容則是所謂的制度，那麼，主權及制度也就是國家的實質。因而勞氏總結說：「國家的實質就是主權與制度；國家的生活就是統一秩序下的生活，國家行為即是以『統一秩序內的全體意願』為主體的行為，人類有國家的需要即因人類有作超個人事務的安排的需要」。〔註 67〕

〔註 65〕勞思光：〈民主政治價值之衡定〉，《哲學與政治》，頁 162～163。
〔註 66〕勞思光：〈國家論〉，《哲學與政治》，頁 71。
〔註 67〕勞思光：〈國家論〉，《哲學與政治》，頁 73。

　　至於國家的機能與任務，勞思光分別由獨立界域與交互關係兩方面來加以討論，前者是就單一國家的內在方面而言的，後者則涉及眾多國家之並立關係。就單一國家而言，國家既是由安排超個人事務之需要而成立，那麼它的任務即是予此需要一種滿足，而達成此任務的機能則是滿足此一需要的作用力。國家所以必要的理由在於，首先能建立超個人行爲的主體，即建立國家的權力；其次則是能將眾多個人的知識納入統一形式中，使其能有一綜合的實際表現，即由之建立國家的制度。由此，可以從動靜兩方面考察國家的機能：「從靜的方面看，主權是公共意願的主體機能的定立，它使知識的綜合體的實際表現成爲可能；在此意義上，主權是制度成立的保證。就動的方面看，主權是公共意願的主體機能的持續，它使知識的綜合體的實際表現獲得活動的力量；在此意義上，主權又是制度發展與執行的保證。」〔註 68〕由於國家主要表現其作用爲一種統一的形式，是以國家的這種機能，勞思光將其稱之爲統一力，那麼國家的任務即是所謂統一的任務。由於眾多國家並立的情況與本文討論並不是很密切，這裏僅只介紹勞思光的觀點即可，勞氏認爲國際法的成立以同意爲基礎，那麼在並無更高主體機能的並立關係中，國家以同意使超國家事務的決定成爲可能，這即是國家的外在機能。

　　最後，所謂國家價值的衡定，即是從文化的立場判定國家的價值。人類建立國家是爲給超個人事務的安排奠立可能基礎，其所涉及的是超個人事務的境域，或者說是眾多主體並立的境域。由於現實中人類根本無法取消超個人事務的境域，也就是說人類的文化活動不能不涵括超個人事務境域，那麼國家活動作爲超個人事務的安排的基礎活動，顯然是人類文化活動所必需的。

　　雖然勞思光對於當前的民主政治所存在的弊端有很清晰的認識，不過就其對國家之本性的討論而言，已有的政治制度僅民主制度與之相符合，是以其以「民主政治爲超個人事務的安排活動的形式條件」。〔註 69〕既然超個人事務境域或眾多主體並立境域乃無法取消者，也就是說其爲人類文化活動所無法否棄者，那麼民主制度之肯定也就有其必然性，這正可視爲民主政治之價值的或文化的安立，勞氏的論證方式雖與牟宗三有很大不同，不過二家都試圖給與民主政治一價值的安立。

　　由文化的普遍理念或理想的文化形態勞思光確立了文化發展的應然性方

〔註 68〕勞思光：〈國家論〉，《哲學與政治》，頁 80。
〔註 69〕勞思光：〈民主政治價值之衡定〉，《哲學與政治》，頁 163。

向，而由對中西文化之特性及其限制的分析，則正可爲中國文化之出路尋求答案。由勞氏的分析我們看到，文化發展的最終目標應該是德智圓融、各各安立的理想形態，如此既可補中國文化缺科學與民主之弊，亦可針對西方文化無法安立價值之病，是以在勞思光看來，文化的普遍理念乃是有世界性意義的。不過，針對中國文化而言，中國文化的出路就在於中國文化精神或價值意識之拓展，也就是說中國人當有充分的自覺，將「德性我」的廣度予以拓展，以使中國文化進入新的階段。〔註70〕德性我之自覺就在於事事如理，是以其不應只於道德或價值領域求合理，同時對於知識活動以及公共事務都有一合理化之要求，德性我與認知我本身並無衝突，問題只在德性我求價值之實現的過程中，是否對各境域都能正視。

> 任何一文化它的成果如能生出，則它必定是由人之努力而生出。人是否努力去生出某一文化成果，即看人之價值自覺之方向是否肯定此成果的價值，肯定了便會去尋求、去努力；若不能肯定其價值，則根本不會去作這種努力。……就未來講，若不想實現民主與科學則已，若想實現，則必須自文化精神之革進著手；具體地說，即是拓展中國人的價值自覺，使中國人能肯定民主與科學之價值。有了此一肯定後，民主與科學自會由中國人之努力長出來，長出來才是有根的。〔註71〕

勞思光的思路很清楚，文化成果的生出根源於人的價值自覺，只有在觀念層面有穩固的根基，文化成果的生出才有必然性的保證。中國文化要生出科學與民主，不能只是外在地截取西方的文化成果，而必須使中國文化的核心觀念與科學民主背後的價值觀念相互磨合融通，使科學民主精神於中國文化中生根。在此意義上，我們說中西文化之會通，必須是以一種文化的普遍理念來統攝二者，而不能是其中一方對另一方的簡單肯定，因爲中西文化各有弊病，在肯定對方之正面價值的同時，又不能不考慮如何克服其弊端。是以勞思光對徹底西化論有如下之批評：「倘若就全部接受西方文化精神說，我們將看見另一個問題，就是我們如果不是使中國文化能有一進展以具備民主與科學之成就，而是要根本丟掉中國文化精神，把西方文化精神全部搬過來，則我們不能不問：西方文化的病痛，是否也同樣搬過來？」〔註72〕

〔註70〕勞思光：〈人文學派的民主科學理念〉，《自由、民主與文化創生》，頁221。
〔註71〕勞思光：〈人文學派的民主科學理念〉，《自由、民主與文化創生》，頁226～227。
〔註72〕勞思光：〈認識你自己〉，《自由、民主與文化創生》，頁241。

就此而言，我們不難看到，勞思光對於文化哲學的思考與牟宗三對於理想社會文化形態的設想一樣，都努力以一種普遍主義的眼光來思考問題，希望在吸納中西文化之所長的同時又能同時克服中西文化各自的弊病。雖然牟宗三的論述帶有明顯的以儒家爲宗的色彩，但在理論之世界性或普遍性這一點上，他與勞思光是完全一致的。勞思光對於自己文化哲學思考的立場有高度的自覺：

> 以往，東方學人和西方學人討論普遍意義的文化問題時，總不免有以己方爲主的精神，這自是不足怪的；但我總覺得，世界人的胸襟，對於文化問題的研究確是必要條件。我是一個中國人，我自然不能不關心中國，但我討論那些對於世界人成立的問題時，我非暫時離開我的國籍不可。〔註73〕

勞氏所謂世界人的立場，不過是說在討論具有普遍性的文化問題時，應避免陷於一偏而影響思考的普遍性指向，對比牟宗三的哲學思考，我們確實不難感受到牟氏有著更爲強烈的民族主義立場和對儒家的肯定，尤其在宗教性的問題上，牟氏所依據之判教原則更容易給人這樣一種印象。即便如此，正如第三章所介紹的，牟宗三對文化問題的思考雖同樣以中國問題爲出發點，但這一思考本身的普遍性仍是無可質疑的。杜維明很清楚地說明了這一點：「唐君毅、徐復觀、牟宗三已經提出了儒學第三期的問題。……對他們的真正挑戰，乃是復興後的儒學如何回答科學與民主提出的問題。儘管這些問題對於儒家傳統面言乃是陌生的，但是，對於中國之今天卻是絕對必須的。在更深層的意義上，這些學者覺察到，這種挑戰乃是面對全人類的永恆問題闡明儒學的路徑：創建出對全人類都是一種普遍信念的新的哲學人學。他們清醒地意識到，必須將對復興儒家傳統以及延續中國傳統文化的關懷包括在對人類未來的關懷之下」。〔註74〕

第二節　文化的二重結構觀——勞思光晚期文化哲學之轉進

正如張灝所指出的，「五四知識份子在當時所面臨的問題當然很多，但中

〔註73〕 勞思光：〈論康德精神與世界文化之路向〉，《文化問題論集新編》，頁143。
〔註74〕 杜維明：〈論儒學第三期〉，《杜維明文集（第三卷）》（武漢：武漢出版社，2002），頁649～650。

心問題則毫無疑問只有一個，那就是：如何重建中國文化？也就是胡適在當時所說的『再造文明』。〔註 75〕經由前文的分析，我們可以看到，牟宗三、勞思光的文化哲學思考也是基於這一課題而展開的，在一定意義上，這一課題同樣也是我們今天所無法回避的。面對五四知識份子對傳統文化的激烈批判，新儒家學者抱著對傳統文化之同情的態度，努力從理論上說明如何本著儒家文化的「內在要求」肯定並「開出」民主與科學，指明中國文化的發展方向；同樣，勞思光早年亦試圖通過儒學精神之重建以解決中國文化之路向的問題。這一理論思考背後固然帶有很強的救亡意識，但其動機是否如美國學者 Joseph R. Levenson（列文森）所說，其只是一些保守知識份子因為傳統文化的四分五裂而產生自傲與自卑的情緒，因而要用種種辦法，即便這些辦法在理論上頗為勉強也在所不惜，強調西方的價值為中國傳統文化所固有，〔註76〕這顯然是值得商榷的，因其完全忽略了這些知識份子對中國文化路向問題的理論思考所包含的普遍性的面相，因而他們在理論建構上是否如此隨意自然更需要作深入的考察。當然我們在這裏真正感興趣的是，新儒家以及勞思光早年的文化哲學的理論效力問題，這與他們出於何種動機來思考這一問題完全是兩回事，勞思光所提出的「發生歷程」與「內含品質」的理論區分可以很好的說明這一點。〔註 77〕與牟宗三道德的形而上學所面臨的遭遇一樣，新儒家文化哲學尤其是所謂「開出說」、「坎陷說」遭到來自各個方面甚至是新儒家內部的諸多批評，這只要稍微翻閱一下李明輝教授《儒學與現代意識》一書就可大致了解相關的情況。不過，就李明輝、楊祖漢、吳汝鈞〔註 78〕等人的回應來看，這類批評大都出於誤解，並未真正觸及新儒家文化哲學的要害所在。同樣，就像張灝在上引文章中所提到的，中國文化之重建的問題，對於五四以來的知識份子而言，並非一抽象的理論問題，而是時代所提出的一個迫切而實際的問題。牟宗三以及勞思光特定的文化觀使得他們更傾向於從文化精神或文化生命的角度來思考這一問題，這似乎與這一問題本身的「現

〔註 75〕張灝：〈五四運動的批判與肯定〉，《幽暗意識與民主傳統》，頁 178。

〔註 76〕林毓生：〈新儒家在中國推展民主的理論面臨的困境〉，《政治秩序與多元社會——社會思想論叢》（臺北：聯經出版公司，1989），頁 346。

〔註 77〕勞思光：《中國文化路向問題的新檢討》，頁 7。

〔註 78〕吳汝鈞：〈對於當代新儒家的再認識與反思（一）～（六）〉，《鵝湖月刊》總第 381（2007 年 3 月）、382（2007 年 4 月）、384（2007 年 6 月）、386（2007 年 8 月）、402（2008 年 11 月）、402（2008 年 12）期，頁 37～47、42～53、18～24、53～60、8～15、24～31。

實性」、「實踐性」有很大的距離，而大概這也是不少學者認爲他們的思考太過玄遠、迂闊的原因所在。

之所以難以對牟宗三以及勞思光早期的文化哲學作精準的批判性的思考，問題的關鍵在於我們尚未對相關論述作準確的理論定位，亦即對牟、勞之理論的本質未有準確之把握，這樣自然很難把捉這些理論的局限之所在。就現有的研究來看，對牟宗三以及勞思光早期文化哲學之最爲深入且系統的批判僅見之於勞思光晚期文化哲學，之所以說勞思光的反省是深入且系統的，就在於勞氏對相關理論的定位及其功能限制有極爲準確之定位。不過，學界對勞思光晚期文化哲學在這方面的理論意義並未給予足夠的重視，雖然偶爾亦有學者論及這一點，但都未能作深入的探討，如有學者謂：「此一批評，對熊十力及唐君毅、牟宗三三位致力於建構形而上學體系的新儒家而言，具有一定程度的批判力」。〔註79〕就新儒家內部而言，僅杜維明對勞思光的反思表現出一定的敏感：「這幾年對於新儒家的反省給我啓發最大的是勞思光爲紀念唐君毅所寫的一篇文章，而這篇文章裏面，就對於儒家第三期發展所可能遭遇的兩大難題，作了一番分析」。〔註80〕杜氏所提及的勞思光的文章正是對以唐君毅等爲代表所努力推動之文化運動的省思，或者說是對其文化哲學的一種理論反省。〔註81〕由此，我們大概可以從側面了解到勞思光相關思考之於牟宗三文化哲學的相干性和有效性。〔註82〕

一、黑格爾模型文化觀

首先我們看勞思光對牟宗三以及其自己早年文化哲學的理論定位——黑格爾模型（Hegelian model）文化觀。勞思光對此有較爲精煉的說明：

> 講「實現」時，當中包含了目的性的意思，就是理性一步一步的展開。這裏他透露了幾個特點，第一個特點就是這個模型是以我們的內在世界或精神爲唯一的真實。就是因爲內在的世界是唯一的真

〔註79〕 何信全：《儒學與現代民主——當代新儒家政治哲學研究》（北京：中國社會科學出版社，2001），頁 7。

〔註80〕 呂武吉、杜維明：〈現階段儒家發展與現代化問題〉，《評新儒家》（羅義俊編著，上海：上海人民出版社，1989）頁 266。

〔註81〕 見勞思光：〈成敗之外與成敗之間——憶君毅先生並談「中國文化運動」〉，《思光人物論集》，頁 75～80。

〔註82〕 方克立教授亦十分重視勞思光在此文中反思新儒家的論點，參方克立：《現代新儒學與中國現代化》（長春：長春出版社，2008），頁 81。

實，故它當中就有一唯一的實體，它就把自己外在化。……黑格爾
從人的自覺能力推出一個內在的精神世界，然後他以內在的精神實
體來解釋文化現象；換句話說，文化活動就是人自覺性的內在能力
一層一層向外展開的成果。〔註83〕

黑格爾模型的理論，以精神（包含主宰性、自覺性等等）之實現說
明文化，即是將生活領域收攝在理念領域之下化爲一種附屬品，取
消其獨立性。這種理論的長處，在於它對文化內層的結構關係提供
強有力的解釋。用常識語言講，一切文化成果解釋爲精神實現之產
物，似乎是徹底的明確說明了。〔註84〕

所謂黑格爾模型在這裏特指解釋文化的一種理論模型，即將文化成果視爲精神
主體（或理性、價值意識等）的創造物，所以文化生命、文化精神的探究成爲
這一模型下文化研究的重心，牟宗三以「仁的文化系統」與「智的文化系統」、
「綜合的盡理之精神」與「分解的盡理之精神」、「理性之運用的表現」與「理
性之架構的表現」以及「理性之內容的表現」與「理性之架構的表現」諸區分
論說中西文化，勞思光早年以「重德文化」與「重智文化」分判中西文化，衡
之勞思光以上對黑格爾模型文化觀的解釋，它們都可歸之於這一文化解釋模式
之下，此外，牟宗三的文化史觀同樣十分突出地體現了這一文化解釋模式的特
色。李明輝對儒家思想之特質的衡定亦帶有很重的黑格爾模型的味道，李氏認
爲：「儒家思想底基本精神或本質何在？依筆者之見，儒家傳統之所以有別於其
他傳統者在於：它將一切文化活動視爲人類精神生命之表現，而以道德價值爲
其他一切價值之共同根源或基礎」。〔註85〕析論至此，我們只在點明勞思光所謂
之「黑格爾模型文化觀」的具體意涵爲何，不過這裏我們需要說明的一個問題
是，此一文化觀與黑格爾哲學的關聯何在？前文我們即說明牟宗三對於歷史文
化的解釋，尤其是其中所透出的目的論觀念，其實更近於康德而非黑格爾，而
勞思光更是拒絕任何類型的目的論，如勞氏謂：「對於各種史觀，我一向有一個
很確定的論斷；就是，以爲歷史有一定方向，是一個理論上的顯著錯誤。凡力
持那種論調的人，若非幼稚無知，必是迷執自蔽」。〔註86〕

〔註83〕勞思光：《文化哲學講演錄》，頁 125。
〔註84〕勞思光：〈《文化問題論集新編》序言〉，《文化問題論集新編》，頁 xii。
〔註85〕李明輝：〈《儒學與現代意識》序言〉，《儒學與現代意識》，頁（3）-（4）。
〔註86〕勞思光：《歷史之懲罰新編》，頁 10。

這根本上涉及勞思光對黑格爾的理解。勞思光其實僅只截取了黑格爾思想的部分內容，而非嚴格依照黑格爾思想來界定所謂「黑格爾模型」的內涵。我們可以從勞氏對黑格爾「凡合理的都是現實的，凡現實的都是合理的」這一著名論斷的解釋看出這一點。勞氏以爲解釋這一論斷的關鍵在於「實化」（actualization）這一概念，黑氏所強調的不過是，所謂現實的或實化不過就是理在事上之實現；這根本即是一主體，即實現價值之活動的主宰者在事上將理實化之過程。〔註87〕進而勞思光對黑格爾哲學之精神特色界定如下：「不離歷史精神說價值，因而所強調者乃一實現過程，而不在懸空之主體。而一談實現，必涉具體；故黑格爾始終重視具體，而以懸空之抽象普遍者爲無當於理，或未發展者。」〔註88〕如果我們簡單回顧一下前文勞思光以康德哲學爲底子的價值文化觀不難發現，勞氏這裏對黑格爾的解釋大體是以其價值文化觀爲背景，且根本上是合乎其價值文化觀的。不過，問題在於，我們知道黑格爾哲學除勞氏所強調的「具體的普遍」或「事外無理」與「不應有懸空之理」這一點之外，更爲重要的是他的目的論觀念，或如孫善豪所謂的「理外無事」或「不會有無理之事」。〔註89〕黑格爾哲學中的這一內容顯然與勞氏對目的論的排斥是相衝突的，是以這不能爲勞氏所接受。正是在這一意義上，勞氏謂：「在價值意識取向上，我則自始即不願肯定所謂『絕對精神』所涵的『歷史必然』的觀念，因此，我可說從來不是一個黑格爾主義者」，〔註90〕同樣我們也可以說牟宗三從來也不是一位黑格爾主義者。由此我們說勞思光只是部分地截取了黑格爾哲學中的相關內容，或如孫善豪所謂「勞先生是用了康德的思考方式來理解了黑格爾」。〔註91〕但正如上文分析所指出的，黑格爾對於中國文化的批評在一定意義上構成牟宗三思考中西文化問題或中國文化出路問題的一個重要背景，牟氏的努力在這一意義上可以理解爲是對黑格爾之批評的一種回應，是以有學者謂：「（牟宗三）的《歷史哲學》的問題意識

〔註87〕勞思光：〈黑格爾的政治哲學〉，《自由、民主與文化創生》，頁4～6。

〔註88〕勞思光：〈黑格爾的政治哲學〉，《自由、民主與文化創生》，頁6。

〔註89〕孫善豪：〈「黑格爾模型」探析〉，《萬戶千門任卷舒──勞思光先生八十華誕祝壽論文集》，頁313。

〔註90〕勞思光：〈《自由、民主與文化創生》新編版小序〉，《自由、民主與文化創生》，頁iv。

〔註91〕孫善豪：〈「黑格爾模型」探析〉，《萬戶千門任卷舒──勞思光先生八十華誕祝壽論文集》，頁314。

直接受到黑格爾的《歷史哲學》的激發」。〔註92〕同樣，這也是唐君毅、勞思光思考文化問題的一個基本的思想背景，這大概可以在一定程度上解釋勞思光何以會在特定意義上將上述文化觀界定爲黑格爾模型的文化觀。〔註93〕澄清勞思光所謂黑格爾模型文化觀的基本意涵之後，我們則順勞氏的思路分析此一文化觀的正面意義及其功能上的限制何在。

（一）結構分析與歷程分析

爲對黑格爾模型文化觀之理論得失作出合理的評價，勞思光提出一對重要的理論區分：結構（structure）分析與歷程（process）分析之區分。依勞思光的看法，當我們考察一個成熟穩定的文化系統的時候，「它一定有某些內在觀念基礎，有一定的制度關係，有一定的生活態度」，〔註94〕也就是說，一個成熟穩定的文化系統必然是由內在的觀念基礎與外在的制度關係及生活態度間的配合所共同構成的一個完整的整體，這樣我們即可以對之進行靜態的結構分析，〔註95〕亦即分析支撐該文化系統的內在觀念是什麼，其制度特色何在，生活態度習俗如何，由此我們即可以將該文化系統的諸要素清晰地展示

〔註92〕蔣年豐：〈唐君毅、牟宗三思想中的黑格爾〉，《顛躓的行走：二十世紀中國的知識與知識份子》（賀照田主編，長春：吉林人民出版社，2004），頁144。

〔註93〕唐君毅早年有關文化問題的論述可以典型的歸入勞思光所謂的「黑格爾模型」，不特如此，唐氏自己對此有極爲清晰的了解：「此書直接所承受之論文化之態度，在西方，只能說是直本於康德、黑格爾之理想主義之傳統」，「康德及黑格爾皆以人類文化爲人之理性實現於客觀世界，或精神之客觀表現。康德論文化之最大功績，在以其批導之方法，分清科學知識、道德、宗教、藝術、政治、法律之不同的領域，而一一於其中見人類之理性要求之一實現或滿足。而黑格爾論文化之大慧，則在依其辯證法以指出不同之文化領域，乃同一精神之自我之客觀的表現，其自身所遞展出之精神形態。而人類之歷史，亦即同一之絕對精神或宇宙精神表現其自身於地上之行程。……而其層層次第上升之歷史觀文化觀，乃一直線式的歷史文化觀，此便非我所採取（按：這即是對黑格爾式目的論之不滿）。」「吾之論文化，即改而遵康德之精神，以同時肯定各種文化活動，爲同一精神自我之分殊的表現，而不先在原則上決定各種文化領域之高下。」（唐君毅：《文化意識與道德理性》（桂林：廣西師範大學出版社，2005），頁9～10）由此我們可以清楚的看到，唐君毅論文化之基本立場與牟宗三、勞思光完全一致，即以文化爲超越之主體或精神自我於客觀現實中之實現，且均否定黑格爾直線式目的論的思考進路，勞思光將唐、牟與其自己的文化觀均歸入所謂的「黑格爾模型」是十分懇切的說法。

〔註94〕勞思光：〈中國現代思潮之流變及評估〉，《虛境與希望——論當代哲學與文化》，頁105。

〔註95〕勞思光：《中國文化路向問題的新檢討》，頁52。

出來。〔註96〕在勞思光看來,黑格爾模型文化觀大體上即是對成熟的文化系統作靜態的結構分析,作爲一個成熟穩定的文化系統,外在的制度關係與生活態度背後顯然有支撐它的一些特定的價值觀念,或所謂的文化精神,當我們透過複雜的文化現象而將其背後的文化精神或價值觀念加以分析和展示的時候,的確可以很好地凸顯該文化的特性,這也就是牟宗三所謂「綜起來了解文化是可能的」。〔註97〕因而在一定的意義上,我們說價值觀念或文化精神乃是決定一文化之特色的根本因素自然是可以的。牟宗三以及勞思光早年文化哲學研究的重點即落在對中西文化系統作結構性的分析,觀察各自的特性之所在;客觀而言,二家在這方面的研究確實可以幫助我們深入了解中西文化的總體特徵及其觀念基礎,乃至中國文化何以未能產生科學民主的思想文化根源。〔註98〕就此而言,勞思光對黑格爾模型文化觀的正面意義有如下說明:「黑格爾文化理論並非一種謬誤,相反地,它具有極重要的功能」,「一文化自身之成長,確可解釋爲由理念至生活之精神實現過程,在這個範圍中,黑格爾模型有效」。〔註99〕勞氏此說還涉及另一重要理論區分,即關於文化變革二型之區分:創生與模仿的理論區分,下文將有詳細交代。

但當我們分析文化史上的文化變革或要改變當前的文化現狀的時候,則必須加入動態的歷程分析。勞思光以英國《大憲章》爲例加以說明。「以英國大憲章爲例,由結構分析的角度,可以說它的精神是現代憲法主義的根源,不過若從文化現象歷程分析來看,則大憲章的出現並非先肯定了憲法主義的價值,而是一社會利益衝突的結果。從中古到現代,憲法觀念的出現,不是由理念價值所帶動;相反地,是在現實政治權力關係改變後,面對限制皇權的制度,事後給與理據與合理性。這合理性又使這理念繼續發展,因此如人權、契約等觀念相繼被提出」。〔註100〕由此,結構分析的限制也就很明顯,因

〔註96〕勞思光後來有所謂「文化建構」的說法,即任何一個文化系統,若算得上是成熟的獨立或自足的系統,它通常包括三層建構,最底層的習俗與生活方式的建構、較高一層的則是制度層面的建構,最上層的觀念層的建構,參勞思光:〈東亞文明與現代文化:前現代性、現代性與後現代性〉,《危機世界與新希望世紀——再論當代哲學與文化》,頁90。

〔註97〕牟宗三:〈關於文化與中國文化〉,《道德的理想主義》,頁317。

〔註98〕何信全:《儒學與現代民主——當代新儒家政治哲學研究》,頁77~78。

〔註99〕勞思光:〈《文化問題論集新編》序言〉,《文化問題論集新編》,頁vii-viii。

〔註100〕勞思光:《中國文化路向問題的新檢討》,頁53~54;勞思光:〈中國現代思潮之流變及評估〉,《虛境與希望——論當代哲學與文化》,頁105。

為就實際的文化變革來看，其並非必然遵循由觀念到制度、習俗的順序，而常常是在現實制度、習俗變革之後，才引起價值觀念的演變；變革之後的文化再次進入穩定狀態的時候，我們固然可以繼續對其作結構性的分析，但這中間所出現的演變過程卻不是結構分析所能夠涵括的。黑格爾模型文化觀既然是對文化作結構性分析，那麼它在功能上同樣也存在這一限制。如果我們不能從理論上明確區分結構分析與歷程分析，那麼很容易出現勞思光所謂「逾限的謬誤」（Fallacy of transgression），也就是說，在需要作歷程分析的地方使用結構分析。這一點，勞思光在觀察分析中國現代化運動中的理論問題時，有極為清楚的說明，這也就涉及勞氏對文化整體觀（holistic view）的解析以及對此中所出現之西化論與文化保守主義的批評。

（二）文化的整體觀

所謂文化的整體觀主要包含以下兩層意思：

> 第一，判定文化內層有一基本動力，由此動力步步開展，而生出不同層面的文化成果——如觀念、制度、生活方式等等。換言之，一文化系統內各部分皆是那個原始動力的一種表現。第二，文化系統的各部分中有一部分變化時，即必使其他部分隨之而變化；因之，如果人自覺地要求變革一文化系統，則不能只變一部分。換言之，文化的變化必須是整體地變。〔註101〕

聯繫前面所謂的「結構分析」，我們不難看出，黑格爾模型即屬於這種文化的整體觀，當然其他文化解釋模型也可能持有文化的整體觀，其並非僅為黑格爾模型所專有。就整體觀的第一層含義而言，這種文化觀顯然有其合理之處，一個成熟的文化系統我們確實可以將其理解為是由價值觀念、制度、生活態度等諸多因素所構成的整體，這些因素之間必然存在一種相互配合的內在關聯。正是在這一意義上，勞思光認為中國現代化運動初期「中體西用」說的限制就在於其忽視了文化的整體觀。〔註102〕但如果我們進到整體觀的第二層含義來看的話，這一觀念本身的功能限制也就十分的明顯了。如果我們堅持文化的整體觀，那麼當面對文化變革的情況的時候，一特定文化的變革如何進行呢？具體到中

〔註101〕勞思光：〈試論當代反儒學思潮〉，《虛境與希望——論當代哲學與文化》，頁67。
〔註102〕勞思光：〈中國現代思潮之流變及評估〉，《虛境與希望——論當代哲學與文化》，頁 93～94；勞思光：〈「在危機世界中看中國文化的前景」之二：論中國文化前景〉，《危機世界與新希望世紀——再論當代哲學與文化》，頁36。

國現代化運動來看，有兩種思潮都預認了這一文化理論，即五四全盤西化思潮和後來的新儒家思潮，雖然他們在面對傳統與現代之關係的問題上持完全對立的觀點，但其背後都包含有一種文化的整體觀。正因爲堅持文化的整體觀，所以五四知識份子在面對中國文化變革的問題時，他們要求將中國文化這一整體，即包括生活習慣、技術、制度、價值觀念在內，全部都破除掉，進而要求全盤西化，勞思光將其稱之爲「代換說」。依勞氏的看法，全盤西化論的錯誤是很明顯的，因爲正如伽達默爾解釋學所說，若要去除文化的影響的話，我們都來得太晚了，也就是說如果我們不想受文化傳統的影響而把整個既有文化換掉，這在現實的文化改造上是不可能出現的。﹝註103﹞而新儒家（主要就唐君毅、牟宗三而言）的想法則是，現代化不可能通過外在地截取西方的成果而得到實現，因爲在具體的文化成果背後有價值觀念的支撐，設若只是截取西方的文化成果，那麼這顯然無法使這些文化成果眞正在中國文化中生根，由此我們亦可看出，這一想法背後確實也包含著一種文化的整體觀。但由於新儒家堅持中國文化的立場，所以他們努力的方向是透過中國文化內部的自我調整以「開出」民主科學這些西方文化成果背後的價值理念，亦即依自身已有的條件，尋求中國文化的新的發展。﹝註104﹞在勞思光看來，新儒家的這一構想根本無法從理論上證成其實踐上的（praxis）可行性，因爲我們根本不可能寄希望於人人價值意識改變之後再創生出相應的文化成果來，而新儒家之所以在理論上面臨如此之困難，就在於其以結構分析取代歷程分析，或由文化的整體觀來分析文化變革問題。由於黑格爾模型大體上是對文化作結構性的分析，且抱持文化的整體觀，因而在面對文化變革或文化改造問題時，它在功能上的限制也就無可避免。勞思光以上相關分析確實觸及黑格爾模型文化觀的眞正要害所在，結合上文對牟宗三以及勞思光早期文化哲學的分析，我們可以清楚地看到，二家分析的重心都在探討所謂的文化精神或文化生命，而其爲中國文化之改造所尋得的出路，即是中國文化精神的拓展或價值意識的改造，對於這種構想之實踐上的可行性，並未作正面的探究。牟宗三晚年接受採訪時，針對社會上對新儒家與現代化之關係的質疑說到，「科學、自由民主不是哲學家一個人的事情，這是大家的

﹝註103﹞勞思光：〈「在危機世界中看中國文化的前景」之二：論中國文化前景〉，《危機世界與新希望世紀——再論當代哲學與文化》，頁37。
﹝註104﹞勞思光：〈中國現代思潮之流變及評估〉，《虛境與希望——論當代哲學與文化》，頁96。

事情，大家肯定科學、自由民主，自然可以開發出來」。〔註 105〕這仍然是強調科學民主的生成需要有科學民主之價值觀念的支撐，這顯然不能理解爲是對新儒家在尋求中國文化之出路問題上的構想的實踐可行性的理論說明。

（三）文化成長與文化變遷

此外，勞思光更從文化成長與文化變遷這一理論區分進一步說明黑格爾模型文化觀的功能限制，此一理論區分主要是爲說明單一文化的內在發展與眾多文化相互影響兩種不同情況而提出的。由此，我們也將看到突破並修正黑格爾模型文化觀的理論必要性。

文化成長主要是就文化內在的發展和演變過程而言。〔註 106〕依照前文勞思光對文化的解釋，文化乃是主體自覺的於實然界實現應然的活動，那麼對於一個與其他重要文化環境沒有什麼來往的特定環境來說，其中的文化發展即是指文化的成長。黑格爾模型將文化活動理解爲諸價值觀念逐漸在現實世界實現的過程，實際上描述的就是一個文化成長的過程。所以勞思光說：「黑格爾的理論，如果單就文化內在的發展來說，是有一定的理論效力」。〔註 107〕不過這只能解釋文化變遷（cultural change）中的一種情況，其並不能說明在眾多文化交互影響之情況下的文化變遷過程：

> 假如 B 文化跟 A 文化有對峙（confrontation）的時候，那個 B 文化
> 的成果對於 A 文化來講，並不是 A 文化成長裏面本身所具有的，即
> A 文化的特性本來是沒有 B 文化這東西的。在文化史中，這種例子
> 多得很，兩個不同的文化互相接觸，然後彼此的成果互相混合。當
> 面對這情況，就不能用講文化成長的那一套語言來解釋，因爲它不
> 是那文化內部成長的結果。〔註 108〕

由前文的分析我們知道，中國自清末以來所面對的現代化問題或中國文化的改造問題其實正是中國文化在面對異質的西洋文化時，自身如何調整變革的問題。如果我們堅持以黑格爾模型文化觀來說明這一問題的話，那麼其必然要求一種文化的創生（initiation）活動，亦即通過價值理念的調整由中國文化

〔註 105〕牟宗三：〈鵝湖之會──中國文化發展中的大綜和與中西傳統的融會〉，《牟宗三先生晚期文集》，頁 458。
〔註 106〕勞思光：《文化哲學講演錄》，頁 55。
〔註 107〕勞思光：《文化哲學講演錄》，頁 55。
〔註 108〕勞思光：《文化哲學講演錄》，頁 56。

內部創生出與中國文化異質的西洋文化成果出來，牟宗三與勞思光早年即是循這一思考方式來處理中國文化出路問題的。勞思光認爲這不是一個實踐上可行的構思，其所面對的困難不是一個技術上的問題，而是原則問題。因爲「我們了解一個文化的成長，它有一套規條和一套要求，而當我們講文化的相互影響和文化變遷時，又有不同的原則和要求」。〔註109〕也就是說，我們在面對中國文化如何產生科學與民主這一異質文化成果的問題時，我們是從單一文化之創生的角度來思考還是從眾多文化交互影響的角度加以思考，其所要求的條件是完全不同的。基於這一考慮，勞思光認爲我們在思考文化變遷問題時，理論上當於創生模式之外確立一種與之完全不同的文化變遷模式——模仿（imitation）活動。

勞思光以韋伯對資本主義之興起原因的考察來說明這一點。韋伯的觀點大致是說，西方現代文明以資本主義經濟爲核心因素，而資本主義經濟的產生有其心理、精神上的基礎，即所謂基督教的新教倫理。而在中國、印度等非歐洲地區的文化系統中所形成的精神基礎並不能發展出資本主義，這即是這些地區不能產生資本主義經濟的原因。粗略來看，韋伯的分析仍然帶有很重的黑格爾模型的味道。那麼問題也就隨之產生，其他非歐洲文化傳統地區，如臺灣、香港、新加坡等所出現的經濟繁榮現象如何解釋？因爲這些地方與所謂的「新教倫理」並無多大關係。因而勞思光解釋說：「如果仔細分析韋伯的說法，他只是說：在如此的精神基礎上，才能生出資本主義文化，他從不曾說過：第一個資本主義文化生長後，其他文化加以模仿、學習，是否也需要同樣的精神、物質基礎？」〔註110〕事實上，韋伯即說新教倫理決定了資本主義文化的產生，但是這樣一個歷史過程是不會再重複的（unrepeatable）的，然而這並不說其他沒有新教倫理精神的地區就不可能出現資本主義文化。勞思光認爲，非歐洲地區要出現資本主義文化顯然不能像韋伯解釋的那樣，再出現一次資本主義文化的創生過程，而應該是一個學習、模仿的過程。「一個文化面對其他文化的成果，你要取得這個文化成果，是一個學習的過程，而不是一個創造的過程。所以這個過程，我們就用『模仿』這個字眼來說。」〔註111〕而這正是由模仿、學習來說

〔註109〕勞思光：《文化哲學講演錄》，頁 56。

〔註110〕勞思光：〈文化的創生或是模仿更具可能性？〉，《解咒與立法》（臺北：三民書局，1991），頁 227～228。

〔註111〕勞思光：《文化哲學講演錄》，頁 62。

中國文化的現代化較之以黑格爾模型爲基底而試圖由中國文化內部創生科學與民主更具可行性的原因所在。

強調文化的學習與模仿並不是說我們可以不必再考慮文化中價值觀念的因素，只是說我們不能基於黑格爾模型以價值觀念的改造作爲創生科學與民主的方法。勞思光進而以「整合」的觀念來解釋這一問題。

依照勞思光的解釋，文化作爲一種創造性的活動，其根本目的在於建構一種超越於自然之上的價值和秩序，〔註112〕而所謂的秩序最基本的表現就是所謂的社會整合，也就是說，只有一個文化環境中，制度關係、生活習俗等與人的價值觀念達到一種相互配合的關係，社會才可能眞正進入一種穩定的狀態。在這一意義上，如果要通過學習、模仿的過程以使中國文化進入到一種新的整合狀態、即有著和諧秩序的穩定狀態，就不能不考慮如何使人的價值觀念與這些外來文化成果相協調配合的問題。所以通過學習、模仿的方式吸收異質文化的成果，必然要有一個完成穩定的過程：

> 我們可在某一種客觀的形式下學習另一文化的制度或者模仿這個制度，你模仿了之後，要再有一個價值上的證立（justification）。……你把其他文化的成果吸收到你那裏來，然後你再逐步的把你原先的價值觀念調整，調整到它們能夠相容，它們一定要能夠相容才能達到穩定。……你經過調整以後，你學來的如此文化成果，與你這個價值觀念，經過調整，配合起來，就可以達到一個穩定狀態。那個穩定的狀態達到以後，就是那個整合完成的時候。整合的過程完成之後，你這個學習另一種文化成果的過程也就告一段落了。〔註113〕

通過制度的學習而進行價值觀念的調整乃是一個內在化的問題，經由價值觀念的調整而使外在的文化成果與內在的價值觀念達到一個相互配合的狀態，亦即整個社會重新進入到一個穩定的秩序中，這即是所謂「社會整合」的完成。勞思光以上論說中最爲核心的兩個觀念「內在化」與「社會整合」，均源自社會學家帕森斯（Talcott Parsons）。〔註114〕勞氏所以能突破其早期黑格爾模型文化觀的一個重要原因即是來自社會學理論的啓發。由此勞思光認爲中國現代化的可行之道在於通過一個學習與模仿的過程而重新使中國進入到一

〔註112〕勞思光：《文化哲學講演錄》，頁85。
〔註113〕勞思光：《文化哲學講演錄》，頁64～65。
〔註114〕勞思光：《文化哲學演講錄》，頁139～140。

個有序的穩定狀態之中，〔註115〕而不是通過價值意識的改造而從中國文化內部創生出現代文化：

> 中國現代化運動原以學習西方文化爲任務，所以，在實踐層面看，問題其實可以有自然的答案，那就是：中國若要學習西方的某種制度，實踐程式即是先試行西方制度，然後在長期過程中尋求觀念與制度間的調整，最後達致一種穩定狀態。我們不應拋開明確的路不走，卻要先使中國變爲歐洲，以便去創生歐洲現代文化，那根本是無法著手的事。〔註116〕

析論至此，我們看到勞思光文化哲學的發展，大體是以中國文化之出路問題爲中心，一步步突破黑格爾模型文化觀的過程。由此，勞思光不只從理論上說明了黑格爾模型文化觀所以會有功能上之限制的根本原因，進而由此也確立起他的更爲全面、更具解釋力的新的文化觀——文化的二重結構觀。

二、文化的二重結構觀

（一）文化的二重結構觀的理論意涵

依勞思光之見，我們在說明、解釋文化的時候，理論上必須包含兩個不同的意義領域，一個是已有的情境、已有的世界，另一個是對這已給與的世界，人有一自覺的活動，這兩個領域可分別稱爲：已有的生活領域（given world）與理念領域（world of idea）。〔註117〕

> 文化世界自是以自覺的主宰能力爲根，但卻必落在非自覺的自然界上而實現。理念領域與生活領域即分別與文化世界這兩面相應。離開理念領域，則規範、理想、價值等等意義自身成爲不可了解；離開生活

〔註115〕當代新儒家內部，林安梧教授亦意識到這一點，他說：「當然，原先當代新儒學強調『良知的自我坎陷以開出知性主體，進而涵攝民主與科學』，這樣的思考亦因之有了新的轉折，因爲眞正重點在於學習民主與科學，這是一學習次序，與理論的次序有別，與歷史發生的次序亦當區別開來。我們應該就在現代化的過程中，調理出新的心性之學、新的道德實踐方式。我們若強化的說，這已不是『由內聖如何開出外王』的思考，反而是『如何由外王而調適內聖』的反思。」參林安梧：〈從「牟宗三」到「熊十力」再上溯「王船山」的哲學可能——後新儒學的思考向度〉，《鵝湖月刊》總第 319 期（2002 年 1 月），頁 15～30。

〔註116〕勞思光：〈試論當代反儒學思潮〉，《虛境與希望——論當代哲學與文化》，頁 73。

〔註117〕勞思光：《中國文化路向問題的新檢討》，頁 19～20；勞思光：《《文化問題論集新編》序言》，《文化問題論集新編》，頁 xii。

> 領域，則文化即不成爲實在。空懸的理念與純事實意義的生活世界均
> 非文化世界。我們若有文化世界，即必須肯定這兩個領域。〔註118〕

不難看出，勞思光所謂的「文化的二重結構觀」乃是對黑格爾模型文化觀和帕森斯模型文化觀的綜合，其根本目的在於突破黑格爾模型文化觀的功能限制。這一新的文化觀不僅能夠保留人的價值意識在文化解釋中的重要地位，同時也能夠正視社會學所強調之社會性實有（social reality）之於文化理論的正面意義。二重結構觀在肯定理念領域與生活領域之間具有一種非化約性關係的同時，亦強調二者之間的相互作用。文化從根本上來說既是人自覺地實現應然的價值活動，那麼人的思想觀念、價值意識必然對實然的生活領域發生影響，即其對生活領域可以有一種「重鑄」的作用，也就是說其仍然可以保留儒學人文化成的理念；同時，生活領域的變革同樣可以促使理念領域作出相應的調整。這樣我們在解釋文化的時候，既可以對已有的文化系統作結構性的分析，探究其文化精神之所在；同時，在面對文化變遷的問題時，不再僅局限於從價值意識之改造尋求出路的黑格爾模型的思維方式。在勞思光看來，牟宗三等新儒家文化哲學的根本局限就在於未能正視生活領域自身的獨立性，當然這並非說新儒家不知道價值意識的實現會受到現實經驗世界的制約，而是說其未能將生活領域作爲一具有獨立性的領域加以探討，或者說其文化哲學理論根本上不能籠罩這一領域。是以勞思光有如下之判斷：「眞正差異在於我對『社會性實有』一領域，視爲與『文化秩序』有不可分之關係，……另一面則有『雙層結構』之說，以分別安頓『觀念層』與『制度層』之領域。牟氏對此領域之獨立性，全未留意。於是牟氏理論中所呈現之文化世界，與客觀生活世界遂有一無由越過之距離，在牟氏只以『理想』與『現實』之距離說之，以爲其說可以自足。實則具體成敗固非理境問題，然若理境本身有重大遺漏，不能籠罩生活世界，則不可看作『理想』與『現實』之差異，而是理想本身之不足也。」〔註119〕這也就是說，黑格爾模型文化觀或牟宗三文化哲學，當然也包括勞思光自己早年的文化哲學，之所以存在重大功能限制的根本原因在於對生活領域本身之獨立性的忽視，亦即其說未能涵括此一領域。在勞思光看來，文化的二重結構觀還可以從更爲根本的人的存在特性上加以說明：

〔註118〕勞思光：〈《文化問題論集新編》序言〉，《文化問題論集新編》，頁 xii。

〔註119〕勞思光：〈關於牟宗三先生哲學與文化思想之書簡〉，《思光人物論集》，頁 111。

> 就兩領域之不可互爲化約說，這種「不可化約性」正由人之存在之
> 二重性決定。人一方面有自覺能力，另一方面又是時空中的自然存
> 有。能自覺故有主宰性，屬自然故有約制性。這兩者又各自成爲一
> 意義領域。一切對文化的認知與探究，皆是在這兩意義領域合成的
> 「場」中活動。〔註120〕

勞思光此處所謂的人的存在的二重性，同於前文所述之義命分立的觀念架構，勞氏在個體安身立命的問題上雖然只重義所當爲而對命的限制缺少專門性的探討，但此一領域始終爲勞氏所重視；而在文化哲學領域，勞氏受現代社會學理論的啓發，更能正視此一領域，由之所建構之文化的二重結構觀最終將此一領域囊括其中。這裏我們其實可以看出，牟宗三與勞思光哲學整體上的一個重大差異，即對理念領域和生活領域的不同態度，直接決定了二者在道德宗教問題和文化哲學問題上的分歧。就道德宗教問題而言，牟宗三強調人雖有限而可無限，其固然承認人受經驗世界的限制，是以能正視命的觀念，然而牟氏道德的形而上學的建構則希望超化雖然不是消除命的觀念，最終達至德福一致的圓融之境；勞思光則根本否認圓成的任何可能性，也就是說命之於人的限制乃是根本無法超越的。就文化哲學來看，牟宗三思考的重點仍然落在觀念領域，確立理想的人類社會形態，因而仍然帶有一定的目的論色彩，而現實經驗界僅只表現其消極的、限制性的意義，即現實經驗界的意義主要體現爲精神理念在現實中實現自身所受到的限制和曲折。正因爲牟氏未能突出生活領域的獨立性和正面意義，所以其文化哲學的全部分析不能不遺漏生活領域這一關鍵性的因素。這也就使得其全部構想在實踐上的可行性不能不受到質疑。從這一意義上來看，勞思光對黑格爾模型文化觀或牟宗三文化哲學的省思確實觸及其理論的眞正要害所在。就已有的對牟宗三文化哲學的批判來看，勞思光的反思顯然是最爲相干且有力的，其確實能夠深入到牟氏文化哲學理論的內部並解釋該理論本身的內在缺陷。相比之下，所謂泛道德主義等指責大多只是外在的批評。值得一提的是，在不少方面極力批評牟宗三的余英時有關中國文化問題的討論嚴格來講亦可歸入廣義黑格爾模型之列，雖然他也強調價值觀念與社會結構的各自的獨立性，如余氏認爲：「中國文化的重建問題事實上可以歸結爲中國傳統的基本價值與中心觀念在現代化的要求之下如何調整與轉化的問題」，〔註121〕「從社

〔註120〕勞思光：〈《文化問題論集新編》序言〉，《文化問題論集新編》，頁 xiii。
〔註121〕余英時：〈試論中國文化的重建問題〉，《中國思想傳統的現代詮釋》（南京：

會史的觀點看,『五四』以後中國傳統的民間社會開始向現代的公民社會轉化;中國人的價值觀念也在隨著這個轉化而不斷的調整。假以時日,社會結構和價值意識之間的互動也許能在中國創造出一個新的局面」,〔註122〕不過,根本上余英時還是以價值觀念爲基礎:「我們今天不禁要問:何以近百年來我們這樣重視政治的力量,而在中國現代化的整個過程中政治竟是波折最多、進步最緩的一個環節呢?撇開中國大陸全面墮退爲個人專制這一事實不談,即使是在許多號稱追求民主的中國知識份子身上,我們也往往看不到什麼民主的修養。這最足說明政治的是一種浮面的東西,離不開學術思想的基礎。近代中國政治素質的普遍低落正反映了學術思想衰微的一般狀態。……任何對於中國文化重建的新嘗試都不能不從價值觀念的基本改變開始」。〔註123〕余英時的大文〈從價值系統看中國文化的現代意義〉更是黑格爾模型文化觀的典型體現,其所謂對於中國文化之整體的了解,其實非常接近牟宗三所謂的「綜起來了解」。〔註124〕

　　以下我們簡要介紹勞思光的「歷史動態觀」,由此我們可以更爲清晰的展示勞思光文化哲學發展的內在脈絡。所謂歷史動態觀,勞思光有一較爲明確之界定:

> 人在任何歷史階段中,一方面他要受已有的歷史條件的限制;一方面他卻可能據其自覺活動創生新的條件,以改變未來之歷史。人是以往歷史之奴隸,卻是未來歷史之主人。在歷史的因果關係下,人只能承當一切已成立的歷史之果;但又能爲未來種下新果實。倘若人所處的歷史階段,正遇上已成立的歷史條件都給人類帶來苦難,則人對這種苦難只有承當;但人仍可以爲未來留下種子,以待新條件成熟而使苦難解除。總之,自覺心不斷創生新因素,以改變歷史條件;但這種改變仍在歷史條件之限制下進行。這就是我的「歷史動態觀」。〔註125〕

與牟宗三的歷史觀相比較來看,勞思光並不以某種帶有目的論色彩的精神實體作爲衡量具體歷史事實之意義和價值的標準,他所強調的是,人於現實的因果世界之上仍可表現其主動性和創造性,進而影響歷史的進程,這大體上

江蘇人民出版社,1989),頁52。
〔註122〕余英時:〈中國現代價值觀念的變遷〉,《現代儒學論》,頁160。
〔註123〕余英時:〈試論中國文化的重建問題〉,《中國思想傳統的現代詮釋》,頁55。
〔註124〕余英時:〈從價值系統看中國文化的現代意義〉,《中國思想傳統的現代詮釋》,頁1～49。
〔註125〕勞思光:《歷史之懲罰新編》,頁12。

是依其文化觀對歷史所作的一種解釋。不過，這裏眞正值得我們留意的是，勞氏對於已有之歷史事實或經驗世界之限制性的正視。勞氏早年對於中國文化出路問題的思考，重點只在中國文化精神拓展之方向，其對經驗世界之限制對於文化精神之落實的意義並未予以正面的說明。相較之下，勞氏歷史的動態觀已經開始突出客觀經驗世界或生活領域對於人之文化活動的限制作用，雖然其仍未能從理論上對其作進一步的考察。而到二重結構觀的提出，生活領域則眞正得到理論上的安頓，也就是說，文化的二重結構觀不只能說明觀念領域對於文化世界的意義，同時亦能說明生活領域對於文化世界的意義。勞思光由早期到晚期關於文化哲學的思考，大體上展現爲由理論上完全忽視生活領域到最終從理論上安頓此一領域的過程。牟宗三的思考帶有濃厚的形而上學興趣，是以其對於統一性的要求極爲明顯，不過二十世紀反形而上學思潮的盛行使得人們越來越趨向於經驗主義的立場，而人的自主性在此一時代背景下進一步被弱化，所以出現對於文化之工具主義的解釋，其將人視爲僅被條件所決定，無所謂眞正自覺的問題。〔註126〕勞思光文化哲學的思考，一方面顯然對徹底經驗主義的立場持批評態度，強調人的自主性或價值意識在文化世界中的根基性地位；同時亦反對忽略生活世界之單純的理念分析，由此確立一統攝理念世界和生活世界之更具解釋力的文化觀。

（二）文化的二重結構觀之於新儒家的理論意義

正如勞思光對於儒學的詮釋和重建常以牟宗三形上學作爲其潛在的參照系，勞氏晚年的文化哲學思考在很大程度上也是以牟宗三爲代表的新儒家作爲自己的對話者，並且很大程度上是針對對方理論的局限而試圖超越之。由以上分析我們不難看到，勞思光對黑格爾模型文化觀的反思確實觸及牟宗三文化哲學的要害所在，當然這不是說牟氏的分析全然是錯誤的，就牟氏之於中西文化的比較分析來看，其對中西文化精神之異同無疑有著極爲深刻的洞察，這也就是爲什麼勞思光在洞察到黑格爾模型文化觀的功能限制之後，依然以之來討論中國文化問題，如《中國文化要義》之寫作，根本原因就在於黑格爾模型文化觀若用於闡述一個文化傳統的內在特性，仍有很強的理論效力。〔註127〕不過問題在於，就實踐的可行性而言，牟氏試圖由文化精神或文化生命的拓展以開出現代化的思路的確存在很大的不足。在這一意義上，我

〔註126〕勞思光：《中國文化路向問題的新檢討》，頁22。
〔註127〕勞思光：〈《哲學問題源流論》新編版自序〉，《哲學問題源流論》，頁 xiv。

－226－

們不必將勞思光晚年的文化哲學視爲對牟宗三文化哲學或勞氏自己早年文化哲學的否定，而應該看作是對後者的一種突破和修正。就唐君毅、牟宗三之後新儒家發展的實際情況來看，這些堅持新儒家立場的學者們，更多的是繼承了唐、牟對於儒學之宗教性意涵的闡發，而較少通過對唐、牟文化哲學作深層反思而拓展之，並使之對中國現代化問題起正面的引導性作用，是以有學者說，「與內聖面的生命智慧相比，儒家傳統中外王層面今天仍然可資借鑒的資源可以說是相當貧乏的」，「新儒家恐怕很難避免重蹈宋明儒者『內聖強而外王弱』的覆轍」。〔註128〕如果我們仍然堅持傳統儒學內聖外王的思想格局，那麼新儒家在文化哲學方面的思考，顯然是值得我們深入反思和繼續發展的。就這一點來說，勞思光晚年在文化哲學方面的突破，對於新儒家哲學的長遠發展而言，無疑具有重要的理論意義。其實，從第三代新儒家的理論關切我們亦可看出勞思光文化哲學的重要意義。對於劉述先而言，當代新儒家在當前所面對的重大課題之一即是其超越理境的全面落實，是以其著力闡發傳統儒學「理一分殊」的哲學意涵：「事實上只有由生生才能了解理一的觀念，具體落實的諸德性是同一生生之仁德的表現，西方哲學家每拘於跡，就很難了解這一條思路所包含的睿識。著重分殊也就是說我們不只要重視建立終極關懷，還要重視道的具體落實的問題」。〔註129〕劉述先對理一分殊觀念的重新詮釋，大體是承續牟宗三儒家式人文主義對傳統儒學人文化成精神或是其實踐品格的進一步發揮，其所關注的問題則確實是當代新儒家在當前所面對的緊要課題，終極信仰的確立固然是根本，但我們卻不能孤懸地談論心性天道，我們需要先由「內在」走向「超越」，然而更需要「超越」向「內在」的回歸，這正是一「回環」的道路，〔註130〕正如晚期柏拉圖在意識到現實宇宙人生的價值之後而努力做「拯救現象」的努力。〔註131〕而由超越向內在的回歸正體現爲儒家超越理想的全面落實，這不僅包括個體在自身的道德實踐中落實生生的天道，同時更包括儒學在外王面的開拓。由此，劉述先認爲，當代新儒家的貢獻主要在形而上層面，「當前新儒家所亟需要的是在與傳統的典章制度以及渣滓解紐之後，參照西方的經驗，配合自己的國情，發展出一

〔註128〕鄭家棟：《當代新儒學論衡》（臺北：桂冠圖書公司，1996），頁58～59。
〔註129〕劉述先：《理一分殊》，頁7。
〔註130〕劉述先：《論儒家哲學的三個大時代》（貴陽：貴州人民出版社，2009），頁219～240。
〔註131〕勞思光：《哲學問題源流論》，頁119。

套新的政治、經濟、社會的體制，與其核心的仁（人）道創造的思想相配合」。
〔註132〕而勞思光晚期文化哲學的工作，在很大程度上乃是將牟宗三有關儒學
外王面的構思從理念推向實踐的關鍵一步。必須說明的是，此處所謂的實踐
乃是從社會整體意義上來說的。正如前文所分析的，牟宗三與勞思光一樣都
極爲強調儒學「人文化成」的「實踐」品格，是以我們說勞氏的文化哲學在
「實踐性」上是一種推進，自然並非說牟宗三所理解的儒學缺乏「實踐意識」。
蔣年豐先生在回應楊儒賓教授的相關質疑時即已意識到這一點：「儒家的無限
心並不同於黑格爾式的無限心。後者之不能有具體的社會實踐並不表示儒家
的無限心不能有具體的社會實踐。儘管如此，儒家之能拓展其實踐性格於現
代社會類似於哈伯馬斯之轉出有限心仍是相當有意義的。然而，此轉出卻是
有別於楊先生所建議的海德格——狄爾泰——伽達瑪式的轉出，此乃是社會
哲學的轉出」，〔註133〕勞氏文化哲學的貢獻正在於其在「社會哲學」的意義上
拓展了儒學的實踐性格。

當然中國當前所面臨的文化問題已不只是如何現代化的問題，因爲現代
文化本身存在諸多的弊病，所以一方面我們必須面對現代化的課題，同時還
必須對現代文化本身作理論上的反思和批判，後者同樣也是勞思光晚年文化
哲學思考的一個重要方面。這並不是說勞思光的思考轉入另外一個領域，毋
寧說是早期文化哲學思考的延伸。

首先我們有必要介紹勞思光對中國現代化運動的一個整體性的觀察。按
照勞思光的觀察，中國現代化運動作爲一個文化變革的過程，大致可以分爲
三個階段來加以考察。當中國人最初面對外來的西方文化的衝擊的時候，他
們並沒有眞正形成所謂「現代化」的觀念，也就是說，他們還只是從地域的
觀念或中西之間的差異來理解這一歷史劇變，而沒有從歷史階段的觀念或傳
統與現代的差異來加以把握。在這樣一種情況之下，最初的洋務運動等改革
運動只是出於工具性的考慮而承認西方技術的價值，是以有所謂「中體西用」
之說。不過，隨著變革的要求逐漸觸及觀念層次的時候，於是有所謂「全盤
西化」口號的提出，這時現代化開始變成一種價值選擇，亦即成爲中國人的
理想和目標之所在。所以，後來不論是傳統主義者抑或是反傳統主義者，都

〔註132〕劉述先：《理一分殊》，頁147。
〔註133〕蔣年豐：〈唐君毅、牟宗三思想中的黑格爾〉，《顛躓的行走：二十世紀中國的
　　　　知識與知識份子》（賀照田主編，長春：吉林人民出版社，2004），頁156。

以現代化作爲中國文化變革的方向，也就是說現代化開始成爲一種共識。〔註134〕不過，由於現實政治運動的干涉，中國並沒有完成現代化的社會整合，也就是說，生活態度、制度關係以及價值觀念之間並沒有達成和諧的匹配狀態，反而陷入一種「片段化」的困局當中。〔註135〕與此同時，批判現代文化的後現代思潮開始流行，〔註136〕現代文化自身的弊病日漸凸顯，在這種情況之下，「外來文化曾提供的遠景已經迷失，現在只提供一個虛境」，〔註137〕今日中國所面臨的正是這樣一種處境，「這樣的歷史發展，便使我們不能再以學習現代文化爲唯一的取向，我們也必須在吸收現代文化成果之際，同時作全面性的反省及批判的努力，以達成文化改進的要求。這可說是當前歷史階段中，文化運動的新取向」。〔註138〕如此，我們要眞正勘定中國文化的出路，顯然不能再單純以現代化之實現爲目標，而必須對現代文化自身之特性及弊端以及後現代性都有充分的了解。

三、勞思光對現代文化的省思

（一）現代文化所展示之弊病

首先，我們看勞思光對現代文化的界定：「現代文化是指自啓蒙運動以來，一套從觀念到制度本身的改變，以及推動改變的引導力。換言之，那是代表自啓蒙運動以來的心態、觀念和傾向，以及它後來外化成制度的價值觀念的轉變。」〔註139〕此中最爲關鍵的就是所謂個體自主性或個體主義的開展，這也是啓蒙運動的主要特色所在。由這一核心觀念，現代文化產生出一些重要的正面成果，如科學知識、民主政治、自由經濟等等。現代文化由之也展現出它的一些重要特性，勞思光著重分析的是現代文化「擴張性」（expansion）

〔註134〕勞思光：〈遠景與虛境——論中國現代化問題與後現代思潮〉，《虛境與希望——論當代哲學與文化》，頁191～192。
〔註135〕勞思光：〈遠景與虛境——論中國現代化問題與後現代思潮〉，《虛境與希望——論當代哲學與文化》，頁202。
〔註136〕勞思光：〈「在危機世界中看中國文化的前景」之二：論中國文化前景〉，《危機世界與新希望世紀——再論當代哲學與文化》，頁44。
〔註137〕勞思光：〈遠景與虛境——論中國現代化問題與後現代思潮〉，《虛境與希望——論當代哲學與文化》，頁218。
〔註138〕勞思光：〈論儒學在中國現代化運動中之正反作用〉，《虛境與希望——論當代哲學與文化》，頁159。
〔註139〕勞思光：〈論希望世紀、現代文化與新希望世紀〉，《危機世界與新希望世紀——再論當代哲學與文化》，頁68。

或「宰製性」（domination）的特徵。〔註140〕勞思光認爲，現代文化本身即帶有一種擴張主義的傾向，這無論從現代科技還是從現代經濟來看都十分明顯，由於現代政治與經濟之間的密切關聯，現代政治也不能免除擴張主義的影響，現代文化的這種擴張性所導致的直接後果就是所謂「宰製」的問題，其最爲顯著的表現即是所謂「物化」（refication）。

　　勞思光將現代文化所導致的物化分爲三類。第一類是由經驗科學的擴張所導致的科學主義（scientism）所帶來的人的對象化，即將人化爲自然物。現代科學如生理學、心理學、神經學等即將人視爲自然物來加以研究。第二類由現代經濟所造成，現代經濟通過「經濟人」、「經濟動物」等觀念，僅將人限定於生產及消費的圓圈之中，人本身也變成一種「貨物」，所謂「人力資源」的觀念大概最爲明顯地說明了這一點。第三類是由現代文化規範意識以及理想性的弱化所導致，人被視爲一種動物性的存在，「工具理性」的觀念可以很好的解釋這一點，當理性被化約爲工具理性的時候，人的理性僅只是欲望的工具，意志只以欲望爲方向，而這即導致所謂「目的之迷失」的問題。這樣，使得道德價值文化成爲可能的理性意志逐漸被消解，「『自我』在現代文化當中已被『虛無化』」，〔註141〕勞氏亦以「文化人格之退化」說之。〔註142〕這大概是現代文化最爲深層的危機，二十世紀許多大哲學家對此都有極爲深刻的批判，正是在這一意義上，勞思光十分強調所謂道德主體性的觀念，亦即所謂價值自覺或理性意志等等，由此我們也可以理解何以在二十世紀西方狠批主體性觀念時，中國的哲學家們卻一致在強調主體性。關子尹對此有很好的說明：「海德格爾似乎不大懂水能覆舟，卻亦能載舟的道理；他只知其理解中的主體性會爲現代社會帶來嚴峻的危機，但似乎沒有想過，主體全然退隱而造成的『心智上的無政府主義』（intellectual anarchy）對人類社會所可能引生的危機，爲禍或許更甚！」〔註143〕勞思光以及新儒家等正是要通過對道德理

〔註140〕勞思光：〈論希望世紀、現代文化與新希望世紀〉，《危機世界與新希望世紀——再論當代哲學與文化》，頁72～73；勞思光：〈東亞文明與現代文化：前現代性、現代性與後現代性〉，《危機世界與新希望世紀——再論當代哲學與文化》，頁98～99。

〔註141〕勞思光：〈論儒學在中國現代化運動中之正反作用〉，《虛境與希望——論當代哲學與文化》，頁156。

〔註142〕勞思光：〈「在危機世界中看中國文化的前景」之一：論危機世界〉，《危機世界與新希望世紀——再論當代哲學與文化》，頁16。

〔註143〕關子尹：〈康德與現象學傳統——有關主體性的一點思考〉，《中國現象學與哲

性的闡揚以保住人的文化人格，而不致使人淪爲物。

（二）前現代文化之「抗力」與「潛力」

基於其對現代文化的這一觀察，勞思光對中國文化尤其是儒家文化之於現代文化的正面意義給出了自己的衡定。由前文的分析我們知道，勞思光以儒學爲「成德之學」，其關鍵在於通過道德意志之主宰性的透顯，經由意志理性化的實踐工夫，成就道德人格。表面來看，儒學關注的重心似乎不合現代文化的基本方向，不過，在勞思光看來，這主要是因爲我們從靜態的觀點來看儒學與現代文化之間的關係。由於現代文化本身已經出現種種弊端，人類必須通過自身的努力尋求新的文化秩序，那麼從一動態的觀點來看，儒學針對現代文化之弊病正可有一治療的功能（therapeutic function）。這裏，勞思光提出所謂前現代文化之抗力與潛力的觀念。〔註144〕勞氏認爲，現代文化對於任何一種前現代文化而言，都是一種異質的文化，異質文化間的歧異，顯然會引起衝突或排斥，這就是所謂「抗力」的意思。而所謂「潛力」則是指，某一文化傳統中的某些成素對於異質文化可能有某種「補缺」或「治療」的功能。儒學作爲一種前現代文化，其與現代文化之間存在某種排斥或緊張關係，這是必然的；不過儒學作爲一種成德之學，其對現代文化文化人格退化的弊端正可發揮一種治療的功能。由此，勞思光特別強調中國哲學研究中，成素分析的重要意義。由勞氏的歷史動態觀我們知道，由於存有世界的不斷開展，〔註145〕任何文化的功能都是有限制的，也就是說，隨著存有世界的逐漸展開，人類總會不斷面對新的問題，而已有的文化因爲特定歷史脈絡的限制，它的一些功能必定會失效，而一些具有普遍性的內容則可能會在新的歷史情境下繼續發揮其正面功能，那麼中國哲學研究的重要一點就是要將這些具有普遍性或開放性的內容發掘出來，以回應新的時代所引發的問題，進而促進新的社會整合的出現。也就是說，開放成素與封閉成素的劃分乃是中國哲學研究的一個基本前提。

（三）後現代的理論缺失

勞思光的文化哲學思考更由之延伸到對後現代的關注。正如 D. Hebdige

學評論（第四輯）》（上海：上海譯文出版社，2001），頁 177～178。

〔註144〕勞思光：〈東亞文明與現代文化：前現代性、現代性與後現代性〉，《危機世界與新希望世紀——再論當代哲學與文化》，頁 88～89。

〔註145〕勞思光：〈中國哲學之世界化問題〉，《危機世界與新希望世紀——再論當代哲學與文化》，頁 58；勞思光：《文化哲學講演錄》，頁 188。

提到的。所謂「後現代」乃是一意義不明的口頭語，關於這個詞的用法，學界至今並沒有明確的共識。〔註146〕後現代作爲一個反現代文化的思潮，其主要功能在於揭示現代文化的陰暗面，因而它乃是以一個文化的全面批判者的姿態出現的，勞氏認爲，我們還是可以從「家族相似」（family resemblance）的角度來確定後現代一些共同特點：1、判定現代文化有嚴重弊病，自居於治療的立場；2、反對任何大系統；3、對理性、規律及眞理持不信任態度；4、反對整個計畫、強調片斷的實驗；5、在歷史研究方面，將「實在的」（real）與想像的（imaginary）合一，無限擴大「語言建構實在」這個論點。〔註147〕而這幾點當中，勞思光較爲關注的是第3、4兩點。首先，就第3點來看，後現代對於理性的懷疑或不信任，並非是對實體意義之理性（reason as substantiality）的懷疑，而是對理性這一能力或功能本身的懷疑。在勞思光看來，後現代的這一總體傾向有其極爲糟糕的理論後果。首先就是所謂不能自我解釋（self-explanation）的問題，這裏存在一種免責的謬誤。〔註148〕勞氏以佛洛依德（Freud）的下意識心理學爲例作說明。勞氏認爲，人自然有非理性的部分，不過當我們無限擴大非理性範圍而認爲一切活動背後都是非理性的東西在支配，那麼我們就必須回答一個問題，那就是我們對於下意識的了解和理論說明是不是也爲非理性所支配呢？在勞思光看來，後現代在質疑理性的同時卻不能正視這一問題，所以勞氏說：「對理性功能的懷疑，只能在一個確定的範圍內說，但不能無限擴大，否則不能解釋自己在做什麼，因爲我們對理性功能的懷疑還是訴諸理性能力」。〔註149〕其次，勞思光認爲後現代對理性的懷疑，其實還潛藏有一種「僞裝的科學主義」的態度。後現代對理性之質疑在哲學上的一個重要表現就是所謂「哲學終結」（end of philosophy）口號的流行，但卻沒有所謂「科學終結」（end of science）的口號。這也就是說，後現代在懷疑理性功能的同時，並沒有否定一切的知識，而是有所保留的，這裏隱含的意思也就是說，只有科學知識才是可以成立的，勞思光將這種立

〔註146〕勞思光：〈遠景與虛境——論中國現代化問題與後現代思潮〉，《虛境與希望——論當代哲學與文化》，頁205～206。
〔註147〕勞思光：〈遠景與虛境——論中國現代化問題與後現代思潮〉，《虛境與希望——論當代哲學與文化》，頁211。
〔註148〕勞思光：《文化哲學講演錄》，頁236～238。
〔註149〕勞思光：〈「在危機世界中看中國文化的前景」之一：論危機世界〉，《危機世界與新希望世紀——再論當代哲學與文化》，頁13。

場或態度稱之為化了妝的科學主義（disguised scientism）。〔註150〕由此，勞思光認為後現代最大的問題就是不能安頓理性。

就第 4 點而言，後現代存在一個排斥整合秩序的總體傾向。後現代表現出很強的批判意識，但他們的批判往往是從某一個點出發的，就他們對某些特定問題的批判而言，顯然不能說全無道理，不過他們卻又常常以之來籠罩全部文化問題，也就是「取文化生活中某一個片斷作為中心，而將一切問題收到這裏來大加發揮」，〔註151〕這即是勞思光所謂的「片段化」。在勞思光看來，這種文化傾向若落到社會實踐的層面，將產生更大的困難，因為如果我們對於問題的考察、處理始終都是從片斷出發的話，那麼很難真正了解問題的真相。雖然後現代在理論層面上會表現出種種不同的面相，不過這都與其背後的批判意識密切相關，在勞思光看來，要真正回應處理後現代的挑戰，不能不對所謂的批判意識或解放意識本身作一深入的分析。基於這一考慮，勞思光在其晚期文化哲學的思考中，提出了另一重要的理論區分，即文化意識的基本劃分：建設意識與解放意識，〔註152〕前者關聯於文化活動的原始目的，後者則涉及所謂文化活動的功能限制。

（四）解放意識與建設意識

在勞思光看來，文化理論的形成常常受文化意識的決定，即一個人如何看文化生活、對文化生活取一個怎樣的態度、注意力放在什麼問題上，這都是由文化意識所決定的。〔註153〕文化意識大體可以分為建設意識和解放意識兩種。勞思光首先通過對定向性概念的分析來說明建設意識，所謂定向性是指，文化生活乃是不可逆轉的，「在我們的文化生活裏面，不管文化生活內部如何不同，文化生活總是從底層向高層，這是不可逆轉的過程」。〔註154〕必須說明的是，勞思光強調文化生活的不可逆轉性或文化必然是由底層向高層的發展過程，並非預設某種形而上學的目的論觀念，如亞里斯多德或黑格爾的觀點。勞氏認為說文化生活的不可逆轉性，只能從形式上來說，而不能從內

〔註150〕勞思光：〈從當代思潮看新儒家〉，《危機世界與新希望世紀──再論當代哲學與文化》，頁 111。

〔註151〕勞思光：〈東亞文明與現代文化：前現代性、現代性與後現代性〉，《危機世界與新希望世紀──再論當代哲學與文化》，頁 102。

〔註152〕勞思光：《文化哲學演講錄》，頁 162～165。

〔註153〕勞思光：《文化哲學演講錄》，頁 162。

〔註154〕勞思光：《文化哲學演講錄》，頁 169。

容上來講。因爲不同的文化可以有不同的目標和方向，若從內容上來講文化
的定向性，那麼這必然導致宰製的問題，這明顯與多元主義的要求相悖。不
過，從形式上來看，不同的文化固然內容不同，但文化畢竟是人的自覺活動，
有意志因素的參與，因而必然牽涉目的的成分，因而總有一種形式上的定向
性或目的性。而多元主義則是從內容上來說的，所以文化多元主義與定向性
之間並無衝突。文化的定向性其實就是文化的原始目的，也就是說文化乃是
一種要求步步建設和創造的活動，不過，其所建設和創造的內容則是不一定
的，但其中總有一種層層進步和創造的要求，這即是所謂的建設意識，它乃
是文化生活所以可能的形式條件。〔註155〕文化的定向性乃是文化生活得以推
進、層層上升的最後保證，也是克服種種問題的最終動力。

　　所謂解放意識則涉及文化活動之功能限制的問題。勞思光認爲，任何文
化成果都有可修正性（revisability），因爲其中有些內容是受歷史脈絡（historical
context）所限定的，它的有效性常常會隨著歷史情境的變化而變化，這即是所
謂功能的限制，如果在一文化中，這些文化成果被絕對化的話，那麼其必然
會產生不少負面的影響，在這種情況下解放意識也就顯示出其正面意義。之
所以會出現文化功能之限制，勞思光認爲這根本上是由人的認知的不完全性
（incompleteness）和存有之開展性所決定的。〔註156〕所謂認知的不完全性是
說，人對於世界的了解不可能一開始就很準確，所以必須肯定知識活動有其
可修正性，這即顯示出認知的不完全性。此外，我們所面對的世界並不是一
個靜態的世界，而是不斷展開的，即存有的開展性，這就決定了在一定時期
中最爲理想的制度，它同樣會有失效的可能。正是認知的不完全性和存有的
開展性決定了文化功能的限制性，而這也正是文化必須發展的根據所在，解
放意識於此即可發揮其批判性的作用，不過若要文化取得眞正的進展，還必
須以建設意識爲根本。

　　面對現代文化所帶來的諸種弊病，後現代所表現出來的解放意識自然有
其正面的價值，不過若要眞正克服現代文化的種種困難和危機，僅有解放意
識顯然是不夠的，問題的根本出路仍只在建設意識的加強。

　　以上我們大體對勞思光晚期文化哲學作了一個基本的介紹，其工作的基
本問題意識仍然以中國文化的路向問題爲中心，其由對自己早期文化哲學以

〔註155〕勞思光：《文化哲學講演錄》，頁172。
〔註156〕勞思光：《文化哲學講演錄》，頁184。

及以牟宗三爲代表之新儒家文化哲學的省思而提出的文化的二重結構觀，不但抓住了前者在理論上的缺陷，同時也是對前者的一種突破和修正。對於新儒家的未來發展而言，勞思光的努力不能不說是爲其在文化哲學上的拓展提供了極好的思路。此外，勞氏晚期文化哲學思考的另一突出特色同樣非常值得我們的關注和思考，亦即他對中國文化問題的考察，從來都是以世界文化問題爲背景的，這即是勞思光一直都特別強調的 China in the world 的觀念，中國是在世界中的中國，是以中國文化問題的解決不能不以世界文文化問題的解決爲前提，這也就是勞思光在思考中國文化問題時，不斷強調對現代性以及後現代性的省思。這一研究應該成爲中國哲學研究的一項重要內容，我們必須以傳統中國哲學爲背景省思並回應現代性以及後現代性的種種挑戰。同時，勞思光的這一觀念也具有重要的方法論意義，也就是說中國哲學要眞正成爲世界哲學的一部分，它就必須參與對世界性問題的思考。而這其實也正是第三代新儒家努力的一個重要方向，杜維明承續牟宗三的儒學三期說，以回應列文森對儒家之當代命運的判定，認爲儒學必須與諸多當代西方文化思潮對話，積極回應現代西方文化所提出的挑戰，「嚴格地說，儒學能否對今天國際思潮中提出的大問題有創建性的反應，是決定其能否在歐美學術界作出貢獻的重大因素」，〔註 157〕而這同樣也是儒學第三期發展能否實現的關鍵所在。〔註 158〕當然，勞思光晚期文化哲學並不像早期那樣呈現出一種較強的系統性，這一方面固然是由勞氏強調開放性思維所決定，不過勞氏所面對之問題的複雜性也使得更爲全面之文化理論的建構並非是短期所可以完成的，但勞氏所給出的諸多理論區分及主張，卻爲這一工作的開展奠定了很好的基礎，因而也可以說是一種理論準備。〔註 159〕

〔註 157〕 杜維明：〈儒學第三期發展的前景問題〉，《杜維明文集（第一卷）》（武漢：武漢出版社，2002），頁 427。
〔註 158〕 杜維明關於儒學三期說的論述，可參閱胡治洪：《全球語境中的儒家論說：杜維明新儒學思想研究》（北京：三聯書店，2004），頁 283～292。
〔註 159〕 勞思光：《文化哲學講演錄》，頁 240。

第五章 勞思光對牟宗三哲學的超越及其限度

　　通過前四章的梳理，我們大體可以把握牟宗三與勞思光對儒學的思想定位及其文化哲學思想。就前者而言，我們側重就儒學之於人生意義或安身立命的問題來展示二家對儒學的重建；就後者而言，我們大致是以中國文化之出路問題爲中心，考察二家對該問題的文化哲學思考。在全部論述中我們較爲突出對牟、勞思想所可能存在之分歧的揭示。本章將著力就這些分歧點作深入的討論並分析分歧所以產生的思想背景及理論根源，進而展示二家在相關問題上之得失所在，由此闡明新儒家今後可能的發展方向；同時，我們亦將通過勞思光哲學與以牟宗三爲代表的新儒家哲學之對比，對勞思光哲學作一合理的定位。

　　粗略而言，牟宗三和勞思光的努力均試圖在一個物化趨勢日漸嚴峻的時代，於事實世界之上開拓出一個意義和價值的世界，且都以人類理性作爲全部努力的起點和根基。這一問題意識使得二家一致肯定儒學人文化成的實踐品格，不過他們之間的差異也十分明顯。二家雖均以儒學之特色體現爲人文主義的精神，不過他們將其理解爲兩種不同的人爲主義：包容性的或開放的人文主義與世俗的人文主義，〔註 1〕前者涵括宗教性和超越意識，後者大體上是一種與宗教相分離之人文主義。就儒學作爲一種理論形態而言，其在二家的詮釋中分別展現爲一種道德的形而上學和價值文化哲學；落在二家詮釋儒學的起點來看，儒家道德心的概念被分別詮解爲形上實體和超驗的價值意識。這也使得他

〔註 1〕 「開放的人文主義」乃是借自傅佩榮的一個說法，參傅佩榮：《儒道天論發微》（臺北：臺灣學生書局，1985），頁 299。

們在思維方式上表現出明顯的差異，即絕對性、統一性之要求與開放性之要求的不同。這樣，作爲二家詮釋、重建儒學之共同的思想資源的康德哲學在各自哲學論述中所扮演的角色也有明顯不同：對牟宗三而言，借助康德哲學固然可以很好地闡發儒學，不過儒學卻決不爲康德哲學所限，相反它更能突破康德哲學的限制進而達至更爲圓滿的境地；但對勞思光而言，只有經過康德哲學批判過濾之後的內容方是眞正具有普遍性和開放性的內容，因而也是我們今天應當加以繼承和發揮的部分。若從牟宗三道德理性三義的詮釋架構來看，二家共同之處在於均能承認截斷眾流、隨波逐浪義，然勞氏否認涵蓋乾坤義，亦即否認道德心三義中的絕對義，而僅保留主觀義和客觀義。這都是本章將具體分析的，我們將從文本詮釋以及理論融貫性兩個方面來考察這兩個不同的理論模型。此外，就文化哲學而言，牟宗三及勞思光早年的思考大體均可歸入勞氏所謂Hegelian model 文化觀，勞氏晚期針對此一文化觀的功能限制而創構所謂文化的二重結構觀。由劉述先、杜維明對第二代新儒家之缺失的反省，我們不難看出勞思光晚期文化哲學思考之於新儒家的重要意義。以上述相關分析爲基礎，我們將對勞思光哲學作出合理的理論定位。

第一節　心性與天道或內在與超越：牟宗三與勞思光的儒學詮釋

　　勞思光早年與唐君毅、牟宗三論學十分相得，這大概是因爲他們都能夠正視並肯定黑格爾對於中國文化的批評，並以文化哲學且是黑格爾模型的思路來分析中國文化所存在之病痛的根源及其出路。他們討論的重心是文化哲學的問題，所以他們之間同的一面在這裏表現得十分的突出，不過其對於儒學之基本形態的把握自始即存在很大的差異，這在日後勞、牟將關注的目光收到中國哲學本身並對其作系統性的闡釋的時候，就極爲突出的展現出來。

　　勞思光早年因讀唐君毅《張橫渠之心性論及其形上學之根據》〔註2〕一文，而有《關於張橫渠之心性論》一文之作。〔註3〕勞思光在該文從理論本身及哲學史兩個方面對張載思想作了較爲簡明的衡定。就理論本身而言，張載

───────────────

〔註2〕　唐君毅：〈張橫渠之心性論及其形上學之根據〉，《唐君毅全集卷十八・哲學論集》（臺北：臺灣學生書局，1990），頁211～233。
〔註3〕　勞思光：〈關於張橫渠之心性論〉，《書簡與雜記》，頁92～97。

仍受漢代以董仲舒為代表之氣化宇宙論的影響，這主要表現在橫渠以「氣」之聚、散、神、化解釋萬物之生成變化這一點上。在勞思光看來，先秦孔孟儒學代表一種重德的文化精神，其關鍵與樞紐之處在於價值主體之凸顯亦即心性論問題，而董仲舒之說以宇宙論為本，將心性論收歸宇宙論之下，這就從根本上違離了孔孟儒學的基本立場。橫渠之說正有此弊，「未能透出一通澈之心性論，而反以宇宙論為依恃」，面對佛學之心性論的衝擊，橫渠並不真能補儒學原有之弱點，這正是針對漢儒忽略心性論的弊病來說的。不過從哲學史的角度來看，橫渠已能正視心的正面意義且能揭示佛教舍離精神之靜斂性，這為後來宋明儒學之發展，重德精神之重新挺立，確有其過渡性的作用。

勞思光在中期所著《中國哲學史》一書中更為明確地展示了心性論與宇宙論之間的這一緊張關係：

> 張氏雖建立一混合形上學與宇宙論之理論系統，但在論及「成德」或「工夫」問題時，即不能不轉向「心性論」一方接近；因離開某一意義之「主體性」觀念，則「成德」所關之一套問題皆無從說起。此種理論關聯，張氏可能未嘗明顯自覺到，但不自覺中已移動其理論立足點矣。由於在「成德」問題上不得不轉向「心性論」，故張氏雖原據《易傳》、《中庸》建立系統，而論及「聖人」則推《論語》、《孟子》二書。其言云：「要見聖人，無如《論》、《孟》為要。《論》、《孟》二書，於學者大足。只是須涵泳」。此與《正蒙》之專尊《易經》、《易傳》，適成對照。〔註4〕

由前文的分析我們知道，對於勞思光而言，從價值文化哲學的角度來看，宇宙論、形上學、心性論體現為一理論效力逐漸增強的理論序列。勞思光的這一判定至少包含以下幾層意思：1、張載關於「氣」的論述屬於氣化宇宙論之哲學形態；2、宇宙論與講論成德工夫之心性論之間存在無法克服之緊張關係；3、《論》、《孟》的思想核心在心性論，其中並不涉及宇宙論、形上學的觀念；4、《易傳》、《中庸》中有關宇宙論、形上學的論述根本不合《論》、《孟》思想之本旨。由此，我們可以加以反思的問題是：《易》、《庸》及張載哲學中的「宇宙論」是否必然歸入「氣化的宇宙論」？〔註5〕孔孟思想之

〔註4〕勞思光：《新編中國哲學史（三卷上）》，頁142。
〔註5〕唐君毅早年對周濂溪、邵康節、張橫渠之義理型態及其與《易傳》、《中庸》之關係的衡定，頗類於勞思光的說法：「周邵張與孔孟荀之不同，乃在孔孟

本旨是否只是一純粹之心性論？心性論與「宇宙論」理論上是否可以整合進同一套哲學系統之中？牟宗三針對以上問題對張載哲學做作出了完全不同的理論定位：〔註6〕

> 橫渠雖於《太和篇》先客觀地、本宇宙論地自《易傳》之路入，重在闡明「有無、隱顯、神化、性命通一無二」，以抵禦佛老，好似客觀面重，然及言「聖人盡道其間，兼體而不累者，存神其至矣」，由此一面展開，而至言「心能盡性」、盡心易氣以成性，則又自《中庸》、《易傳》而回歸於《論》、《孟》矣。是則主觀面亦並不輕，其客觀地、本體宇宙論地言「有無、隱顯、神化、性命通一無二」自始即未空頭言也，自始即緊扣主觀面通而一之而言也。人只浮光掠影看《太和篇》之辭語，爲其言太和太虛、言神言氣所吸住而不究其實，又不解其言「兼體無累」、「參和不偏」之密義、實義，又不能解其《大心篇》之眞切義以及《誠明篇》之「心能盡性」義與「繼善成性」義，遂謂其客觀面重、主觀面輕，或甚至謂其空頭言宇宙論，更甚至謂其爲唯氣論矣。此皆讀之而未入，或甚至根本未讀，而妄意其爲如此耳。未盡其實也。〔註7〕

表面來看，牟宗三關於橫渠哲學的這一段論述，正是對勞思光以上諸質疑的回應和反駁：橫渠固然有不少宇宙論的表述，不過這根本不是自然主義的氣化的宇宙論，即橫渠並非空頭地言宇宙論，儒家言心性論與宇宙論之間根本不存在理論上的對立緊張關係，《論》、《孟》固然重主觀面之論述，然《易》、

荀重直接立人道於自然，以參天地，其言仁義禮智之德性，重在以之綱維世界，而未視之爲構成世界者。周邵張則或依太極以立人極，或依太虛太和乾父坤母，以言人合天，或由太極皇極以經世。彼等皆先求依其思辨之功，以探客觀宇宙之本源或第一原理，且以天地萬物所由構成，即本於其內在的陰陽健順之德性或生物成物神化無方之德性。進而複依此天道以立人道。此乃承《中庸》、《易傳》及漢儒以及陰陽家之思想而來。」見唐君毅：《人文精神之重建》，頁459。

〔註6〕關於張載之氣論及牟宗三對張載之氣論詮釋的省思，可參考鄧秀梅：《唐、牟二氏對張載哲學的詮釋比較》，《鵝湖月刊》總第411期（2009年9月），頁25～39；陳榮灼：《氣與力：「唯氣論」新詮》，《儒學的氣論與工夫論》（上海：華東師範大學出版社，2008），頁33～54；Chan Wing-cheuk, Mou Zongsan and Tang Junyi on Zhang Zai's and Wang Fuzhi's Philosophies of Qi: A Critical Reflection, *Dao: A Journal of Comparative Philosophy* 10（1）:pp.85～98.

〔註7〕牟宗三：《心體與性體（一）》，頁585～586。

《庸》之客觀面的論述正可與其會通而爲一，橫渠之所論正是此心、性、天爲一之「圓頓之教」的義理模型。〔註8〕可見，牟宗三回應勞思光之質疑的關鍵在於：重新定位橫渠之學中宇宙論的思想形態，這一重新定位之所以可能，就在心性論本可有一宇宙論之維度，亦即可將宇宙論函攝於心性論之下，而非如勞思光所言，乃是將心性論置於宇宙論之下。

　　二家分歧的關鍵就在於，孔孟儒學究竟爲一不涉形上學之純粹的心性論，抑或是可以包含一本體宇宙論維度之心性論？〔註9〕對於孔孟儒學之理論定位又成爲他們考察判定全部儒學史的根本前提，這大概也是儒學史上經常發生的現象，即通過對孔孟之學或者說儒學的重新定位，以說明未來儒學的發展方向。〔註10〕而我們要很好地衡定牟、勞二家對儒學的定位，首先不能不從文本詮釋的角度對此加以考察。在具體分析之前我們先對牟、勞儒學定位之分歧作一扼要的交待。

　　作爲牟宗三詮釋儒學之基本理論框架，道德的形而上學可以牟氏所謂「道德理性三義」作一簡要的說明。〔註11〕道德理性之第一義是指，儒家所言之性體心體所透顯的道德法則因其斬斷一切外在的牽連而爲定然的、無條件的，因而也就是具有普遍性和必然性的，牟宗三以「截斷眾流」說之。道德理性之第二義是指，性體心體或道德心不只能說明道德自身之嚴整性與純粹性，同時亦包含一形而上的宇宙論的維度，亦即性體心體乃是宇宙萬物的實體本體，牟宗三以「涵蓋乾坤」說之。道德理性之第三義則是說，性體心體或道德心不只透顯形式地道德法則之普遍性與絕對性，而且還必然在具體生活上通過實踐的工夫，即所謂「盡性」，而將道德法則具體而眞實地體現於現實生活之中，牟宗三以「隨波逐浪」說之。

　　道德理性第一義所強調的是道德的「自律性」，第三義則強調的是道德的

〔註8〕牟宗三：《心體與性體（一）》，頁590。

〔註9〕對儒學與形上學之間的關係的不同認定，使得不同的儒家學者對於《論》、《孟》與《易傳》、《中庸》乃至《大學》之間的義理關聯有很不同的看法，清初所湧現的「去形上化」思潮亦表現出這一明顯的特徵，相關討論課參見王汎森：〈清初思想中形上玄遠之學的沒落〉，《中央研究院歷史語言研究所集刊》第六十九卷第三分（1998年9月），頁557～587。

〔註10〕關於這一點可參考景海峰的相關討論，參景海峰：〈儒學定位的歷史脈絡與當代意涵〉，《中國文化的檢討與前瞻：新亞書院五十周年金禧紀念學術論文集》（劉述先主編，美國：八方文化企業公司，2001），頁350～367。

〔註11〕牟宗三：《心體與性體（一）》，頁142～143。

「實踐性」，這兩點都是勞思光所認同的，並且也是他詮釋儒學的基本思想背景。問題的關鍵只在道德理性的第二義，亦即其形上學意涵，此即牟宗三說道德心有三義或三性之「絕對性」。〔註12〕道德心之絕對性即儒家思想中的超越意識，其主要體現於「天」、「天命」、「命」的觀念之中，若肯定道德心之絕對性或形上學維度，這也就是心性天之合一；若從心性之內在性而言，則是內在與超越之統一，所謂即內在即超越。勞思光否認道德心的形上學維度，是以儒學在其詮釋中僅表現一缺乏超越維度之純內在主義的性格，而天在其詮釋系統中根本不佔有重要位置。可見，對於天觀念的不同詮釋，直接決定對孔孟哲學的理論定位。以下我們即集中由天（「天命」、「命」）以及心性與天之關係，考察牟宗三和勞思光的文本詮釋。

一、從文本詮釋的角度看

勞思光對孔孟思想中天、天命、命等觀念的詮釋，明顯是針對宋儒以及牟宗三而發，勞氏極力淡化「天」在孔孟思想中的理論地位，從而削弱乃至剔除孔孟思想中可能存在的形而上學維度。

> 孔孟立說，皆不以原始信仰爲依據。《中庸》有「天命之謂性」之說，正見其與孔孟思想方向有異。蓋《中庸》大致處於秦漢之際，此時原始信仰因文化上之大破壞而重現，各種非儒學之觀念亦相繼與儒學混合，終有漢代「天人觀念」出現。《中庸》之形上學系統原屬此一儒學變質時期之產物，未可強視爲孔孟所代表之先秦儒學之「發展」也。〔註13〕

當代學者中視《中庸》之說爲孔孟思想之「發展」者當以牟宗三最爲明確：

> 《中庸》如此提升，實與孟子相呼應，而圓滿地展示出。《中庸》之如此提升與孟子並非互相敵對之兩途。此不可以西方康德之批判哲學與康德前之獨斷形上學之異來比觀。此只可以圓滿發展看，不可以相反之兩途看。〔註14〕

勞思光大體即以孔孟思想與《中庸》思想爲互相敵對之說。問題是《論語》、《孟子》中存在大量關於天、天命以及命的論述，若對其作客觀的哲學史研究，顯

〔註12〕 牟宗三：《現象與物自身》，頁92～93；牟宗三：《周易哲學演講錄》，頁95。
〔註13〕 勞思光：《新編中國哲學史（卷一）》，頁148～149。
〔註14〕 牟宗三：《心體與性體（一）》，頁34。

然無法回避這些材料，如此，勞思光不得不對這些材料重做一番去形上學化的詮釋，以證成其對孔孟思想之非宗教非形上學之「人文主義」的判定。

　　勞思光對孔子思想中相關材料的詮釋，僅涉及「五十而知天命」、「不知命，無以為君子」兩條材料，且並未區分「天命」與「命」在意涵上的差異，均以客觀限制說之：「『不惑』時已『知義』，再能『知命』，於是人所能主宰之領域與不能主宰之領域，同時朗現。由是主客之分際皆定，故由耳順而進入從心所欲之境界。此所謂『知天命』，正指此客觀限制而言，與原始信仰之混亂義命，正是相反」。〔註15〕勞氏的詮釋本其價值與事實二分之一貫立場，清晰明瞭，不過其中存在的問題也同樣十分明顯。首先，這裏的「天命」與「命」能否做同一化的處理？〔註16〕徐復觀雖然也反對對孔子思想中天、天命、天道作形而上學的解釋，不過他認為「《論語》上的『命』和『天命』，有顯然地分別」，單語的「命」均指運命之命，而複語的「天命」則是具有普遍性、永恆性之超經驗的道德法則；對於「命」，孔子乃至孔門弟子採取不爭辯其有無進而聽其自然之「俟命」的態度，對於「天命」，孔孟則表現出敬畏、承當的精神，這其實是與最高之宗教感情同質的道德感情。〔註17〕我們並不認為，徐氏對天命的理解可以作為絕對的標準，不過其對天命與命之差別，以及孔孟面對天命之道德感情的分析，顯然是值得我們細加體會的，勞思光簡化的詮釋顯然失掉了這些豐富的意涵。〔註18〕其次，若依勞思光價值與事實二分或是義命分立的架構理解孔

〔註15〕勞思光：《新編中國哲學史（卷一）》，頁 102。

〔註16〕劉殿爵也注意到這一點，他認為：「『天命』和『命』之間的區別對理解孔子的立場是至關重要的，……『天命』與『命』之間的差異可以這樣總結，『天命』就如道德誡令，關係的是人如何行事；而命在命定的意義上，是指『莫之致而至者』。『天命』雖然難測，畢竟可以明曉，而『命』則完全神秘莫測。凡天所命者我們必須遵從，凡命所定者我們必須聽任。」參劉殿爵：〈英譯《論語》導論〉，《采掇英華——劉殿爵教授論著中譯集》（香港：中文大學出版社，2004），頁 13～14。

〔註17〕徐復觀：《中國人性論史（先秦篇）》，頁 74～80。

〔註18〕楊祖漢、魏明政亦有相同之質疑：「若天命或命是表示一為因果律決定之經驗界，表示一客觀之限制，則孔子何須言『畏天命』？而要了解現實之經驗界有其理序，非吾人可以從心所欲而主宰之，此義並不難知，何以孔子要到『五十』方能『知天命』？而知天命何以成為孔子成德歷程之一大關節？故命及知天命不能簡單地理解為客觀的限制。」參楊祖漢：〈當代儒學對孔子天論的詮釋〉，《當代儒學思辨錄》，頁 226。魏明政的質疑參魏明政：〈《中庸》天命思想承繼之初探——以勞思光先生為中心討論〉，《鵝湖學誌》第 22 期（1999年 6 月），頁 99～137。

孟思想，那麼無疑是否定歷代對孔子思想之「天人合一」性格的認定，對於「天人合一」的具體意涵當然可以作深入具體的分析，但代之以「天人相分」的理論定位，這不能不啓人疑竇。〔註19〕《論語》中「大哉堯之爲君也！巍巍乎！唯天爲大！唯堯則之」的說法，在「天人隔絕」的詮釋格局下顯然很難得到準確的理解。劉述先即單純由《論語》本身出發，類聚八十條左右的材料，組織成一條融貫的思路，凸顯出孔子思想中隱涵的「天人合一」一貫之道，極具說服力，這不啻是對勞說的一個很好的回應。〔註20〕再者，勞思光所謂孔子立義命分立之說，而「原始信仰之陰霾一掃而空，而人之主宰性及其限制性，亦同時顯出」的說法同樣不能不令人生惑：〔註21〕《詩經》、《尚書》中有大量關於具有形上學意味或是宗教意味之帝、天、天命的表述，我們固然不能不承認孔子思想體現出很強的人文精神，但孔子對此前之文化傳統是否就如勞氏所言即爲一徹底破除或「革命」之態度呢？這裏我們可以借助余英時的研究來說明這一問題。余氏借雅斯貝爾斯（Karl Jaspers）「軸心突破」說來說明孔子思想與此前文化傳統之間的關聯。余氏由雅氏之說指出，「當文明或文化發展到一定階段，就會經歷一個共同的覺醒過程」，〔註22〕這一過程包含一個原初的超越，軸心時期中國所體現出的「超越」意識卻有其獨特之處，余氏以「內向超越」說之，即超越世界與現實世界之間乃是一種「不即不離」的關係，就「天人合一」

〔註19〕蔡仁厚即質疑說：「勞先生的意思，認爲正宗儒家只是『心性論』，似乎不允許儒家有『天道論』。如果照他的意思，孔孟講仁與心性的『超越絕對性』便被抹掉了，而『客觀性』也被輕忽了，結果只剩一個『主體性』。能把握一個『主體性』雖然也不錯，但是一個與『超越客觀面不相通』的主體性，卻並不能盡孔孟之教的本義，也不是陸王之學的究竟義。照他這個講法，孔孟之教被縮小了，儒家『心性與天道通而爲一』的義理規模被割裂而折散了，『本天道以立人道，立人德以合天德』的『天人和德』之教也不能講了。簡單一句話，『天』與『人』隔而爲二了。」見蔡仁厚：《新儒家的精神方向》（臺北：臺灣學生書局，1984），頁141。袁保新亦論及這一點，他說：「只是令人不安的，勞先生的詮釋，在理論效應上，迫使我們必須放棄形上學的要求，因爲在勞先生的詮釋理路中，『義命分立』就函著『天人關係』的破裂。這無異於宣佈儒家『天人合一』這一命題不能成立。」見袁保新：〈從「義命關係」到「天人之際」——兼論「自由」在孔孟儒學中的兩重義涵〉，《從海德格、老子、孟子到當代新儒學》（臺北：臺灣學生書局，2008），頁173。

〔註20〕劉述先：〈論孔子思想中隱涵的「天人合一」一貫之道——一個當代新儒學的闡釋〉，《儒家思想意涵之現代闡釋論集》，頁1~26。

〔註21〕勞思光：《新編中國哲學史（卷一）》，頁116。

〔註22〕余英時：〈天人之際〉，《人文與理性的中國》，頁5。

的觀念來看，其開始由政治集團之政權合法性根據轉變爲個人化的精神世界之
超越與伸進，因而「心」觀念的地位得以凸顯。也就是說，天或天命觀念作爲
超越意識之象徵，並未被拋棄，而是被轉化了，「在商周時期，帝王和統治階層
視天爲最高智慧和權力的終極來源，而與天聯繫的唯一方法，就是由巫所宰製
的禮樂儀式。到了軸心時期，精神上業已覺醒的個人也需要每天與精神力量的
來源保持接觸」，「心成爲個人和天（或道）保持交流的唯一媒介」。〔註23〕以孔
子爲代表的軸心時期思想家所導致的哲學突破，是對此前文化傳統的一種超
越、突破，而非完全決裂，是以史華茲（Benjamin I. Schwarts）認爲，相較於其
他文明，中國的突破是「最不激烈」的或「最爲保守」的。準此，我們就不能
如勞思光那樣，將孔子思想中天或天命觀念均理解爲客觀限制，而完全忽視其
所代表之超越意識，因而造成一種孔子與此前文化傳統完全決裂的錯誤印象，
至於說孔子如何實現對超越意識的轉化，自然是一個值得細加探討的課題，牟
宗三對孔子的詮釋大體可以看作是對此所作的一種努力。

　　牟宗三特別重視孔子思想中仁的觀念，不過論仁卻不能不涉及天。牟氏認
爲孔子說「五十而知天命」、「畏天命」，所凸顯的是一「踐仁知天」的義理格局：

> 孔子所說的「天」、「天命」，或「天道」當然是承《詩》、《書》中的
> 帝、天、天命而來。此是中國歷史文化中的超越意義，是一老傳
> 統。……孔子不以三代王者政權得失意識中的帝、天、天命爲已足，
> 其對於人類之絕大的貢獻是暫時撇開客觀面的帝、天、天命而不言
> （但不是否定），而自主觀面開啓道德價值之源、德性生命之門以言
> 「仁」。孔子是由踐仁以知天，……只是重在人之所以能契接「天」
> 之主觀根據（實踐根據），重人之「眞正的主體性」也。重「主體性」
> 並非否定或輕忽帝、天之客觀性（或客體性），而毋寧是更加重更眞
> 切於人之對於超越而客觀的天、天命、天道之契接與崇敬。……孔
> 子之提出「仁」，實由《詩》、《書》中之重德、敬德而轉出也。是故
> 《詩》、《書》中之帝、天、天命只肯認有一最高之主宰，只凸出一
> 超越之意識，並不甚向人格神之方向凸出。迤邐而至孔子，此方向
> 總不甚凸出，故孔子承其以前之氣氛，其心目中之天、天命或天道
> 亦只集中而爲一超越意識。〔註24〕

〔註23〕余英時：〈天人之際〉，《人文與理性的中國》，頁 11～12。
〔註24〕牟宗三：《心體與性體（一）》，頁 23～24。

牟宗三對孔子的詮釋，一方面固然注意到孔子相對於以前文化傳統之「突破性」的一面，內在主體意識的彰顯，此正可以說是個體的覺醒，同時更注意到孔子思想與傳統之連續性的一面，將傳統中具有人格神意味（雖並不十分突出）的天轉化而爲一種純粹的超越意識，同時天也由集團政治之合法性根據轉化而爲主體精神修養的超越之境。不過，內在主體意識的覺醒並不意味著內在與超越的分離，相反，這恰恰使得人通達天有了眞正的「實踐根據」。就文本詮釋或思想史的發展脈絡來看，牟宗三對孔子的詮釋顯然較勞思光更爲周洽。

我們固然可以順劉述先的思路梳理出《論語》中所隱含的「天人合一」的一貫之道，但畢竟《論語》對此缺少集中系統的論述；相對來說，《孟子》中有關天的論述更爲豐富系統，這是任何一位詮釋者在詮釋孟子思想時都不能回避的一項內容，勞思光要將其立場貫徹到對孟子思想的詮釋當中，這裏面所存在的文本詮釋問題就更爲突出了。

《孟子‧盡心上》第一章涉及心、性、天、命諸重要哲學概念，〔註25〕對這一章的詮釋直接決定我們如何理解孟子的哲學立場，勞思光對於該章亦詳加疏解分析。勞思光認爲，孟子哲學以心性論爲中心，因此我們根本不能從形上學的立場來詮釋此章的義理，否則其中必然產生無法克服之理論困難：

> 蓋若以爲「性」出於「天」，則「性」比「天」小；換言之，以「天」爲一形上實體，則「性」只能爲此實體之部分顯現；由「天」出者，不只是「性」。如此，則何以能說「知其性」則「知天」乎？「其」字自是指「人」講，「知其性」縱能反溯至對「天」之「知」，亦只是「天」或「天道」之部分，人不能由知人之性即全知「天」也。總之，如「性」出於「天」，則「知其性」不能充足地決定「知天」。〔註26〕

那麼，要使「知其性」成爲「知天」的充足條件，只有兩種可能：第一，肯定「性」比「天」大，但若如此的話，「天」亦當依此「性」而安立，在理論次序上，「天」必後於「性」，這似與「天命之謂性」的說法相衝突。第二，以「性」與「天」相等，但這無疑是說「性」與「天」是二名一實的關係，但這顯然與

〔註25〕有關歷來學者對此章的詮釋黃俊傑教授有極爲細緻的梳理，參黃俊傑：〈孟子盡心上第一章集釋新詮〉，《漢學研究》第 10 卷第 2 期（1991 年 12 月），頁 99～122。

〔註26〕勞思光：《新編中國哲學史（卷一）》，頁 144～145。

孟子文本不符，因若將「性」與「天」相互替換，文本本身將成爲不可解。

　　勞思光以上分析大體上是按照思辨形上學的進路作純粹的邏輯解析，前文我們介紹勞氏有關中國哲學研究方法的相關思考時即已提到，勞氏認爲邏輯解析作爲一種方法，猶如思想上的顯微鏡，是有其普遍性的，也就是說，這種方法不但可以用於分析西方哲學，同樣也可以用於分析中國哲學，勞氏以上分析大概正是這一方法論意識的具體運用。不過，勞氏同時亦認識到，中國哲學主要是一種引導性的哲學而非認知性的哲學，其中諸多命題乃至概念都需要有實踐工夫的支持方能眞正體會其意涵。很顯然，「盡心知性知天」中的「盡」、「知」，都是從實踐工夫的意義上來說的，如牟宗三即謂：「此中『盡』字重，『知』字輕，知是在盡中知，此亦可說是實踐的知，即印證義」。〔註27〕如果說說，勞氏一開始就對孟子的這一段表述定位錯誤，那麼這樣的邏輯解析是否還有理論效力，這不能不說是一個很大的問題。

　　在破除對「盡心知性知天」作形上學詮釋的可能性之後，勞思光對這段論述給出了自己的解釋。在勞氏看來，詮解該句的關鍵在於「天」字之詞義的確定，勞氏認爲此處之「天」，當指「本然理序」而言。「『天』作爲『本然理序』看，則泛指萬事萬物之理；說『知其性，則知天矣』，意即肯定『性』爲萬理之源而已」。〔註28〕那麼，「心之官則思，思則得之，不思則不得也。此天之所與我者。」中「此天之所與我者」就應該解釋爲：「心」有「思」之能力，此能力乃心本然具有，或者說，「思」是心之「本然之理」。而「萬物皆備於我矣」則應當理解爲：「心性中包有萬物之理」。勞思光試圖在對「天」作去形上學化的處理之後儘量對孟子文本作一融貫性的解釋，表面來看，勞氏的解釋似乎並無不妥之處，不過深究之後，即會發現，所謂的「本然理序」到底是何義？「萬物之理備於我」又當如何理解？就勞氏所給出的詮釋來看，這些似乎都不是那麼的清晰明瞭。即便是牟宗三，亦對此表示疑惑：

> 他（勞思光）說「萬物皆備於我」只是萬物之理備於我，並非萬物之存在備於我。……假若說「萬物之理」備於我，不是「萬物之存在」備於我。那麼，這個時候，「理」能不能存在？與「存在」分離的「理」是什麼意義的「理」？……萬物的抽象之理只是理的抽象概念，抽象概念不能備於我。……勞思光說萬物之理皆備於我的「理」

〔註27〕牟宗三：《圓善論》，頁130。
〔註28〕勞思光：《新編中國哲學史（卷一）》，頁145。

是什麼意義的「理」？唯名論的抽象之理可以跟存在分開，但那個

「理」是共理，對我們沒有意義，孟子不是這個意思。〔註29〕

勞思光的這一詮釋或許是受到朱子的啟發：

杞云：莫致知在格物否？曰：極是。《大學》論治國平天下許多事，

卻歸在格物上。凡事事物物各有一個道理。若能窮得道理，則施之

事物莫不各當其位；如人君止於仁，人臣止於敬之類，各有一個至

極道理。又云：凡萬物莫不各有一道理，若窮理，則萬物之理皆不

出此。曰：此是萬物皆備於我？曰：極是。〔註30〕

依勞氏的詮釋系統來看，朱子此段表述很顯然是一種「本性論」或形上學的
話語，〔註31〕而這大概正是勞氏所以會在解釋完孟子文本之後說「『自然理序』
意義甚泛，自亦可引出某種形上學觀念，但至少就孟子本人說，則孟子並未
以『天』為『心』或『性』之形上學根源也」。〔註32〕不過，勞氏絕不會以朱
子的哲學系統來衡定孟子，因為「朱氏之『心』非理之根源而只能觀照萬理，
此所以朱氏之學說成為一肯定客體實有之形上學」，〔註33〕但勞氏對孟子哲學
的定位首先是非形上學的；其次孟子所謂「盡心知性」依勞氏的詮釋應該理
解為「心能自覺其『性』時，亦即自覺其最高主宰性，故亦即自覺其為萬理
之源」，〔註34〕而朱子則只以心能觀照萬理而並非萬理之源。

　　綜上，勞思光一方面極力否定孟子思想中「天」的形上學性格，另一方
面又盡力給相關文獻一個合理的詮釋，不過，通觀勞氏的詮釋我們不難發現，
勞氏在文獻詮釋、義理疏解方面雖然下了很大的工夫，不過其非形上學之心
性論的詮釋架構使得他在文獻詮釋上付出了極大的代價，使得孟子相關文本
的意涵變得隱晦不明。那麼，勞氏基於以上詮釋對孟子哲學中「天」之地位
的衡定，自然也並不那麼具有說服力了：

總之，當吾人取哲學史之角度，而詳審資料及史實時，實不見「天」

觀念在孟子思想中有何重要地位；純就理論關聯看，孟子之說亦並

不須涉及「形上天」。依此，吾人即可說，「天」觀念在孟子思想中，

〔註29〕 牟宗三：《宋明理學演講錄》（全集本卷30），頁11～12。
〔註30〕 〔宋〕黎靖德編：《朱子語類（第7冊）》，頁2878～2879。
〔註31〕 勞思光：《新編中國哲學史（卷三上）》，頁235。
〔註32〕 勞思光：《新編中國哲學史（卷一）》，頁146。
〔註33〕 勞思光：《新編中國哲學史（卷三上）》，頁287。
〔註34〕 勞思光：《新編中國哲學史（卷一）》，頁146。

只是一輔助性觀念，倘除去此觀念，孟子之主要理論並不受影響。
〔註35〕

反觀牟宗三對以上孟子相關材料的詮釋，則要條暢周洽得多。依牟宗三道德的形而上學的詮釋架構，心、性、天乃通而爲一者，只不過言說之側重點略有不同而已，心乃是從主觀面來說，而性則是從交互主觀或客觀面而言，天則是從絕對面來說的。心性因其絕對普遍性而與作爲形上實體之天通而爲一，而天則因心之主觀性而得以彰顯、形著，也就是說，天並非一純外在之形上實體，而是與作爲內在性之心性通而爲一的。因其爲形上實體，是以具有存有論之意涵，即對天地萬物之存在可有一存有論的說明，這樣孟子「萬物皆備於我」以及陽明良知爲乾坤萬有基的說法都可得一合理的詮釋。可見，勞思光的詮釋之所以會如此的曲折隱晦，根本原因就在於，其否認心性可具有存有論之意涵，而所謂宇宙論、天道觀僅只有一種型態，即外在的、思辨的形態，這樣心性始終只能限於超越的價值意識，而天在形上學方面的意涵只可能是一外在的形上實體，那麼「盡心知性知天」自然無法從形上學的意涵來加以詮釋，同時「萬物皆備於我」的論斷也不可能具有存有論的意涵。

這裏，我們有必要就象山、陽明哲學中的一些文獻來進一步檢討勞思光與牟宗三所確立之兩種詮釋儒學的理論模型的理論效力，因爲一方面，對勞思光而言，象山、陽明作爲宋明儒學之後期理論，是整體宋明儒學回歸先秦孔孟儒學的完成，其理論效力也是最高的，即代表一種最爲純粹成熟之心性論系統，另一方面，象山、陽明哲學系統中亦不乏宇宙論方面的形上學論斷，那麼勞思光心目中最爲成熟之心性論系統究竟如何容納宇宙論，顯然是一個值得考察的課題，這直接關係到勞思光消解形上學的努力成功與否。

不過，我們細檢勞思光詮釋象山、陽明哲學的相關材料，勞氏爲了突出二家心性論之特色，並凸顯其宋明儒學一系說的清晰性，基本沒有涉及二家思想中形上學方面的論述，如象山所謂「吾心即是宇宙」、陽明所謂「良知是造化的精靈」以及良知是乾坤萬有基等論斷。這是否如有些學者所提到的，勞氏是刻意略去象山、陽明思想中這部分內容呢？〔註36〕林維傑針對此說替勞氏有所辯護，林氏認爲：「針對以個人理論旨趣而刻意略去的說法，勞先生其實也可以有

〔註35〕勞思光：《新編中國哲學史（卷一）》，頁150。
〔註36〕鄭宗義：〈心性與天道──論勞思光先生對儒學的詮釋〉，《儒學、哲學與現代世界〉，頁142。

某種程度的辯解，此即由心（或良知）之主體的『超驗義』著眼：本心良知乃超越於一切經驗而能涵蓋萬有，依此而論，象山陽明所使用之宇宙論、造化之類的語詞，只是主體之超驗性的投射或形變，而不具備眞正的宇宙論或形上學意涵」。〔註37〕林氏此說在勞思光的相關論述中其實是可以找到根據的，依勞氏的觀察，所謂由心性論引致天道觀，「其主旨不外將價值意識投射於存有界而視爲『存有之規律』」，〔註38〕「倘必欲持此說以解釋『天道』觀念成立之根據，則至多只能用於陸王之學，陸王皆堅持『心外無理』，則『天道』及『天理』等觀念，自皆可視爲次級或第二序者」。〔註39〕勞思光的意思不外是說，象山陽明哲學系統中有關形上學或宇宙論的表述，根本而言還是由心性論引申出來的，乃主體觀照存有界所帶出者，具有很強的主觀性，其根本不同於客觀外在之形上學、宇宙論。勞氏的詮釋確實在一定程度上消解了象山陽明哲學系統中所可能存在的形上學內容，其策略主要是將相關論述主觀化，其實勞氏的說法，以牟宗三爲代表之新儒家大概在一定程度上是可以接受的；其分歧在於，心性是否只能是超越的價值意識而非形上實體，觀牟宗三《從陸象山到劉蕺山》等書的詮釋，我們看到牟氏極爲重視心性的絕對普遍性，即其「不但是道德實踐之根據，而且亦是一切存在之存有論的根據」，〔註40〕這才是問題的眞正關鍵所在，牟宗三的詮釋要有其合法性，就不能不說明心性何以具有絕對的普遍性，其何以不只是超越的價值意識同時亦是形上實體，正如本文第一章所述，新儒家在此一問題上的說明是存在理論上的不足的，因而這也就是勞氏之說仍有其合理性的原因所在。如果說理論上不能證明心性乃一形上實體，那麼所謂心學的形上學維度自然也就只能是「虛說」，而其如何能與濂溪等哲學系統會通爲一不能不說存在重大問題。是以，牟宗三三系說成立的關鍵仍在心學之形上學處理能否成立，進而再將濂溪、橫渠等人的形上學「主觀化」、「實踐化」，這樣既可證明儒家之形上學乃實踐的、道德的而非外在的、思辨的，同時亦可說明心學並非僅只說明道德的先驗根據同時亦有其存有論或形上學維度。而我們要從文本詮釋的角度衡定牟、勞二家的詮釋本身也就成爲一件十分困難的事情，就此而言，我們還不能說，勞思光純粹是從個人理論旨趣出發回避象山陽明哲學

〔註37〕林維傑：〈宋明理學的分系問題〉，《東海哲學研究集刊》15 期（2010 年 7 月），頁 290。
〔註38〕勞思光：《新編中國哲學史（卷三上）》，頁 51。
〔註39〕勞思光：《新編中國哲學史（卷三上）》，頁 53。
〔註40〕牟宗三：《從陸象山到劉蕺山》，頁 157。

中有關「形上學」方面的文獻。

此外，就文本詮釋的角度來看，牟宗三、勞思光對於「仁」的詮釋亦值得我們細加考察。一方面，「仁」歷來都是儒家極為重視的一個概念；另一方面，牟、勞因其詮釋架構的差異，其對「仁」的體會有很大的不同，且都能在傳統儒學中尋得根據。具體而言，牟宗三喜以「感通」說仁，而勞思光則偏重由「公」來理解仁，此正同於明道與伊川、朱子間之差別。

首先我們看勞思光對「仁」的詮釋。〔註41〕勞氏對《論語・雍也》「夫仁者，己欲立而立人，己欲達而達人」一段的解釋為：「此節論『仁』之本義，最為明朗，『仁』即是視人如己，淨除私累之境界，……仁是一超越意義之大公境界」。〔註42〕由此，勞氏認為儒家論「仁」之本義即是所謂「公心」，其後來論明道、伊川、象山思想中之仁均以「公心」說之。〔註43〕

牟宗三則強調由「感通」說仁，〔註44〕而以伊川、朱子就「公」來說仁為歧出、不透：

> 此仁體之特性曰覺曰健，以感通為性，以潤物為用。……蓋仁心覺潤其感通之性無有窒滯，故其潤物之用亦無阻隔也。即此而言「渾然與物同體」矣。此豈真渾淪無實者乎？朱子何於此無絲毫悟解耶？於以知其對於孔子所多方指點之仁只解為「愛之理」全不相應矣。而於「渾然與物同體」只解為「仁之量」（仁之無不愛），「而非仁之所以為體之真」，為根本非是矣。其視明道所說之「覺」（不麻木）為智之事，「可以見仁之包乎智，而非仁之所以得名之實」，尤其差謬不可言！伊川謂仁「只消道一公字」，以公字作體仁之方（公所以體仁，所以用力之方），此公字既來得無根，且使仁落抽象而乾枯之

〔註41〕由此，勞思光對「仁」的詮釋遮蔽了這一概念本身所可能包含的形上學維度，黃慧英即注意到這一點：「朱熹認為『道』是宇宙的生化原則，亦即所謂『天地生物之心』，並且認為『天地以仁生物』，由此可見他的『宇宙秩序即道德秩序』的觀點。勞先生則將『仁』局限於道德之意義，於此顯示了兩種理解以至兩套哲學的分歧。」見勞思光：《大學中庸譯注新編》（黃慧英編）（香港：中文大學出版社，2000），頁68～69。

〔註42〕勞思光：《新編中國哲學史（卷一）》，頁88。

〔註43〕勞思光：《新編中國哲學史（卷三上）》，頁157～159、190～194、292～293；勞思光：《文化問題論集新編》，頁194。

〔註44〕有關牟宗三的感通思想，可參考黃冠閔：《牟宗三的感通論：一個概念脈絡的梳理》，《中國文哲研究通訊》第十九卷第三期（2009年9月），頁65～87。

境，只能表示其客觀義、形式義，此實稍近於義道，（由公字所逼限
者），而不類於仁體之覺潤。〔註45〕

二家對於仁的詮釋存在如此大的差異，或者說二家會選擇如此不同的角度來
詮釋儒學中的仁，主要是由他們用以詮釋儒學的理論架構所決定的，二家所
使用之理論架構均與康德道德哲學密切相關。勞思光大體是依康德哲學的框
架來詮釋儒學的，我們看他對陽明心學的相關詮釋即可明白這一點。勞氏認
爲，陽明所謂「心即理」中的心是指「自覺意志能力而言」，理則指價值規範，
其有普遍性之要求，而所謂「心即理」則是說一切價值規範皆源自此種自覺
意志能力，然而人的行爲並不必然合乎理，因作爲行爲之發動者的意念常常
會受感性私欲的影響，是以爲使人的行爲能合理循義，其本質工夫在於意志
之純化或意志之理性化。〔註46〕析論至此，熟悉康德哲學的人很明顯可以從
勞氏的論述中嗅出康德哲學的味道，這裏作爲具有普遍性之價值規範的理即
是康德所謂的道德法則，而心即是狹義的意志或道德主體、實踐理性，而心
即理不過說的就是道德主體的自我立法，而意念則屬於廣義的意志，屬「經
驗的性格」。〔註47〕不過因爲勞思光沒有那麼明確地以康德哲學的語彙來詮釋
儒學的相關內容，是以大家並沒有太過留意其儒學詮釋背後康德哲學的底
子，反倒是對康德哲學有諸多批評的牟宗三往往被視爲是以康德哲學來詮釋
儒家哲學。由此，我們大概可以很清楚的看出，勞氏何以側重由「公」來說
仁，因爲由此可以說明或保證道德法則的普遍性。當然，勞氏的這一詮釋並
非與儒學義理相悖，事實上，勞氏的詮釋正好揭示了儒家道德哲學的一個重
要方面，不過問題只在於，由於勞氏只顧及到這一方面，是以將儒學的其他
方面內容或者說仁的別的特性給遺漏或是將其遮蔽了，由牟宗三對仁的詮釋
就可以很好的看出這一點。牟氏之所以側重從感通來說仁，根本原因就在於
其能夠正視儒學具體性或實踐性的一面，是以其對道德哲學的討論並不取抽
象的或純理論的立場。此外，由於牟氏眞正覺察到儒家道德哲學與康德道德
哲學的一項重要差別，即在道德情感問題上有著完全不同的態度。牟宗三在
此一問題上覺察到儒學與康德哲學的一個重大差別，即康德哲學預設一情感

〔註45〕牟宗三：《心體與性體（三）》，頁 259～261。

〔註46〕勞思光：《新編中國哲學史（三卷上）》，頁 311～325。

〔註47〕有關儒家與康德倫理學的比較研究科參閱李明輝：〈儒家與自律道德〉、〈孟子
與康德的自律倫理學〉、〈再論孟子的自律倫理學〉等論文，諸文並見李明輝：
《儒家與康德》。

與理性二分的架構，而儒家則強調一種「本體論的覺情」（ontological feeling），
〔註 48〕孔子以安與不安說仁、孟子以惻隱說仁均側重此種超越的道德情感而
言，這種道德情感並非感性層的，而是與超越的道德主體同一的，這樣儒家
對於道德主體的理解就與康德就有了明顯的差別。牟宗三何以會如此強調這
一差別呢？在牟氏看來，康德所確定的道德主體只能保有「判斷原則」而使
「踐履原則」旁落於感性，這就使得道德主體虛歉無力，此即貝克（Lewis White
Beck）所謂，康德的道德主體只是個首長，而非執行者。〔註 49〕由於儒家所
理解的心或道德主體包含有一本體論的覺情，是以其不只含判斷原則，確立
道德法則，同時亦含踐履原則，是道德實踐的真正動力所在。勞思光限於康
德哲學的架構，以公說仁，他只意識到道德主體自我立法的一面，只有不受
感性私欲影響的純粹意志才能確立真正具有普遍性的道德法則，但正如牟氏
所批評的，勞氏這裏僅只能意識及仁的客觀義或形式義，即道德法則的普遍
性，而未能意識及仁的主觀性，即作為道德發生之動力的情的一面。如此，
以勞氏的架構來詮釋孔孟以至象山陽明等人的仁不能不說是對仁作為道德動
力這一重要面相的遮蔽，恰恰陷入康德道德哲學自身所面臨的困難當中。

　　還須說明的一點是，仁的感通性在牟宗三哲學中佔有關鍵性的地位，由
於仁之感通的無限性和超越性，因而才可能有萬物一體之化境，由此基於道
德實踐而來的形上學方有其可能。不過由仁的感通性而來的萬物一體觀歷來
都有不少學者質疑，如宋代楊時等。近人錢穆對宋儒由萬物一體說仁亦持批
評態度。如錢氏認為：「孔孟屢言仁，未嘗言與物同體也。與物同體，此亦莊
生惠施言之。惠施本之名言分析，莊子則本之陰陽之一氣，所謂觀化而得其
原也。程朱言與物同體，實本諸莊周，非本之孔孟。陽明亦時言與物同體，
故時時陷於程朱圈套，不能自圓其說。」〔註 50〕錢氏還說：「今空說物我一體，
天地萬物為一，反似把此心在內為主之地位消失了，或沖淡了。而且若果是
同一之體，豈不將成為墨氏之兼愛。愛牛愛羊與愛人愛父母，分別何在？豈
不又要從功利上來計較。而又把人的地位沒入於天，孟子『仁者人也』之精
義，亦將消融不見。」〔註 51〕錢氏的批評主要集中在兩點：第一、由萬物一

〔註48〕牟宗三：《心體與性體（三）》，頁 308。
〔註49〕李明輝：〈孟子的四端之心與康德的道德情感〉，《儒家與康德》，頁 124。
〔註50〕錢穆：〈禪宗與理學〉，《中國學術思想史論叢（四）》（臺北：東大圖書公司，
　　　　1983）頁 221。
〔註51〕錢穆：《雙溪獨語》（全集卷 47）（臺北：聯經，1998），頁 81。

體說仁，失卻孔孟論仁之本義，轉與墨氏兼愛之說無法分別，這完全同於楊時的質疑；第二、反對形上學觀念，錢氏強調孔孟言仁重在突出人的主體地位，而非以形上之天排抵人之主體性，錢氏對形上學觀念的態度前文亦曾論及。梁家榮更是順錢穆的批評對牟宗三將仁形上學化的做法，提出了極爲嚴厲的批評。〔註52〕其實，錢氏以上兩點批評大概都很難成立，孔子由不安指點仁，孟子由惻隱說仁，其實都正是以感通說仁，孔孟於萬物一體這一點上論述不多，不過孟子中還是有親親仁民愛物的說法，當然將儒家萬物一體之說等同於墨氏之兼愛，更不能成立，伊川、朱子都有很好的辯護；其次，儒家言天並非完全將其理解爲外在於人者，這並不必然導致對人之主體性的壓制。林月惠更撰文認爲，與其從理一分殊的角度分別萬物一體之仁與兼愛之別，不如從孟子「一本說」的角度來論述此一問題，林氏的相關論述很有說服力，可以看作是對上述批評的一個很好的回應。〔註53〕

以上大體是從文本詮釋的角度考察牟宗三、勞思光二家在儒學詮釋上的分歧。二家均試圖以各自的理論架構詮釋、展示儒學的義理形態，相比較而言，牟宗三的儒學詮釋，尤其是對孔孟儒學的詮釋，較之勞思光更爲周洽圓融，且能保證文本之間的融貫性。二家之於儒家形上學方面所存在的理論分歧，在其儒學詮釋中亦表現得十分突出，不過我們仍很難完全從文本詮釋的角度確定勞氏爲是而牟氏爲非，或牟氏爲是而勞氏爲非，就二家對象山陽明的詮釋來看，勞氏對其中所謂「形上學論述」的非形上學處理似乎亦可成立，理論上牟宗三要眞正證立心學的形上學維度本身就是一件十分困難的事情，是以僅從文本詮釋的角度我們很難對二家的儒學詮釋作簡單的是非判斷，以下我們轉向純理論的角度進一步考察二家用以詮釋儒學的理論架構。

二、從詮釋架構之理論融貫性的角度看

前文我們以德福問題之解決來說明道德的形而上學之必要性，也就是說幸福是屬於存在者，對於德福問題的解決必然要對存在問題有所說明，是以這裏必須有一形上學之成立。對比勞思光在相關問題上的思考，其一方面否定心性之形上性格或天道觀的存有地位，另一方面以義命分立說否定德福統

〔註52〕 梁家榮：《仁禮之辨——孔子之道的再釋與重估》（北京：北京大學出版社，2010），頁164～189。

〔註53〕 林月惠：〈一本與一體：儒家一體觀的意涵及其現代意義〉，《原道（第7輯）》（陳明、朱漢民主編，貴州：貴州人民出版社，2002），頁227～249。

合的可能性，這兩者乃是內在相關的，因為對於牟宗三而言，承認心性的形
上性格，由之即可成立一形而上學，而這即為德福之統合確立一可能性。我
們現在即由這一問題來審視勞思光價值文化哲學理論本身的效力。

　　勞思光雖極為重視康德哲學，但真正論及德福問題的地方很少。勞氏大
體上是從其文化哲學的視角說明德福問題之重要性。依勞思光的看法，所謂
文化乃是主體於實然界實現價值之活動，「自必歸根於超越主體，因此我們上
觀玄奧下觀萬象，而歸於文化問題時，必須知道文化上面不能無根，下面不
能不落實。有根是上通價值之源，落實即是下成幸福的世界」。〔註54〕這也就
是說，從儒家人文化成或實踐的品格出發，講論文化必然要上通價值之源，
即所謂超越的道德主體，向下還必須能善化現實生活世界，如此方可說是對
於文化之全面的把握和說明，正是在這一意義上，勞思光認為康德對於德福
問題的討論有其積極意義：

> 康德著作中，並無討論全幅文化活動之重要著作，但康德精神實予
> 顯現文化正軌的工作以最大啟示，有開路的功用。關於揭示超越主
> 體一點，比較為人熟知，但此外同等重要的則是人常忽略的另一點，
> 這即是《實踐理性批判》中對善和樂問題之處理。〔註55〕

> 樂與幸福並非與價值相對峙，問題亦是不能割開。文化為圓滿本性
> 之活動，亦即是如理成事之活動；人之形軀亦是萬象之一，饑而食
> 亦是一本性及一理，圓滿此理此本性，亦同於圓滿他理他本性，倘
> 不誤以此一特殊事象為本，則即無問題。〔註56〕

這可以說是從文化哲學的角度對康德德福問題之重要性的肯定，也就是說，
要真正保住文化的實義，我們固然不能限於功利主義乃至物化的逆流之中，
亦即必須上通超越主體；同時亦不能不成就幸福，如此價值方可落實，而不
只是抽象而懸空者，而這也正是儒家人文主義精神的一種體現。不過，我們
反觀勞氏的義命分立說，這不啻是對價值與存在或價值與幸福作一徹底二分
的處理，那麼幸福在其論說系統中幾乎不佔有重要的位置，雖然他能正視命
的獨立性，但義命分立的詮釋架構，則使得其價值哲學的全部關注僅落在價
值這一面，這不能不說有「隔離」之病。這大概也正是其價值與事實二分的

〔註54〕勞思光：〈論康德精神與世界文化之路向〉，《文化問題論集新編》，頁172。
〔註55〕勞思光：〈論康德精神與世界文化之路向〉，《文化問題論集新編》，頁172。
〔註56〕勞思光：〈論康德精神與世界文化之路向〉，《文化問題論集新編》，頁172～173。

詮釋架構與儒家人文主義精神之間所必然存在的一種緊張關係。其實，就儒學本身來看，雖然儒家以義為本，強調義的至上性，但是其始終沒有拋棄統合德福的理想，所謂「古之人修其天爵而人爵從之」、「故大德必得其位，必得其祿，必得其名，必得其壽」或「積善之家必有餘慶，積不善之家必有餘殃」、「為善者天報之以福，為不善者天報之以禍」等等，這大概就是所謂絕對公正的理念，這是人類本其理性而必然有的一種理想，是以徐復觀說：「善惡之辨，乃發乎一切人的良知的自然；賞善罰惡，也是隨良知以俱來的不能磨滅的共同願望」。〔註 57〕勞氏義命分立的論說系統對幸福缺少一正面的安立，不能不說是一種理論上的不完滿。文潔華在闡述勞思光早期思想中的人文精神時亦意識到德福問題的處理於勞思光價值文化哲學中的重要意義，〔註 58〕這根本上是由勞氏「本性之圓滿及自我之統一」的價值觀或人文化成之人文主義精神所決定的，不過文氏並未從理論之貫通性或完滿性的角度對勞思光未能妥善解決此一問題作深入的省思。

同時，既然勞思光肯認並在其文化哲學思考中吸收儒家人文化成之人文主義精神，那麼道德心通過善化世界以實現價值，就無法隔離經驗世界而實現價值，那麼高柏園由此所提出的質疑顯然是合理的：「如果價值的成就不是在虛無中成就，而是在生活世界中成就，也就是在面對天地人我而給予一合理之回應中成就時，那麼，價值態度之決定，顯然會使吾人對天地人我有一態度及意義之決定，吾人亦可由此義而對天地人我之存在意義加以說明，從而構成一由價值而決定存在之存有論或形上學」。〔註 59〕由此所成就之存有論或形上學即牟宗三所謂「道德的形而上學」或「無執的存有論」。

再從勞思光所謂道德心的三重境域來看。依勞思光的看法，道德心之運用包含有三重不同的境域：單一主體境域、眾多主體並立境域、主體之內境。文化活動必須在此三方面皆有所成就，「倘若在某一境域中未能有所成就，則我們即說此文化精神有所缺」。〔註 60〕由於各境域本身都有其實在性，是以文化創造活動在其實現價值的過程中，不能有所偏失，如此方可有一完整而健

〔註57〕徐復觀：〈道德地因果報應觀念〉，《徐復觀雜文續集》，頁 82。

〔註58〕文潔華：〈勞思光先生早期思想中理想的人文精神——從「窮智見德」到「德智貫融」〉，《無涯理境——勞思光先生的思想與學問》，頁 48～49、56。

〔註59〕高柏園：〈論勞思光先生對宋明儒學分系的態度〉，《淡江人文社會學刊》第二期（1998 年 11 月），頁 31。

〔註60〕勞思光：〈理性與民主〉，《文化問題論集新編》，頁 128。

康之文化。其中第三重境域涉及道德心之升進或超越化問題，亦即所謂宗教問題。但由於宗教重舍離而不能重鑄成就現實世界，因而只能成就半截之文化，是以勞氏並不以宗教為道德心活動之最高階段，而只能對其作適度的肯定，此即上文所述勞氏有關宗教之三用的討論。但就前文的分析，我們看到，勞氏的理論架構並不真能融攝宗教，而僅只能成就一世俗的人文主義，有如徐復觀一樣，其以基督教為標準來理解宗教，強調宗教與人文之間的對立，這大體也就取消了儒學之作為「特殊宗教」的可能性。〔註61〕按照勞思光文化哲學的評判標準，這是否即是文化精神上的一種遺漏或偏失呢？

　　事實上，勞思光在其論著中亦承認儒學的宗教功能，不過其只是肯定儒學與宗教在「功能」上的相似性，儒學本身似乎並沒有成為任何一種宗教之可能。勞氏認為：「儒學本身顯然是一哲學體系，而並非宗教，因為儒學不立『彼世』之信仰，不訴諸任何神秘假定，也不依賴任何神話，尤其不承認有一外在之『神』為價值根源」；但儒學與其他民族之宗教相比，儒學在中國人生活中之作用，適相當於宗教在其他民族之生活中的作用，是以儒學具有宗教的功能。〔註62〕「儒學何以能具有宗教功能？原因自然在儒學能解答宗教所負責之問題，這種問題基本上是價值根源及人生意義的問題」。〔註63〕不過，勞氏仍堅持「以聖代神」的觀念，並不認為有立一外在神之必要，同時所謂聖亦不過是人本其自覺心以達至事事如理的境界，這裏所謂的自覺心僅只有超越經驗世界而顯其主宰性之超越性，並無牟宗三所謂超越實體之意涵，這樣其不但否認儒學是基督教意義上的宗教的可能，同時其中「終極關懷」的意味似乎也很淡。

　　就牟宗三之於儒學的詮釋來看，心性並非僅是一超越的道德主體，同時亦是一形上實體（metaphysical reality），是以心性即天道，其不只是主體經由道德實踐以達至理想人格的根據，同時也是天地萬物存在的根據。由前者，主體可由之於有限的個體生命取得一無限的意義，因而正體現出儒學之宗教性的一面，不過其並非以人格神為中心之宗教，而是即內在即超越或即道德即宗教之人文宗教，宗教函攝於人文之中；由後者，其為德福問題之解決提供了契機，亦即以道德所以可能之超越根據作為天地萬物之存在的根據。若以勞思光文化哲學為判準，牟宗三對於儒學之詮釋，顯然較之勞思光的詮釋更為完滿。

〔註61〕林維傑：〈儒學的宗教人文化與氣化〉，《中國哲學與文化（第八輯）》，頁130。
〔註62〕勞思光：《中國文化要義新編》，頁192。
〔註63〕勞思光：《中國文化要義新編》，頁192。

　　但這並非說牟宗三的詮釋架構是圓滿的，由勞思光的相關省思我們看到，牟宗三道德的形而上學成立的關鍵就在心性之形上性格如何證立，或如何確立天道觀的存有論地位？由第一章的分析，我們可以看出，牟宗三並未從理論上很好地解決此一問題，最終其以儒者經由道德實踐而有之「誠信」說之，但這似乎並不能使勞氏信服，勞氏曾針對有學者質疑其不能肯定天道觀在儒學中之地位的相關論述時，即指出其對於以形上學爲理論背景詮釋儒學的不滿，更爲根本的原因在於其對形上學語言本身的不滿。〔註64〕是以，我們有必要進一步考察勞思光對形上學語言的相關省思，進而由之反省牟宗三道德的形而上學所可能存在的困難。

　　勞思光對形上學思維的反思基本上是針對這一思維方式所引生的絕對主義的基礎主義而發的。所謂基礎主義（foundationism）乃是指「對於一種必要的認定或斷定的尋求」，這種認定可以是實體意義的也可以是形式意義的，可以只是一個極限概念，也可以是一個目標概念，〔註65〕勞思光認爲傳統形而上學差不多都將這種認定視爲實體意義的，是以都帶有明顯的絕對主義的傾向。這種絕對主義的基礎主義主要體現爲以下三個特性：強調「終極性」（ultimacy）的觀念，對「實體性」（substantiality）和「不可修改性」（incorrigibility）的認定。〔註66〕所謂絕對主義正由這三個條件所構成。在勞思光看來，傳統形而上學這種絕對主義的傾向乃是基於其對確定性和穩定性的要求，這自然有其正面的意義，不過，它很容易陷入獨斷主義和自我封閉。〔註67〕而哲學史上之所以常常會有懷疑論的出現，其所針對的正是形而上學的這種獨斷性。依照前文勞思光對歷史動態觀或存有之開展性的分析，任何理論都因爲歷史社會脈絡的限制而有其封閉性的內容，這必須要有解放意識的批判功能以不斷清除這些失效的內容。同時，在勞思光看來，形而上學語言（metaphysical language）並不眞正能給我們關於這個世界的知識，它只表現我們對這個世界的態度，因而我們關於價值文化問題的思考顯然不能再以此爲根據，勞氏即由此斷定形上學語言的功能已經過時，是以有所謂後

〔註64〕勞思光：〈對論集的回應〉，《無涯理境——勞思光先生的學問與思想》，頁278。

〔註65〕勞思光：〈論非絕對主義的新基礎主義〉，《危機世界與新希望世紀——再論當代哲學與文化》，頁130。

〔註66〕勞思光：〈論非絕對主義的新基礎主義〉，《危機世界與新希望世紀——再論當代哲學與文化》，頁131。

〔註67〕勞思光：《文化哲學講演錄》，頁211。

形而上學時代的問題。〔註68〕基於這一分析，勞思光強調我們面對當前的文化問題，要眞正尋求解決之道，必然要放棄絕對主義的形上學思考方式，而轉向開放性的思維方式。不過，放棄形上學也就不能不進而面對虛無主義的問題，勞氏要求放棄傳統形而上學顯然並非要落入虛無主義的陷阱當中，是以其努力建構一種非絕對主義的新基礎主義。由上文對後現代思潮所引生之「自我解釋」的困難等問題的分析，我們也可以看到，建設意識的提高仍然是當前文化思考的重心所在。

在勞思光看來，「基礎」之所以必要，是因爲我們的自覺活動必須有定向性、定位與定向的條件，〔註69〕前文介紹文化定向性問題時已說明這一點，這也就是說，以價值文化活動爲例，人類的自覺活動必然涉及意志問題，是以它也就不能不包含目的性的觀念，因爲人的自覺活動不能是盲目而無方向者。然而，強調基礎的重要，我們也不能因之而走向另一極端，即確立一絕對主義的形上學系統，這就需要對「基礎」作新的定位。首先，我們應當放棄舊基礎主義所攜帶的終極性、實體性等觀念，由之消除絕對主義之可能。這就需要引入「可修正性」（revisability）或「可批判性」（criticizability）的觀念，因爲由此我們就不會以任何已有的決定爲最後的，由之也就可以破除對「終極性」的預認。再者，我們也不應以某種帶有具體內容的實體作爲自覺活動的基礎或目標，而應代之以某種形式意義的條件或規則。就文化活動而言，雖然我們並不預認文化發展的終極目標，不過就一般意義之文化活動而言，它必然還是符合由低到高的發展過程，即所謂文化生活的不可逆性，這樣既確定了文化活動的一般性的形式規則，不流於虛無和盲目，同時我們也避免了絕對主義的可能。〔註70〕

由勞思光對形上學思維的批判我們再來看牟宗三的道德的形而上學。首先

〔註68〕勞思光：〈從唐君毅中國哲學的取向看中國哲學的未來〉，《中國哲學與文化（第八輯）》，頁24。

〔註69〕勞思光：〈論非絕對主義的新基礎主義〉，《危機世界與新希望世紀——再論當代哲學與文化》，頁180。

〔註70〕綜合勞思光對後現代主義以及形而上學的批評，我們其實可以清晰的覺察出，他的立場十分接近美國哲學家普特南（Hilary Putnam）的實用主義立場，普特南反對拋棄進步的觀念和啓蒙的事業，否則就是扔掉了導航設備而把自己託付給茫茫的大海，是以他主張我們需要「第三次啓蒙」，不過它的知識乃是可錯的和反形而上學的，但卻又不陷入懷疑論，參普特南：《無本體論的倫理學》（孫小龍譯，伯泉校，上海：上海譯文出版社，2008），頁101～103。

我們說牟氏的形上學系統不能完全等同於傳統意義上的思辨的、獨斷的形而上學。不過，就思維方式而言，牟氏的道德的形而上學顯然與勞思光的上述分析是一致的，牟氏對形上實體及圓教觀念的認定，很顯然帶有絕對主義的傾向。〔註71〕如就牟氏的圓教觀念來看，其對天人合一之終極理境的強調固然給人一種滿足感，不過以之為個體成德之具體目標而非「極限」概念的話，這就使得天人之間的張力極大的縮小，是以劉述先即作出了如下的反思：「基督教強調純粹的超越，顯然有了另一偏向，但卻可以提醒儒家不要聽任天的超越性失墜，而任何人的成就提升到了天的絕對層面就必定造成災禍，此處不可以不戒慎」。〔註72〕劉氏強調人通於天而不像牟氏那麼強調人同於天正是基於這一考量。此外，對終極實體的肯認本身就是理論上不得不加以澄清和說明的一個重大課題。當然，這只是說就勞思光對形上學思維之一般性考察對牟宗三道德的形而上學有其相干性，正如勞氏自己所指出的即便牟氏道德的形而上學在理論上的穩固性是個可以質疑的問題，不過由之所抉發的儒學的宗教性卻是我們應當正視的一個課題。牟宗三道德的形而上學固然面對一些理論上的難題，不過這絕不意味著我們應當放棄這一重要的思想資源，而是應當以這些問題為動力，進一步對其作修正完善的工作，是以崔大華先生認為：「儒學的形上追求根本上是對人之生命價值、人之生活意義——在儒學這裏主要是倫理的、道德的生活——的維護。現代處境下儒學形上追求的困境是理論觀念和方法上的，而不是這一根本理論目標上的」。〔註73〕也就是說，我們需要進一步從理論建構及其方法的角度進一步完善儒學形上學，因為面對現代哲學的衝擊，儒學形上學在這一方面確實面臨一定的困難，不過儒學形上學對於安頓人生意義和價值，作為一種理論目標，卻是我們必須堅持的。

綜上，就理論層面來看，勞思光對於哲學批判功能的強調，確實使其能夠洞見傳統哲學在思維方式上所存在的一些重大問題，因而強調以開放的哲學思維處理人類當前所面對的文化問題，一方面避免形而上學之獨斷性和絕對性的困難，同時又不墮入虛無之中，不過，其對開放性思維的強調也使得他的理論給人一種不完滿的感覺，如對德福問題以及儒學之宗教性問題的處

〔註71〕勞思光：〈回顧、希望與憂慮：關於「中國哲學研究」的基點意見〉，《危機世界與新希望世紀——再論當代哲學與文化》，頁123。

〔註72〕劉述先：〈當代新儒家可以向基督教學些什麼〉，《儒家思想與現代化——劉述先新儒學論著輯要》，頁305～306。

〔註73〕崔大華：《儒學引論》（北京：人民出版社，2001），頁870～871。

理，這也就與其文化哲學的原初目的存在一定的背離。反過來，牟宗三的形上學體系對問題的處理顯然更爲全面，不過由之所透出的絕對主義的氣息卻也相當的明顯。二家之間的分歧典型地體現了形上學思維與後形上學思維之間的差異，我們顯然不能簡單地以一者否認另一者，而應當通過雙方的相互批判見出各自在理論的優劣，以尋求儒學發展的新的理論空間。

第二節　勞思光對牟宗三文化哲學的批評及其突破

對牟宗三文化哲學思考之合理的評判必然以其相關思考的目的和理論定位爲前提，只有這樣，我們才能見出牟氏理論的局限之所在。關於牟宗三文化哲學思考的目的，我們可以由牟氏本人晚年的一段表述來加以說明：

> 我這個人只能教書，……只能默默地耕耘，就是自己讀書，教一輩子書。同時念茲在茲，思考一個問題。思考什麼問題呢？就是中國文化的歷史發展的方向，如何從內聖開外王。〔註74〕

由此，我們不難看出，牟氏的哲學思考有著強烈的現實關懷，也就是說，我們絕不能將牟氏的哲學思理解爲僅只是出於純粹理論的興趣，中國文化的未來發展方向才是其眞正的關切所在。勞思光對此有很好的觀察：

> 新儒學基本上要面對這個現代文化的挑戰、現代文化的壓力，要尋求自身的發展，或者作一種調配，這是一整套的活動。所以如果我們完全退入研究室裏面，只作學院的、理論的塑造，塑造一種語言遊戲（language game）的話，你就不能跟新儒學的基本要求相符。〔註75〕

這也就是說，牟宗三的哲學思考本身就有一種實踐的指向，雖然它是以理論的形式展現出來的；當然，這並不是說要求新儒家充當社會變革的執行者，而是說他們的構想必須要有一種實踐上的可行性，而不能是與現實完全相隔絕的純粹理念。因爲不能很好籠罩現實世界的思想觀念本身即與儒家思想的本旨不合，這正是勞思光晚年反思其早年文化哲學以及牟宗三文化哲學的一個主要出發點。在牟宗三看來：「『內聖外王』一語雖出於《莊子‧天下》篇，然以之表像儒家之心願實最爲恰當。……然儒家究與一般宗教不同，其道德

〔註74〕牟宗三：〈鵝湖之會——中國文化發展的大綜合與中西傳統的融會〉，《牟宗三先生晚期文集》，頁451。

〔註75〕勞思光：〈從當代思潮看新儒家〉，《危機世界與新希望世紀——再論當代哲學與文化》，頁105。

的心願究不能與政治劃開，完全退縮於以個人之成德爲滿足。……然政治意識之方向究亦爲儒家本質之一面，此與個人之能得不能得、能作不能作，並無關」。〔註76〕「內聖之學」雖爲儒學的核心因素所在，不過完全遺漏外王面之純粹的「內聖之學」卻已違離儒學之本質，這其實也是由儒學人文化成的實踐品格所決定的。牟氏對宋明儒學之整體評判即以儒家這一本質意涵爲標準：「無論如何，宋、明儒之弘揚內聖一面並無過，衡之『內聖外王』之全體，謂其不足可，詆詆而反對之則不可」。〔註77〕其實，在牟宗三看來，就整個儒學而言，其最大的困境就在於外王面之不足，對於政治合法性問題不能有妥善的處理，即政道無法確立，這也就使得其具有極高理想性之王道政治無法在現實中得到落實。既然牟宗三肯定並繼承儒學內聖外王的思想格局，那麼以內聖外王之全體作爲標準衡定牟氏自己的哲學思考，顯然是一合理的想法。

由此，我們有必要介紹作爲新儒家第三代代表人物的劉述先對新儒家思想的整體性的反思：

> 儒家的傳統與現代化的要求並不一定是完全合拍的。而新儒家思想在當代之缺乏眞正的影響，是由於它在現實上始終提不出可行的辦法來。

> 現在的新儒家在什麼地方有大貢獻呢？在形上學方面有大貢獻，在終極的關懷上有大貢獻，甚至在知識論與方法學上不難有很大貢獻。可是沒有一位新儒家提出過一套適合於現代的政治社會的構想，所做的都是很零碎的東西。比如像唐君毅、牟宗三這些前輩，他們也想把西方法治引進來，但如何引進來呢？卻沒有很清楚的交代；所以説，他們在這一方面的貢獻，可以説是最小的。

> 新儒家前途之是否光明，關鍵在於能不能解決他們所謂新外王問題。〔註78〕

在劉述先看來，牟宗三哲學的貢獻依然是在終極關懷、形上學方面，亦即內聖之學一面，而在外王之學一面的貢獻最小，這似乎與宋明儒學處於相同的境況。我們再看，李明輝針對當代新儒家「缺乏實踐性」之批評的回應：

〔註76〕 牟宗三：《心體與性體（一）》，頁6～7。
〔註77〕 牟宗三：《心體與性體（一）》，頁8。
〔註78〕 劉述先：《儒家思想與現代化——劉述先新儒學論著輯要》，頁19。

的確，牟先生此說（「良知的自我坎陷」）並不能解決中國在現代化
過程所必須面對的具體問題，因爲其用心本不在此，而僅在於標示
中國文化未來發展底方向，使儒家所代表的道德理想能接上現代化
底要求。〔註79〕

李明輝教授的回應不無道理，不過劉述先先生對新儒家的整體觀察大體是合
乎新儒家的實際境況的。我們固然可以說牟宗三文化哲學思考的主要目的在
於指明中國文化未來的發展方向，不過，新儒家在外王面的分析僅只停留於
文化精神的分析和高遠理想的認定，那麼他們在未來的命運很可能與傳統儒
學是一樣的。牟宗三分析傳統儒學時即自覺到，傳統儒學並非缺乏政治意識，
相反，政治意識恰恰是儒學之爲儒學的一個根本性特徵，傳統儒學的缺失只
在其對政治的本質特徵沒有清晰的把握，以至其遠大的政治理想缺乏在現實
生活中落實的動力。當我們將這一批評轉向新儒家的時候，他們卻也不能不
面對同樣的困難。經由勞思光的省察我們可以看到，以帕森斯模型爲標準，
牟宗三文化哲學其實並沒有眞正突破傳統儒學在外王面的限制。〔註 80〕林安
梧亦意識及這一點，他認爲傳統儒學之實踐的很重要的一個缺失在於，這種
實踐是境界的，「所謂『境界』指的是著重『心性修養』，及由此心性修養所
開啓的『心靈境界』。大體而言，『心性修養』這詞是可以與『社會實踐』形
成一對比，兩者可以相成，但也可能只重在心性修養，而忽略了社會實踐。
以傳統『內聖』、『外王』的區分言之，臺灣當代新儒學仍然重在『內聖』而
忽略『外王』，並以爲由『內聖』可通向『外王』。」〔註 81〕這其實仍是在質
疑牟宗三的哲學無法涵括眞正的社會實踐。成中英亦從儒學重建與人文世界

〔註79〕李明輝：〈當前儒家之實踐問題〉，《儒學與現代意識》，頁 38～39。

〔註80〕若就勞思光的思想脈絡而言，從文化哲學的角度看，孔孟同樣可以歸入「黑
　　　格爾模型」之列，勞思光曾提到：「一般來說，一個文化的內在性有二種：主
　　　體性或客體性。主體性的觀點（如西方 Hegel〔黑格爾〕、中國孔子等觀念論
　　　者）強調人的 free will〔自由意志〕即自覺，人有創造性，可以掌握客觀環境；
　　　而就因爲人有自覺，所以人對他自己的行爲有責任。」（勞思光：〈五四運動
　　　與中國文化〉，《自由、民主與文化創生》，頁 246）由此可見，牟宗三乃至熊
　　　十力所開創的現代新儒學一派所繼承的儒家思想傳統在文化哲學上都以主體
　　　性爲核心觀念，在文化哲學上均可歸入「黑格爾模型」，可以說牟宗三在思維
　　　模式上並未超出孔孟儒學太遠，因而其在文化哲學或外王問題上較之於孔孟
　　　儒學的突破也是極其有限的。

〔註81〕林安梧：〈牟宗三先生之後：咒術、專制、良知與解咒——對「臺灣當代新儒
　　　學」的批判與前瞻〉，《鵝湖月刊》總第 268 期（1997 年 10 月），頁 2～12。

之構成層次這一方面對牟宗三哲學的這一限制給與了反思：「在重新設定道德主體性的同時，如何也使其具有客體性的一面，尤其使其兼具包含主體性的客體性的一面。這是儒學的現代化課題。自近代以來，儒學在哲學上首先面臨了人類知識日益重要性及科學精神和民主價值等多方面的挑戰。這些挑戰本質上就是客觀性的挑戰，因而具有整體文化的意義。儒學若不能超越主體性以實現廣泛意義上的客觀化，也就不能完成一個現代化的、全面性的、創造性的轉化，也就只能作爲一門歷史性的學問存在，因之至多也只能消極地、被動地、適應性地對現代人文世界發生微弱的影響而已。」〔註82〕

帕森斯模型是從塗爾幹（Durkheim）社會學理論發展出來的，其中最爲關鍵性一個觀念即是所謂社會性實有（social reality）。塗爾幹指出除了自然世界（natural world）和心靈世界（psychological world）之外，還有一個所謂社會性實有的世界（the world of social reality）的存在。〔註83〕社會性實有的觀念後來成爲社會學中一個極爲核心的概念，在傳統思想裏面，社會性實有世界裏面的問題往往被還原爲個人層面之心靈世界的問題，因而也就取消了它的獨立性，但在塗爾幹看來，這一世界是不能化歸個人世界的，但同時他又不能等同於自然世界。帕森斯則由這一觀念發展出他的「內化」的概念。在帕森斯看來，眞正的世界乃是我們實際生活的世界，它是唯一的眞實，由於文化的發展人類有了內在的心靈的世界，不過，這個內在的世界是從外在的生活世界所派生出來的，這個派生的過程即是所謂「內在化」的過程。〔註84〕

勞思光後來還從層級結構（hierarchical structure）與外加特性（supervenient characteristics）兩個觀念來說明交互活動領域或社會性實有世界的獨立性。

> 交互的活動領域
>
> 自主的活動領域
>
> 有機的存在領域
>
> 物理的存在領域

在勞思光看來，上面的圖表最爲清楚的反應了我們當前的生活世界。這四個不同的領域不能作平面的劃分，而是有層級的不同，其不同就在於，每一層

〔註82〕成中英：〈儒學的探索與人文世界構成的層次問題〉，《儒學與新儒學（成中英文集卷二）》（武漢：湖北人民出版社，2006），頁359～360。
〔註83〕勞思光：《文化哲學演講錄》，頁28。
〔註84〕勞思光：《文化哲學演講錄》，頁32。

雖由下一層發展而來，可是它卻有著下層所沒有的附加特性，並且這附加特性無論如何是不能還原至下層的。〔註85〕自主的活動領域的根本特徵就在於其中有了人的自我意識或自主性，而交互的互動領域顯然是以自主的活動領域為基礎，但眾多自主性存在間的交互關係卻不能還原至個體的自主性，正是在這一意義上，我們必須肯定交互的活動領域的獨立性，這即是勞氏前面所強調的社會性實有的世界。

　　我們再來看牟宗三文化哲學的相關分析，當其將西方文化中民主制度歸結為分解的盡理之精神或理性之外延的表現或理性之架構的表現的時候，其實是將屬於交互的活動領域的制度層面的問題化約至價值觀念或精神的領域，而這乃是屬於自主的活動領域，這一化約本身依照勞思光的分析顯然是不合法的，因為這取消了交互的活動領域的獨立性或實有性。牟氏進一步由中西文化背後文化精神的融合說明中國文化的未來發展方向或中國文化之現代化的可能性的時候，其實是將社會實有層面的問題化約至價值觀念領域來加以處理，或者說是將屬於交互的活動領域的問題化約至自主的活動領域來加以處理。勞思光將此一思維模式稱之為黑格爾模型，就是要強調其對社會性實有世界之獨立性的遺漏。反觀牟宗三哲學，我們實在不難體會到，其對個體之自主與自足的極端強調，而對處於個體層次之上的社會性實有領域之獨立性反倒缺乏足夠的關注，最多只以「精神之客觀化」來加以說明，這樣一種「主體性哲學」在一定意義上可以理解為是對現代社會個體精神虛無傾向的一種扭轉，這無疑是有其現實意義的，不過對於交互活動領域之獨立性的忽視卻不能不面對哈貝馬斯等人所提出的批評和質疑：「一旦意識徹底分裂成為無數個創立世界的單子，那麼，從各個單子的角度來看，如何才能建構起一個主體間性的世界，而且，在這個世界上，一種主體性不僅能夠把另一種主體性當作客觀對象，並且還能在籌畫世界的原始能動性中與之照面。如果按照此在的現有前提，那麼，這個主體間性問題就無法解決，因為此在只有在孤立狀態下真正有可能籌畫自身」。〔註86〕

　　我們再看勞思光晚年對傳統儒學的省思。在勞思光看來，作為成德之學

〔註85〕勞思光：〈論非絕對主義的新基礎主義〉，《危機世界與新希望世紀——再論當代哲學與文化》，頁159。

〔註86〕〔德〕哈貝馬斯：《後形而上學思想》（曹衛東、付德根譯，南京譯林出版社，2001），頁40。

的傳統儒學有其根本的缺陷或限制：

> 傳統的成德之學，由於以主宰的肯定爲基礎，對於社會結構層面的客
> 觀獨立性從來未加以注意，因此即將全面的人生活動問題都化約爲個
> 人生活及行爲層面的問題。這種約化的取向，表現在政治生活上，即
> 成爲忽視制度而只重個人的思想；此所以傳統儒家人物對政治生活的
> 態度是只寄望於「聖君賢相」，而不知制度或法權自身的重要性。……
> 一切政治行爲都看做個人道德心發用的向外開展，於是，政治生活並
> 無獨立領域，成爲道德生活的延長。……若是再追進一步，則我們可
> 以看出儒學對政治生活領域所以取如此態度，實在由於儒學中對於所
> 謂「社會性的實有」根本無所認知。這就是前面我所說的，將社會層
> 面的問題約化爲個人生活層面的問題之根本原因。〔註87〕

我們當然不必將勞思光以上論述理解爲是對傳統儒學的苛責，而應當看成是
以一種同情的態度對儒學自身之缺陷的一種深層的理論反思，正如牟宗三在
《政道與治道》等書中對中國文化自身之弊病的批評一樣，其目的不在否定
儒學本身，而在於通過對傳統之批評的省察以抉發其在現代社會中所可能發
揮的正面功能。由勞氏的表述我們可以看出，雖然勞氏早年即已察覺到單一
主體境域與眾多主體並立境域之不同，不過那時他依然以黑格爾模型來分析
文化問題，也就是說只從中西文化精神之不同來觀察何以中國文化對於眾多
主體並立境域缺乏足夠的重視，其還沒有將眾多主體並立境域作爲一個獨立
的領域以說明其與價值觀念之不同以及二者之間的交互作用。

　　更爲重要的是，如果說傳統儒學在外王面的缺失正在於其不能正視社會
性實有的話，那麼牟宗三文化哲學的思考其實依然沒有突破傳統儒學在這一
方面的限制。當然，牟宗三依照黑格爾模型對中西文化之特性的說明是十分
深刻的，但這並不眞能補傳統儒學外王面之不足，因而，以牟宗三爲代表之
新儒家在外王面之貢獻仍然是十分有限的，在這一意義上，我們說劉述先對
新儒家的省察是十分中肯的。

　　就此而言，勞思光試圖統合黑格爾模型和帕森斯模型而成立之文化的二
重結構觀，對於新儒家文化哲學的正面意義也就十分明顯，不特如此，這對
於補足傳統儒學在外王面之不足有更爲正面、積極的意義。

〔註87〕勞思光：〈論儒學在中國現代化運動中之正反作用〉，《虛境與希望──論當代
　　　　哲學與文化》，頁153～154。

綜合以上兩節的論述我們可以隱約地看到，勞思光對儒學內聖之學的詮
釋以及對文化哲學的思考基本上是以牟宗三哲學作爲其潛在的對話者。就儒
學內聖之學一面來看，勞思光將儒學理解爲一種世俗的人文主義，不以儒學
爲任何類型之宗教，同時其亦不以儒學有形上學之維度或不應有形上學之維
度。前者是就其對孔孟之學的定位來說的，其通過極其迂曲的詮釋極力淡化
孔孟思想中天的理論地位，將其詮釋爲一套非形上學的以心性論爲中心的價
值文化哲學；後者乃是就其以自己對孔孟之學的定位作爲衡定後世各家儒學
來說的，其不只對漢代氣化宇宙論持嚴厲的批評態度，且對宋儒由周敦頤以
至朱熹的形上學系統給與了系統的批判，並且對牟宗三所給出的象山陽明心
學之形上學詮釋也進行最爲徹底的質疑。勞氏的質疑是深刻的，正如前文所
提到的，牟宗三對心學的形上學詮釋並非毫無異議的可以成爲理解陸王心學
的定說，事實上勞思光對陸王心學之非上學的詮釋在理論上似乎亦並非完全
不能成立。如此一來，勞氏的批評對於牟宗三哲學而言就顯得十分的緊要了，
因爲如果勞氏的批評可以成立的話，牟宗三有關宋明儒學之理論定位以及分
系問題等的看法就都成爲有待商榷的說法了。同時其對牟宗三道德的形而上
學所包含之絕對主義傾向的批評，同樣也是牟宗三哲學在面對一個多元對話
的時代所不能不回應的一個重要課題。就文化哲學的思考來看，我們說勞思
光晚期之所以能夠突破黑格爾模型文化觀的限制而創構出文化的二重結構
觀，根本原因在於其能夠廣泛吸納現代西方各流派的思想資源，如社會學以
及哈貝馬斯等人的思想等等；不過，促使其思想發生轉變的一個重要的契機
則是，以唐君毅、牟宗三爲代表之新儒家所努力的文化運動在「實踐上」的
困境對他的刺激。從勞氏晚年反思新儒家的各類文字我們可以看出，〔註88〕
唐、牟的現代新儒學運動在實踐上的微弱影響，確實極大地促使他從理論上
反思唐、牟乃至他自己早年的文化哲學，勞氏對牟宗三哲學的批判在這一點
上應該說是最爲有力的，雖然學界對於牟宗三文化哲學的各種批判也並非完
全無據，不過大多沒有觸及牟氏文化哲學理論的眞正限制之所在，勞氏之所
以要創構文化的二重結構觀正是要克服牟宗三文化哲學的理論限制。

〔註88〕　勞思光：〈成敗之外與成敗之間——憶君毅先生並談「中國文化」運動〉，《思
　　　　　光人物論集》，頁75～79；勞思光：〈回顧、希望與憂慮：關於「中國哲學研
　　　　　究」的幾點意見〉，《危機世界與新希望世紀——再論當代哲學與文化》，頁119
　　　　　～128；勞思光：〈中國現代思潮之流變及評估〉，《虛境與希望——論當代哲
　　　　　學與文化》，頁91～108。

　　由此，勞思光對牟宗三哲學的批評和超越，應當從上述兩方面內容來看。就文化哲學的思考而言，勞氏的批評不只觸及了牟氏理論的要害，並且他在此基礎上的進一步的理論建構可以說是對牟宗三文化哲學的推進和拓展，而牟宗三之後的新儒家學者在這一方面很少表現出這樣的理論創建。就內聖之學或就儒學對人生意義問題的解答這方面而言，勞氏的思考固然可以自成一說，其對牟宗三哲學的批判也將促使新儒家學者努力對牟氏道德的形而上學作進一步的完善工作，不過勞氏自己的詮釋系統或對儒學的重構卻極大地將儒學「康德化」了，這也是對儒學的狹隘化，使得儒學相較於康德哲學的一些有正面價值的內容無法得以彰顯，而劉述先、杜維明等新儒家學者的努力恰恰繼承了牟宗三在這一方面的貢獻，由此我們也可以看到勞思光超越牟宗三哲學的限度之所在。

結　語
勞思光與新儒家：勞思光哲學之定位

　　析論至此，我們通過牟宗三與勞思光哲學之間的相互批評，大概對二家哲學中最為重要的兩項內容即儒家內聖之學的重建以及文化哲學的主要特色以及各自所面對的理論困境都有了一個較為清晰的展示。文章最後，我們希望以當代新儒學為思想背景對勞思光哲學作一基本的理論定位。

　　對於何謂現代新儒家及其代表人物的界定，在當前學界仍是一個沒有定論的問題，這首先是因為，現代新儒家本身即是一集合名稱，它是今天的研究者為了研究的方便而創造的一個概念，〔註1〕被歸入現代新儒家之列的那些早期代表人物也並無確立新儒家學派的明確意願，而新儒家諸代表人物之間的思想分歧甚至並不亞於其思想之間的共同點。〔註2〕此外現代新儒家仍在發展當中，並且其內部也開始出現分化，是以要對其作十分精確的界定顯然是一件十分困難的事情。不過對此學界也有較具影響而為多數學者所接受的觀

〔註1〕 Umberto Bresciani（白安理）, *Reinventing Confucianism: The New Confucian Movement*, Taipei: Taipei Ricci Institute for Chinese Studies, 2001, PP. 455；黃俊傑：《東亞儒學視域中的徐復觀及其思想》（臺北：臺灣大學出版中心，2009），頁45。

〔註2〕 正是在這一意義上，李明輝教授甚至建議不要將「現代新儒家」視為一個「學派」（school），而最好視為意義更為寬泛之「學圈」（circle）或者說是一思想運動（intellectual movement），參李明輝：〈徐復觀論儒家與宗教〉，《人文論叢（2006 年卷）》，頁 402；Ming-huei Li, Mou Tsung-san's intepretation of confucianism: some hermeneutic refletions, Ching-I Tu ed., *Classics and Interpretation: The Hermeneutic Traditions in Chinese Culture*, New Brunswick, New Jersey: Transaction Publishers, 2000, pp.412。

點，這即是劉述先先生所提出的廣義新儒家與狹義新儒家的區分及其「三代四群」的說法。〔註3〕

　　劉述先認爲，凡肯定儒家的一些基本觀念與價值通過創造性的闡釋有其現代意義者，都可歸入廣義現代新儒學之列，英文可譯爲〔Contemporary〕New Confucianism。除此而外，港、台、海外還有一個狹義的「當代新儒家」的線索，「此以一九五八年元旦發表的《中國文化與世界宣言》爲基準，由張君勱、唐君毅、牟宗三、徐復觀四位學者簽署，強調『心性之學』爲了解中國文化傳統的基礎，上溯到唐、牟、徐三位之師熊十力，而下開港、台、海外新儒家的線索」，英文可譯爲 Contemporary Neo-Confucianism。〔註4〕劉氏綜合各家之說，關於現代新儒家的代表人物之確定，他提出了一個三代四群（groups）的架構：〔註5〕

　　　　第一代第一群：梁漱溟（1893～1988），熊十力（1885～1968），馬
　　　　　　　　　　　一浮（1883～1967），張君勱（1887～1969）
　　　　　　第二群：馮友蘭（1895～1990），賀麟（1902～1992），錢穆
　　　　　　　　　　（1895～1990），方東美（1899～1977）
　　　　第二代第三群：唐君毅（1909～1978），牟宗三（1909～1995），徐
　　　　　　　　　　　復觀（1903～1982）
　　　　第三代第四群：余英時（1930-），劉述先（1934-），成中英（1935-），
　　　　　　　　　　　杜維明（1940-）

當然就第三代第四群的代表人物而言，我們其實還可以增加其他一些人物，如蔡仁厚等，不過，這裏方克立教授的一個看法值得注意：「現在還很難斷言誰是第三代新儒家的主要代表人物，我想那些只會闡釋、傳述師說，在新的時代條件下缺乏創意的學者大概難當此任」。〔註6〕不過這似乎並不能充分說明何以不將勞思光歸入現代新儒家，而大陸學界的中國哲學研究涉及勞思光哲學的還很少，是以在一般人的印象中似乎勞思光與現代新儒家並無太大關

〔註3〕　郭齊勇、李明輝等先生均較爲贊同劉先生的這一看法，參郭齊勇：〈綜論現當
　　　　代新儒學思潮、人物及其問題意識與學術貢獻──兼談我的開放的儒學觀〉，
　　　　《求索》2010 年第 3 期，頁 50；李明輝：〈徐復觀論儒家與宗教〉，《人文論
　　　　叢（2006 年卷）》，頁 402。
〔註4〕　劉述先：〈現代新儒學研究之省察〉，《現代新儒學之省察論集》，頁 129～130。
〔註5〕　劉述先：〈現代新儒學研究之省察〉，《現代新儒學之省察論集》，頁 135。
〔註6〕　方克立：《現代新儒學與中國現代化》，頁 85。

聯。但就本文的分析來看，勞思光與新儒家尤其是牟宗三哲學之間有著十分密切的關聯，那麼勞思光是否應該歸入新儒家之列呢？

當然，如果就以上劉述先教授關於廣義新儒家的論述，勞思光顯然可以歸入到現代新儒家的陣營當中，因為他對儒學的肯定以及在儒學之現代意涵的闡發方面所作的工作與多數新儒家都是一致的，不過這樣一種說明太過寬泛，這將使得新儒家這一概念本身變得沒有什麼意義，它在一定程度將成為「儒學現代化運動」的代名詞，〔註 7〕是以我們必須進一步作更為具體的分析。這裏我們有必要先介紹一下義大利學者白安理（Umberto Bresciani）的相關看法。白安理從嚴格的哲學的觀點（strictly philosophical point of view）出發對現代新儒學的主要人物作了一番評述。依照他的理解，錢穆是一位歷史學家，張君勱主要關注現實的政治生活，梁漱溟對於實際的社會運動更有熱情，徐復觀主要貢獻在政治哲學且極力主張廢黜形而上學，方東美主要體現為一種藝術的心靈，賀麟則主要從事的是教學和翻譯的工作，並沒有形成一個真正自己的哲學系統。所以，從嚴格的哲學的立場來看，現代新儒家中最為重要的學者應當是：馬一浮、熊十力、馮友蘭、唐君毅與牟宗三。不過，馮友蘭完全從西方的立場來理解儒學，〔註 8〕且忽略了儒學中最為重要的部分，即心性論的內容。馬一浮與熊十力比較忽視西學或者本身對西學的了解比較有限，所以，最終而言，能夠從哲學的立場重構儒學且正視並致力於中西文化會通的只剩下唐君毅和牟宗三了。但唐君毅常常會處理文化以及心理的問題，而牟宗三則一直都努力拓展他關於儒學的哲學觀念進而創構兩層存有論，因而真正處於現代新儒學運動之中心的是牟宗三。〔註9〕我們自然不必完全同意白氏的具體的論點，不過他的這一觀察大體上是符合新儒家發展的歷史脈絡的，就新儒家的實際情況來看，大家提到新儒家首先所想到的自然是牟宗三，這主要是因為他的哲學系統在諸位新儒家學者中最為清晰嚴整，並且不少論點如道德的形而上學、良知坎陷說等等常常成為大家討論新儒家思想的基本內容，這也使得他的影響大大超出了其他的新儒家學者，而大家

〔註 7〕 鄭家棟：《當代新儒學論衡》，頁 261。
〔註 8〕 關於馮友蘭哲學及其方法論的內在緊張，郭齊勇教授有極為精彩的闡釋，參郭齊勇：〈形式抽象的哲學與人生意境的哲學〉，《中國哲學智慧的探索》，頁 286～299。
〔註 9〕 Umberto Bresciani, *Reinventing Confucianism: The New Confucian Movement,* TAIPEI: Taipei Ricci Institute for Chinese Studies, 2001, PP. 455～456.

對新儒家的批評往往也就選擇牟宗三作爲攻擊的靶子。白氏基本上是以哲學的立場爲中心來看待現代新儒家的，這是比較普遍的一個看法。余英時通過分析得出，「新儒家」在今天至少有三種不同的用法：第一種主要在大陸流行，其含義也最寬廣，幾乎任何 20 世紀的中國學人，凡是對儒學不存偏見，並認眞加以研究者，都可以被看成「新儒家」；第二種比較具體，即以哲學爲取捨的標準，只有在哲學上對儒學有新的闡釋和發展的人，才有資格取得「新儒家」的稱號；第三是海外流行的本義，即熊十力學派中人才是眞正的「新儒家」。〔註10〕白氏的分析比較傾向於余氏所提到的第二種看法。〔註11〕

除此而外，白氏還分析了現代新儒家的一些共同的特徵。在白氏看來，不論是先秦儒學還是宋明儒學或是現代新儒學都有其作爲儒學的共同特徵，如對於內聖外王觀念的肯定，不過現代新儒學也有一些自己獨特的性格。白氏主要強調以下幾點：1、以儒學作爲中國文化的主流；2、強烈的使命感；3、精神文化的強調，即反對對儒學僅作漢學式的研究；4、反對科學主義；5、對於比較哲學的認同。〔註12〕以下我們即可從勞思光與作爲現代新儒學之中堅人物的牟宗三的關係以及勞思光哲學與現代新儒學之基本特徵的對比來考察勞思光哲學的定位問題。〔註13〕此外，有學者認爲，看一個學者是不是當

<hr>

〔註10〕 余英時：〈錢穆與新儒家〉，《現代學人與學術》（桂林：廣西師範大學出版社，2006），頁 17～18。

〔註11〕 吳有能在其博士論文中亦以當代新儒學主要是指向一種哲學的重建，即以西方哲學爲架構詮釋傳統儒學以使其獲得重生，他在一個更爲狹窄的意義上來使用「當代新儒學」一詞，他甚至把徐復觀都排除在其外，參 Yau-Nang William Ng, T'ang Chun-I's Idea of Transcendence: with special reference to his *Life, Existence, and the Horizon of Mind-heart*（supervisor: Julia C. Ching），doctor dissertation, Department of East Asian Studies University of Toronto, 1996, PP.11～18.梅約翰教授分析認爲，嚴格意義上的新儒家運動直到 1980 年代才出現，它主要是一種哲學運動，參 John Makeham, The Retrospective Creation of New Confucianism, John Makeham ed., *New Confucianism: A Critical Examination*, Palgrave MacMillan, 2003, pp7～9.

〔註12〕 Umberto Bresciani, *Reinventing Confucianism: The New Confucian Movement*, Taipei: Taipei Ricci Institute for Chinese Studies, 2001, PP. 456～461.

〔註13〕 韋政通對「新儒家」的共同特徵也有自己的看法，他認爲這些共同特徵主要有以下幾點：1、以儒家爲中國文化的正統和主幹，在儒家傳統裏又特重心性之學；2、以中國歷史文化爲一精神實體，歷史文化之流程即此精神實體之展現；3、肯定道統，以道統爲立國之本，文化創造之源頭；4、強調對歷史文化的了解應有敬意和同情；5、富根源感，因此強調中國文化的獨創性或一本性；6、有很深的文化危機意識，但認爲危機的造成主要在國人喪失自信；7、

代新儒家主要有兩個標準：一是看其是不是一位真正的儒者，二是看其是否對儒家義理在當代的進一步伸展做出了自己的貢獻。〔註14〕如果我們將當代新儒學理解為是一哲學運動的話，那麼第二條標準顯然更為關鍵，當然這並不是說第一條不重要，這主要體現為對儒學諸重要理念的認可，不過對不同學者之理論本身的考察顯然更為緊要。葉海煙認為當代新儒家之思想特徵主要體現為以下三點：1、作為文化思潮的新儒家，是為了回應中華民族在當代所面臨的文化危機；2、作為哲學思潮的新儒學反對科學主義；3、作為學術思潮的新儒學，主張要理解歷史，須深入歷史文化的洪流，以發現歷史的真諦及古典的精義，也就是說新儒家所理解的歷史乃是活的文化生命的真實存在。〔註15〕這三點大體可以分別對應於白氏作列新儒家之性格的第 2、4、3點，白氏對於當代新儒家之性格特徵的概括相對較為全面、客觀，故而本文主要以此為根據，衡定勞思光思想的基本特徵。

就勞思光自己「論學則誼兼師友」的這一認定來看，〔註16〕勞思光與牟宗三之間的關係應當處於師友之間，他們之間雖然沒有直接的師承關係，不過勞氏受到牟宗三乃至唐君毅哲學很大的影響則是一基本的事實，從勞氏早年與唐、牟論學的書信即可見出這一點。〔註17〕尤其是從勞思光早年的哲學思想來看，其與牟宗三哲學之間的同遠大於異，他們均以心性論為儒學的最本質性的內容，並都以康德哲學為背景加以闡釋，雖然對心性論的理解略有不同，但基本立場並無太大差異，這由他們對勞氏所提出之「窮智見德」觀念的討論可以見出。

> 乘近代學術之發展，會觀聖學之精蘊，則康德之工作實有重作之必
> 要。吾茲於認識心之全體大用，全幅予以展現。窮盡其全幅歷程而
> 見其窮，則道德主體朗然而現矣。友人勞思光君所謂「窮智見德」
> 者是也。認識心，智也；道德主體即道德的天心，仁也。學問之事，

富宗教情緒，對復興中國文化有使命感。韋氏的分析大體可以看作是對狹義新儒家的一種描述，是以他將新儒家代表人物劃定為：梁漱溟、張君勱、熊十力、錢穆、牟宗三、唐君毅、徐復觀（韋政通：〈當代新儒家的心態〉，《評新儒家》，頁 165）。

〔註14〕顏炳罡：《當代新儒學引論》（北京：北京圖書館出版社，1998），頁 56。
〔註15〕葉海煙：〈總論當代新儒家〉，《哲學與文化》第二十卷第二期（1993 年 2 月），頁 186。
〔註16〕勞思光：〈輓牟宗三先生〉，《思光人物論集》，頁 105。
〔註17〕相關文獻材料收入勞思光：《書簡與雜記》。

仁與智盡之矣。〔註18〕

牟氏顯然以勞思光「窮智見德」的說法與自己對中西哲學尤其是康德哲學與
儒學的判定是一致的，而勞思光與友人討論「窮智見德」之意涵時亦以牟氏
之說合乎其本意：

> 宗三先生《認識心之批判》之序文，論此義甚明，有暇請參閱，則
> 鄙意所在，當可了然。〔註19〕

此外，他們都以黑格爾模型文化觀來處理中國文化路向問題，這不只是說他
們在思維方式上是一致的，其對中西文化之基本特徵的認定也大體相同，從
上文的分析可以很清楚地看到這一點。這也是勞氏早期何以會將自己與唐、
牟歸入同一學派的原因所在：

> 由於近幾年牟宗三先生在臺灣成立「人文友會」長期講習，另一面
> 香港的唐君毅先生也標揭「人文」的觀念以從事「新儒家」的建立
> 工作，所以，就思想理論講，目前確已經有這樣一個哲學體系，透
> 露一種獨特的精神。儘管唐牟二先生都並未從具體組織方面來建立
> 這一個學派的中心；有了思想、理論與精神，「人文學派」之存在便
> 無可否認。至於我現在所談的「人文學派的民主科學理念」，也不是
> 正式由整個學派承認的理論，主要只是我私人所見。我所以大膽地
> 用上「人文學派」的一語，是因爲我這裏談的理論是由我自己的文
> 化哲學理論導出的，而近幾年我與牟宗三先生談論最多，我的文化
> 哲學理論大致上與牟先生所持體系相近；即就這一部分導出的理論
> 說，要旨也與牟先生所見不謀而合。唐君毅先生雖然未與我單獨詳
> 論這一部分問題，但至少就大方向講，我從未知道唐先生有相反意
> 見。這樣，我就姑且將我這一部分理論看作人文學派的理論了。我
> 不用「我的民主科學理念」，因爲事實上我的大方向既屬於人文學
> 派，則將自己的理論歸諸一學派，可免我執。〔註20〕

從勞氏自己的這一段表述來看，勞思光對唐、牟思想的主旨及以其爲代表之
學派的存在均持肯定態度，而勞氏本人顯然並不反對別人將其歸入到這一學

〔註18〕 牟宗三：〈《認識心之批判》序言〉，《認識心之批判（上）》（全集本卷18）（臺
　　　　北：聯經，2003），頁（13）。
〔註19〕 勞思光：〈論「窮智見德」〉，《儒學精神與世界文化路向》，頁227。
〔註20〕 勞思光：〈人文學派的民主科學理念〉，《自由、民主與文化創生》，頁213～214。

派當中，相反，勞氏在闡論自己關於科學民主理念的相關看法時，自覺地與唐牟的思想關聯在一起。〔註 21〕由以上兩點，我們說早年的勞思光不只屬於廣義新儒學或者是從哲學立場加以界定的新儒家，甚至在一定意義上亦可歸入以唐、牟爲代表的狹義新儒家之列。甚至勞思光自己晚年仍承認這一點：「在我的青年時代，另有一些屬於『新儒學』一派的學人，基本上也採取這個廣義的黑格爾模式建立他們對中國文化路向的理論；……專就這一部分理論工作來說，卻由於基本模式相近，顯得頗多契合之處。這樣，他們有一段時間頗爲讚賞我的早期理論，而許多局外人也就因之將我也列入所謂『新儒家』一派。如果只看我的早期思想，這種認識也不能說全是誤解；我雖一向不是傳統主義者，但黑格爾模式的文化哲學，是我與這些學人的理論的共同基礎，也不妨說成同一派」。〔註22〕問題的複雜性在於，勞思光中期以後的思想有很大的變化，並且諸多觀點的改變直接就是針對新儒家而來的。但我們依然可以方便地就白安理對新儒家之共同特徵的界定來衡定勞思光思想的性格。

首先，以儒學作爲中國文化之主流和核心內容，乃是勞思光始終堅持的觀點。勞氏早期討論中西文化問題，認爲「中國文化精神只能以儒學精神爲代表」；〔註23〕勞氏晚年更從根源性和成熟性這兩個判準說明，中國文化仍只能以儒學爲主流：〔註24〕

> 我所謂的中國哲學，所指的是說在中國文化史上發揮了確定的影響力，就中國文化傳統的、有這樣功能的那一種哲學，當然它同時要是發源自中國的，就上面兩個條件講。因此，我們對於譬如說中國先秦諸子，當然知道有好多學派想法；可是就整個文化史上發揮一種功能，發揮一種構形的作用，就是使得中國文化傳統成形的這種功能卻不是每個學派都具有。就這個地方來講的話，很顯然，只有

〔註21〕至於勞思光與唐君毅在此一問題上立場之一致還可由勞氏針對唐君毅、徐復觀有關民主政治問題之爭論所寫〈民主政治價值之衡定〉一文看出，參勞思光：〈民主政治價值之衡定〉，《哲學與政治》，頁151～164。

〔註22〕勞思光：〈《中國文化要義新編》序言〉，《中國文化要義新編》，頁 xiii

〔註23〕勞思光：〈中國文化之未來與儒學精神之重建〉，《儒學精神與世界文化路向》，頁 169。

〔註24〕梅約翰教授亦注意到勞氏以上相關論述，甚至以之爲唐、牟等 1958 年所發表之宣言的先聲，但其似乎認爲勞思光並不能歸入新儒家之列。參 John Makeham, The Retrospective Creation of New Confucianism, John Makeham ed., *New Confucianism: A Critical Examination*, Palgrave MacMillan, 2003, pp50～51.

儒道兩家，而儒家更是主流的地位。〔註25〕

這自然是從史實的角度判定儒學在中國文化中的主流地位，不過從處理文化問題的潛力來看，勞氏同樣主要是寄希望於儒學的進一步發展：「我雖然不是一個新儒家，沒有宗派的意識，可是我總覺得就中國的哲學傳統講，儒學還是最值得重視的一個學派」。〔註26〕這也就是說，儒學不只是在歷史上扮演了中國文化的主流角色，并且就中國文化未來的發展前途來看，儒學也將會進一步發揮其功能、繼續扮演主流的角色。

再就使命感這一點來看。勞思光大概是現代中國哲學家中最具批判性格的一位，排斥宗派意識，但這並不意味其缺乏對儒學或中國文化的關懷，鄭宗義教授對此與很好的觀察：

> 好像新儒家一類的傳統主義者雖從不諱言他們對民族文化前途的憂慮與承擔，並或因此使得他們部分的言論看似偏於把傳統浪漫化理想化。但平心而言，他們絕對沒有讓情感淹沒理性，相反卻是極力追求以理性來證成情感。這觀乎他們的著述大多能正視傳統的資源與限制正反兩面可以證明。……從歷史的角度看，傳統主義者這種強烈認同民族文化的情感可以說是時代賦予他們的一個不可磨滅的印記。其實這印記在勞先生身上也是清晰可見的。勞先生早年寫下不少思考中國文化前途的文字，他那《歷史之懲罰》、《中國之路向》、《中國文化路向問題的新檢討》的著作都是明證。因此勞先生慣以負面意義來看傳統主義者便絕不應誤讀爲他個人缺乏民族文化的關懷，而僅是出於他一種對情感隨時可能氾濫掩蓋理性的警覺。〔註27〕

鄭氏的分析客觀中肯，讀過勞思光相關著作的人大概都不難體會到他對中國文化的深切關懷。不過，正如鄭氏所言，勞思光極力淡化情感性的因素，儘量對中國文化作客觀的分析，探尋其出路所在。

至於第三點，勞思光的態度同樣是十分明確的。對於勞思光而言，中國哲學研究的最終目的是要使其成爲所謂活的哲學，而漢學研究恰恰不能正視中國哲學所可能有的正面功能：「所謂『中國哲學』，在西方學人看來，並不屬於哲

〔註25〕勞思光：〈中國哲學之世界化問題〉，《危機世界與新希望世紀——再論當代哲學與文化》，頁 49～50。

〔註26〕勞思光：〈從當代思潮看新儒家〉，《危機世界與新希望世紀——再論當代哲學與文化》，頁 117。

〔註27〕鄭宗義：《儒學、哲學與現代世界》，頁 121。

學。他們研究中國文化時，會附帶將中國的哲學思想看成一個附屬科目。而這種研究工作，可說是近於民族學或民俗學的研究。說清楚些，這樣研究中國哲學思想，只不過要了解這個民族『事實上』有些什麼流行的想法，而不考慮『理論上』是否能成立。這種研究態度背後的觀念，正是將中國哲學看成『死』的哲學。當然，這是就『漢學研究』說」。〔註28〕勞氏仍然肯定中國哲學有其開放性的成素，如儒學中的心性論，其重點在於促成自我的轉化和社會的轉化，因而是所謂引導性的哲學。就形式而言，這與以牟宗三爲代表的新儒家並無差別，因爲他們都肯定儒學內聖外王這一基本思想格局。略爲不同的是，牟宗三更爲強調儒學的宗教性，而勞氏相關討論較少，不過其同樣以儒學具有宗教功能，他們的分歧只在對宗教的了解上略有差異，而對於儒學或中國哲學具有引導現實人生的作用這一點上完全是一致的。可以說，牟宗三、勞思光強調由精神文化的角度來審視研究儒學是有其理論上的自覺的，因爲近代中國文化所受到的衝擊使得知識份子不得不思考中國文化之出路的問題，現實情境的巨變則要求他們必須考慮中國傳統文化如何能夠重新發揮其效用，牟宗三、勞思光大體從事的是一種「抽離性」的工作，也就是說，將傳統中國文化尤其是儒學中具有普遍性和開放性的精神價值提取出來，予以肯定和發揚。是以余英時說：「儒學和制度之間的聯繫中斷了，制度化的儒學已死亡了。但從另一方面來看，這當然也是儒學新生命的開始。」〔註29〕當然，這一抽離性的工作本身距離儒學的復興還有很大的一段距離，因爲儒學要眞正能在現實中發揮其作用，其必須在精神生活、公共生活以及倫常關係等方面有其積極的影響，亦即能夠使提取出來的儒學的精神價值與新的社會歷史脈絡重新結合。但是，我們並不能因此而否認牟宗三、勞思光所作的抽離性工作的正面意義，因爲社會歷史脈絡的變化要求我們不得不首先進行這樣一種工作，否則，傳統文化將只被視爲附著在過去特定歷史社會脈絡之中的過時的意識形態，太過於強調精神價值對於社會歷史脈絡的依附，將使得儒學的重生成爲不可能，許多學者之所以否定儒學的現代價值，正因爲他們僅僅從特殊主義的立場來看待儒學，這樣一種態度落實到學術研究上，恰恰體現爲所謂的漢學研究。

〔註28〕 勞思光：〈中國哲學研究之檢討及建議〉，《虛境與希望——論當代哲學與文化》，頁11。
〔註29〕 余英時：〈現代儒學的困境〉，《現代儒學論》（上海：上海人民出版社，1998），頁 232～233。

　　勞思光自早年起即關注價值文化的問題，其中一個重要契機即是要反對實證主義、功利主義等思潮對價值文化的抹殺，勞氏晚年更是對由科學主義所帶來的人的對象化或物化的問題持嚴厲的批評態度，所以說在反對科學主義這一點上，勞思光與新儒家同樣並無二致。而對比較哲學的認同，勞思光更不會反對，勞氏自始即強調所謂 China in the world 或世界哲學視下的中國哲學的觀念，因而其對中國文化或中國哲學的思考始終有一個文化比較或哲學比較的立場。可見，我們即便以晚年勞思光爲考察對象，仍可看出其與現代新儒家在內在思想方面的一致性。

　　我們說晚年的勞思光與其早年相比，只是與狹義的新儒家即以唐、牟爲代表的當代新儒家之間的思想距離更遠了一點，但這不但不能改變勞氏作爲廣義新儒家的思想面貌，並且他亦屬於從哲學立場出發所界定的現代新儒家，至於勞氏本人否認自己是新儒家，這乃是針對以唐、牟爲代表之新儒家所表現出的「宗派」意識而言的，我們並不能因此而如馮耀明等學者一般過分誇大勞氏與牟宗三等新儒家之間的思想距離。並且就勞思光與牟宗三等新儒家之間的思想關聯而言，將勞思光歸入新儒家之列，不但可以深化我們對牟宗三等新儒家的理解，同時也只有以牟宗三哲學爲背景我們才能眞正理解勞思光哲學。勞氏晚年對牟宗三的批評，在一定意義上，我們可以將其理解爲現代新儒家思想內部的一種自我反思和調整。

參考書目

一、文　獻

1. 牟宗三：《心體與性體（一、二、三冊）》（《全集（卷5、6、7）》），臺北：聯經，2003年。

2. 牟宗三：《從陸象山到劉蕺山》，上海：上海古籍出版社，2001年。

3. 牟宗三：《才性與玄理》：臺北：臺灣學生書局，1985年。

4. 牟宗三：《佛性與般若（上、下冊）》，《全集（卷3、4）》，臺北：聯經，2003年。

5. 牟宗三：《智的直覺與中國哲學》，《全集（卷20）》，臺北：聯經，2003年。

6. 牟宗三：《現象與物自身》，臺北：臺灣學生書局，1984年。

7. 牟宗三：《圓善論》，《全集（卷22）》，臺北：聯經，2003年。

8. 牟宗三：《中國哲學十九講》，上海：世紀出版集團、上海古籍出版社，2006年。

9. 牟宗三：《政道與治道》，桂林：廣西師範大學出版社，2006年。

10. 牟宗三：《歷史哲學》，桂林：廣西師範大學出版社，2007年。

11. 牟宗三：《道德的理想主義》，臺北：臺灣學生書局，1982年。

12. 牟宗三：《人文講習錄》，桂林：廣西師範大學出版社，2005年。

13. 牟宗三：《生命的學問》，桂林：廣西師範大學出版社，2005年。

14. 牟宗三：《四因說講演錄》，上海：上海古籍出版社，1998年。

15. 牟宗三：《周易哲學演講錄》，上海：華東師範大學出版社，2004年。

16. 牟宗三：《宋明儒學的問題與發展》，上海：華東師範大學出版社，2004年。

17. 牟宗三：《五十自述》，《全集（卷32）》，臺北：聯經，2003年。

18. 牟宗三：《時代與感受》，《全集（卷23）》，臺北：聯經，2003年。

19. 牟宗三：《時代與感受續編》，《全集（卷24）》，臺北：聯經，2003年。

20. 牟宗三：《中國哲學的特質》，《全集（卷28）》，臺北：聯經，2003年。

21. 牟宗三：《中西哲學會通之十四講》，《全集（卷30）》，臺北：聯經，2003年。

22. 勞思光：《文化哲學講演錄》，香港：中文大學出版社，2002年。

23. 勞思光：《虛境與希望：論當代哲學與文化》，香港：中文大學出版社，2003年。

24. 勞思光：《危機世界與新希望世紀：再論當代哲學與文化》，香港：中文大學出版社，2007年。

25. 勞思光：《中國文化路向問題的新檢討》，臺北：東大圖書公司，1993年。

26. 勞思光：《思辯錄：思光近作集》，臺北：東大圖書公司，1996年。

27. 勞思光：《新編中國哲學史》，桂林：廣西師範大學出版社，2005年。

28. 勞思光：《中國文化要義新編》（梁美儀編），香港：中文大學出版社，1998年。

29. 勞思光：《存在主義哲學新編（修訂版）》（張燦輝、劉國英合編），香港：中文大學出版，2001年。

30. 勞思光：《思想方法五講新編（修訂版）》（劉國英編），香港：中文大學出版社，2000年。

31. 勞思光：《哲學淺說新編》（文潔華編），香港：中文大學出版社，1998年。

32. 勞思光：《歷史之懲罰新編》（梁美儀編），香港：中文大學出版社，2000年。

33. 勞思光：《中國之路向新編》（劉國英編），香港：中文大學出版社，2000年。

34. 勞思光：《文化問題論集新編》（鄭宗義編），香港：中文大學出版社，2000年。

35. 勞思光：《大學中庸譯注新編》（黃慧英編），香港：中文大學出版社，2000年。

36. 勞思光：《康德知識論要義新編》（關子尹編），香港：中文大學出版社，2001年。

37. 勞思光：《哲學問題源流論》（劉國英、張燦輝合編），香港：中文大學出版社，2001年。

38. 勞思光：《民主自由與文化創生》（劉國英編），香港：中文大學出版社，

2001 年。

39. 勞思光：《思光人物論集》（梁美儀編），香港：中文大學出版社，2001年。

40. 勞思光：《家國天下——思光時論文選》（劉國英、梁美儀、溫偉耀合編），香港：中文大學出版社，2001 年。

41. 勞思光：《儒學精神與世界文化路向——思光少作集（一）》（孫善豪、張燦輝、關子尹合編），臺北：時報出版公司印行，1986 年。

42. 勞思光：《哲學與歷史——思光少作集（二）》（孫善豪、張燦輝、關子尹合編），臺北：時報出版公司印行，1986 年。

43. 勞思光：《知己與知彼（時論甲集）——思光少作集（四）》（孫善豪、張燦輝、關子尹合編），臺北：時報出版公司印行，1986 年。

44. 勞思光：《遠慮與近憂（時論乙集）——思光少作集（五）》（孫善豪、張燦輝、關子尹合編），臺北：時報出版公司印行，1986 年。

45. 勞思光：《書簡與雜記——思光少作集（七）》（孫善豪、張燦輝、關子尹合編），臺北：時報出版公司印行，1987 年。

46. 勞思光：《思光詩選》，臺北：東大圖書公司，1992 年。

47. 勞思光：《解咒與立法》，臺北：三民書局，1991 年。

二、著作（姓氏拼音排序）

【中文】

1. 〔美〕本傑明・史華慈：《思想的跨度與張力——中國思想史論集》（王中江編），鄭州：中州古籍出版社，2009 年。

2. 蔡仁厚：《新儒家的精神方向》，臺北：臺灣學生書局，1984 年。

3. 蔡仁厚：《牟宗三先生學思年譜》，臺北：臺灣學生書局，1996 年。

4. 陳德和主編：《當代新儒學的關懷與超越》，臺北：文津出版社，1997 年。

5. 陳克艱：《唯識的結構》，北京：新星出版社，2006 年。

6. 陳來：《傳統與現代——人文主義的視角》，北京：三聯書店，2009 年。

7. 陳立勝：《王陽明「萬物一體」論——從「身—體」的立場看》，上海：華東師範大學出版社，2008 年。

8. 陳啓雲：《中國古代思想文化的歷史論析》，北京：北京大學出版社，2001年。

9. 陳啓雲：《治史體悟——陳啓雲文集（一）》，桂林：廣西師範大學出版社，2007 年。

10. 陳迎年：《感應與心物——牟宗三哲學批判》，上海：三聯書店，2005 年。

11. 程志華：《牟宗三哲學研究——道德的形而上學之可能》，北京：人民出版社，2009 年。

12. 成中英：《成中英文集》（李翔海　鄧克武編），武漢：湖北長江出版集團、湖北人民出版社，2006 年。

13. 崔大華：《儒學引論》，北京：人民出版社，2001 年。

14. 當代新儒學論文集編輯委員會編：《當代新儒學論文集・總論篇》，臺北：文津出版社，1991 年。

15. 當代新儒學論文集編輯委員會編：《當代新儒學論文集・內聖篇》，臺北：文津出版社，1991 年。

16. 當代新儒學論文集編輯委員會編：《當代新儒學論文集・外王篇》，臺北：文津出版社，1991 年。

17. 鄧曉芒：《儒家倫理新批判》，重慶：重慶大學出版社，2010 年。

18. 杜維明：《杜維明文集》（郭齊勇　鄭文龍編），武漢：武漢出版社，2002 年。

19. 范良光：《易傳道德的形上學》，臺北：臺灣商務印書館，1990 年。

20. 方克立：《現代新儒學與中國現代化》，長春：長春出版社，2008 年。

21. 馮天瑜主編：《人文論叢（2006 年卷）》，武漢：武漢大學出版社，2007 年。

22. 馮耀明：《「內在超越」的迷思：從分析哲學觀點看當代新儒學》，香港：中文大學出版社，2003 年。

23. 傅佩榮：《儒道天論發微》，臺北：臺灣學生書局，1985 年。

24. 傅偉勳：《從西方哲學到禪佛教》，北京：三聯書店，1989 年。

25. 高柏園：《中庸形上思想》，臺北：東大圖書公司，1990 年。

26. 龔道運：《道德形上學與人文精神》，上海：上海人民出版社，2009 年。

27. 郭齊勇：《熊十力思想研究》，天津：天津人民出版社，1993 年。

28. 郭齊勇：《郭齊勇自選集》，桂林：廣西師範大學出版社，1999 年。

29. 郭齊勇：《中國哲學智慧的探索》，北京：中華書局，2008 年。

30. 郭齊勇：《中國儒學之精神》，上海：復旦大學出版社，2009 年。

31. 關子尹：《語默無常：尋找定向中的哲學反思》，北京：北京大學出版社，2009 年。

32. 何信全：《儒學與現代民主：當代新儒家政治哲學研究》，北京：中國社會科學出版社，2001 年。

33. 何秀煌：《文化・哲學與方法》，臺北：東大圖書公司，2988 年。

34. 賀照田：《當代中國的知識感覺與觀念感覺》，桂林：廣西師範大學出版

社，2006 年。

35. 胡治洪：《全球語境中的儒家論説：杜維明新儒學思想研究》，北京：三聯書店，2004 年。

36. 華梵大學哲學系主編：《「勞思光思想與中國哲學世界化」學術研討會論文集》，臺北：行政院文建會，2002 年。

37. 黃慧英：《儒家倫理：體與用》，上海：三聯書店，2005 年。

38. 黃俊傑：《東亞儒學史的新視野》，臺北：台大出版中心，2004 年。

39. 蔣慶：《政治儒學》，北京：三聯書店，2003 年。

40. 景海峰：《中國哲學的現代詮釋》，北京：人民出版社，2004 年。

41. 金耀基：《從傳統到現代》，北京：中國人民大學出版社，1999 年。

42. 江日新主編：《中西哲學的會面與對話》，臺北：文津出版社，1994 年。

43. 江日新主編：《「牟宗三哲學」與「唐君毅哲學」論》，臺北：文津出版社，1997 年。

44. 鄺芷人：《康德倫理學原理》，臺北：文津出版社，1992 年。

45. 勞榦：《古代中國的歷史與文化》，北京：中華書局，2006 年。

46. 賴賢宗：《體用與心性：當代新儒家哲學新論》，臺北：臺灣學生書局，2001 年。

47. 賴賢宗：《儒家詮釋學》，北京：北京大學出版社，2010 年。

48. 李杜：《中西哲學思想中的天道與上帝》，臺北，聯經出版事業公司，1978 年。

49. 李杜：《二十世紀的中國哲學》，臺北：藍燈文化事業股份有限公司，1995 年。

50. 李明輝：《儒家與康德》，臺北：聯經，1990 年。

51. 李明輝：《儒學與現代意識》，臺北：文津出版社印行，1991 年。

52. 李明輝：《當代儒學之自我轉化》，臺北：中央研究院中國文哲研究所，1994 年。

53. 李明輝：《康德倫理學與孟子道德思考之重建》，臺北：中央研究院中國文哲所，1994 年。

54. 李明輝：《孟子重探》，臺北：聯經，2001 年。

55. 李明輝主編：《當代新儒家人物論》，臺北：文津出版社，1994 年。

56. 李明輝主編：《孟子思想的哲學探討》，臺北：中研院文哲所，1995 年。

57. 李明輝主編：《牟宗三先生與中國哲學之重建》，臺北：文津出版社，1996 年。

58. 李維武：《二十世紀中國哲學本體論問題》，長沙：湖南教育出版社，1991

年。

59. 李維武：《中國哲學的現代轉型》，北京：中華書局，2008 年。

60. 李翔海：《尋求德性與理性的統一——成中英本體詮釋學研究》，臺北：文史哲出版社，1997 年。

61. 李澤厚：《世紀新夢》，合肥：安徽文藝出版社，1998 年。

62. 梁家榮：《仁禮之辨：孔子之道的再釋與重估》，北京：北京大學出版社，2010 年。

63. 梁漱溟：《東西文化及其哲學》，北京：商務印書館，1999 年。

64. 林安梧：《現代儒學論衡》，臺北：業強出版社，1987 年。

65. 林安梧：《當代新儒家思想史論》，臺北：文海基金會出版，1996 年。

66. 林安梧：《儒學革命論》，臺北：臺灣學生書局，1998 年。

67. 林安梧主編：《當代儒學發展之新契機》，臺北：文津出版社，1997 年。

68. 林同奇：《人文尋求錄：當代中美著名學者思想探析》，北京：新星出版社，2006 年。

69. 林毓生：《政治秩序與多元社會——社會思想論叢》，臺北：聯經出版公司，1989 年。

70. 林月惠：《詮釋與工夫：宋明理學的超越蘄向與內在辯證》，臺北：中央研究院文哲所，2008 年。

71. 林鎮國：《辯證的行旅》，臺北：立緒文化，2002 年。

72. 林鎮國：《空性與現代性：從京都學派、新儒家到多音的佛教詮釋學》，臺北：立緒文化，1999 年。

73. 劉愛軍：《「識知」與「智知」：牟宗三知識論思想研究》，北京：人民出版社，2008 年。

74. 劉殿爵：《采掇英華——劉殿爵教授論著中譯集》，香港：中文大學出版社，2004 年。

75. 劉國英、張燦輝合編：《無涯理境——勞思光先生的學問與思想》，香港：中文大學出版社，2003 年。

76. 劉國英、伍至學、林碧玲合編：《萬戶千門任卷舒：勞思光先生八十華誕祝壽論文集》，香港：中文大學出版社，2010 年。

77. 劉述先：《中國哲學與現代化》，臺北：時報文化出版事業有限公司，1983 年。

78. 劉述先：《朱子哲學思想的完成與發展》，臺北：臺灣學生書局，1984 年。

79. 劉述先：《當代中國哲學論：問題篇》，美國八方文化企業公司，1996 年。

80. 劉述先：《儒家思想開拓的嘗試》，北京：中國社會科學出版社，2001 年。

81. 劉述先：《儒家思想意涵之現代闡釋論集》，臺北：中研院文哲所籌備處，2000 年。

82. 劉述先：《論儒家哲學的三個大時代》，貴陽：貴州人民出版社，2009 年。

83. 盧雪崑：《儒家的心性論與道德形上學》，臺北：文津出版社，1991 年。

84. 羅義俊編著：《評新儒家》，上海：上海人民出版社，1989 年。

85. 馬一浮：《爾雅台答問》，南京：江蘇教育出版社，2005 年。

86. 閔仕君：《牟宗三「道德的形而上學」研究》，成都：四川出版集團、巴蜀書社，2005 年。

87. 牟宗三先生七十壽慶論文集編輯組：《牟宗三先生的哲學與著作》，臺北：臺灣學生書局，1978 年。

88. 錢穆：《中國學術思想史論叢（五）》，北京：三聯書店，2009 年。

89. 錢穆：《雙溪獨語》（全集卷 47），臺北：聯經出版公司，1998 年。

90. 〔美〕喬爾‧J‧考普曼著 唐曉峰譯：《向亞洲哲學學習》，北京：中國人民大學出版社，2009 年。

91. 沈清松：《解除世界魔咒——科技對人文的衝擊與展望》，臺北：臺灣商務印書館，1998 年。

92. 盛志德：《牟宗三與康德關於「智的直覺」問題的比較研究》，桂林：廣西師範大學出版社，2010 年。

93. 石元康：《當代自由主義理論》，臺北：聯經，1995 年。

94. 石元康：《從中國文化到現代性：典範轉移？》，北京：三聯書店，2000 年。

95. 唐君毅：《生命存在與心靈境界》（《中國現代學術經典‧唐君毅卷》），石家莊：河北教育出版社，1996 年。

96. 唐君毅：《中國文化之精神價值》，桂林：廣西師範大學出版社，2005 年。

97. 唐君毅：《文化意識與道德理性》，桂林：廣西師範大學出版社，2005 年。

98. 唐君毅：《哲學概論（上）、（下）》，北京：中國社會科學出版社，2005 年。

99. 唐君毅：《中國哲學原論‧原教篇》，北京：中國社會科學出版社，2006 年。

100. 田文軍：《馮友蘭新理學研究》，武漢：武漢出版社，1990 年。

101. 汪暉：《現代中國思想的興起》，北京：三聯書店，2008 年。

102. 王興國：《契接中西哲學之主流——牟宗三哲學思想源流探要》，北京：光明日報出版社，2006 年。

103. 王興國：《牟宗三哲學思想研究——從邏輯思辨到哲學架構》，北京：人民出版社，2007 年。

104. 韋政通：《韋政通八十前後演講錄》，武漢：華中師範大學出版社，2009年。

105. 韋政通：《時代人物各風流》，北京：中華書局，2011年。

106. 溫偉耀：《「無限智心」是「谷魯（Grue）」：基督宗教對牟宗三「道德論證」的判教》，香港：香港中文大學崇基學院宗教與中國社會研究中心，2003年。

107. 吳汝鈞：《京都學派哲學七講》，臺北：文津出版公司，1998年。

108. 吳有能：《百家出入心無礙——勞思光教授》，臺北：文史哲出版社，1999年。

109. 夏光：《東亞現代性與西方現代性：從文化的角度看》，北京：三聯書店，2005年。

110. 向世陵：《理氣心性之間：宋明理學的分系與四系》，北京：人民出版社，2008年。

111. 蕭萐父：《吹沙集》，成都：巴蜀書社，2007年。

112. 蕭萐父：《吹沙二集》，成都：巴蜀書社，2007年。

113. 蕭萐父：《吹沙三集》，成都：巴蜀書社，2007年。

114. 蕭振邦主編：《儒學的現代反思》，臺北：文津出版社，1997年。

115. 謝大寧：《儒家圓教底再詮釋：從「道德的形上學」到「溝通倫理學底存有論轉化」》，臺北：臺灣學生書局，1996年。

116. 徐復觀：《中國思想史論集》，臺北：臺灣學生書局，1983年。

117. 徐復觀：《中國人性論史》，上海：上海三聯書店，2001年。

118. 徐復觀：《中國思想史論集續編》，上海：上海書店出版社，2004年。

119. 顏炳罡：《整合與重鑄：當代大儒牟宗三先生思想研究》，臺北：臺灣學生書局，1995年。

120. 顏炳罡：《牟宗三學術思想評傳》，北京：北京圖書館出版社，1998年。

121. 楊聯陞：《中國文化中的「報」、「保」、「包」之意義》，貴陽：貴州人民出版社，2009年。

122. 楊澤波：《牟宗三三系論論衡》，上海：復旦大學出版社，2006年。

123. 楊祖漢：《儒學與康德的道德哲學》，臺北：文津出版社，1987年。

124. 楊祖漢：《當代儒學思辨錄》，臺北：鵝湖出版社印行，1998年。

125. 殷小勇：《道德思想之根——牟宗三對康德智性直觀的中國化闡釋研究》，上海：復旦大學出版社，2007年。

126. 余英時：《現代儒學的回顧與展望》，北京：三聯書店，2004年。

127. 余英時：《現代危機與思想人物》，北京：三聯書店，2005年。

128. 余英時：《人文與理性的中國》，上海：上海古籍出版社，2007 年。

129. 郁振華：《形上的智慧如何可能？——中國現代哲學的沉思》，上海：華東師範大學出版社，2000 年。

130. 袁保新：《從海德格、老子、孟子到當代新儒家》，臺北：臺灣學生書局，2008 年。

131. 曾慶豹：《上帝、關係與言說——批判神學與神學的批判》，上海：華東師範大學出版社，2008 年。

132. 張灝：《張灝自選集》，上海：上海教育出版社，2002 年。

133. 張灝：《幽暗意識與民主傳統》，北京：新星出版社，2006 年。

134. 張汝倫：《中西哲學十五章》，上海：上海書店出版社，2008 年。

135. 鄭家棟：《本體與方法：從熊十力到牟宗三》，瀋陽：遼寧大學出版社，1992 年。

136. 鄭家棟：《當代新儒學論衡》，臺北：桂冠圖書公司，1996 年。

137. 鄭家棟：《牟宗三》，臺北：東大圖書公司，2000 年。

138. 鄭宗義：《中國人文學科基礎課程（二）思想與信仰・單元五：宋明理學》，香港：香港公開大學，2010 年。

139. 鄭宗義：《儒學、哲學與現代世界》，石家莊：河北人民出版社，2010 年。

140. 周博裕主編：《傳統儒學的現代詮釋》，臺北：文津出版社，1994 年。

【英文】

1. Bo Mou（ed.）, *History of Chinese Philosophy*, Routledge, 2009.

2. Christopher.Ben.Simpson, *Religion, Metaphysics, and the Postmodern*, Bloomington: Indiana University Press, 2009.

3. Jason Clower, *The Unlikely Buddhologist: Tiantai Buddhisim in Mou zongsan's New Confucianism*, Brill, 2010.

4. John Makeham, *New Confucianism: a critical examination*, Palgrave MacMillan, 2003.

5. John Makeham, Lost Soul: *"Confucianism" in contemporary Chinese academic discourse*, Cambridge & London: Harvard University Press, 2008.

6. Micheal J. Loux, *Matephysics: A Contemporary Introduction*（Third edition）, Routledge, 2006.

7. Michel Henry，*I Am the Truth: Toward a Philosophy of Christianity*, Stanford, California: Stanford University Press, 2003.

8. Robert Audi（ed.）, *The Cambridge Dictionary of Philosophy（second edition）*, Cambridge University Press,1999.

9. Shu-hsien Liu, *Essentials of Contemporary Neo-Confucian Philosophy*,

Westport: Praeger, 2003.

10. Umberto Bresciani, *Reinventing Confucianism: The New Confucian Movement*, Taipei: Taipei Ricci Institute for Chinese Studies, 2001.

11. Vincent Shen & Kwong-loi Shun （ed.）, *Confucian ethics in retrospect and prospect*, The Council for Research in Values and Philosophy, 2008.

12. Wing-Tsit Chan, *A Source Book in Chinese Philosophy*, Princeton, New Jersey, Princeton University Press, 1963.

三、論 文

【中文】

1. 白欲曉：〈歷史目的論、現代性與文化選擇──牟宗三「良知坎陷說」的文化省察〉，王中江、李存山主編：《中國儒學（第三輯）》，北京：中國社會科學出版社，2008 年，頁 414～428。

2. 陳榮灼：〈現代化與人文精神：唐君毅的進路〉，《思想與文化（第四輯）》，上海：華東師範大學出版社，2004 年，頁 295～308。

3. 陳榮灼：〈牟宗三的歷史哲學〉，《東海哲學研究集刊》第 15 期（2010 年 7 月），頁 316～372。

4. 陳旻志：〈船山意倦興旺日・史筆如繩定是非──勞思光「基源問題研究法」的省察（上）〉，《鵝湖月刊》總第 227 期（1994 年 6 月），頁 40～45。

5. 陳旻志：〈船山意倦興旺日・史筆如繩定是非──勞思光「基源問題研究法」的省察（下）〉，《鵝湖月刊》總第 228 期（1994 年 7 月），頁 38～51。

6. 陳旻志：〈勞思光「情意我」與文化人格的書寫研究〉，《華梵大學人文學報》第 8 期（2007 年 1 月），頁 1～22。

7. 崔濤、郭齊勇：〈先秦儒家生態倫理思想探討〉，《主體性中國：中國社會科學輯刊（2010 年 6 月夏季卷 總第 31 期）》，上海：復旦大學出版社，2010 年 7 月，頁 1～17。

8. 〔比〕戴卡琳：〈「中國哲學」的正名之辨〉，《多元 2006》（程廣雲主編），北京：首都師範大學出版社，2006 年，頁 48～74。

9. 〔法〕杜瑞樂：〈儒家經驗與哲學話語──對當代新儒家諸疑難的反思〉，《中國學術》（劉東主編）第十四輯，北京：商務印書館，2003 年，頁 1～37。

10. 〔法〕杜瑞樂：〈中國現代哲學體制的「藥術」作用──回應張祥龍的幾點意見〉，《中國學術》（劉東主編）第十六輯，北京：商務印書館，2003，頁 255～262。

11. 方朝暉：〈知識、道德與傳統儒學的現代方向〉，《中國社會科學》2005 年第三期，頁 80～90。

12. 高柏園：〈論勞思光先生之基源問題研究法〉，《鵝湖學誌》第 12 期（1994 年 6 月），頁 57～78。

13. 高柏園：〈論勞思光先生對宋明理學的分系態度〉，《淡江人文社會學刊》第 2 期（1998 年 11 月），頁 23～42。

14. 關子尹：〈海德格論「別人的獨裁」與「存活的獨我」——從現象學觀點看世界〉，《鵝湖學誌》第 6 期（1991 年 6 月），頁 113～164。

15. 關子尹：〈康德與現象學傳統——有關主體性哲學的一點思考〉，《中國現象學評論（第 4 輯）》，上海：上海譯文出版社，2001 年，頁 141～184。

16. 郭曉東：〈道德譜系下的張橫渠「氣」論研究〉，《復旦學報》2006 年第 5 期，頁 80～88。

17. 〔德〕何乏筆：〈何謂「兼體無累」的工夫——論牟宗三與創造性的問題化〉，《儒學的氣論與工夫論》（楊儒賓、祝平次編），上海：華東師範大學出版社，2008 年，頁 55～71。

18. 黃冠閔：〈牟宗三的感通論：一個概念脈絡的梳理〉，《中國文哲研究通訊》第 19 卷 3 期（2009 年 9 月），頁 65～87。

19. 黃楠森：〈孔子與儒學〉，《黃楠森自選集》（重慶：重慶出版社，1999），頁 160～181。

20. 黃信二：〈論儒學之宗教性：以唐君毅牟宗三先生為例的思考〉，《哲學與文化》第 36 卷 8 期（2009 年 8 月），頁 119～144。

21. 蔣年豐：〈唐君毅、牟宗三思想中的黑格爾〉，《顛躓的行走：二十世紀中國的知識與知識份子》（賀照田主編），長春：吉林人民出版社，2004，頁 117～163。

22. 金起賢：〈勞思光先生對先秦儒學史研究之方法論評述〉，《鵝湖月刊》總第 244 期（1995 年 10 月），頁 42～50。

23. 柯朝暉：〈試論新儒家之定義——探討唐君毅、牟宗三、勞思光三家之說〉，《問學集》第 3 期（1993 年 5 月），頁 197～205。

24. 〔美〕柯雄文：〈西方哲學對中國哲學史發展的影響〉，《20 世紀末的文化審視》（上海中西哲學與文化比較研究會 編），上海：學林出版社，2006 年，頁 173～199。

25. 賴錫三：〈牟宗三對道家形上學詮釋的反省與轉向——通向「存有論」與「美學」的整合道路〉，《台大中文學報》第 25 期（2006 年 12 月），頁 283～332。

26. 李明輝：〈由「內聖」向「外王」的轉折——現代新儒家的政治哲學〉，《中國文哲研究集刊》第 23 期（2003 年 9 月），頁 337～350。

27. 林啟屏：〈古代中國「語言觀」的一個側面——以《易·系辭》論「象」為研究基點〉，《經學今詮初編（《中國哲學》第 22 輯）》，瀋陽：遼寧教

育出版社，2000 年，頁 105～147。

28. 林啓屛：〈疑古與信古——以古代中國思想的研究爲例〉，《出土文獻研究方法論集初集》（葉國良等編），臺北：台大出版中心，2005 年，頁 69～98。

29. 林維傑：〈牟宗三倫理美學中的人物想像〉，《中國文哲研究通訊》第 19 卷 3 期（2009 年 9 月），頁 89～108。

30. 林維傑：〈牟宗三哲學中的理論與實踐——由「本體工夫」轉向「理論實踐」之可能〉，《中國文哲研究通訊》第 15 卷第 3 期（2005 年 9 月），頁 99～126。

31. 林維傑：〈牟宗三先生論儒教〉，《揭諦》第 7 期（2004 年 6 月），頁 77～108。

32. 林鎮國：〈理性、空性與歷史意識：新儒家與京都學派的哲學對話〉，《儒釋道之哲學對話——東方文化與現代社會國際學術會議論文集》（劉笑敢、川田洋一編），商務印書館（香港）有限公司，2007 年，頁 49～76。

33. 劉昌元：〈康德、牟宗三與道德形上學〉，《天人之際與人禽之辨——比較與多元的觀點》（劉述先等編），香港：香港中文大學新亞書院，2001 年，頁 123～143。

34. 劉昌元：〈仁的當代詮釋：一個批判的回顧及新的嘗試〉，《中國哲學與文化（第 1 輯）》（劉笑敢主編）（桂林：廣西師範大學出版社，2007 年），頁 134～160。

35. 劉述先：〈唐君毅、牟宗三二位先生對當代新儒家哲學的貢獻〉，《鵝湖月刊》，總第 413 期（2009 年 11 月），頁 2～5。

36. 羅卓文：〈錢穆治孔子與《論語》之方法——以勞思光「基源問題研究法」爲對比〉，《建國科大學報：通識類》第 27 卷第 1 期（2007），頁 57～88。

37. 〔美〕墨子刻：〈道統的世界化：論牟宗三、鄭家棟與追求批判意識的歷程〉，《社會理論學報》第五卷第一期（2002），頁 79～152。

38. 〔美〕墨子刻：〈形上思維與歷史性的思想規矩——論郁振華教授的《形上的智慧如何可能？——中國現代哲學的沉思》〉，《西方現代性的曲折與展開》（賀照田主編），長春：吉林人民出版社，2002 年，頁 561～586。

39. 〔美〕墨子刻：〈20 世紀中國知識份子的自覺問題——一位外國學者的看法〉，《學術思想評論（第三輯）》（賀照田主編），瀋陽：遼寧大學出版社，1998，頁 183～229。

40. 彭文本：〈良知的辯證——康德、費希特、牟宗三理論的比較研究〉，《台大文史哲學報》第六十九期（2008 年 11 月），頁 273～308。

41. 彭文本：〈自我意識與良知——牟宗三與費希特的理論之比較〉〉，《台大哲學論評》，2009 年 3 月 37 期，頁 163～188。

42. 邱黃海：〈牟宗三先生「歷史概念」之批判的展示〉，《鵝湖月刊》總第 287 期（1999 年 5 月），頁 16～32。

43. 施益堅：〈歷史哲學與儒家現代化：論牟宗三思想從黑格爾到康德的轉折〉，《思想》第十三期（2009 年 10 月），頁 159～171。

44. 施益堅：〈從 kant 到康德：牟宗三的「華語哲學」之現身〉，《揭諦》第 17 期（2009 年 7 月），頁 25～45。

45. 施益堅：〈中西哲學之會通？論雷奧福對牟宗三的詮釋和批判〉，《中國文哲研究通訊》第 17 卷第 2 期（2007 年 6 月），頁 43～52。

46. 孫善豪：〈對當代新儒家的實踐問題之探討（上）——唐君毅哲學中之實踐問題〉，《哲學與文化》第 13 卷 10 期（1986 年 10 月），頁 60～69。

47. 孫善豪：〈對當代新儒家的實踐問題之探討（中）——牟宗三哲學中之實踐問題〉，《哲學與文化》第 13 卷 11 期（1986 年 11 月），頁 46～63。

48. 孫善豪：〈對當代新儒家的實踐問題之探討（下）——勞思光哲學作為對於實踐問題之回答〉，《哲學與文化》第 13 卷 12 期（1986 年 12 月），頁 47～60。

49. 王志銘：〈道德神學在道德上是必然的嗎？〉，《台大哲學論評》第二十九期（2005 年 3 月），頁 33～132。

50. 魏明政：〈《中庸》天命思想承繼之初探——以勞思光先生為中心討論〉，《鵝湖學誌》第 22 期（1999 年 6 月），頁 99～137。

51. 溫偉耀：〈從基督宗教人學反思中國文化對理想人格的追尋〉，《基督宗教研究（第 5 輯）》（卓新平、許志偉主編）（北京：宗教文化出版社，2002），頁 39～57。

52. 吳有能：〈自覺心的探索——勞思光教授的道德文化哲學〉，《中國文哲研究通訊》第 4 卷第 3 期（1994 年 9 月），頁 77～93。

53. 曾錦坤：〈儒教作為基本宗教：以唐、牟觀點為主的論述〉，《中華人文社會學報》第四期（2006 年 3 月），頁 266～291。

54. 張汝倫：〈他者的鏡像：西方哲學對現代中國哲學研究的影響〉，《哲學研究》2005 年第 2 期，頁 55～60。

55. 張祥龍：〈「哲學」的後果與分寸——杜瑞樂〈儒家經驗與哲學話語〉一文讀後感〉，《中國學術》（劉東主編）第十五輯，北京：商務印書館，2003年，頁 257～261。

56. 〔韓〕鄭炳碩：〈從牟宗三哲學看儒家的宗教性〉，《鵝湖月刊》總第 414 期（2009 年 12 月），頁 42～57。

57. 鄭宗義：〈大陸學者的宋明理學研究〉，《儒家思想在現代東亞：中國大陸與臺灣篇》（劉述先主編），臺北：中央研究院文哲所，1990 年。

58. 鄭宗義：〈明儒陳白沙學思探微——兼釋心學覺悟與自然之義〉，《中國文

哲研究集刊》第十五期（1999 年 9 月），頁 337～388。

59. 朱湘鈺：〈錢穆先生思想中的陽明圖像〉，《國文學報》第三十九期（2006 年 6 月），頁 111～137。

【英文】

1. Alasdair Macintyre, Moral Dilemmas, *Philosophy and Phenomenological Research*, Vol. 50, Supplement（Autumn, 1990），pp.,367～382.

2. Shu-hsein Liu, The Religious Import of Confucian Philosophy : Its Traditional Outlook and Contemporary Significance, *Philosophy East and West*, Vol. 21, No. 2（Apr., 1971），pp. 157～175.

3. Wing-Cheuk Chan, Mou zongsan's transformation of Kant's Philosophy, *Journal of Chinese Philosophy*, 33（1），pp.125～139.

4. Wing-cheuk Chan, Mou Zongsan and Tang Junyi on Zhang Zai's and Wang Fuzhi's Philosophies of Qi: A Critical Reflection, *Dao: A Journal of Comparative Philosophy*, 10（1）:pp.85～98.

5. Xiaofei Tu, The Comparative Philosophies of Mou Zongsan and Nishitani Keiji, *Frontiers of Japanese Philosophy 2*, Edited by Victor Sōgen Hori and Melissa Anne-Marie Curley（Nanzan, 2008），pp,145～159.

6. Xiaofei Tu, Dare to Compare: The Comparative Philosophy of Mou Zongsan. *Kritike* 1（2），pp24～35.

7. Stephan Schmidt, Mou Zongsan, Hegel, and Kant: The Quest for Confucian Modernity, *Philosophy East & West*, Vol. 61, No. 2（Apr., 2011），pp.260～302.

四、學位論文

1. 黎漢基：《論徐復觀與殷海光——現代臺灣知識份子與臺灣意識形態研究（1949～1969）》，香港中文大學研究院歷史學部哲學博士論文，1998 年 6 月。

2. 羅永吉：《陽明心學與眞常佛學之比較研究》，臺灣清華大學博士論文，2005 年。

3. 盛珂：《道德與存在——牟宗三形上學的存在論闡釋》，香港科技大學人文學部博士論文，2008 年 8 月。

4. 翁志忠：《自由主義者與當代新儒家的政治論述之比較——以殷海光、張佛泉、牟宗三、唐君毅、徐復觀的論述爲核心》，國立政治大學博士論文，2001 年 11 月。

5. 張子立：《從「逆覺體征」到「理一分殊新釋」：「試析現代新儒學之內在發展》，臺灣政治大學哲學研究所博士論文，2008 年 7 月。

6. 鄭宗義：《當代新儒家探索——二十世紀中國文化保守主義之一例》，香

港中文大學歷史系碩士論文，1989 年。

7. 陳逸郡：《從勞思光的主體性觀念探究儒家思想之原型》，中國文化大學文學院哲學系碩士論文，2011 年。

8. Yau-Nang William Ng, T'ang Chun-I's Idea of Transcendence: with special reference to his *Life, Existence, and the Horizon of Mind-heart*, Department of East Asian Studies University of Toronto, 1996.